Beate Meyer (Hrsg.)

Die Verfolgung und Ermordung der Hamburger Juden 1933–1945

Geschichte. Zeugnis. Erinnerung

Beate Meyer (Hrsg.)

Die Verfolgung und Ermordung der Hamburger Juden 1933–1945

Geschichte. Zeugnis. Erinnerung

INSTITUT FÜR DIE GESCHICHTE DER DEUTSCHEN JUDEN

Freie und Hansestadt Hamburg
Behörde für Bildung und Sport
Amt für Bildung
Landeszentrale für politische Bildung

Die Landeszentrale für politische Bildung ist Teil der Behörde für Bildung und Sport der Freien und Hansestadt Hamburg. Ein pluralistisch zusammengesetzter Beirat sichert die Überparteilichkeit der Arbeit.

Zu den Aufgaben der Landeszentrale gehören:

- Herausgabe eigener Schriften
- Erwerb und Ausgabe von themengebundenen Publikationen
- Koordination und Förderung der politischen Bildungsarbeit
- Beratung in Fragen politischer Bildung
- Zusammenarbeit mit Organisationen und Vereinen
- Beratung und Information zur politischen Bildung
- Finanzielle Förderung von Veranstaltungen polilitischer Bildung
- Veranstaltungen von Rathausseminaren für Zielgruppen
- Öffentliche Veranstaltungen

Unser Angebot richtet sich an alle Hamburgerinnen und Hamburger. Die Informationen und Veröffentlichungen können Sie während der Öffnungszeiten des Informationsladens abholen. Gegen eine Bereitstellungspauschale von 15 EUR pro Kalenderjahr erhalten Sie bis zu 6 Bücher aus einem zusätzlichen Publikationsangebot.

Die Landeszentrale arbeitet mit den Landeszentralen der anderen Bundesländer und der Bundeszentrale für politische Bildung zusammen. Unter der gemeinsamen Internet-Adresse www.politische-bildung.de werden alle Angebot erfasst.

Die Büroräume befinden sich in der Steinstraße 7, 20095 Hamburg. Der Informationsladen ist in der Altstädter Straße 11, 20095 Hamburg.

Öffnungszeiten des Informationsladens:

Montag bis Donnerstag:
13.30 Uhr bis 18.00 Uhr,
Freitag: 13.30 Uhr bis 16.30 Uhr.

Erreichbarkeit:

Telefon: (040) 42854-2148/2149
Telefax: (040) 42854-2154

E-Mail:
PolitischeBildung@bbs.hamburg.de

Internet:
www.politische-bildung.hamburg.de

Redaktion:
Rita Bake/Joachim Szodrzynski

Gesamtgestaltung und Umschlag:
Andrea Orth

Druck:
Friedrich Pustet, Regensburg

ISBN: 3-929728-85-0

Die wissenschaftliche Aufarbeitung wurde gefördert von der Alfred C. Toepfer Stiftung F. V. S.

Inhalt

Teil III Erinnerung

Ina Lorenz

Vorwort

Wir wissen viel über die Leistungen, die Hamburger Juden vor 1933 für ihre Stadt erbracht haben. Erforscht ist auch Etliches über ihre staatliche, wirtschaftliche und soziale Diskriminierung in der NS-Zeit, über die Flucht, die vielen noch möglich war, das verzweifelte Bemühen um innerjüdische solidarische Hilfe, schließlich über den Ablauf der Deportationen und die Ermordung der Verschleppten. Selbst die Bedingungen, unter denen wenige in der Illegalität überlebten, sind bekannt. Wir wissen auch von den nichtjüdischen Zeitgenossen, die bewusst wegsahen, und von der abwehrenden Distanz der Kirchen – und kaum etwas über Hilfe und Unterstützung von Nichtjuden.

Aber allzu oft bleibt dieses historisch erarbeitete Wissen abstrakt. Wir verwahren es in Akten, dokumentieren es in Büchern, versuchen es bei Gedenktagen im öffentlichen Bewusstsein zu verankern: mit Ausstellungen und Vorträgen, mittels Denkmälern, Mahnmalen, Namen von Straßen, Plätzen und Gebäuden. All das ist auch in Hamburg geschehen. Allerdings läuft dieses gesammelte Wissen Gefahr, bei offiziellen Anlässen ritualisiert zu werden. Wir könnten uns erinnern, wenn wir innehalten und versuchen, uns eine Vorstellung zu machen – vor allem über den jüdischen Nachbarn von nebenan, von dem man vielleicht erst spät erfuhr, dass er Jude war. Aber die Erinnerungen, wenn es sie überhaupt jemals gab, verschwinden im Laufe der Zeit, sind nicht mehr gegenwärtig. Jene, die noch Bilder ihrer jüdischen Nachbarschaft im Gedächtnis hätten bewahren können, sind meist nicht mehr am Leben. Insofern spüren wir heute mehr denn je die moralische Verpflichtung, diesem Verlust an konkreter Erinnerung etwas entgegenzusetzen.

Das geschieht. Die Hamburger Bürgerinnen und Bürger haben begonnen, mit Stolpersteinen einen öffentlichen Raum der Erinnerung zu gestalten. Den Anstoß dazu hatte der Kölner Bildhauer Gunter Demnig, Jahrgang 1947, gegeben, ein erfinderischer und quer denkender Künstler. Im Januar 2002 beantragte der Kunstsammler Peter Hess in Verbindung mit den Hamburger Kammerspielen die Genehmigung für das Verlegen der Stolpersteine. Im Mai 2002 folgten erste Vorgespräche. Im Oktober 2003 stimmte der Zentralrat der Juden in Deutschland dem Gesamtprojekt zu. Verlegt werden die Stolpersteine jeweils auf dem Gehweg vor der Haustür des Gebäudes, in dem einst ein Hamburger Jude wohnte, der das NS-System nicht überlebte. Die Steine entsprechen gerade in ihrer unprätentiösen äußeren Gleichheit einer traditionellen Vorstellung jüdischer Gläubigkeit und geben der Person, an die der Stolperstein erinnert, ihre Individualität zurück. Es ist der Name, es sind die Zeitdaten, es sind die Orte des Lebens und des Todes. Der Ort, an dem der Stein verlegt wird, zeigt an, wo Juden mitten unter uns lebten, ein sichtbarer und kritischer Gegenbeleg für das oft Gehörte: Ich habe von alledem nichts gewusst. In diesem Sinne bildet der einzelne Stolperstein einen Stachel und einen Prüfstein, wie ehrlich wir mit uns sind.

Der vorgelegte Band ist einer der möglichen Wege, sich mit der „zerstörten" Geschichte der Hamburger Juden auseinander zu setzen. Dieser Weg ist im buchstäblichen Sinn konkret. Er ist der Idee der Stolpersteine im öffentlichen Raum gewidmet.

Es war an der Zeit, der Idee des Stolpersteins und ihrer Verwirklichung in Hamburg einen historischen Rahmen zu geben. Die Alfred Toepfer Stiftung F. V. S. hat für die historische Aufarbeitung durch ein mir treuhänderisch übertragenes Preisgeld eine erste solide finanzielle Grundlage geschaffen. Die Landeszentrale für politische Bildung, Hamburg, hat sich ebenfalls nachhaltig engagiert. So war es möglich, Dr. Beate Meyer, tätig im Institut für die Geschichte der deutschen Juden in Hamburg, um die Entwicklung eines Konzeptes zu bitten, das die Stolpersteine in einen größeren geschichtlichen Zusammenhang stellt, und die Herausgeberschaft für eine Veröffentlichung zu übernehmen. Diese enthält eine präzise Darstellung der Verfolgungsgeschichte der Hamburger Juden in Einzelbeiträgen, insbesondere erstmals für Hamburg die ausführliche Darstellung der Deportationen 1941–1945, ferner zehn erfahrungsgeschichtliche Berichte von Überlebenden sowie ein Interview mit Peter Hess, dem Hamburger Organisator der Stolpersteine.

Von besonderem Interesse ist eine ins Buch eingefügte Liste mit den bislang verlegten Stolpersteinen nach Ort und Namen. Sie zeigt, dass der überwiegende Teil der Steine an jüdische Opfer erinnert, Gunter Demnigs Erinnerungskonzept jedoch auch „Zigeuner", politisch Verfolgte, Homosexuelle, Zeugen Jehovas oder in der „Euthanasie" Ermordete einbezieht.

Besonders eindringlich ist jedoch das Projekt, dem Leser einen Rundgang im Grindelgebiet anzubieten, wiederum anhand der dort verlegten Stolpersteine. Insbesondere dieser Stadtteil, früher als „Klein Jerusalem" bezeichnet, vermag einen Eindruck davon zu vermitteln, wie selbstverständlich die Hamburger Juden mitten in der Stadt lebten, die sie als ihre Heimat ansahen. Mit diesem Rundgang, der bis jetzt in keiner der Veröffentlichungen über Stolpersteine in anderen Städten eine Entsprechung findet, werden die Leserinnen und Leser aufgefordert, mit dem Buch in der Hand die verschiedenen Stationen abzuschreiten, am Ort des jeweiligen Stolpersteins zu verweilen und sich das konkrete Schicksal der Ermordeten zu vergegenwärtigen. So bekommen die Steine des Erinnerns einen erweiterten Hintergrund.

Es verdient hohe Anerkennung und Dank, dass Beate Meyer die Last z. T. mühsamer Recherchen auf sich genommen hat, über die Einzelschicksale das zu ermitteln, was schriftliche und mündliche Quellen noch aussagen können. So können wir eine Ahnung von dem individuellen Leid entwickeln, das sich hinter den wenigen Angaben auf den Stolpersteinen verbirgt.

In ihrer Summe bezeugen die Stolpersteine geradezu mosaikartig ein kollektives Gedächtnis der Stadt. Jeder Stolperstein symbolisiert zugleich die persönliche Bereitschaft eines Bürgers, in die eigene Tasche zu greifen, um ihn zu finanzieren. Das vorliegende Buch darf also auch als ein Bericht über dieses Engagement verstanden werden. Und es enthält die kaum verhüllte Aufforderung, in diesem Bemühen nicht nachzulassen.

Noch sind zahlreiche Stolpersteine in Hamburg nicht verlegt worden. So schließt das Buch geradezu sinnbildhaft mit einem Interview, das Beate Meyer mit Peter Hess geführt hat. Lassen wir uns von seinem Optimismus anstecken, werben wir weiterhin für den Gedanken der Stolpersteine!

Hamburg, im Sommer 2006

Beate Meyer
Einleitung

Seit einigen Jahren stolpern die Hamburgerinnen und Hamburger im wahrsten Sinne des Wortes über kleine, quadratische Steine. In Messing gestanzt, mahnen ein Name, ein Geburtsdatum, ein Todesdatum, die Menschen nicht zu vergessen, die während der NS-Herrschaft ermordet oder in den Selbstmord getrieben wurden. Der Künstler Gunter Demnig hat in Hamburg mehr als 1300 Stolpersteine verlegt, die meisten für deportierte Juden. Daran knüpft dieses Buch an. Es soll den Wunsch zu erinnern mit dem Wissen um die Vorgänge bei der Deportation der Juden verbinden, das die historische Forschung heute bereitstellt. Wo der Künstler anfangs oft als Deportationszielort nur ??? angeben konnte, bietet die Geschichtsforschung seit Mitte der 1990er Jahre immer mehr Aufschluss über den Weg von der Ausgrenzung zur Ermordung der Juden. Die Erforschung der immer wieder revidierten und radikalisierten Pläne der Machthaber, Deutschland „judenfrei" zu machen, die Praxis von SS, Gestapo, Ministerien, Ämtern und Behörden und ihrer Helfer in der Bevölkerung, aber auch die vielfältigen Versuche der Betroffenen, sich zu behaupten und zu überleben, ist im letzten Jahrzehnt vorangeschritten. Dies liegt nicht zuletzt daran, dass inzwischen die osteuropäischen Archive geöffnet worden sind, Gedenkstätten und historische Institute jahrelang Dokumente gesammelt und geforscht und jüngere Historiker neue Fragen nach den Tätern und Tatorten des Holocaust aufgeworfen haben. Verglichen mit dem Kenntnisstand, den wir vor zehn oder fünfzehn Jahren hatten, wissen wir weitaus mehr über die Geschichte der großen Lager und Ghettos, in die die Deportierten verschleppt wurden, über die Mordaktionen, denen sie zum Opfer fielen, oder die Lagerodyssee, die diejenigen antreten mussten, denen „Vernichtung durch Arbeit" zugedacht war. Auch über das Schicksal der Hamburger Deportierten nach ihrem Abtransport aus der Stadt liegen Erkenntnisse vor, die allerdings weitere Fragen aufwerfen, und immer noch bleibt nach wie vor vieles offen. Wir kennen weder die Todesdaten der meisten zwischen Oktober und Dezember 1941 deportierten Juden, weil die Registraturen der Lager „im Osten" nur zum geringen Teil erhalten sind, noch wissen wir genau, unter welchen Bedingungen sie die letzten Wochen oder Monate gelebt haben. Schon eher verfolgen lässt sich die Spur der jüdischen Männer und Frauen, die als Zwangsarbeiter in andere Lager weitertransportiert wurden. Ankunfts- und Verlegungsdaten, die Art der Arbeit, Krankheitszeiten oder das Todesdatum gehen oftmals aus Ein- und Abgangslisten hervor, die die Gedenk- und Dokumentationsstätten archiviert haben. So bietet dieses Buch eine Art Bestandsaufnahme aus eigener Forschung und den Ergebnissen anderer Historiker.

Für Hamburg sind nur relativ wenige Berichte von Überlebenden erhalten. Deshalb habe ich mich bemüht, für dieses Buch Zeugnisse aus Archiven, aus vergriffener Literatur und Interviews zu sammeln, die aus Sicht der jüdischen Betroffenen einen Eindruck von ihrem Leidensweg vermitteln. Die Berichterstatter selbst haben überlebt, doch ihren Müttern, Vätern, Geschwistern, Freunden oder Leidensgenossen wurde dieses Glück meist nicht zuteil. So ist jeder Bericht, den ein Überlebender verfasst hat, gleichzeitig auch ein Bericht über die vielen, die ermordet wurden.

Dieses Buch gliedert sich in drei Teile: I. Geschichte, II. Zeugnis, III. Erinnerung.

Der erste Teil, „Die Verfolgung und Ermordung der Hamburger Juden", enthält historiografische Beiträge: Die Deportationen standen nicht am Anfang der Judenverfolgung. Der Antisemitismus reicht weit in die Geschichte zurück. Von der NSDAP zur Staatsdoktrin erhoben, ebnete er seit 1933 knapp neun Jahre lang über systematische Entrechtung, Ausgrenzung und Verfolgung den Weg zur „Umsiedlung", „Aussiedlung", „Evakuierung", „Abwanderung", „Wohnsitzverlegung" oder wie die Massentransporte sonst noch euphemistisch genannt wurden. Diese Verfolgung bezog auch Personen ein, die sich selbst nicht als Juden definierten, weil sie – oder ihre Vorfahren – getauft oder konfessionslos waren. Deshalb ist in den Aufsätzen generell von Juden die Rede. Wenn jedoch bei namentlich genannten Personen bekannt ist, dass sie getauft waren, wurde dies jeweils hinzugefügt. Der Plural „Juden" meint beide Geschlechter; dort, wo jüdische Männer oder jüdische Frauen als besondere Gruppe behandelt wurden, wird dies benannt.

Eingangs skizziere ich in zwei Aufsätzen die Verfolgung der Juden in Hamburg zwischen 1933 und 1938 sowie deren Radikalisierung nach dem Novemberpogrom in den Jahren 1938 bis 1941. Frank Bajohr widmet sich den Initiativen, die der Hamburger NSDAP-Gauleiter und Reichsstatthalter Karl Kaufmann wie der Höhere Polizei- und SS-Führer Rudolf Querner ergriffen, um den Abtransport der Juden aus Hamburg zu beschleunigen. Er untersucht im weiteren, wie die nichtjüdische Hamburger Bevölkerung auf Verfolgung und Deportationen reagierte. Anschließend schildere ich, wie die Deportationen organisiert wurden und welche Arbeiten die Jüdische Gemeinde in diesem Prozess und für die zurückgebliebenen Juden übernehmen musste. Ich befasse mich auch mit dem Thema „Freitod" und wende mich schließlich den Deportationszielen Lodz, Minsk, Riga, Auschwitz und Theresienstadt zu.

Diesen chronologisch angelegten Beiträgen folgen zwei weitere, die sich mit der nationalsozialistischen Verfolgung der Juden befassen, die mit einem christlichen Ehepartner in so genannter Mischehe lebten. Diese Mischehen waren in Hamburg besonders häufig anzutreffen. Der erste Aufsatz beleuchtet die zeitlich versetzte Verfolgung dieser Gruppe von 1933 bis 1945, die für viele, deren Mischehe bis zum Ende der NS-Zeit standhielt, zwar das Überleben keineswegs garantierte, aber ihnen doch den nötigen Zeitaufschub zum Überleben verschaffte. Hingegen zeigt der zweite Beitrag am Beispiel des deportierten Hamburger Juden Alfred Pein, wie fragil der Schutz einer Mischehe war, wenn diese noch Bestand hatte, und nichts mehr galt, wenn sie geschieden war.

Tausende Hamburger Juden hatten in den 1930er Jahren Zuflucht vor der Verfolgung in europäischen Nachbarländern gesucht. Als die deutschen Truppen 1940 in Holland, Belgien und Frankreich einmarschierten, fanden diese Flüchtlinge sich unversehens im deutschen Machtbereich wieder. Linde Apel demonstriert in ihrem Beitrag anhand zweier lebensgeschichtlicher Interviews und anderer Quellen exemplarisch, wie es denjenigen erging, die nun ein zweites Mal unter NS-Herrschaft gerieten. Während eine interviewte Hamburger Emigrantin im belgischen Versteck überlebte, entkam der zweite Geflohene den Verfolgern nicht. Er wurde festgenommen, deportiert und stand eine lange Lagerodyssee mit harter, lebensbedrohlicher Zwangsarbeit durch, bis er von den Alliierten befreit wurde.

Der zweite Teil des Buches umfasst zehn Zeugnisse Überlebender. Sie sind zu unterschiedlichen Zeiten und zu verschiedenen Zwecken entstanden. Die meisten Berichterstatter wollten Zeugnis von ihrem Leiden und dem ihrer Familienangehörigen ablegen. Die Texte konfrontieren uns mit der subjektiven Sicht auf die Vorgänge, die im Vorangegangenen historiografisch abgehandelt wurden. Das Ehepaar Friedfertig hinterlegte im Archiv der Wiener Library (London) einen 1944 verfassten Bericht von ihrer Austreibung aus Hamburg während der „Polen-Aktion" 1938; der Kaufmann Edgar Eichholz richtete 1939 einen Brief an seinen emigrierten Sohn, in dem er die Verhaftung während des Novemberpogroms 1938 und die Tage im Hamburger Konzentrationslager Fuhlsbüttel, dem „Kolafu", beschrieb; Max Plaut, verantwortlicher Funktionär der Jüdischen Gemeinde legte 1964 seine Erinnerungen an die Deportationsmaßnahmen der Gestapo in Hamburg nieder. Aus sehr viel größerem zeitlichen Abstand entstand 1992 ein Interview, das ich mit Ingrid Wecker führte. Sie half der Jüdischen Gemeinde bei den praktischen Vorbereitungen für die Transporte. Die Deportationen von Oktober bis Dezember 1941 führten in die Ghettos von Lodz, Minsk und Riga. Der Harburger Fritz Sarne, der Matthias Heyl 1990 von seinem Leidensweg berichtete, überlebte das Ghetto Lodz. Die Passagen über das Ghetto Minsk stammen aus einem 1985 auf deutsch erschienenen und inzwischen vergriffenen Buch des Überlebenden Heinz Rosenberg; ausgewählt wurde hier sein Bericht über die Ankunft der Hamburger Juden in dem Ghetto. Rita Springfield geb. Kaplan fasste 2002 in einem Brief an ihre frühere Mitschülerin Steffi Wittenberg ihre Lagererfahrungen in Jungfernhof bei Riga zusammen. Anders als Sarne, Rosenberg und Kaplan, die den Deportationsbefehl für eine der großen Deportationen erhielten, wurde Martin Starke, dessen Brief über Auschwitz und folgende Lager sich anschließt, nicht mit einem der Massentransporte, sondern aufgrund einer Denunziation als „Schutzhäftling" nach Auschwitz deportiert. Im Februar 1945 erhielten auch Juden und Jüdinnen, die in Mischehen lebten, den Deportationsbefehl in das Ghetto Theresienstadt. Alice Kruse, die getauft war, aber in der Terminologie der NS-Machthaber wegen ihrer Abstammung als Jüdin galt, berichtete 1969 in einem längeren Report für das Leo Baeck Institut in New York über diesen letzten Transport aus Hamburg. Hier werden Ausschnitte über ihre Zeit im Ghetto Theresienstadt und die Rückkehr nach Hamburg veröffentlicht. Zum Abschluss zeigt der von Walter Zwi Bacharach 1985 geschriebene Text eindringlich, dass die vermeintliche Sicherheit, die er mit seinen Eltern und seinem Bruder in Holland gefunden hatte, sich als trügerisch erwies. Sein Weg führte über die Durchgangsstation Westerbork nach Auschwitz und in weitere Lager. Sein Bruder und er, nicht aber seine Eltern, überlebten.

Der dritte Teil des Buches widmet sich der Erinnerung an dieses Geschehen. Der Hamburger Organisator der Stolperstein-Aktion, Peter Hess, gibt Auskunft über die Erfahrungen, die er in den letzten vier Jahren gesammelt hat. Er zeigt Möglichkeiten auf, wie Leserinnen und Leser dieses Buches, Schulklassen oder Jugendgruppen in ihrem Lebens- und Wohnbereich Erinnerungsarbeit leisten können.

Es folgt ein Stadtspaziergang zu jenen Stolpersteinen, die an einer ausgewählten Route im Grindelviertel gesetzt worden sind. Der dargebotene Weg ist zur praktischen Nachahmung empfohlen: Er soll zu einem Spaziergang mit diesem Buch in der Hand auffordern. Er verbindet die Stätten jüdischen Lebens, die von den Nationalsozialisten in Stätten der Vernichtung verwandelt wurden, mit den individuellen Biografien der Opfer, derer mit den Stolpersteinen gedacht wird.

Prinzipiell recherchieren die „Paten“ der Stolpersteine die Lebensgeschichte eines Deportierten, an den erinnert werden soll. Für die Steine an „meiner“ Route lagen solche Porträts noch nicht vor. Deshalb habe ich versucht, die Biografien dieser ca. 50 Personen zu erforschen. Die meisten Deportierten waren keine Prominenten, die Spuren in der Öffentlichkeit hinterlassen haben. Wenn Akten über sie existieren, sind es oft solche, die von staatlicher Verfolgerseite angelegt wurden. Manchmal jedoch schimmert – den Umständen zum Trotz – selbst in diesen Akten ein bisschen von der Persönlichkeit der Deportierten durch. Ein besseres Bild ergibt sich, wenn persönliche Nachlässe zur Verfügung stehen oder Verwandte Auskunft geben können. Meinen Wunsch, von möglichst jedem der Porträtierten ein Foto zu finden oder wenigstens ein Dokument abdrucken zu können, auf dem ihr/sein Name genannt ist, habe ich nicht verwirklichen können. Dennoch ergänzen die Kurzbiografien die kargen Angaben auf den Stolpersteinen um Informationen, die die Deportierten als Menschen kenntlich machen, die gelitten und gehofft haben, die verzweifelt waren, leben und überleben wollten.

In das Buch eingefügt findet sich eine Liste der bis zum Frühjahr 2006 in Hamburg gesetzten Stolpersteine. Die meisten wurden im ehemaligen Hauptwohngebiet der Hamburger Juden verlegt, dem Grindelgebiet.

Danksagung

Ich bin vielen Personen zu Dank verpflichtet. Zuerst möchte ich Ina Lorenz nennen, die mir die Möglichkeit gegeben hat, diesen Band zu schreiben. Frank Bajohr hat die Arbeit hilfreich-kritisch begleitet und – ebenso wie Linde Apel – einen eigenen Aufsatz beigesteuert. Weiter möchte ich allen danken, die meine Arbeit mit Beiträgen, Auskünften und Hinweisen sowie Fotos und Materialien unterstützt haben. Meine Anfragen beantworteten geduldig Diana Schulle, Anna Hájková (Theresienstädter Initiative), Alfred Gottwaldt (Deutsches Technik-Museum, Berlin) und Andreas Brämer (Institut für die Geschichte der deutschen Juden). Auskünfte haben auch Michael Frankl (Theresienstädter Initiative), Ulrich Fritz (KZ Gedenkstätte Flossenbürg), Miriam Gillis-Carlebach, Bettina Goldberg, Matthias Heyl (KZ Gedenkstätte Ravensbrück), Johann-Hinrich Möller, Robert Kuwalek (Leiter der Gedenkstätte Belzec), Sabine Stein (Archiv der Gedenkstätte Buchenwald), Michael Studemund-Halévy, Anna von Villiez und Jerzy Wroblewski (Leiter des Staatlichen Museums Oswiecim) erteilt. Ich danke Frau Carola Meinhardt (Senatskanzlei) für die Hilfe, Adressen herauszufinden und insbesondere Peter Hess für seine vielfältige und unermüdliche Unterstützung. Nicht zuletzt vermittelte er die Kontakte zu Christian Engelbrecht, Liesel Feilbach und Ray Fromm, ohne deren Erzählungen die Porträts ihrer Angehörigen nicht in dieser Form hätten entstehen können. Besonders verbunden bin ich Walter Zwi Bacharach, der mir vertrauensvoll seine unveröffentlichten Aufzeichnungen über seine Deportation nach Auschwitz überließ, und Inge Hutton, die sich mit mir zusammen der Leidensgeschichte ihres deportierten Vaters noch einmal näherte. Ebenso danke ich Pit Goldschmidt, Rita Springfield und Steffi Wittenberg, Schlomo Schwarzschild, Ingrid Wecker, Ernst H. Sanders und Wolfgang Andrae. Ohne die hilfreiche Unterstützung von Jürgen Sielemann im Staatsarchiv wären meine Recherchen nur halb so ergiebig gewesen, auch die Verantwortlichen im Amt für Wiedergutmachung haben diese sehr unterstützt. Jürgen Lillteicher (Stiftung Denkmal für die ermordeten Juden Europas) ersparte mir viel Zeit, indem er mir seine Bilddatenbanken öffnete, Daniel Uziel (Yad Vashem) stellte mir viele Fotos zur Verfügung, auch Brigitte Abramowski (Stadtteilarchiv Ottensen), Herbert Diercks (KZ Gedenkstätte Neuengamme), Gisela Möllenhoff und etliche Archive halfen mit Bildmaterial. Valentin Katzer und Anna Stuckert machten sich um das Manuskript verdient. Andrea Orth danke ich für ihre fotografischen und grafischen und Joachim Szodrzynski für seine redaktionellen Arbeiten.

Ferner danke ich den Kolleginnen und Kollegen vom Institut für die Geschichte der deutschen Juden für ihre Unterstützung und Rita Bake von der Landeszentrale für Politische Bildung, die sich dieser Publikation schnell und unbürokratisch angenommen hat.

Teil I

Geschichte

Beate Meyer

Die Verfolgung der Hamburger Juden (1933–1938)

Am 30. Januar 1933 ernannte Reichspräsident Paul von Hindenburg Adolf Hitler zum Reichskanzler. Noch verfügte dieser nicht über die Mehrheit im Reichstag und blieb auf das Notverordnungsrecht des Reichspräsidenten angewiesen. Deshalb mobilisierte die NSDAP alle Kräfte für die Reichstagswahl am 5. März 1933, und tatsächlich entschieden sich 51,9 Prozent der Wähler für sie und ihren Verbündeten, die Kampffront Schwarz-Weiß-Rot, die sich aus der Deutschnationalen Volkspartei und dem Stahlhelm-Bund der Frontsoldaten zusammensetzte. In Hamburg allerdings verzeichnete dieses Zweckbündnis „nur" 46,8 Prozent. Während in der Hansestadt die Kommunisten bereits verhaftet waren oder gejagt wurden, einigten sich die Nationalsozialisten und ihre Koalitionäre am 8. März 1933 auf zwölf Senatoren, davon 6 Angehörige der NSDAP, die den Bürgermeister stellte, vier der Deutschnationalen Volkspartei (DNVP), je einer von der Deutschen Volkspartei (DVP) und der Deutschen Staatspartei (DStP). An die Spitze der Landesregierung trat der hanseatische Kaufmann Carl Vincent Krogmann. Bereits ein halbes Jahr später wurde die Hamburger Bürgerschaft wie alle anderen Länderparlamente aufgelöst, die politischen Parteien waren entmachtet, verboten oder gaben von selbst auf. Im Sommer 1933 existierte auch in Hamburg nur noch eine Partei, die NSDAP. Karl Kaufmann, ihr Gauleiter, fungierte als Hitlers Reichsstatthalter in der Hansestadt, während Krogmann, am 1. Mai 1933 erst in die NSDAP eingetreten, Regierender Bürgermeister blieb und mit seinen Ansprachen das antisemitische Klima in der Stadt schürte.[1] Die politische Gleichschaltung ging mit Terror gegen Andersdenkende einher: Kommunisten, Sozialdemokraten, Gewerkschafter, kritische Journalisten, Künstler und andere wurden verfolgt, verhaftet, verprügelt und mundtot gemacht. Gegen die Juden unter ihnen gingen die 300 zu Hilfspolizisten ernannten SA-Männer besonders brutal vor. Im Grindelgebiet, dem Hauptwohngebiet der Hamburger Juden, kam es zu Überfällen. Max Plaut, seit 1. Januar 1933 hauptamtlicher Sekretär der Deutsch-Israelitischen Gemeinde, wurde in ein SA-Lokal an der Moorweide verschleppt und misshandelt, auch in den Folgejahren wurde er mehrfach kurzzeitig verhaftet.[2]

Carl Vincent Krogmann verabschiedet Adolf Hitler auf dem Hamburger Rathausmarkt, 1939

Zu den einschüchternden Gewaltaktionen traten „legale" antijüdische Maßnahmen. Fast 2000 antijüdische Gesetze oder Verordnungen wurden während der NS-Zeit erlassen. Hier kann nur auf die Auswirkungen von einigen der neuen Vorschriften eingegangen werden. Die Judenverfolgung basierte in Hamburg wie andernorts teils auf Reichsgesetzen, teils waren die Anordnungen regionaler Herkunft und damit oft Vorreiter für spätere reichseinheitliche Regelungen. Sie schränkten die Juden in ihren privaten wie beruflichen Lebensbereichen immer mehr ein, sie trafen sie als Mitglieder jüdischer Vereinigungen, und sie veränderten die Möglichkeiten und Aufgaben der Deutsch-Israelitischen Gemeinde zu Hamburg fundamental. Beispielsweise hätte das 1933 in Hamburg erlassene Schächtverbot[3] für orthodoxe Juden, die die Speiseregeln einhielten und lediglich geschächtetes Fleisch aßen, das Ende des

Max Plaut

Fleischverzehrs bedeutet. Die jüdische Gemeinde handelte schnell, lagerte Vorräte im Kühlhaus ein, entsandte gemeinsam mit anderen deutsch-jüdischen Gemeinden speziell ausgebildete Schlachter nach Dänemark und importierte das Fleisch von dort.

1933 lebten in Hamburg 16973 Juden, außerdem in den Stadtteilen, die erst ab 1937 zu Groß-Hamburg zählten, noch einmal 2437 (in Altona 2006, Wandsbek 116 und Wilhelmsburg 315), die den jeweiligen Deutsch-Israelitischen Gemeinden als Mitglieder angehörten. Der aufkommende Antisemitismus, der schon vor 1933 mit Friedhofsschändungen und Straßenterror gegen Juden einherging,[4] beunruhigte die Verantwortlichen in den Gremien der Gemeinden wie auch die Leiter der vielen jüdischen Organisationen, ohne dass diese sich auf ein gemeinsames Vorgehen hätten einigen können.

Am 1. April 1933 organisierte die NSDAP einen Boykott, der sich gegen Läden, Praxen und Unternehmen von jüdischen Besitzern richtete. SA-Trupps verteilten in der Innenstadt antisemitische Flugblätter. Ein (jüdischer) Passant, der Ablehnung signalisierte, wurde am Gänsemarkt zusammengeschlagen.[5] Posten vor Geschäftslokalen behinderten Patienten, Klienten oder Kunden und kommentierten lautstark deren „Judenfreundlichkeit". Die Aktion verstand sich als Auftakt zur Verdrängung der Juden aus dem Berufs- und Wirtschaftsleben. In einem Gespräch erinnerte sich Max Plaut an sehr unterschiedliche Reaktionen der jüdischen Geschäftsleute: „Tietz wurde geschlossen. Max Haack am Neuen Steinwall gab am Boykottag 10% Rabatt, jedem Kunden einen Luftballon und erzielte doppelten Umsatz. Die kommunistische Bevölkerung kam und kaufte, so dass der Boykott hier fast den Charakter eines Volksfestes annahm. Der Geschäftsinhaber [diese Episode bezieht sich vermutlich auf das Eimsbüttler Kaufhaus Bucky, B. M.] stellte sich mit seinem EK I[6] in die Tür ..."[7] Solidarität übten auch Hafenarbeiter in vielen Städten der Welt, insbesondere in Nordafrika, die sich weigerten, deutsche Schiffe zu entladen. Die Hamburger Nationalsozialisten zwangen die jüdische Gemeinde, in Casablanca telegraphisch zu dementieren, dass Juden in Hamburg verfolgt würden. Plaut erhielt – nach eigener Aussage – von den meist aus Russland nach Nordafrika geflüchteten Empfängern des Telegramms die Antwort: „Als wir in Kiew waren, mussten wir auch solche Telegramme ins Ausland schicken."[8]

Zwar registrierten die boykottierten Unternehmer, Ärzte oder Anwälte auch vielerlei wohltuende Beweise für persönliche oder politische Solidarität von Stammkunden, Patienten, Klienten oder anderen, doch verfehlte die öffentliche Stigmatisierung ihre Wirkung nicht, zumal die Ausgrenzung weiter ging. Am 10. April schloss das Gesetz über die Zulassung zur Rechtsanwaltschaft die jüdischen Anwälte – in Hamburg 204 von 646 Anwälten[9] – aus, d. h. es verbot ihnen die Berufsausübung, es sei denn, sie waren bereits vor 1914 als Anwälte tätig gewesen oder hatten als Frontkämpfer am Ersten Weltkrieg teilgenommen. Zeitgleich, am 11. April 1933, verloren in Hamburg nach dem Gesetz zur Wiederherstellung des Berufsbeamtentums die ersten von schließlich hunderten „nichtarischen" staatlichen Angestellten, Beamten und Arbeitern ihren Arbeitsplatz im öffentlichen Dienst, in staatlichen und halbstaatlichen Betrieben. Auch für sie galten Ausnahmen wie bei den Anwälten. Langjährige Beamte erhielten reduzierte Pensionen. Straßenbahnschaffner wie international angesehene Professoren standen gleichermaßen auf der Straße. Das Gesetz gegen die Überfüllung deutscher Schulen und Hochschulen beschränkte den Zugang zu den Bildungsinstitutionen. Dem Boykott und den Berufsverboten folgten Ausbildungsverbote, der Ausschluss aus Vereinigungen, Vereinen und Clubs, die den „Arierparagraphen“ in ihre Satzungen einführten. Nachdem im September 1933 die Reichskulturkammer geschaffen worden war und alle, die im weitesten Sinn Kulturschaffende waren, einer der sieben Einzelkammern beitreten mussten, wies Reichspropagandaminister Goebbels an, „Nichtarier“ im Allgemeinen nicht aufzunehmen. Wer jeweils mit „Nichtarier“ bzw. Jude gemeint war, variierte in den ersten beiden Jahren der nationalsozialistischen Herrschaft und umfasste sowohl Personen mit einem wie solche mit vier jüdischen Großelternteilen.

Im Mai 1933 loderten auch in Hamburg Scheiterhaufen besonderer Art: „Zersetzende Literatur“ von politisch nicht genehmen und jüdischen Autoren wurde verbrannt. Die reichsweite Aktion fand am 10. Mai statt, wurde jedoch für Hamburg auf den 15. Mai verschoben, weil am vorgesehenen Datum die neu formierte Bürgerschaft feierlich ins Amt eingeführt werden sollte. Eintausend Angehörige des Studenten-SA-Sturmes 6/76 verbrannten am Kaiser-Friedrich-Ufer zweitausend Bücher (Heute erinnert dort eine Gedenktafel an das Geschehen). Da der NSDAP-Gauleitung die Beteiligung zu gering war, setzte sie eine Wiederholung der Aktion am 30. Mai am Lübeckertorfeld in Anwesenheit der Hamburger Partei-Prominenz an.[10] Mancherorts kam es auch zu kleineren „wilden“, d. h. unorganisierten Bücherverbrennungen.

Die Angst ging unter den Hamburger Juden um. Die Deutsch-Israelitische Gemeinde zu Hamburg richtete im Mai 1933 den dringenden Aufruf an ihre Mitglieder, sich angesichts der äußeren Bedrohung auf den Glauben zurückzubesinnen: „Eine Zeit der Not und damit der Prüfung ist über uns deutsche Juden gekommen. Die Fundamente unserer wirtschaftlichen und staatsbürgerlichen Existenz sind ins Wanken geraten. Wir versinken, wenn wir Wirtschaft und Staat als die alleinige Lebensgrundlage betrachten, wir bleiben aufrecht – trotz allem – wenn wir auf jenes Fundament uns besinnen, das in geheimnisvollen Tiefen der Seele verankert, unserer kampf- und sturmerprobten Gemeinschaft immer wieder segnende Kräfte spendet: unser Judentum. In der verwirrenden Fülle schmerzlicher Geschehnisse, die in diesen Wochen auf uns einstürmen, ist es eines, was uns tröstet, die von Tag zu Tag sich verstärkende seelische Haltung des aufrechten Juden. Wir fühlen, unser Judentum ruft, Gott ruft“, und der Text endet mit dem Appell „Seien wir Juden“.[11]

In der Tat füllten sich die Synagogen und Veranstaltungen, die jüdische Organisationen ausrichteten. Neben der Stärkung des Glaubens und jüdischer Traditionen bemühte sich die Gemeinde um Unterstützung der Familien, die durch Berufsverbote in wirtschaftliche Not geraten waren, weitete die Fürsorge aus und schuf Einrichtungen wie eine Beratungsstelle für jüdische Wirtschaftshilfe und eine für Berufsausbildung; sie gewährte Darlehen, unterhielt eigene Lehrwerkstätten und Haushaltungsschulen, rief mit einer Werbekampagne im Gemeindeblatt „Unterstützt die jüdischen Handwerker!“ zur Solidarität auf und appellierte an jüdische Arbeitgeber, entlassene jüdische Lohnabhängige einzustellen. Das „Jüdische Winterhilfswerk“ sammelte für jüdische Bedürftige. Die Gemeinde stockte ihr Personal von ca. 30 auf über 100 Mitarbeiterinnen und Mitarbeiter auf, wobei sie unter den hochqualifizier-

Jüdisches Umzugsgut (11.5.1941), das wegen Kriegsbeginns nicht verschifft und bei Luftangriffen zerstört wurde

ten aus dem Staatsdienst entlassenen Fachleuten wählen konnte. Sie musste aber auch, um all die neuen Aufgaben erfüllen zu können, die Kultussteuern erheblich erhöhen, was wiederum die Mitglieder finanziell belastete.[12]

Die jüdische Bevölkerung Hamburgs fluktuierte in dieser Zeit stark: Zum einen strebten Juden aus ländlichen Regionen in die Großstadt Hamburg, wo sie sich mehr schützende Anonymität und vor allem Verdienstmöglichkeiten versprachen, zum anderen bemühten sich Hamburger Juden (wie die Juden überall im Deutschen Reich) um Auswanderungsmöglichkeiten. Aus der Hansestadt wanderten während der NS-Zeit insgesamt – so Schätzungen – zwischen 10 000 und 12 000 Juden aus.[13] Zwischen 1933 und 1937 lag der Prozentsatz der Hamburger Emigranten pro Jahr deutlich unter 10 Prozent der ortsansässigen jüdischen Bevölkerung und damit unter dem Reichsdurchschnitt; erst nach 1938 erhöhte er sich auf ca. 24 Prozent und stieg über den Reichsdurchschnitt an. In den ersten Jahren der NS-Herrschaft wanderten Hamburger Juden in erster Linie nach Palästina (1933: 69 Prozent, 1934: 46 Prozent) und in die westeuropäischen Staaten aus (37 Prozent), die schnell erreichbar waren. 1935 bis 1937 standen die USA an der Spitze der Zielländer, gefolgt von Palästina und Großbritannien.[14]

Max W. Warburg

Der Hamburger Bankier Max Warburg knüpfte an seine bestehenden inländischen und internationalen Beziehungen an und unternahm ab 1933 etliche Vorstöße, mit dem Reichswirtschaftsministerium und anderen zuständigen Stellen ein für jüdische Auswanderer zumutbares Verfahren für Vermögenstransfers auszuhandeln, scheiterte jedoch damit immer wieder. Als er 1938 auf einer USA-Reise die Nachrichten vom Novemberpogrom erhielt, kehrte er nicht zurück.[15] Von New York aus setzte er seine Bemühungen fort, und in Hamburg leistete sein „Sekretariat Warburg" weiterhin finanzielle Hilfe für Auswanderer.

Vor der Emigration mussten jüdische Unternehmer oder Selbstständige ihre Betriebe verkaufen. Gleichzeitig betrieb der NS-Staat unter dem Schlagwort „Arisierung" deren Übergabe an nichtjüdische Nachfolger. Bis 1936 konnten die Verkäufer sich noch relativ frei für ein Kaufangebot entscheiden. Dann waren alle Gewerbebetriebe als „jüdische" registriert, und der Gauwirtschaftsberater des Hamburger Reichsstatthalters Kaufmann erwirkte ein Mitsprache- bzw. Entscheidungsrecht bei jedem Eigentumstransfer. Allerdings ging die „Entjudung der Wirtschaft" in Hamburg, verglichen mit anderen „Gauen", bis Ende 1937 relativ langsam vonstatten und umfasste bis dahin lediglich ca. 20 Prozent der jüdischen Betriebe. Einzelne Sparten jedoch, wie etwa die 19 Hamburger Apotheken, die Juden gehörten, mussten nach Reichsgesetzen „arisiert" werden.[16] Weder die Gauleitung noch die Hamburger Handelskammer forcierten bis 1937/38 die „Arisierungen" im wirtschaftlichen Notstandsgebiet Hamburg. Doch entschied der Gauwirtschaftsberater bei der Vertragsgestaltung zunehmend mit. Er nahm nicht nur Einfluss auf die Höhe des Verkaufspreises, sondern auch darauf, dass nur politisch zuverlässige Erwerber ausgewählt wurden und ob die Firma überhaupt weiterexistieren und nicht besser liquidiert werden sollte. Er entschied, ob der „jüdische Einfluss" bezogen auf den Firmennamen und die leitenden jüdischen Mitarbeiter beseitigt worden war usw.[17] Die Mehrheit der potentiellen Käufer wollte ein „Schnäppchen machen", Konkurrenz beseitigen oder sich mit einem günstig erworbenen Betrieb überhaupt erst selbstständig machen. Bedenken gegen diese Bereicherung trugen offensichtlich nur wenige. Hatte ein jüdischer Unternehmer unter dem Druck der bevorstehenden Abreise vielleicht trotzdem einen Käufer gefunden, der seine Situation nicht ausnutzte, so trat der Gauwirtschaftsberater auf den Plan und vereitelte berechtigte Forderungen, minderte einen marktgerechten Verkaufspreis oder Regelungen für künftige Gewinnbeteiligungen. Neben den Erwerbern profitierten auch Treuhänder, Vermittler, Agenten, unter denen sich eine stattliche Anzahl Betrüger befand, von den Verkäufen. Jüdische Im- und Exporteure, wichtige Faktoren in der Hamburger Wirtschaft, litten unter der veränderten Politik der Devisen- und der Zollfahndungsstellen. Letztere standen unter zentraler Kontrolle des SS-Gruppenführers Reinhard Heydrich.

Gestützt auf weitere NS-Gesetze entstanden neue Überwachungsstellen, die jüdische Unternehmer und Auswanderer unter besondere Kontrolle stellten. „Reichsfluchtsteuer" konnte bereits seit 1931 erhoben werden, doch während der NS-Zeit wurde sie erheblich verschärft und zur Ausplünderung von Juden genutzt. Die Freibeträge wurden gesenkt, die Steuer selbst massiv erhöht. Hinzu kamen neue Beschränkungen der Kapitalausfuhr. Erhielten Auswanderer 1935 noch 50 Prozent des offiziellen Wechselkurses, so wurde dies bis zum Beginn des Krieges auf 4 Prozent verringert.[18] Welches Umzugsgut mitgenommen werden durfte, regelte ein Erlass des Reichswirtschaftsministeriums, wobei auf alle Anschaffungen, die nach 1933 getätigt worden waren, ein Aufschlag von 100 Prozent des Kaufpreises entrichtet werden musste.[19] Seit 1936/37, spätestens ab 1938, wurden alle Juden als Kapitalfluchtverdächtige behandelt, gegen die die Devisenstellen Sicherungsanordnungen erlassen konnten, die ihnen die Verfügung über ihr Eigentum untersagten.[20]

Zerstörten die kurz nach der nationalsozialistischen Machtübernahme erlassenen Gesetze die wirtschaftliche Existenz der Juden, so zielten andere auf die Ausgrenzung aus der deutschen Bevölkerung, so die Nürnberger Gesetze – die Sammelbezeichnung für das Reichsgesetz zum Schutze des deutschen Blutes und der deutschen Ehre,[21] des Reichsbürgergesetzes[22] und ein in diesem Zusammenhang bedeutungsloses Reichsflaggengesetz – vom 15. September 1935 mit ihren kurz darauf erlassenen Ausführungsverordnungen.[23] Sie schrieben die Apartheidspolitik fest: Das „Blutschutzgesetz" verbot künftige Mischehen zwischen Juden und Nichtjuden, tastete aber die bestehenden nicht an. Es stellte den außerehelichen Sexualverkehr zwischen Juden und Nichtjuden unter Strafe. Weiter verbot es die Beschäftigung nichtjüdischer Hausangestellter unter 45 Jahren und das Hissen der Nationalfahne. Die Ausführungsverordnungen zum Reichsbürgergesetz definierten, dass als „Volljude" eine Person mit mindestens drei jüdischen Großelternteilen anzusehen war. Die „Halbjuden", Personen mit zwei jüdischen Großelternteilen, wurden in nichtjüdische („Mischlinge ersten Grades") und jüdische („Geltungsjuden") unterschieden, „Vierteljuden", also Personen mit einem jüdischen Großelternteil, als „Mischlinge zweiten Grades“ bezeichnet. Während die „Volljuden“ in der Folgezeit zu Staatsbürgern zweiter Klasse degradiert und massiv ausgegrenzt, isoliert und verfolgt wurden, unterlagen die „Mischlinge ersten Grades“ einem Sonderrecht, das ihr privates Lebensglück und ihre beruflichen Möglichkeiten stark einschränkte, sie jedoch nicht vollständig aus der Mehrheitsgesellschaft ausschloss.[24] Sie durften keinen „deutschblütigen“ Partner heiraten, wobei formal eine Ehegenehmigung beantragt werden konnte, die faktisch jedoch nicht erteilt wurde; der öffentliche Dienst war versperrt, nur ein Teil der dort bereits Tätigen konnte mit Sondergenehmigungen bleiben; Ausbildungsgänge in medizinischen, juristischen, pädagogischen und künstlerischen Berufen wurden ihnen verwehrt, sie durften allerdings in der freien Wirtschaft arbeiten, solange es sich nicht um sicherheitsrelevante Bereiche handelte oder andere Gründe ihrer Beschäftigung entgegenstanden. Zunächst in die Wehrmacht aufgenommen, wurden sie später wieder entlassen, konnten aber mit Sondergenehmigungen dort verbleiben, wenn auch ihrer Beförderung enge Grenzen gesetzt waren. „Mischlinge zweiten Grades“ waren partiell von Restriktionen betroffen. Sie durften ebenfalls eigentlich nicht dem öffentlichen Dienst angehören bzw. dort nicht befördert werden etc.[25]

Reichsbürgergesetz.

Vom 15. September 1935.

Der Reichstag hat einstimmig das folgende Gesetz beschlossen, das hiermit verkündet wird:

§ 1

(1) Staatsangehöriger ist, wer dem Schutzverband des Deutschen Reiches angehört und ihm dafür besonders verpflichtet ist.
(2) Die Staatsangehörigkeit wird nach den Vorschriften des Reichs- und Staatsangehörigkeitsgesetzes erworben.

§ 2

(1) Reichsbürger ist nur der Staatsangehörige deutschen oder artverwandten Blutes, der durch sein Verhalten beweist, daß er gewillt ist, in Treue dem Deutschen Volk und Reich zu dienen.
(2) Das Reichsbürgerrecht wird durch Verleihung des Reichsbürgerbriefes erworben.
(3) Der Reichsbürger ist der alleinige Träger der vollen politischen Rechte nach Maßgabe der Gesetze.

§ 3

Der Reichsminister des Innern erlässt im Einvernehmen mit dem Stellvertreter des Führers die zur Durchführung und Ergänzung des Gesetzes erforderlichen Rechts- und Verwaltungsvorschriften.

Nürnberg, den 15. September 1935,
am Reichsparteitag der Freiheit.

Der Führer und Reichskanzler
Adolf Hitler

Der Reichsminister des Innern
Frick

Erste Verordnung zum Reichsbürgergesetz

vom 14. November 1935

Auf Grund des § 3 des Reichsbürgergesetzes vom 15. September 1935 (RGBl. I. S. 1146) wird folgendes verordnet:

§ 1. (1) Bis zum Erlaß weiterer Vorschriften über den Reichsbürgerbrief gelten vorläufig als Reichsbürger die Staatsangehörigen deutschen oder artverwandten Blutes, die beim Inkrafttreten des Reichsbürgergesetzes das Reichstagswahlrecht besessen haben, oder denen der Reichsminister des Innern im Einvernehmen mit dem Stellvertreter des Führers das vorläufige Reichsbürgerrecht verleiht.

(2) Der Reichsminister des Innern kann im Einvernehmen mit dem Stellvertreter des Führers das vorläufige Reichsbürgerrecht entziehen.

§ 2. (1) Die Vorschriften des § 1 gelten auch für die staatsangehörigen jüdischen Mischlinge.

(2) Jüdischer Mischling ist, wer von einem oder zwei der Rasse nach volljüdischen Großelternteilen abstammt, sofern er nicht nach § 5 Abs. 2 als Jude gilt. Als volljüdisch gilt ein Großelternteil ohne weiteres, wenn er der jüdischen Religionsgemeinschaft angehört hat.

§ 3. Nur der Reichsbürger kann als Träger der vollen politischen Rechte das Stimmrecht in politischen Angelegenheiten ausüben und ein öffentliches Amt bekleiden. Der Reichminister des Innern oder die von ihm ermächtigte Stelle kann für eine Übergangszeit Ausnahmen für die Zulassung zu öffentlichen Ämtern gestatten. Die Angelegenheiten der Religionsgesellschaften werden nicht berührt.

§ 4. (1) Ein Jude kann nicht Reichsbürger sein. Ihm steht ein Stimmrecht in politischen Angelegenheiten nicht zu; er kann ein öffentliches Amt nicht bekleiden

§ 5. (1) Jude ist, wer von mindestens drei der Rasse nach volljüdischen Großeltern abstammt. § 2 Abs. 2 Satz 2 findet Anwendung.

(2) Als Jude gilt auch der von zwei volljüdischen Großeltern abstammende staatsangehörige jüdische Mischling,
a) der beim Erlaß des Gesetzes der jüdischen Religionsgemeinschaft angehört hat oder danach in sie aufgenommen wird,
b) der beim Erlaß des Gesetzes mit einem Juden verheiratet war oder sich danach mit einem solchen verheiratet,
c) der aus einer Ehe mit einem Juden im Sinne des Absatzes 1 stammt, die nach dem Inkrafttreten des Gesetzes zum Schutze des deutschen Blutes und der deutschen Ehre vom 15. September 1935 (RGBl. I. S. 1146) geschlossen ist,
d) der aus dem außerehelichen Verkehr mit einem Juden im Sinne des Absatzes 1 stammt und nach dem 31. Juli 1936 außerehelich geboren wird.

§ 6. (1) Soweit in Reichsgesetzen oder in Anordnungen der Nationalsozialistischen Deutschen Arbeiterpartei und ihrer Gliederungen Anforderungen an die Reinheit des Blutes gestellt werden, die über § 5 hinausgehen, bleiben sie unberührt.

(2) Sonstige Anforderungen an die Reinheit des Blutes, die über § 5 hinausgehen, dürfen nur mit Zustimmung des Reichsministers des Innern und des Stellvertreters des Führers gestellt werden. Soweit Anforderungen dieser Art bereits bestehen, fallen sie am 1. Januar 1936 weg, wenn sie nicht von dem Reichsminister des Innern im Einvernehmen mit dem Stellvertreter des Führers zugelassen werden. Der Antrag auf Zulassung ist bei dem Reichsminister des Innern zu stellen.

§ 7. Der Führer und Reichskanzler kann Befreiungen von den Vorschriften der Ausführungsverordnungen erteilen.
Berlin, den 14. November 1935

Der Führer und Reichskanzler
Adolf Hitler

Der Reichminister des Innern
Frick

Der Stellvertreter des Führers
R. Heß
Reichsminister ohne Geschäftsbereich

Gesetz zum Schutze des deutschen Blutes und der deutschen Ehre.

Vom 15. September 1935.

Durchdrungen von der Erkenntnis, daß die Reinheit des deutschen Blutes die Voraussetzung für den Fortbestand des Deutschen Volkes ist, und beseelt von dem unbeugsamen Willen, die Deutsche Nation für alle Zukunft zu sichern, hat der Reichstag einstimmig das folgende Gesetz beschlossen, das hiermit verkündet wird:

§ 1
(1) Eheschließungen zwischen Juden und Staatsangehörigen deutschen oder artverwandten Blutes sind verboten. Trotzdem geschlossene Ehen sind nichtig, auch wenn sie zur Umgehung dieses Gesetzes im Ausland geschlossen sind.
(2) Die Nichtigkeitsklage kann nur der Staatsanwalt erheben.

§ 2
Außerehelicher Verkehr zwischen Juden und Staatsangehörigen deutschen oder artverwandten Blutes ist verboten.

§ 3
Juden dürfen weibliche Staatsangehörige deutschen oder artverwandten Blutes unter 45 Jahren in ihrem Haushalt nicht beschäftigen.

§ 4
(1) Juden ist das Hissen der Reichs- und Nationalflagge und das Zeigen der Reichsfarben verboten.
(2) Dagegen ist ihnen das Zeigen der jüdischen Farben gestattet. Die Ausübung dieser Befugnis steht unter staatlichem Schutz.

§ 5
(1) Wer dem Verbot des § 1 zuwiderhandelt, wird mit Zuchthaus bestraft.
(2) Der Mann, der dem Verbot des § 2 zuwiderhandelt, wird mit Gefängnis oder mit Zuchthaus bestraft.
(3) Wer den Bestimmungen der §§ 3 oder 4 zuwiderhandelt, wird mit Gefängnis bis zu einem Jahr und mit Geldstrafe oder mit einer dieser Strafen bestraft.

§ 6
Der Reichsminister des Innern erläßt im Einvernehmen mit dem Stellvertreter des Führers und dem Reichsminister der Justiz die zur Durchführung und Ergänzung des Gesetzes erforderlichen Rechts- und Verwaltungsvorschriften.

§ 7
Das Gesetz tritt am Tage nach der Verkündung, § 3 jedoch erst am 1. Januar 1936 in Kraft.

Nürnberg, den 15. September 1935
am Reichsparteitag der Freiheit.

Der Führer und Reichskanzler
Adolf Hitler

Der Reichsminister des Innern
Frick

Der Reichsminister der Justiz
Dr. Gürtner

Der Stellvertreter des Führers
R. Heß

Als die Nürnberger Gesetze erlassen wurden, bestand noch Unklarheit, wie viele „Nichtarier" überhaupt in Deutschland lebten, denn die Volkszählung von 1933 hatte – wie der Zensus davor – lediglich Mitglieder jüdischer Gemeinden erfasst, nicht aber „Juden" und „Mischlinge" nach der „rassischen" Definition der Nationalsozialisten. Als die neuen Kategorien bei der Volkszählung von 1939 erstmals angewendet wurden, ergaben sich für „Großhamburg"[26] insgesamt 10 131 Juden, 4428 „Mischlinge ersten Grades" und 3359 „Mischlinge zweiten Grades". So lebten in Hamburg mehr „Mischlinge" als im Reichsdurchschnitt, ihr Anteil an der Hamburger Bevölkerung (0,3 bzw. 0,2 Prozent) war jedoch verschwindend wenig.

Das Verbot des außerehelichen Geschlechtsverkehrs zwischen Juden und „Deutschblütigen", den das Blutschutzgesetz unter Strafe stellte, öffnete Schnüffelei, Denunziation und Verleumdung Tür und Tor. Nach Hitlers Auffassung ging die Initiative zur Sexualität immer vom Mann aus, deshalb sollte nur dieser in Fällen von „Rassenschande" bestraft werden. In der Praxis bedeutete das jedoch nicht, dass die betroffenen Frauen unbehelligt blieben. So ordnete der Hamburger Justizsenator und Oberlandesgerichtspräsident Rothenberger beispielsweise für seinen Zuständigkeitsbereich Bestrafungen an, wenn die Frau „aktiv geworden" sei oder den Täter gedeckt habe.[27] In Hamburg ermittelte die Justiz zwischen 1936 und 1943 gegen 1580 Personen. Zwei Drittel der Ermittlungsverfahren wurden zwischen 1937 und 1939 eingeleitet. Insgesamt 429 führten zu Anklagen, 36 Personen wurden frei- und 391 schuldig gesprochen.[28] Zum Vergleich: Im Deutschen Reich wurden 2211 angeklagt. Damit lag Hamburg gemessen an der absoluten Zahl der Verfahren hinter Berlin, doch bezogen auf den geringen Anteil der Juden an der Gesamtbevölkerung (im Mai 1939 stellten sie 0,6 Prozent der Hamburger Bevölkerung dar) an der Spitze.[29] Die unzähligen Schikanen unterhalb von Ermittlungs- oder Strafverfahren werden in diesen Zahlen nicht erfasst. So wurde beispielsweise der bereits erwähnte Max Plaut einmal auf dem Bahnsteig verhaftet: Eine Kusine, die nicht „jüdisch aussah", hatte ihm am Zug einen Abschiedskuss gegeben, woraufhin ein zufällig anwesender Gestapobeamter einschritt. Nach Klärung der jüdischen Abstammung der Kusine wurde er dann freigelassen.[30] Ab 1937 richtete sich die Bespitzelung außerehelicher Beziehungen auch gegen „Mischlinge ersten Grades" und ihre „deutschblütigen" Partner, die nach dem Wortlaut des Gesetzes von dem Verbot gar nicht betroffen waren. Für diese unerwünschten Paare übernahm die Gestapo die Aufgabe, die im Fall der „Volljuden" die Justiz erfüllte.[31]

In den Jahren 1933 bis Ende 1937 hatten Hamburger Juden bereits unter offener oder hinter „legaler" Fassade versteckter Gewalt gelitten, versucht, sich mit den Einschränkungen zu arrangieren, Auswege zu finden oder das Land bereits verlassen. Einige hatten sogar die Nürnberger Gesetze mit all ihren Einschränkungen für das tägliche Leben in der Hoffnung begrüßt, damit wenigstens eine Art Rechtssicherheit für ein Leben als Staatsbürger zweiter Klasse erhalten zu haben. Die Ereignisse des „Schicksalsjahres 1938" überraschten die einen und übertrafen die schlimmsten Befürchtungen der anderen.

Anmerkungen

1 Vgl. zur nationalsozialistischen Machtübernahme in Hamburg Ursula Büttner, Der Aufstieg der NSDAP, in: Forschungsstelle für Zeitgeschichte (Hrsg.), Hamburg im „Dritten Reich", Göttingen 2005, S. 27–64, hier: S. 59ff.

2 Zitiert nach Frank Bajohr, „Arisierung" in Hamburg. Die Verdrängung der jüdischen Unternehmer 1933–1945, Hamburg 1997, S. 29; Beate Meyer, Plaut, in: Franklin Kopitzsch/Dirk Brietzke (Hrsg.), Hamburgische Biographie. Personenlexikon Bd. 1, Hamburg 2001, S. 238f.

3 Beim Schächten, d. h. dem rituellen Schlachten, wird das Tier durch einen Halsschnitt getötet und blutet dann aus. Zur Geschichte des Schächtverbotes siehe Jüdisches Lexikon, Bd. 4/2, Königstein 1982, S. 134ff.

4 Vgl. Ina Lorenz, Die jüdische Gemeinde Hamburg 1860–1943. Kaiserreich – Weimarer Republik – NS-Staat, in: Arno Herzig (Hrsg.), Die Juden in Hamburg 1590 bis 1990. Wissenschaftliche Beiträge der Universität Hamburg. Zur Ausstellung „Vierhundert Jahre Juden in Hamburg", Hamburg 1991, S. 77–100, nachgedruckt in: Ina Lorenz (Hrsg.), Zerstörte Geschichte. Vierhundert Jahre jüdisches Leben in Hamburg, Hamburg 2005, S. 128–171, hier: S. 158ff.

5 Vgl. Galerie Morgenland (Hrsg.), „Wo Wurzeln waren". Juden in Hamburg-Eimsbüttel 1933–1945, Hamburg 1993, S. 93.

6 Eisernes Kreuz Erster Klasse.

7 FZH, Plaut im Gespräch mit Dr. H. Schottelius am 11.7.1953, S. 3.

8 Ebd.

9 Vgl. Heiko Morisse, Jüdische Rechtsanwälte in Hamburg. Ausgrenzung und Verfolgung im NS-Staat, Hamburg 2003, S. 12.

10 Vgl. Jan Hans, Die Bücherverbrennung in Hamburg, in: Eckart Krause/Ludwig Huber/Holger Fischer (Hrsg.), Hochschulalltag im „Dritten Reich". Die Hamburger Universität 1933–1945, Hamburg/Berlin 1991, Bd. 1, S. 237–254; Angela Graf/Hans Dieter Kübler (Hrsg.), Verbrannte Bücher. Verbrannte Ideen, Hamburg 1993; Beate Meyer, „Goldfasane" und „Nazissen". Die NSDAP im ehemals „roten" Stadtteil Hamburg-Eimsbüttel, Hamburg 2002, S. 37–39.

11 Gemeindeblatt der Deutsch-Israelitischen Gemeinde zu Hamburg, 4/26.5.1933.

12 FZH, Plaut im Gespräch mit Dr. H. Schottelius, Niederschrift v. 28.1.1954, S. 5.

13 Vgl. Sybille Baumbach, Die Auswanderung von Juden in der NS-Zeit, in: Deutsches Zollmuseum (Hrsg.), Verfolgung und Verwaltung. Beiträge zur Hamburger Finanzverwaltung 1933–1945, Hamburg 2003, S. 39–79, hier: S. 40ff.

14 Ebd., S. 49, 50, 56.

15 Vgl. Bajohr, „Arisierung", S. 159–171.

16 Vgl. Frank Bajohr, Von der Ausgrenzung zum Massenmord. Die Verfolgung der Hamburger Juden 1933–1945, in: Forschungsstelle für Zeitgeschichte (Hrsg.), Hamburg im „Dritten Reich", Göttingen 2005, S. 471–518, hier: S. 494.

17 Bajohr, „Arisierung", S. 180ff.

18 Ebd., S. 297ff.

19 Baumbach, Auswanderung, S. 59.

20 Vgl. Frank Bajohr, Dienstbeflissene Bürokraten? Devisenstelle, Zollfahndung und die forcierte „Arisierung" jüdischer Unternehmen in Hamburg im „Dritten Reich", in: Deutsches Zollmuseum (Hrsg.), Verfolgung und Verwaltung. Beiträge zur Hamburger Finanzverwaltung 1933–1945, Hamburg 2003, S. 9–28, hier: S. 12–15.

21 Reichsgesetzblatt (RGBl) I, S. 1146f.

22 RGBl. I, S. 1146.

23 RGBl. I, S. 1333f.; ebd., S. 1334–1336.

24 Vgl. Beate Meyer, „Jüdische Mischlinge". Rassenpolitik und Verfolgungserfahrung 1933–1945, Hamburg 1999, S. 202–209.

25 Vgl. Beate Meyer, Die Situation der „Mischlinge zweiten Grades" im nationalsozialistischen Deutschland, in: Jüdisches Museum Berlin (Hrsg.), Lieselotte Friedlaender, Schicksal einer Berliner Modegraphikerin, Berlin 1998, S. 95–101.

26 Inzwischen gehörten nach dem Gesetz über Groß-Hamburg vom 26. Januar 1937 Altona, Wandsbek, Wilhelmsburg und Harburg zum Stadtgebiet, während Cuxhaven, Geesthacht, Ritzebüttel, Groß-Hansdorf und Schmalenbek an Preußen gegangen waren. Die jüdischen Gemeinden der eingegliederten Stadtteile hatten sich in der Folge dieser Neugliederung ebenfalls zusammengeschlossen.

27 Vgl. Alexandra Przyrembel, „Rassenschande". Reinheitsmythos und Vernichtungslegitimation im Nationalsozialismus, Göttingen 2003, S. 179.

28 Hans Robinsohn, Justiz als politische Verfolgung. Die Rechtsprechung in „Rassenschandefällen" beim Landgericht Hamburg 1936–1943, Stuttgart 1977, S. 17 und 22. Welche Auswirkungen diese Verfolgung für eine Familie, insbesondere die Kinder zeitigen konnte, siehe in der Dokumentation von Irene Eckler, Die Vormundschaftsakte 1935–1958. Verfolgung einer Familie wegen „Rassenschande". Dokumente und Berichte aus Hamburg, Schwetzingen 1996, jetzt 3. Auflage unter dem Titel „A family torn apart by ‚Rassenschande'". Politische Verfolgung im Deutschen Reich. Dokumente und Berichte aus Hamburg (deutsch und englisch), Schwetzingen 2001.

29 Vgl. Przyrembel, „Rassenschande" S. 499.

30 Vgl. Leo Baeck Institute, New York, AR 7183, Sammlung Kreutzberger, Box 7/Folder 9, Interview Plaut v. 14.6.00, S. 6.

31 Vgl. dazu ausführlich: Meyer, „Jüdische Mischlinge", S. 171ff.

Beate Meyer

Das „Schicksalsjahr 1938" und die Folgen

Im März 1938 beschleunigte sich die „Arisierung" jüdischer Geschäfte in Hamburg. Kurz darauf mussten reichsweit alle Juden, die mehr als 5000 RM besaßen, ihr Vermögen anmelden. Ärzte verloren ihre Approbation und konnten nur noch als „Krankenbehandler", Rechtsanwälte als „Konsulenten" für Juden tätig sein. Im Juni 1938 verhaftete die Kriminalpolizei reichsweit „Asoziale", Vorbestrafte oder „Arbeitsbummelanten". In Hamburg traf diese Aktion 700 Männer, darunter ca. 200 Juden, denn Himmler hatte die Anweisung erteilt, jüdische Bagatell-Straftäter ohne Ausnahmen zu inhaftieren.[1]

Am 28. Oktober 1938 wurden 17 000 Juden polnischer Herkunft aus dem Deutschen Reich nach Polen abgeschoben. Die polnische Regierung hatte zuvor gedroht, den Auslandspolen die Pässe nicht zu verlängern. Diese wären so zu Staatenlosen geworden. Die NS-Regierung fürchtete, tausende „Ostjuden" würden dauerhaft auf deutschem Territorium bleiben. Ohne Vorwarnung, ohne Ansehen der Person wurden im gesamten Deutschen Reich Männer, Frauen und Kinder von ihren Arbeitsplätzen oder aus ihren Wohnungen geholt. In Hamburg betraf die Aktion 1000 Personen, sie wurden teils im Gefängnis, teils in einer großen Halle gesammelt. Plaut erhielt die Erlaubnis der Gestapo, „mit den im Hüttengefängnis inhaftierten polnischen Juden Fühlung zu nehmen".[2] Dann ging die Fahrt von Altona in Richtung polnischer Grenze (siehe den abgedruckten Bericht von Rosa und Koppel Friedfertig). Nachdem kleinere Gruppen eingereist waren, weigerte der Staat Polen sich, weitere Abschiebehäftlinge ins Land zu lassen. So vegetierten sie monatelang im Niemandsland auf dem Grenzstreifen. Ein Teil erhielt später die Erlaubnis, befristet zurückzukehren, um geschäftliche Angelegenheiten abzuwickeln. Polnische Juden, die sich nach dem deutschen Überfall auf Polen im September 1939 noch in Deutschland aufhielten, wurden in die Konzentrationslager eingeliefert, wo sie unter besonders harten Haftbedingungen massenhaft starben. Andere, die schließlich nach Polen eingereist waren, gerieten dort in den Machtbereich deutscher Truppen, Einsatzgruppen und Zivilverwaltungen.

Mochten gut situierte Hamburger Juden über diese Aktionen im Jahr 1938 noch hinweggesehen haben, weil sie sich gegen Vorbestrafte oder „Ostjuden" richteten, so traf der Schock des Novemberpogroms, im Volksmund „Kristallnacht" genannt, die verbliebene jüdische Bevölkerung Hamburgs mit voller Wucht. Aus Protest gegen die „Polen-Aktion" hatte Herschel Grynspan, ein 17-jähriger Jude, in Paris den deutschen Diplomaten vom Rath erschossen. Als dieser seinen Verletzungen erlag, inszenierten die Nationalsozialisten auf ihrem Traditionstreffen am 9. November in München den „spontanen Volkszorn". Nach einer Goebbelschen Hetzrede wurden SA und NSDAP-Mitglieder im ganzen Land telefonisch informiert. In Hamburg rückten am 10. November SA-Kommandos aus, demolierten Synagogen, Verwaltungsgebäude der jüdischen Gemeinde, Geschäfte und Privatwohnungen von Juden.[3] Der zentral organisierte „Volkszorn" hinterließ zerstörte Schaufensterfronten in der Innenstadt und vielen Stadtteilen, Schwelbrände in Synagogen, demolierte Betsäle und andere Verwüstungen. Die Feuerwehr verzeichnete ein Großfeuer in der Leichenhalle der Harburger Synagoge, die völlig niederbrannte, in der Harburger Synagoge selbst und mehrere kleinere Brände in der Hauptsynagoge auf dem Bornplatz. Die Neue Dammtorsynagoge in der Beneckestraße 4 trug Schäden davon, die die jüdische Gemeinde einige Wochen nach dem Pogrom beseitigen ließ, um dort weiterhin Gottesdienste abhalten zu können, während die Bornplatzsynagoge – auf Kosten der Jüdischen Gemeinde – 1939 abgerissen werden musste. Die Inneneinrichtung der Synagoge des Tempelverbandes wurde ebenfalls Ziel der Angriffe. Das Haus blieb stehen, denn bei einer Sprengung wären die angrenzenden Gebäude in Mitleidenschaft gezogen worden. Heute hat der NDR dort seinen Sitz. Auch die Innenräume der Alten und Neuen Klaus in einem Hinterhof in der Rutschbahn wurden während des Novemberpogroms beschädigt, während diese selbst stehen blieb. Sie wird heute von einem Gewerbebetrieb genutzt.

Bornplatzsynagoge

Die Ruine der Synagoge1938

Privathäuser und Wohnungen von Juden wurden ebenfalls angegriffen. Manche der überraschten Besitzer, die nicht wussten, dass reichsweit eine zentral gesteuerte Großaktion lief, riefen als gute Staatsbürger die Polizei, wie beispielsweise ein zwangspensionierter jüdischer Richter in Ochsenzoll, dessen Wohnzimmerfenster eingeworfen wurden. Der gesetzestreue Mann musste erfahren, dass er weder Schutz für Leib und Leben noch für sein Eigentum von der staatlichen Macht erwarten durfte. Wie überall im Lande sorgten Polizei und Feuerwehr lediglich dafür, dass Brände nicht auf angrenzende Häuser übergriffen.

Die Machthaber beließen es nicht bei Einschüchterungen und Zerstörungen: Reichsweit 20 000 bis 30 000 jüdische Männer, insbesondere wohlhabende, sollten festgenommen und in Konzentrationslager eingeliefert werden. Für die Hamburger „Aktionsjuden" war das KZ Sachsenhausen vorgesehen. Eilig wurden dort und in den Aufnahmelagern für andere Regionen, Buchenwald und Dachau, Unterkünfte vorbereitet, die jedoch bei weitem nicht ausreichten. Die Verhaftungsaktion hielt bis zum 16. November an.[4] Während die ersten Verhafteten nach Sachsenhausen transportiert wurden, blieben die Nachzügler einige Tage oder Wochen in den Gefängnissen ihrer Heimatorte. In Hamburg wurden sie oftmals im Sitz der Gestapo, dem Stadthaus, verhört und dann ins Polizeigefängnis Fuhlsbüttel eingeliefert (siehe den Bericht von Edgar Eichholz). Diejenigen, die in das KZ Sachsenhausen kamen, wurden gedemütigt, geprügelt, zu lebensgefährlichen „Sportübungen" gezwungen und anderen Schikanen ausgesetzt.[5] Viele Verhaftete kamen nach sechs bis acht Wochen wieder frei, nachdem ihnen ihr Eigentum unter Zwang abgepresst worden war. Andere erhielten die Entlassungspapiere, wenn sie Auswanderungsabsichten nachweisen konnten. Im Mai 1939 waren fast alle wieder freigelassen.[6] Zwar hatten vor allem prominente und gutsituierte Juden auf den Verhaftungslisten gestanden, doch wurden auch die weniger Wohlhabenden nicht verschont. Der Berliner Anwalt Hans Reichmann teilte die Baracke mit „Hamburger Hafenarbeitern", „einem Tiertransporteur von Hagenbeck" und einem „gutmütigen Klosettwärter" von St. Pauli. Er wurde zwei Tage vor Silvester 1938 zusammen mit einem jungen Hamburger entlassen, der weder Mantel noch Schuhe trug, weil er aus dem Bett heraus verhaftet worden war und gerade noch die Hausschuhe hatte anziehen können.[7] Alle Freigelassenen mussten unterschreiben, dass sie über das Erlebte nicht berichten würden. Viele wollten darüber auch nicht sprechen: Erstmals hatten sie ein solches Ausmaß an Willkür erlebt, Folter und Misshandlung hatten Todesangst ausgelöst. Wochen- oder monatelang hatten sie nicht gewusst, ob und wann sie wieder entlassen würden, und wie ihr Leben danach aussehen würde. Das alles bewirkte einen nachhaltigen Schock. Nachdem sie sich von den gesundheitlichen Schä-

KZ-Gedenkstätte Sachsenhausen 1989: Tor, Baracken für jüdische Häftlinge (Nachbau) und umgebende Mauer

den der Haft einigermaßen erholt hatten, flüchteten sie Hals über Kopf aus Deutschland. Nach den Novemberereignissen erklärte sich Großbritannien bereit, jüdische Kinder aus Deutschland und Österreich aufzunehmen. Dies war bereits seit 1936 in kleinerem Umfang geschehen, nun öffnete das Land die Grenzen für ca. 10000 Kinder und Jugendliche bis zu 17 Jahren.[8] Es sollen ca. 1000 Hamburger Kinder auf diesem Weg in Sicherheit gelangt sein.[9]

Die hier chronologisch aufgeführten Maßnahmen, die seit 1933 das Leben der Hamburger Juden so einschneidend verändert hatten, verdichten sich im einzelnen Lebenslauf. So spiegelt die Geschichte von Rolf Simon Koenigsbuch,[10] geboren 1929, exemplarisch den rasanten sozialen Abstieg einer Familie aus der unteren Mittelschicht wie die Bemühungen der Betroffenen wider, diesen aufzuhalten. Sie zeigt die deutliche Zäsur des Novemberpogroms, nach dem viele Eltern der Rettung ihrer Kinder absolute Priorität einräumten, während sie selbst keine Möglichkeit des Entkommens fanden: Die Familie lebte am Rand des Grindelgebiets in der Werderstraße. Der Vater handelte recht erfolgreich mit Textilien. „Wir waren eine glückliche Familie und lebten angenehm bis zum Beginn der NS-Zeit",[11] beschreibt Rolf Koenigsbuch die wenigen, noch unbelasteten Jahre seiner Kindheit. Symbolisch fasst er die äußere Bedrohung in der Erinnerung an einen Aufmarsch der SA im Grindelgebiet zusammen, dem er vom Fenster eines Freundes aus zusah. Scheiben seien zu Bruch gegangen, Kunden jüdischer Geschäfte durch die Straßen gejagt worden. Rolf Koenigsbuchs Vater musste die selbstständige Tätigkeit 1936 aufgeben und verdingte sich als Chauffeur, bis ein unverschuldeter Unfall die Erwerbstätigkeit beendete. Die vom Gericht zugestandene Entschädigung verweigerte der Unfallgegner. Jetzt ohne väterliches Einkommen, verarmte die Familie. Während des Novemberpogroms wurde der Vater verhaftet. Auch Lehrer und ältere Schüler der Talmud Tora Schule, die Rolf und sein Bruder besuchten, wurden inhaftiert.[12] Die beiden Jungen hatten Glück: Eine beherzte Nachbarin rettete sie aus dem Gebäude und brachte sie im Taxi nach Hause. Während der Vater noch im Konzentrationslager einsaß, musste die Familie ihre Wohnung zugunsten eines Parteimitglieds räumen. Sie zog in die Agathenstraße 3, ein Stiftsgebäude, das später zum „Judenhaus" wurde. Neun Wochen später kehrte der Vater zurück. Er fand Arbeit in einer Tischlerei. Ohne Wissen der Kinder bemühten die Eltern sich für sie um einen Platz in einem Kindertransport nach England. Im Juni 1939 erklärten sie den Söhnen, sie würden in fünf Tagen auf die Reise gehen. Die acht- bzw. zehnjährigen Jungen sahen ihre Eltern nie wieder. Bis zum Beginn des Krieges konnten sie noch Briefe wechseln, dann blieben Nachrichten aus: „Aus den Briefen erfuhr ich, dass mein Vater später ins Nachbarhaus gezogen ist und dort seine eigene Werkstatt als Tischler eröffnete. Diese wurde natürlich enteignet, als meine Eltern verhaftet wurden. Ohne jeden Besitz wurden sie mitgenommen und in ein Konzentrationslager in Polen gebracht. Ich erfuhr von ihrem Tod durch das Rote Kreuz, an das ich mich gleich nach dem Krieg wandte."[13] Die Eltern waren am 25. Oktober 1941 nach „Litzmannstadt"/Lodz deportiert worden. Das Gedenkbuch weist den 3. August 1942 als Todestag des Vaters und den 7. Dezember 1943 als den der Mutter aus.[14] Die Söhne nahmen die britische Staatsbürgerschaft an, einer kämpfte für sein neues Heimatland in Korea, der andere war in Malaysia stationiert.

Noch zwanzig Jahre nach Kriegsende bezeichnet Rolf Koenigsbuch sich und seinen Bruder als „unsettled", ruhelos, wurzellos und stets auf der Suche nach einem sicheren Ort, wo sie eine „secure future" finden würden, vielleicht in Kanada.

Zwischen 1933 und 1937 hatte sich die Situation sukzessive verschlechtert, doch die Ereignisse des Jahres 1938 nahmen den Juden schlagartig die letzten Freiräume. Sie fanden inzwischen kaum noch Unterstützung in der nichtjüdischen Bevölkerung. Zwar konnte nicht davon die Rede sein, dass sich der „Volkszorn" in den Ausschreitungen verwirklicht hätte, doch die Reaktionen der Bevölkerung verurteilten weniger die Gewalt gegen Personen, als viel mehr die Tatsache, dass diese öffentlich stattfand, vor allem aber die damit einhergehende Zerstörung von Sachwerten (vgl. den Beitrag von Frank Bajohr).

Max Plaut war nur kurzzeitig in Haft genommen und bald entlassen worden. Nun setzte die Gestapo ihn im Dezember 1938 zum Leiter des Jüdischen Religionsverbands Hamburg e. V. ein, wie sich die Jüdische Gemeinde jetzt nennen musste. Er handelte gegenüber der Gestapo als „Aufsichtsbehörde" als Alleinverantwortlicher. Gleichzeitig bestellte diese ihn zum Geschäftsführer aller jüdischen Organisationen, die noch nicht verboten worden waren. Damit war das „Führerprinzip" auch in der jüdischen Gemeinde eingeführt. Als im Juli 1939 per Gesetzesakt die Reichsvereinigung der Juden in Deutschland mit einer Berliner Zentrale, die dem Reichssicherheitshauptamt unterstand, und regionalen Geschäftsstellen gegründet wurde, ernannte die Gestapo Plaut zusätzlich zum Leiter der Bezirksstelle Nordwestdeutschland. So regelte er neben den Hamburger Belangen auch die Angelegenheiten der Juden in Schleswig-Holstein und Teilen von Niedersachsen. Mit finanzieller Unterstützung des bereits erwähnten „Sekretariats Warburg" verhandelte, erwirkte, erkaufte und erschwindelte Plaut, ein ehemaliger Freikorpskämpfer, zwischen 1938 und 1941 Visa, Pässe und Passagen. Denn die entlassenen KZ-Häftlinge, aber auch tausende anderer Hamburger Juden, die vor dem Novemberpogrom vielleicht eher halbherzig Auswanderungspläne verfolgt hatten, flüchteten nun außer Landes, wenn sie irgendwie konnten. Fast zwei Drittel der Emigranten aus Hamburg verließen Deutschland in den Jahren 1938/39. Zunächst strebten sie in begehrte Zielländer wie die USA, Großbritannien etc., später, als der Beginn des Zweiten Weltkrieges und der Kriegseintritt der USA dies verhinderten, nach Kuba, Südamerika, bis schließlich nur noch Shanghai übrigblieb, für das kein Visum notwendig war.

Immer neue Anordnungen traten in Kraft:[15] Göring verlangte von den deutschen Juden eine „Sühneleistung" von 1 Milliarde Reichsmark, die die Juden in vier Teilbeträgen zwischen Dezember 1938 und August 1939 an den Fiskus entrichten mussten. Nachdem die Summe auf die Zahlungspflichtigen umgelegt worden war, die ein Vermögen von mehr als 5000 Reichsmark angemeldet hatten, ergaben sich sogar 1,2 Milliarden Reichsmark für die Staatskasse. Götz Aly berechnete, dass die „Judenbuße", die „Arisierungserlöse" und die Reichsfluchtsteuer 1938/39 zusammen mindestens 9 Prozent der laufenden Einnahmen des Deutschen Reichs ausmachten.[16]

Verordnung über eine Sühneleistung der Juden deutscher Staatsangehörigkeit.
Vom 12. November 1938.

Die feindliche Haltung des Judentums gegenüber dem deutschen Volk und Reich, die auch vor feigen Mordtaten nicht zurückschreckt, erfordert entschiedene Abwehr und harte Sühne. Ich bestimme daher auf Grund der Verordnung zur Durchführung des Vierjahresplans vom 18. Oktober 1936 (Reichsgesetzbl. I S. 887) das Folgende:

§ 1. Den Juden deutscher Staatsangehörigkeit in ihrer Gesamtheit wird die Zahlung einer Kontribution von 1 000 000 000 Reichsmark an das Deutsche Reich auferlegt.

§ 2. Die Durchführungsbestimmungen erlässt der Reichsminister der Finanzen im Benehmen mit den beteiligten Reichsministern.

Berlin, den 12. November 1938.

Der Beauftragte für den Vierjahresplan
Göring
Generalfeldmarschall

Quelle: RGBl. I 1938, S. 1579

Jüdische Gewerbebetriebe hatten bis zum 31. Dezember 1938 „arisiert“ oder liquidiert zu werden; die Schüler durften nur noch jüdische Schulen besuchen (bis auch diese im Sommer 1942 geschlossen wurden). Die meisten jüdischen Organisationen wurden aufgelöst, nur noch diejenigen, die die Auswanderung förderten, existierten weiter. Das Hamburger Gemeindeblatt erschien nicht mehr, stattdessen informierte das neugegründete zentrale Jüdische Nachrichtenblatt über Auswanderungsmöglichkeiten, neue Bestimmungen, die Zeiten der Gottesdienste der einzelnen jüdischen Gemeinden, druckte Nachrufe, Kochrezepte und Heirats-, Todes- oder Verkaufsanzeigen. Es stand unter der Kontrolle des Reichspropagandaministeriums wie des Reichssicherheitshauptamtes.[17] Da die antijüdischen Maßnahmen zunehmend nicht mehr in der Tagespresse veröffentlicht wurden (und Juden später auch keine Zeitung mehr halten durften), gewann das Jüdische Nachrichtenblatt schnell an Bedeutung. Verbot eine der beiden Zensurinstanzen den Abdruck eines Artikels, der eine neue Verordnung ankündigte, mussten die einzelnen Gemeinden ihre Mitglieder über Aushänge oder Mund-zu-Mund-Propaganda informieren, denn Übertretungen wurden streng geahndet, einerlei, ob der Inhalt eines Verbotes bekannt sein konnte oder nicht.

Das Reichsgesetz über die „Mietverhältnisse mit Juden“ vom 30. April 1939 hob den Mieterschutz und die freie Wohnungswahl für Juden auf und schuf so die Voraussetzung, die jüdische Bevölkerung in bestimmten Stadtteilen konzentrieren und dort in größeren Gebäuden ghettoisieren zu können. In Hamburg war der Jüdische Religionsverband (bzw. später die Bezirksstelle der Reichsvereinigung der Juden in Deutschland) bereits vor Beginn der Deportationen angewiesen worden, Unterkünfte von „Volljuden“ durch Zusammenlegungen freizumachen. Der von ihnen bewohnte

Raum wurde erfasst, um Umzüge anordnen zu können. Juden, die in einem der Stiftsgebäude wohnten, die jüdische Wohltäter zur paritätischen Nutzung eingerichtet hatten, wurden in 16 „jüdischen" Wohnstiften konzentriert, während die paritätischen Stiftungen (bis auf drei) „arisiert" wurden.[18] Nicht nur in Hamburg behandelte die Gauleitung der NSDAP die „Judenwohnungen" als Verfügungsmasse für Maßnahmen der Sozialpolitik oder städtebaulicher Neugestaltung und später als Entschädigung für Ausgebombte.

1939 wurde mit der „Pflichtarbeit" für Fürsorgeempfänger der erste Schritt zur Zwangsarbeit für Juden getan, bis 1940/41 alle arbeitsfähigen Jüdinnen und Juden im „geschlossenen Arbeitseinsatz" standen. Sie kehrten Straßen, arbeiteten in Betrieben und Rüstungsfabriken. Der Beginn des Zweiten Weltkrieges brachte nächtliche Ausgangssperre und Lebensmittelrationierung für die Juden mit sich. Die Kunde von ersten Deportationen verbreitete Schrecken: Aus vorgeblich militärischen und siedlungspolitischen Gründen wurden Juden aus Stettin (Februar 1940) und Schneidemühl (März 1940) in den Distrikt Lublin im Generalgouvernement abtransportiert, aus Baden und der Pfalz (Oktober 1940) nach Gurs im unbesetzten Teil Frankreichs sowie aus Danzig (Februar 1941) und Wien (Februar/März 1941) wiederum in den Distrikt Lublin. Dort sollte ein gigantisches Ansiedlungsgebiet für Juden aus dem deutschen Machtbereich entstehen, ein kurzlebiger Plan, der nicht verwirklicht wurde.[19] Die in Max Plauts Zuständigkeitsbereich fallenden Juden Ostfrieslands sollten ebenfalls in die Region Lublin abgeschoben werden, doch die Reichsvereinigung und die örtlichen jüdischen Gemeinden konnten in letzter Minute eine Umsiedlung in größere deutsche Städte erreichen.

Die antijüdische Politik nach dem Novemberpogrom unter Federführung des Reichssicherheitshauptamtes, insbesondere seines Leiters Reinhard Heydrich, wurde unter dem Schlagwort „forcierte Auswanderung" zusammengefasst. Dies bedeutete die brutale Vertreibung aus der Heimat, während die Lebenssituation der Zurückgebliebenen durch neue Schikanen, Abgaben und Verbote weiter verschlechtert wurde.

In den besetzten Ostgebieten hatten die Machthaber bereits die Zwangsmaßnahmen eingeführt, die sie in Deutschland erst mit Beginn der systematischen Deportationen etablierten, wie die Kennzeichnungspflicht oder die Ghettoisierung. Hinter der Front ermordeten die Einsatzgruppen der SS die einheimische jüdische Bevölkerung zu tausenden. Die Massenerschießung von mehr als 33 000 Juden in der Schlucht von Babijar ist nur ein Beispiel unter vielen Mordaktionen. Langsam sickerten Gerüchte über diese Gräueltaten in die Heimat, doch schienen sie nichts mit der befürchteten „Umsiedlung" der deutschen Juden zu tun zu haben. Aus Briefen und anderen Zeitzeugnissen wird deutlich, dass die Hamburger wie die anderen deutschen Juden – bis auf wenige Ausnahmen – mehrheitlich glaubten, zum Arbeitseinsatz in den Osten gebracht zu werden, was angesichts der Überalterung der in Deutschland verbliebenen Juden schon bedrohlich genug war. Als die ersten Deportationszüge bereits rollten, erließ das Reichssicherheitshauptamt zwei folgenschwere Verbote: Die Auswanderung wurde für die Dauer des Krieges generell nicht mehr erlaubt, und „deutschblütige Personen", die freundschaftliche Beziehungen zu Juden zeigten, sollten in „Schutzhaft" genommen werden.

Anmerkungen

1 Vgl. zu dieser Aktion, die als „Juni-Aktion" oder „Aktion Arbeitsscheue Reich" oder „Aso-Aktion" in der Literatur zu finden ist, Wolfgang Ayass, „Asoziale" im Nationalsozialismus, Stuttgart 1995 und – mit Zahlen für Hamburg – Patrick Wagner, Volksgemeinschaft ohne Verbrecher. Konzeptionen und Praxis der Kriminalpolizei in der Zeit der Weimarer Republik und des Nationalsozialismus, Hamburg 1996, S. 279–292, hier: S. 290.

2 Yad Vashem 01/199, Bemerkungen von Dr. Ball-Kaduri zum Zeugenbericht von Dr. Max Plaut „Die Juden in Deutschland 1941–1943", Anlage Dokumente, Erlaubnis des Polizeipräsidenten v. 28.10.1938.

3 Vgl. Jürgen Sielemann, Fragen und Antworten zur „Reichskristallnacht" in Hamburg, in: Bewahren und Berichten. Festschrift für Hans-Dieter Loose zum 60. Geburtstag. Zeitschrift des Vereins für Hamburgische Geschichte Bd. 83/1, Hamburg 1997, S. 473–502; siehe auch Christiane Pritzlaff, Synagogen und ihre Zerstörung, in: Ursula Wamser/Wilfried Weinke (Hrsg.), Ehemals in Hamburg zu Hause, Hamburg 1991, S. 23–35.

4 Vgl. Wolfgang Benz, Mitglieder der Häftlingsgesellschaft auf Zeit. „Die Aktionsjuden" 1938/1939, in: Dachauer Hefte, Heft 21/2005, S. 179–196, hier: S. 179f.

5 Siehe auch den von Benz zitierten Bericht eines anonymen Hamburgers, ebd., S. 183f.

6 Ebd., S. 192.

7 Vgl. Hans Reichmann, Deutscher Bürger und verfolgter Jude. Novemberpogrom und KZ Sachsenhausen 1937 bis 1939, München 1998, S. 226 u. 240.

8 Vgl. Rebekka Göpfert, Der jüdische Kindertransport von Deutschland nach England 1938/39, Frankfurt/New York 1997, S. 60ff; Ronald Stent, Jewish Refugee Organisation, in: Julius Carlebach/Gerhard Hirschfeld/Aubrey Newman/Arnold Paucker/Peter Pulzer (Hrsg.), Second Chance, Tübingen 1991, S. 579–598; zu Hamburg siehe Christiane Berth, Die Kindertransporte nach Großbritannien 1938/39. Exilerfahrungen im Spiegel lebensgeschichtlicher Interviews, München/Hamburg 2005.

9 Vgl. Bajohr, Ausgrenzung, S. 504.

10 YV 02/121(Wiener Library P II.a. No. 175), Rolf S. Koenigsbuch, Personal Experiences.

11 Übersetzung aus dem Englischen.

12 Siehe dazu auch Ursula Randt, Die Talmud Tora Schule in Hamburg. 1805 bis 1942, Hamburg 2005, S. 166ff.

13 Übersetzung aus dem Englischen.

14 Hamburger Jüdische Opfer des Nationalsozialismus. Gedenkbuch (im folgenden: Gedenkbuch), Veröffentlichung des Staatsarchivs Hamburg, bearbeitet von Jürgen Sielemann, Hamburg 1995, S. 216.

15 Siehe Joseph Walk, Das Sonderrecht für die Juden im NS-Staat. Eine Sammlung der gesetzlichen Maßnahmen und Richtlinien, Heidelberg, 1981; oder: Wolfgang Benz (Hrsg.), Die Juden in Deutschland 1933–1945. Leben unter nationalsozialistischer Herrschaft, München 1988, Zeittafel S. 739–754.

16 Vgl. Götz Aly, Hitlers Volksstaat. Raub, Rassenkrieg und nationaler Sozialismus, Frankfurt/Main 2005, S. 62f.

17 Vgl. Clemens Maier, Zwischen „Leben in Brasilien" und „Aus den Verordnungen". Das Jüdische Nachrichtenblatt 1938–1943, in: Beate Meyer/Hermann Simon (Hrsg.), Juden in Berlin 1938–1945, Berlin 2000, S. 107–127.

18 Vgl. Angela Schwarz, Von den Wohnstiften zu den „Judenhäusern", in: Angelika Ebbinghaus/Karsten Linne (Hrsg.), Kein abgeschlossenes Kapitel: Hamburg im „Dritten Reich", Hamburg 1997, S. 232–247, hier: S. 240.

19 Vgl. Christopher Browning, Die Entfesselung der „Endlösung". Nationalsozialistische Judenpolitik 1939–1942, München 2003, S. 260f.

Frank Bajohr

Die Deportation der Juden: Initiativen und Reaktionen aus Hamburg*

Die Deportation der Juden aus dem so genannten Altreich wurde seit Herbst 1941 zentral durch das Reichssicherheitshauptamt in Berlin koordiniert. Diese zentrale Steuerung bedeutete jedoch nicht, dass die Deportationen in erster Linie „von oben" initiiert wurden. Ohne Druck „von unten", den insbesondere NSDAP-Gauleiter wie Joseph Goebbels (Berlin), Baldur von Schirach (Wien) oder Karl Kaufmann (Hamburg) ausübten, hätte Hitler seine Zustimmung zu den Deportationen im September 1941 kaum erteilt.

In Hamburg hatten mehrere Dienststellen schon seit 1939/40 auf einen Abtransport der Juden gedrängt. Im Mittelpunkt des lokalen Interesses standen hier wie in anderen Großstädten die so genannten Judenwohnungen, die angesichts der damals in Hamburg herrschenden Wohnungsnot zahlreiche Begehrlichkeiten geweckt hatten. Bereits im April 1940 hatte ein Hamburger SA-Obersturmbannführer auf einer Sitzung der Beiräte für Sozialangelegenheiten die „Evakuierung der Juden und Verschickung in die Ostgebiete" vorgeschlagen.[1] Das Gau-Rechtsamt der Hamburger NSDAP legte nach und drängte in einem Schreiben vom 20. März 1941 das städtische Rechtsamt, „Judenwohnungen zu beschlagnahmen und den Familien von Frontsoldaten und Arbeitern zur Verfügung zu stellen".[2] Im September 1941 schließlich ergriff der Hamburger NSDAP-Gauleiter und Reichsstatthalter Karl Kaufmann die Initiative und nutzte einen britischen Bombenangriff, der in der Nacht vom 15. auf den 16. September 1941 rund 600 Hamburger obdachlos gemacht hatte, um das Plazet Hitlers für eine Deportation der Hamburger Juden einzuholen. In einem späteren Schreiben an Hermann Göring bekannte Kaufmann:

„Im September 1941 war ich nach einem schweren Luftangriff an den Führer herangetreten mit der Bitte, die Juden evakuieren zu lassen, um zu ermöglichen, dass wenigstens zu einem gewissen Teil den Bombengeschädigten wieder eine Wohnung zugewiesen werden könnte. Der Führer hat unverzüglich meiner Anregung entsprochen und die entsprechenden Befehle zum Abtransport der Juden erteilt."[3]

Ausgestattet mit der Einwilligung Hitlers, suchte Kaufmann noch vor Beginn der reichsweiten Deportationen am 15. Oktober einen Großteil der Hamburger Juden in das Generalgouvernement abzuschieben, scheiterte jedoch am Widerstand von Generalgouverneur Hans Frank, der seinerseits die Juden des Generalgouvernements in den Osten abschieben wollte und darum kein Interesse zeigte, Juden aus dem „Altreich" zusätzlich aufzunehmen.[4] Deshalb verweigerte Frank die Abnahme der „so dringend angemeldeten Juden aus Hamburg", die in vier Transportzügen in den Distrikt Lublin hatten gebracht werden sollen: einer in den Kreis Biala-Podlaska, zwei in den Kreis Hrubieszow und einer in den Kreis Janow-Lubelski.[5]

Kaufmanns Initiative führte im Hinblick auf eine isolierte Deportation der Hamburger Juden zwar nicht zum Erfolg, trug jedoch offensichtlich dazu bei, die Deportation aller Juden aus dem Reichsgebiet in Gang zu setzen, denn am 18. September

Rudolf Querner (o.)

Karl Kaufmann

teilte der Reichsführer SS Heinrich Himmler dem Gauleiter des Warthegaues, Arthur Greiser, Hitlers Entscheidung mit, „daß möglichst bald das Altreich und das Protektorat von Westen nach dem Osten von Juden geleert und befreit werden“.

Um die verschiedenen Aktivitäten in Hamburg zu koordinieren, lud Gauleiter und Reichsstatthalter Kaufmann für den 16. Oktober 1941 zu einer Besprechung ein, die lediglich durch eine kurze Aktennotiz im Tagebuch des Hamburger Bürgermeisters Carl Vincent Krogmann überliefert ist.[6] Teilnehmer und Ergebnis der Sitzung sind nicht bekannt. Neben Kaufmann und Krogmann dürften mit größter Wahrscheinlichkeit Georg Ahrens, der Leiter der Hamburger Staatsverwaltung, Rudolf Querner, der Höhere SS- und Polizeiführer Nordsee sowie Vertreter der Geheimen Staatspolizei und der Ordnungspolizei, der Finanz-, Sozial- und Bauverwaltung, der Reichsbahn sowie der NSDAP an der Besprechung teilgenommen haben.

Eine organisatorische Schlüsselstellung nahm zweifellos Himmlers Vertreter in Hamburg ein, der Höhere SS- und Polizeiführer Rudolf Querner.[7] Dieser leitete überdies die Polizeiabteilung der Hamburger Staatsverwaltung und vertrat Reichsstatthalter Kaufmann in allen polizeilichen Angelegenheiten. Damit war Querner unmittelbar für die Durchführung und Bewachung der Deportationstransporte durch Angehörige der Gestapo und der Ordnungspolizei zuständig, zumal Kaufmann noch vor der ersten Deportation am 25. Oktober 1941 nach Garmisch-Partenkirchen zur Gamsjagd verreiste.

Wohnraumpolitische Motive tauchen zwar in allen Dokumenten zur Deportation der Hamburger Juden auf, spielten jedoch eher eine legitimatorische denn eine ursächliche Rolle. Schon die Zahl der auf diese Weise neu gewonnenen Wohnungen stand in keinem Verhältnis zu den tatsächlichen Dimensionen des Hamburger Wohnungsproblems. Der allgemeine Wohnraummangel sowie der Bedarf an Ersatzwohnungen für die Neugestaltung Hamburgs addierten sich bereits im April 1940 zu einem Mehrbedarf von 80 000 Wohnungen, der durch die Wohnraumzerstörungen im Bombenkrieg noch gesteigert wurde.[8] Demgegenüber blieben die erhofften Wohnungszuwächse durch die Deportation denkbar gering. Bis Ende September 1942 wurden „Juden-Wohnungen“ an lediglich 900 Familien abgegeben.[9] Vergleicht man die Zahl der – wie es im Behördenjargon hieß – „freigemachten Judenwohnungen“ mit der Hamburger Gesamtzahl von 256 000 kriegszerstörten Wohnungen, dann machte der Anteil der so genannten „Judenwohnungen“ weniger als 1 Prozent aus. Es wäre daher ein Fehlschluss, wollte man aus dieser Begründung auf das tatsächliche Motiv der Akteure schließen, denn die Vertreibung und Deportation der Juden stellte keinen Randaspekt nationalsozialistischer Wohnungspolitik dar, sondern gehörte zu den ideologischen Kernzielen des NS-Regimes. Der Verweis auf die Wohnungsnot umgab die Deportationen mit einer pseudo-rationalen Begründung, die über die ideologisch-antisemitische Fundierung der Deportationen nicht hinwegtäuschen konnte.

Die Hamburger NS-Machthaber waren bestrebt, die Deportationen möglichst nicht unter den Augen der Öffentlichkeit abzuwickeln. Deshalb hatten sie die 1940 aus Hamburg deportierten Sinti und Roma in einem abgelegenen Fruchtschuppen des Hamburger Hafens zusammengefasst, den abseits gelegenen Hannoverschen Bahnhof als Deportationsbahnhof ausgewählt und die Transporte weder in der Presse noch im Rundfunk angekündigt. Ähnliches wiederholte sich bei der Deportation der Hamburger Juden. Noch im September 1941 hatten die Hamburger Zeitungen offen über die Einführung des „gelben Sterns“ berichtet;[10] danach erstarb jede Berichterstattung über Verfolgungsmaßnahmen und das genaue Schicksal der betroffenen Juden.

Dennoch verbreitete sich die Kunde über die Deportationen mit großer Geschwindigkeit. Bereits einen Tag vor Beginn der ersten Deportation am 25. Oktober 1941 notierte die Hamburgerin Luise Solmitz in ihrem Tagebuch: „Alle außer mir wußten, dass eine Menge Juden, es sollen zugewanderte sein, nach Polen abgeschoben werden, dort offenbar beschäftigt werden sollen. G. sah welche mit Sack und Pack. Vorgeschriebenes Gewicht des Gepäcks, alles andere bleibt zurück; für Bombengeschädigte, heißt es.“[11] Detaillierte Kenntnisse hinsichtlich des Gepäcks mischten sich mit unzutreffenden Spekulationen über „zugewanderte“ Juden, die zu diesem Zeitpunkt längst abgeschoben worden waren. Luise Solmitz zeigte sich auch

Hannoverscher Bahnhof, Ansicht des Hauptportals, 1940

Verfallene Gleisanlagen des Hannoverschen Bahnhofs 2005

über die folgenden Deportationen gut informiert, zumal die Sammelpunkte vor dem Abtransport zum Hannoverschen Bahnhof in der Regel gut einsehbar waren. So fuhren in Hamburg die S-Bahnen an dem überschaubaren Platz vor dem Logenhaus fast im Minutentakt vorbei. Am 7. November notierte Frau Solmitz: „In der Bahn reckten die Leute die Hälse; vorm Logenhaus wurde offenbar ein neuer Transport zu verschickender Nichtarier zusammengestellt.“[12]

Hermann Frielingsdorf, ein Hamburger Handwerksmeister, der über keinerlei exklusive Informationsquellen verfügte und keine Kontakte zu Juden besaß, schrieb am 13. November 1941 in sein Tagebuch: „Was man in der Judenfrage hört: Sie sollen alle ihre Wohnungen verlassen, den Schlüssel dazu bei der Polizei abgeben. Sie sollen alle zwei Handkoffer mit Zeug mitnehmen dürfen u. dann nach Rußland verschickt werden. Das sind deutsche Taten. Wenn also in Zukunft für die Judenmißhandlungen dem d. [eutschen] Volke besondere Vergeltungsmaßnahmen auferlegt werden, dann hat das d.[eutsche] Volk wenigstens mal einmal Recht, wenn es sagt, daß das von den

Juden käme. Bisher hat das d.[eutsche] Volk ausdrücklich und bewußt alle gemeinen Staats- und Volksstreiche den Juden als ihre Schuld zugeschoben, entgegen jedem Ehrgefühl und jeder Wahrheitsliebe."[13]

Frielingsdorfs Bemerkungen machten deutlich, dass er die Deportationen missbilligte, für die er ausdrücklich nicht nur die NS-Machthaber, sondern auch das „deutsche Volk" in Haftung nahm. Repräsentativ war Frielingsdorf mit seiner Meinung zweifellos nicht. So begleitete ein Teil der Hamburger Bevölkerung die Deportationen mit demonstrativer öffentlicher Zustimmung. Ingrid Wecker, die bei den ersten Deportationen als Helferin der Jüdischen Gemeinde eingesetzt war, erinnert sich, dass die Juden vor dem Logenhaus durch eine Beifall klatschende Menge auf LKWs getrieben wurden.[14] Der Journalist Uwe Storjohann registrierte zustimmende Äußerungen wie „Jetzt marschieren sie ins Ghetto" oder „Wird auch höchste Eisenbahn, dass sie verduften. Alles nur unnütze Esser!"[15] Die schon erwähnte Luise Solmitz notierte in ihrem Tagebuch am 5. Dezember 1941 den Ausspruch eines Passanten: „Gut, dass das Pack ausgekehrt wird!" Die einzelnen Deportationstransporte – so Solmitz in ihrem Tagebuch – waren nicht zuletzt an den Mülleimern rund um die so genannten Judenhäuser erkennbar: „Ich fand die Bestätigung in den Mülleimern an ihrem Stift, die übervoll waren von den armen Überbleibseln ihres bißchen Habe, von bunten Blechdosen, alten Nachttischlampen, zerschlissenen Handtaschen. Kinder wühlten darin, eine unbeschreibliche Unordnung verbreitend; die knochige, gestromte Dogge suchte nach Eßbarem. Die alte Frau X. sagte, daß am Kl. Schäferkamp die Kinder den Auszug johlend begleitet hätten."[16] Auch die 1942 nach Theresienstadt deportierte Berthie Philipp erwähnte einen regelrechten Massenauflauf bei ihrem Abtransport aus einem jüdischen Wohnstift. „Viele Neugierige, die eben des Weges kamen, blieben stehen und umgaben bald in einem großen Kreise das Tor des Gartens, immer wieder versuchten sie es zu öffnen, wurden aber von zwei dort Posten stehenden Schupobeamten zurückgestoßen. Sobald die Schutzleute den Rücken kehrten, schlüpften Zuschauer durchs Tor und drängten und schoben sich dicht an den Wagen heran. Von hier ließen sie sich nicht mehr fortjagen, denn sie trachteten danach, aus nächster Nähe gierig das ungewohnte Schauspiel zu genießen, das ihnen ratlos erstarrte und hilflos verängstigte Menschen boten. [...] Da schob sich ein großer, breit gebauter, gut gekleideter Herr in den Vordergrund. ‚Das', sagte er, ‚sind Juden, die außer Landes verwiesen werden. Und das ist gut so!'"[17]

Während ein Teil der Bevölkerung den Deportationen offen zustimmte, verhielt sich die Mehrheit der nichtjüdischen Hamburger eher unauffällig. Uwe Storjohann bezeichnet sie in seinen Erinnerungen als „stumme Mehrheit von Verlegenheit, Gleichgültigkeit, abgestumpfter Subordination", eine „volksstabile Union aus Nichtkapierern, Stillhaltern, Kopfnickern, Weghörern und Sich-Blindstellenden".[18] Die offenen Drohungen der NS-Propaganda gegenüber Freundschafts- und Mitleidsbekundungen, der wachsende Rückzug auf die eigenen Belange im Zuge steigender Kriegsbelastungen und die nahezu vollständige gesellschaftliche Isolierung der Juden schon Jahre vor der Deportation dürften zu dieser Grundhaltung beigetragen haben.

Nur wenige Hamburger standen Deportierten bei oder suchten den Abtransport im Einzelfall zu verhindern. Ingrid Wecker berichtet, dass Hamburger Privatpersonen

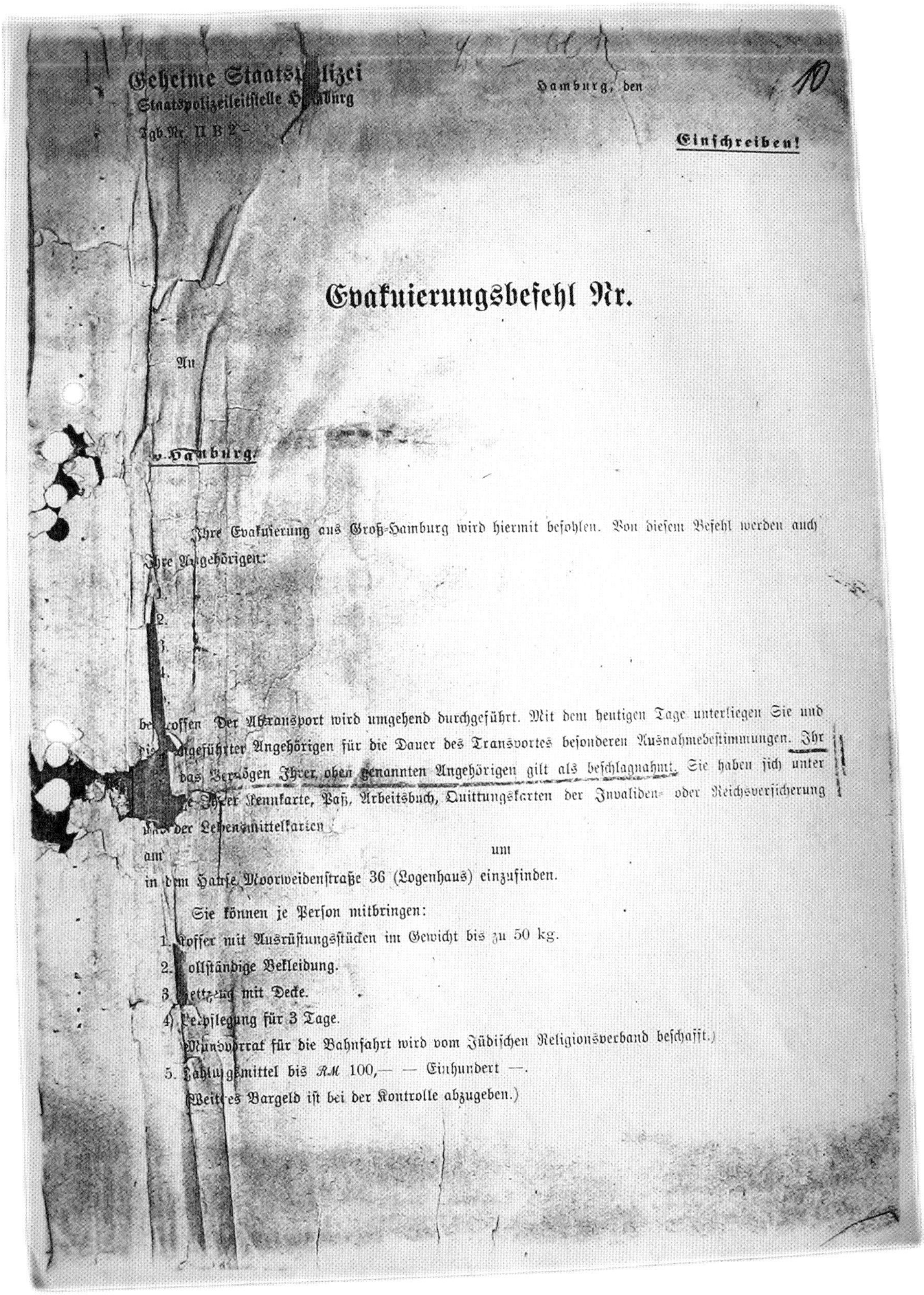

Geheime Staatspolizei
Staatspolizeileitstelle Hamburg
Tgb.Nr. II B 2 –

Hamburg, den 10

Einschreiben!

Evakuierungsbefehl Nr.

An

…Hamburg

Ihre Evakuierung aus Groß-Hamburg wird hiermit befohlen. Von diesem Befehl werden auch Ihre Angehörigen:

1.
2.
3.
4.

betroffen. Der Abtransport wird umgehend durchgeführt. Mit dem heutigen Tage unterliegen Sie und die aufgeführten Angehörigen für die Dauer des Transportes besonderen Ausnahmebestimmungen. Ihr und das Vermögen Ihrer oben genannten Angehörigen gilt als beschlagnahmt. Sie haben sich unter [illegible] Ihrer Kennkarte, Paß, Arbeitsbuch, Quittungskarten der Invaliden- oder Reichsversicherung und der Lebensmittelkarten

am um

in dem Hause Moorweidenstraße 36 (Logenhaus) einzufinden.

Sie können je Person mitbringen:

1. Koffer mit Ausrüstungsstücken im Gewicht bis zu 50 kg.
2. Vollständige Bekleidung.
3. Bettzeug mit Decke.
4) Verpflegung für 3 Tage.
(Mundvorrat für die Bahnfahrt wird vom Jüdischen Religionsverband beschafft.)
5. Zahlungsmittel bis RM 100,— — Einhundert —.
(Weiteres Bargeld ist bei der Kontrolle abzugeben.)

Quelle: StaH, 314-15, Oberfinanzpräsident, Ordner 23.

oder Firmen anonym größere Bestände an Lebensmitteln für die Deportierten gespendet hatten: Brote, Butter, Wurst, Zucker, Kisten mit Wein, Schokolade und Bonbons für die Kinder.[19] Der Hamburger Bankier Cornelius von Berenberg-Goßler gehörte zu jenen, die sich in zahlreichen Einzelfällen um jüdische Bürger bemühten. Im Tagebuch des Bürgermeisters Carl Vincent Krogmann werden weitere Personen erwähnt, die sich für einzelne Personen einsetzten:

- „13.9.41, 11 Uhr Frau Nottebohm wegen einer jüdischen Bekannten inbezug auf den von dieser zu tragenden David-Stern. Ich sagte ihr, dass ich in der Angelegenheit nichts unternehmen könnte."
- „11.11.41, 10 Uhr Herr Schönberg von Arnold Otto Meyer wegen einer Jüdin, die evakuiert werden soll."[20]

Der evangelische Pastor Seyfarth wandte sich in einem Schreiben gar unmittelbar an Himmler, um den Abtransport einer 93 Jahre alten Dame zu verhindern. Über die Vergeblichkeit seiner Bemühungen und die Folgen für Seyfarth selbst berichtete der jüdische Unternehmer Edgar Eichholz in persönlichen Aufzeichnungen:

„6 Monate nach Abgang seines Gesuchs erhielt er Antwort in Form einer Vorladung zur Gestapo in Hamburg. Dort saß in einem Klubsessel ein junger SS-Mann, der dem alten, mit Orden und Ehrenzeichen so reich dekorierten Herrn nicht einmal einen Stuhl anbot. Man hat ihn furchtbar zusammengeschnauzt und ihm gesagt, daß es für einen Deutschen unfaßlich sei, daß er sich für Juden einsetzen könne. Auf seine Bemerkung, daß die alte ‚Dame' von fast 93 Jahren nun doch wirklich niemandem etwas getan habe, wurde ihm erwidert, daß das keine Dame, sondern ein ‚Judenweib' sei! Da Pastor Seyfarth sein Gesuch Gott sei Dank einen Tag vor der Rede Dr. Göbbels abgesandt habe, in welcher die Juden als Staatsfeind No. 1 erklärt wurden, so wolle man es dieses Mal mit einem Verweis und dem Hinweis belassen, daß er nie wieder mit Juden in Berührung kommen dürfe, so weit noch solche vorhanden, andernfalls er unweigerlich sofort in ein Konzentrationslager verbracht werden würde."[21]

Anfänglich war über das weitere Schicksal der Deportierten in der nichtjüdischen Bevölkerung noch wenig bekannt. Ab 1942 machten jedoch zahlreiche, teilweise sehr präzise Gerüchte die Runde, die offensichtlich von deutschen Besatzungsangehörigen sowie von Soldaten auf Fronturlaub verbreitet wurden. Der bereits erwähnte Edgar Eichholz, der die NS-Herrschaft in Hamburg in einer so genannnten „privilegierten Mischehe" überlebte, notierte in seinen privaten Aufzeichnungen über diese Gerüchte: „Und keiner von diesen Menschen, so wird gesagt, soll noch am leben sein. Über den Minsker Transport und über die Art, wie die Armen umgebracht worden sein sollen, werden die furchtbarsten Schauergeschichten unter den Ariern erzählt."[22]

Noch immer waren, wie dieses Beispiel zeigt, nicht alle Kommunikationsstränge zwischen Juden und Nichtjuden zerschnitten. Letztere gaben solche Informationen bisweilen als gezielte Warnungen an jüdische Bekannte weiter oder suchten ihr Gewissen zu erleichtern. Über ein solches Beispiel berichtete die jüdische ehemalige Krankenschwester Eva Pfeiffer-Haufrect, die 1942 im Israelitischen Krankenhaus arbeitete: „Und dann erschien bei uns im Krankenhaus ein deutscher Soldat, der einen Nervenzusammenbruch hatte gleich in der Tür und fing an zu schluchzen, dass er jüdische Frauen und Kinder hätte erschießen müssen. Und da ging uns auf, dass sie vielleicht mehr tun als sie umsiedeln."[23]

Auch Oberst Ernst Ebeling, der Generalstabschef des stellv. Generalkommandos beim 10. Armeekorps in Hamburg, zeigte sich über das Schicksal der deportierten Juden genau informiert. Am 22. März 1942 schrieb er in sein Tagebuch: „Das Töten der Menschen, selbst sadistisches Quälen ist toleriert, wenn es sich um Juden, Polen, Serben oder Russen handelt. Was hat man z. B. mit den evakuierten Hamburger Juden gemacht, die im Osten in ein Ghetto sollten. 8 km von Smolensk sind sie von lettischen Soldaten en masse niedergeknallt.“[24] Der Hamburger Handwerksmeister Frielingsdorf vermerkte am 19. Juli 1942 in seinen Aufzeichnungen: „In den letzten Wochen sind die letzten Juden in Hamburg abtransportiert worden, wohin, weiß man nicht. Aber schaurige Geschichten kursieren darüber im Volke. Sie sollen in Massen an offenen Gräbern oder auf freiem Felde mit Frauen und Kindern durch Massenerschießungen getötet sein. [...] Man kann kaum von solchen Greueln mehr hören, es wird einem übel, wenn man davon hört [...] Unsere Taten schreien zum Himmel, u [nd] das d[eutsche] Volk, das sich diese Untaten lüstern erzählt u[nd] Erschrecken heuchelt, ist das unschuldig an unsern Massengreueln?? Nein, das ist es nicht, nur bei einem Volke mit einer solchen kritiklosen Gesinnung können solche Roheitsverbrechen vorkommen.“[25]

Erneut machte Frielingsdorf die breite Bevölkerung für die Massenverbrechen mitverantwortlich und beklagte ihre Passivität. Dabei ist freilich zu berücksichtigen, dass die NS-Justiz eine öffentliche Erörterung des Holocaust mit drakonischen Mitteln zu unterbinden suchte. So wurde der Hamburger Privatlehrer Albrecht Thausing wegen „Heimtücke“ zu einem Jahr Gefängnis verurteilt. Er hatte gegenüber Zeugen geäußert: „Die SS habe in der Tschechei ähnlich gewütet wie in Polen mit den Juden aus Hamburg. Erschießungen etc. am laufenden Band.“[26] Die Katastrophe von Stalingrad sei deshalb als „Strafe des Schicksals“ für die Ermordung der Juden zu werten. Das Hanseatische Sondergericht stufte diese Bemerkung als „gehässige, hetzerische und auch von niedriger Gesinnung zeugende Äußerung“ ein. Ein anderer Angeklagter erhielt anderthalb Jahre Gefängnis wegen der Bemerkung: „Wozu wird soviel über den Mord an den polnischen Offizieren geredet? Wat hebt se denn mit de Juden mokt?“[27]

Thausings Bemerkung über die Niederlage bei Stalingrad als „Strafe des Schicksals“ deutete an, dass nach 1943 Vergeltungsängste und Bestrafungserwartungen in der Bevölkerung grassierten. Solange Hitler und die Regimeführung erfolgreich waren und den Krieg zu gewinnen schienen, verhielt sich ein Großteil der Bevölkerung nach dem Motto von Reichspropagandaminister Goebbels: „Und haben wir gesiegt, wer fragt uns nach der Methode.“[28] Mit der sich abzeichnenden Kriegsniederlage gewann die Befürchtung an Boden, dass den Deutschen für Deportation und Massenmord eine Rechnung präsentiert werden würde. Vor allem die verstärkten Luftangriffe 1943/44 wurden vielfach bereits als eine vorgezogene Quittung begriffen. Nach der „Operation Gomorrha“ gegen Hamburg im Juli/August 1943 beispielsweise konstatierten Seelsorger ein „Gefühl für Schuld“ in der Bevölkerung, und der Hamburger Ostasienkaufmann Lothar de la Camp schrieb in diesem Zusammenhang an seine Bekannten: „Bei aller Wut gegen die Engländer und Amerikaner über die Art ihrer unmenschlichen Kriegführung muß man ganz objektiv feststellen, daß das einfache Volk, der Mittelstand und die übrigen Kreise von sich aus wiederholt Äußerungen unter vier Augen und selbst auch im größeren Kreise machten, die die Angriffe als Vergeltung gegen die Behandlung der Juden durch uns bezeichneten."[29]

Diese Verknüpfung des Bombenkriegs mit der Judenverfolgung entbehrte zwar jeder realen Grundlage, machte aber in einer moralischen Schuld-Sühne-Perspektive Sinn. Sie entsprang einem schlechten Gewissen, das sich in den vielfach geäußerten Bestrafungsängsten und Vergeltungserwartungen offenbarte. Unter moralischen Gesichtspunkten sind solche Meinungsäußerungen jedoch problematisch, weil die Verknüpfung von Bombenkrieg und Holocaust eine unterschwellige Aufrechnungsstrategie offenbarte, in der Bombentote gegen ermordete Juden aufgewogen und damit die qualitativen Unterschiede zwischen eskalierender Kriegführung gegen die Zivilbevölkerung einerseits und systematischem Massenmord andererseits eingeebnet wurden. Bestrafungserwartungen und Vergeltungsängste markierten einerseits das Ende des volksgemeinschaftlichen Konsenses in der Judenverfolgung und auch eine implizite Distanz gegenüber dem Nationalsozialismus. Andererseits offenbarten sie bereits eine Schuldabwehr der Bevölkerung, die Judenverfolgung, Deportation und Massenmord gegen eigene Kriegsopfer aufrechnete und damit einen zentralen Grundton der öffentlichen Auseinandersetzung der Nachkriegszeit schon vor 1945 anklingen ließ.

Anmerkungen

* Dieser Beitrag ist die überarbeitete und erweiterte Fassung meiner Aufsätze „.... dann bitte keine Gefühlsduseleien." Die Hamburger und die Deportationen, in: Forschungsstelle für Zeitgeschichte/Institut für die Geschichte der deutschen Juden (Hrsg.), Die Deportation der Hamburger Juden 1941–1945, Hamburg 2002, S. 13–29, und (zusammen mit Linde Apel) Die Deportation von Juden sowie Sinti und Roma vom Hannoverschen Bahnhof in Hamburg 1940–1945, in: Zeitgeschichte in Hamburg 2004, Hamburg 2005, S. 21–63.

1 Staatsarchiv Hamburg (StaH), 351-10 I, Sozialbehörde I, 26.19b, Band 2, Beiratssitzung vom 11.4.1940.

2 StaH, 143-3 I, Rechtsamt I, 169, Bl. 33.

3 Schreiben Karl Kaufmann an Hermann Göring vom 4.9.1942, zit. nach Frank Bajohr, Hamburgs „Führer". Zur Person und Tätigkeit des Hamburger NSDAP-Gauleiters Karl Kaufmann (1900–1969), in: Ders./Joachim Szodrzynski (Hrsg.), Hamburg in der NS-Zeit. Ergebnisse neuerer Forschungen, Hamburg 1995, S. 59–91, hier S. 81.

4 Dieter Pohl, Von der „Judenpolitik" zum Judenmord. Der Distrikt Lublin des Generalgouvernements 1939–1944, Frankfurt am Main 1993, S. 89.

5 Den Hinweis auf die geplante Deportation von Hamburger Juden ins Generalgouvernement Anfang Oktober 1941 verdanke ich Peter Witte, mit dem ich darin übereinstimme, dass diese Deportation offensichtlich nicht im Kontext der reichsweit organisierten Deportationen stand. Peter Witte stellte mir die folgenden Dokumente zur Verfügung: Schreiben des Unterabteilungsleiters Türk an die Kreishauptleute in Biala-Podlaska, Hrubieszow und Janow-Lubelski betr. Evakuierte Juden aus Hamburg vom 7.10.1941; Schreiben Türk an den Amtschef im Hause vom 9.10.1941, Archiwum Panstwowe Lublinie, Bestand GDL, Ordner: Judenangelegenheiten, Judenaussiedlung, Ghettobildung 1940–1941, Sygn 892, Bl. 630-33.

6 Archiv der Forschungsstelle für Zeitgeschichte in Hamburg (FZH), Tagebuch Carl Vincent Krogmann, Eintragung vom 16.10.1941.

7 Zur Person Querners siehe sein Nachlass im Bundesarchiv Koblenz, Kl. Erwerbungen 521. Zur Stellung und Tätigkeit der HSSPF generell siehe Ruth Bettina Birn, Die Höheren SS- und Polizeiführer. Himmlers Vertreter im Reich und in den besetzten Gebieten, Düsseldorf 1986; zu den HSSPF in Hamburg siehe Tino Jacobs, Himmlers Mann in Hamburg. Georg Henning Graf von Bassewitz-Behr als Höherer SS- und Polizeiführer im Wehrkreis X 1943–1945, Hamburg 2001.

8 Oliver Hewel, Staat, jüdischer Grund- und Hausbesitz, Mietverhältnisse mit Juden. Aspekte staatlicher Judenpolitik in Hamburg 1933–1945, Universität Hamburg (Magisterarbeit) 1993, S. 77.

9 StaH, 351-10 I, Sozialbehörde I, AF 44.23, Bd. II, Aufstellung vom 1.10.1942 betr. Unterbringung luftangriffgeschädigter Familien.

10 Hamburger Tageblatt, 19. September 1941.

11 FZH, Tagebuch Luise Solmitz, Eintragung vom 24.10.1941.

12 Ebd., Eintragung vom 7.11.1941.

13 Ebd., Tagebücher H. Frielingsdorf, Eintragung vom 13.11.1941.
14 Archiv Werkstatt der Erinnerung in der Forschungsstelle für Zeitgeschichte in Hamburg (FZH/WdE), 34, Interview mit Ingrid Wecker vom 18.6.1992 (Interviewerin: Beate Meyer), Transkript, S. 41/42.
15 Uwe Storjohann, Hauptsache Überleben, Hamburg 1993, S. 100.
16 FZH, Tagebuch von Luise Solmitz, Eintragung vom 14.7.1942.
17 Berthie Philipp, Die Todgeweihten, Hamburg 1949, S. 11.
18 Storjohann, Hauptsache Überleben, S. 100.
19 FZH/WdE, 34, Interview mit Ingrid Wecker vom 18.6.1992 (Interviewerin: Beate Meyer), Transkript, S. 24.
20 FZH, Tagebuch Carl Vincent Krogmann, Eintragungen vom 13.9. und 11.11.1941.
21 Aufzeichnungen Edgar Eichholz (Privatbesitz), S. 11.
22 Ebd.
23 FZH/WdE, 253 T, Interview mit Eva Pfeiffer-Haufrect vom 24.6.1994 (Interviewerin: Sybille Baumbach), Transkript, S. 34.
24 FZH, 11 E 1, Tagebücher E. Ebeling, Eintragung vom 22.3.1942.
25 FZH, Tagebücher H. Frielingsdorf, Eintragung vom 19.7.1942.
26 Justizbehörde Hamburg (Hg.), „Von Gewohnheitsverbrechern, Volksschädlingen und Asozialen ...“ Hamburger Strafurteile im Nationalsozialismus, Hamburg 1995, S. 342–354, hier S. 344.
27 Ebd., S. 354.
28 Die Tagebücher von Joseph Goebbels, hrsg. von Elke Fröhlich, Teil I, Band 9, München 1998, S. 379, Eintragung vom 16.6.1941.
29 Zit. nach: Die Hamburger Katastrophe vom Sommer 1943 in Augenzeugenberichten, bearbeitet von Renate Hauschild-Thiessen, Hamburg 1993, S. 230.

Beate Meyer

Die Deportation der Hamburger Juden 1941–1945

Die Entscheidung zur Deportation der deutschen Juden

Im Oktober 1941 hatte „das Konzept der Endlösung Gestalt angenommen", wie der US-Historiker Christopher Browning schreibt.[1] Nach langjährigen, immer wieder modifizierten, verschobenen und fehlgeschlagenen Planungen wurde die Absicht, die Juden aus dem Deutschen Reich nicht länger zu vertreiben, sondern an die Peripherie der besetzten Ostgebiete zu deportieren, nun verwirklicht.[2] Longerich und Browning gehen in ihren Gesamtdarstellungen von vier großen Deportationswellen aus.[3] In der ersten wurden aus dem „Altreich" (d. h. Deutschland in den Grenzen von 1937, dem „angeschlossenen" Österreich und dem „annektierten" Sudetenland) zwischen dem 15. Oktober und dem 2. November 1941 20 000 Juden und 5000 „Zigeuner" nach Lodz transportiert, jetzt in „Litzmannstadt" umbenannt. In einer zweiten Deportationswelle gingen sieben Transporte nach Minsk, fünf nach Kowno und 22 nach Riga. Insgesamt wurden mit diesen Transporten ca. 53 000 Juden und 5000 „Zigeuner" in den Osten verschleppt,[4] darunter 3097 Juden aus Hamburg. Wenngleich ca. 6000 Personen sofort nach ihrer Ankunft von der SS erschossen wurden, so existierte doch noch kein Befehl zum systematischen Mord – der Tod der Deportierten durch Hunger, Kälte, Zwangsarbeit, Krankheiten oder bei „Strafaktionen" war allerdings durchaus einkalkuliert. Der Historiker Christian Gerlach geht davon aus, Hitler habe der Parteispitze seine Grundsatzentscheidung, die Juden zu ermorden, am 12. Dezember 1941 mitgeteilt.[5] Auf der Wannsee-Konferenz am 20. Januar 1942, die eigentlich am 9. Dezember 1941 hätte stattfinden sollen, wurden die europaweiten Transporte koordiniert. Das Ziel, die Juden systematisch zu ermorden, stand nun bereits fest.[6] Im Weiteren ging es um das Schicksal der Mischehen oder „Mischlinge", über das jedoch nicht endgültig entschieden wurde (vgl. Fragwürdiger Schutz – Die Verfolgung der Mischehen). Für Gerlach liegt die Bedeutung der Wannsee-Konferenz vor allem darin, dass alle Beteiligten ohne Widerspruch nicht nur die bereits laufende Ermordung der „Ostjuden" in den besetzten Ländern, sondern auch die der europäischen, insbesondere der deutschen Juden akzeptierten.[7]

Die dritte Deportationswelle von Januar bis Juli 1942 erfasste Juden aus dem Reichsgebiet, nicht aber aus Hamburg. Die vierte – ab Mai 1942 – führte schon in die inzwischen eingerichteten und erprobten Vernichtungslager.[8] Die Ankömmlinge wurden kurz nach der Ankunft systematisch ermordet. Im Juli 1942 und im Februar 1943 verließen auch Hamburg zwei Züge mit Ziel Auschwitz.

Ab Juni 1942 trafen deutsche Juden in Theresienstadt ein, die ersten Hamburger erhielten die Aufforderung zur „Wohnsitzverlegung" dorthin im Juli 1942. Theresienstadt galt als „Vorzugslager" für Träger hoher Auszeichnungen aus dem Ersten Weltkrieg, ausländische Juden, Juden aus aufgelösten Mischehen und „Arisch Versippte" wie „Geltungsjuden", solche, die von hohen Nationalsozialisten protegiert wurden, und später für verdiente Mitarbeiter der Jüdischen Gemeinden bzw. der Reichsvereinigung der Juden in Deutschland. Als „Altersghetto“ sollte es die über 65-jährigen und über 55-jährigen gebrechlichen Juden aufnehmen, die nach den Richtlinien, die das Reichssicherheitshauptamt für jede Deportation herausgab, bei der ersten und zweiten Deportationswelle nicht erfasst werden sollten.[9]

Die Organisation der Transporte in Hamburg

Die zentralen Planungen lagen beim Reichssicherheitshauptamt in Berlin, doch als Initiatoren beschleunigten auch die NSDAP-Gauleiter, die ihr Hoheitsgebiet „judenfrei“ machen wollten, den Entscheidungs- und Konkretisierungsprozess. In Hamburg forcierte die Gauleitung die „Umsiedlung“, „Abwanderung“ und „Evakuierung“ der Juden – das Wort Deportation wurde in der Regel nicht benutzt – und der Höhere SS- und Polizeiführer Rudolf Querner koordinierte den Vorgang (siehe den Beitrag von Frank Bajohr). Für die Durchführung der Deportationen selbst zeichnete andernorts der Leiter der Staatspolizeileitstelle verantwortlich. Diese Position hatte in Hamburg der Jurist Heinrich Seetzen von Januar 1940 bis Mitte 1942 inne, faktisch hingegen blieb sie in dieser Zeit vakant, denn Seetzen führte ab Juli 1941 Kommandos von SS-Einsatzgruppen, die in Weißrußland und der Ukraine Mordaktionen an tausenden Juden und der übrigen einheimischen Bevölkerung verübten.[10] Die praktische Organisation der Deportationen lag deshalb in Hamburg in der Hand des „Judenreferats“ der Geheimen Staatspolizei. Dieses war 1938 als eigenständige Abteilung aus dem Referat II B Juden, Freimaurer, Logen hervorgegangen (siehe Informationen zum ehemaligen Jüdischen Gemeindehaus/Sitz des Gestapo-Judenreferats). Später erhielt es die Bezeichnung IV B 4. Es wurde von Claus Göttsche[11] geleitet, dem u. a. Fritz Beck, Walter Wohlers, Hans Stephan, Ferdinand Amberger, Walter Mecklenburg, Hermann Kühn und ein Beamter namens Götze untergeben waren. Polizeisekretär Hammerich zeichnete für Vermögensangelegenheiten zuständig.[12] Als im Juni 1943 die Juden bis auf die in Mischehe Lebenden deportiert waren, übernahmen die Beamten – wie andernorts auch – andere Arbeitsgebiete und das Referat ging in der Abteilung IV N (Nachrichten) auf.[13]

Die Stapostellen konnten sich der Jüdischen Gemeinden vor Ort bedienen, um die Deportationen vorzubereiten und wälzten in den meisten Fällen, so auch in Hamburg, viele Organisationsarbeiten auf diese ab. Max Plaut berichtete nach dem Krieg, der „Judenreferent“ habe von ihm gefordert, Transportlisten zu erstellen, was er strikt abgelehnt habe. Daraufhin bestellte das „Judenreferat“ selbst die Betroffenen per Einschreiben ein (siehe Bericht Plaut und „Evakuierungsbefehl“). Später jedoch mussten die Mitarbeiter des Religionsverbandes diese Arbeit doch unter Aufsicht der Gestapo leisten.[14] Diese und andere involvierte Ämter und Behörden nutzten auch die Kartei des Religionsverbandes bzw. der Bezirksstelle der Reichsvereinigung.[15]

Das Eigentum der Deportierten zugunsten des Deutschen Reiches beschlagnahmte der Oberfinanzpräsident auf der Grundlage der 1933 erlassenen Gesetze über die Einziehung kommunistischen bzw. volks- oder staatsfeindlichen Vermögens. Der Hamburger Oberfinanzpräsident richtete dafür drei Tage vor der ersten Deportation die Vermögensverwertungsstelle ein, bei der zeitweise mehr als 200 Mitarbeiter be-

Das „Judenreferat“ der Hamburger Gestapo: Claus Göttsche, Hans Stephan, Walter Wohlers

OFP Hmb   Hamburg, 3. August 1942

Vermögensverwertungsstelle

Betrifft: Wohnungsräumungen

Bei Vergleichung der in den Vermögenswerklärungen der Juden eingetragenen Gegenstände mit dem in der Wohnung vorhandenen Bestand ist nicht kleinlich zu verfahren, jedoch sind die Interessen des Reichs, das allein über die Gegenstände zu verfügen hat, mit Sorgfalt und Umsicht wahrzunehmen. Insbesondere ist folgendes zu beachten: In den Wohnungen vorgefundene Sparkassenbücher und Wertpapiere sind mit doppelt auszufertigender Empfangsbescheinigung an die Oberfinanzkasse abzuliefern. Gegenstände aus Edelmetall, Münzen, Briefmarkenalben und dergl. Wertgegenstände sind mit doppelt auszufertigendem Versteigerungsauftrag bis spätestens 16 Uhr dem Gerichtsvollzieheramt, Drehbahn 36, zuzuleiten. Das eine Stück des Versteigerungsauftrags ist in Zimmer 265 abzuliefern. Herrenpelze und sonstige Pelzsachen (mit Ausnahme von Damenpelzen) sowie Wollsachen sind mit Lieferschein in Zimmer 265 abzuliefern. Der Lieferschein wird zur Akte genommen. Jüdische Kultgegenstände und sonstige kulturelle und künstlerische Erzeugnisse jüdischen Schaffens, insbesondere hebräische Bücher, sind in Zimmer 265 (VA Dejl) abzuliefern. Familienbilder sind nach Möglichkeit zu vernichten, die Rahmen der Versteigerung zuzuführen. Ebenfalls sind Briefschaften, sofern es sich nicht um wichtige Dokumente handelt, zu vernichten (möglichst durch Verbrennen im Ofen). Geschäftsbücher sind in Zimmer 265 (VA Dejl) abzuliefern. Seifen und Reinigungsmittel, Grammophone und Grammophonplatten, Orden und Ehrenzeichen sind ebenfalls in Zimmer 265 abzugeben. Verdorbene Lebensmittel sind zu beseitigen, brauchbare Lebensmittel bleiben der NSV vorbehalten. Es ist besonders darauf zu achten, dass ~~sich~~ Gasherde und andere zu der Wohnung gehörige Gegenstände, die also nicht Eigentum des Juden sind, nicht aus den Wohnungen entfernt werden. Soweit die Abnahme von Lampen und dergl. nicht durchgeführt werden kann, ist ein entsprechender Vermerk in den Räumungsbericht aufzunehmen.

In dem Räumungsbericht ist alles zu vermerken, was bei der Räumung der Wohnung besonders zu beachten ist. Auch sonst muss der Räumungsbericht alles enthalten, was für die ordnungsmässige Räumung der Wohnung dienlich ist. (z.B.

Quelle: StaH, 314-15, Oberfinanzpräsident, Ordner 23

schäftigt waren.[16] Den Finanzbeamten oblag es nicht nur, das Grundeigentum und das restliche Vermögen einzuziehen. Mitarbeiter dieser Stelle taten auch im Logenhaus in der Moorweidenstraße, der Deportationssammelstelle, ihren Dienst. Sie sammelten dort – „solange der Jude noch hinzugezogen werden kann"[17] – die achtseitigen Fragebögen ein, auf denen die zu Deportierenden ihr letztes Vermögen sowie Hausrat, Möbel usw. etc. aufgelistet hatten, und prüften die Verzeichnisse an Ort und Stelle. Die Beamten der Vermögensverwertungsstelle räumten auch die Unterkünfte der Deportierten. Bis Ende 1941 – so gaben sie stolz an – hatten sie 514 Wohnungen und 206 Zimmer geleert. Die Wohnungseinrichtung der Juden ließen sie zunächst von Speditionsfirmen an Auktionatoren übergeben, soweit sie nicht Teile des Mobiliars für die eigene Behörde beanspruchten. Die Versteigerungen fanden öffentlich statt. Ab Sommer 1942 wurden sie teilweise in den Wohnungen der Deportierten durchgeführt. Hatten Installateure dann die Gasherde gegen gutes Entgelt abgeklemmt, Maler und Glaser sonstige Schäden auf Kosten des Vormieters beseitigt, konnten die neuen Mieter einziehen, oft genug Gestapoleute oder andere, die bevorzugt behandelt wurden.

Um die Sparguthaben der Deportierten erfassen zu können, erhielten auch die Banken Kopien der Transportlisten.[18] Kohlenhändler wurden von eingelagerten Vorräten in Kenntnis gesetzt, um diese – wenn möglich an andere Hausbewohner – weiterzuverwerten (vgl. Rundgangsteil Seligmann). Gas- und Elektrizitätswerke, die Post, Vermieter, Ärzte, Anwälte und andere Firmen, die offene Forderungen an einzelne Deportierte hatten, richteten ihre Rechnungen an den Oberfinanzpräsidenten, der sie prüfte und beglich (siehe Rundgangsteil). Vergegenwärtigt man sich, wieviel Personal von Polizei, Verwaltungsstellen, halböffentlichen Unternehmen, Banken und privaten Firmen routinemäßig Einblick in die Vorgänge nahm, zählt man die Nachbarn und zufällige Beobachter hinzu, so wird deutlich, dass die Deportation der Juden auch in Hamburg kein geheimer Vorgang blieb, obwohl die zentral gelenkte Presse sie nicht thematisierte.

Die älteren nach Theresienstadt deportierten Juden mussten mit der Hilfe der Mitarbeiter der Bezirksstelle der Reichsvereinigung der Juden „Heimeinkaufsverträge" abschließen, gerade so, als wollten sie sich in ein Altersheim einkaufen. Sie traten damit ihr gesamtes Vermögen dem Deutschen Reich ab. Deportierte Juden verloren wie die ausgewanderten ihre Staatsbürgerschaft.

Die Arbeit des Jüdischen Religionsverbandes zur Zeit der Deportationen

Die Verantwortlichen in der Reichsvereinigung der Juden in Deutschland hatten „trotz erheblicher Bedenken" ab Oktober 1941 Zuarbeiten für die Deportationen übernommen, um „Schlimmeres zu verhüten" und „diese Dinge ... besser und milder auszuführen, als wenn sie die anderen machen".[19] Sie gingen von Teildeportationen aus und hofften, nachdem einige tausende Juden in den Osten umgesiedelt worden waren, weiterhin ihrer eigentlichen Aufgabe nachgehen und sich um die Rest-Gemeinden in der Heimat kümmern zu können. Diese Haltung galt auch für die Hamburger Repräsentanten der Juden, wenngleich Plaut nach dem Krieg für sich in

Mitarbeiterinnen und Mitarbeiter des Jüdischen Religionsverbandes (1941) (v.l.n.r.: Fanny David, Albert Oppenheimer, Ida Hagenow, Ludwig Loeffler, Lotte Mansfeld, ? Seligmann)

Anspruch nahm, die tödlichen Konsequenzen schon vorher abgesehen zu haben.[20] Vielleicht war er aufmerksamer als andere jüdische Funktionäre, denn als die jüdischen Geisteskranken 1940 fortgebracht wurden, erwirkte er Göttsches Erlaubnis, sich beim Judenältesten in Lublin und in Cholm nach den Verhältnissen am Zielort zu erkundigen. Er erhielt die Auskunft, eine Anstalt dort existiere nicht. So vermutete er sehr schnell und richtig, die Geisteskranken seien in ein Konzentrationslager gebracht und dort getötet worden, obwohl die Verpflegungsrechnung, die er zahlen musste, noch Monate Lebenszeit auswies.[21] Ähnlich blieben er und seine Mitarbeiter ab Oktober 1941 den Deportierten über Postkarten, Päckchen und vor allem Geldanweisungen auf der Spur, deren Auszahlung vom Empfänger quittiert werden musste.[22] Dies gelang nicht lückenlos, aber doch immerhin über längere Zeiträume, wie eine

Quelle: StaH, 522-1, Jüdische Gemeinden, Abl. 1993, Ordner 15

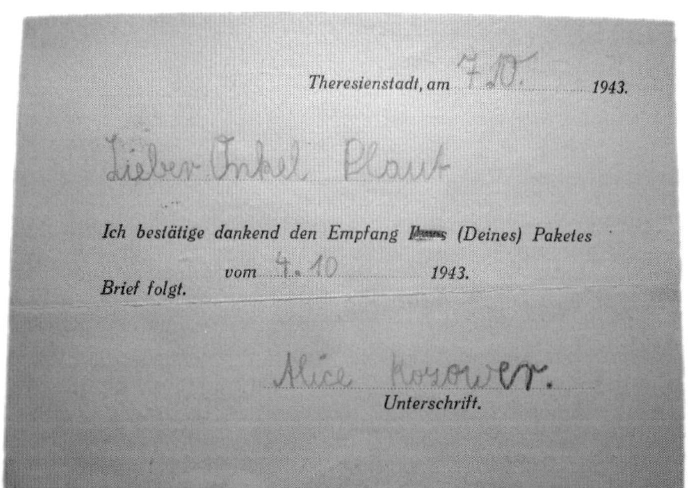

Theresienstadt, am 7.10. *1943.*

Lieber Onkel Plaut

Ich bestätige dankend den Empfang ~~Ihres~~ (Deines) Paketes

vom 4.10 *1943.*

Brief folgt.

Alice Kosower.

Unterschrift.

Auflistung vom Mai 1945 zeigt: Aus Lodz sei „in Abständen regelmässig, aber nicht von allen, bis Mitte 1942“ Post eingetroffen, „dann etwa 10 bis 15 Karten im Mai 1944“; Lebenszeichen aus Minsk und Riga gab es keine, aus Theresienstadt „in Abständen regelmässig, aber nicht von allen, bis Dezember 1944“; vom Transport „wahrscheinlich Auschwitz“ keine Nachricht.[23]

Als ab Sommer 1942 das „Vorzugslager“ bzw. „Altersghetto“ zur Verfügung stand, mit dem der Postverkehr mit Unterbrechungen möglich war, entstand in der Bezirksstelle Nordwestdeutschland ein gar nicht unrealistisches Bild von den Wegen der Deportierten und der Gefährlichkeit der Zielorte. Die Hamburger standen im regelmäßigen Austausch mit der Berliner Zentrale der Reichsvereinigung der Juden in Deutschland. Einer von deren Repräsentanten umriss, nachdem er Theresienstadt überlebt hatte, die Vorstellung der jüdischen Funktionäre so: Die Bedingungen in den Ghettos von Lodz und Riga habe man sich als schlimm und den Distrikt Lublin als ein besonders schlechtes Zielgebiet vorgestellt. Bei Auschwitz sei bald klar gewesen, dass dort kaum eine Überlebenschance bestünde, wenngleich von Gaskammern und Erschießungen nichts bekannt gewesen sei. Man habe gedacht, Theresienstadt als Ort zum Leben sei zwar nicht ideal, aber doch wesentlich besser, als es sich dann in der Realität herausstellte; von den Weitertransporten habe man nichts geahnt, sondern sei von „verhältnismäßiger Sicherheit“ ausgegangen.[24]

Übersicht über die Zahl der Opfer

Zahl der ermittelten Opfer	
Opfer der zwischen 1941 und 1945 aus Hamburg abgegangenen 17 Deportationstransporte	5296
Aus den Niederlanden deportierte Opfer	542
Aus Frankreich deportierte Opfer	113
Aus Belgien deportierte Opfer	32
Aus Italien deportierte Opfer	10
Opfer von „Euthanasie"- Mordaktionen	140
Opfer, die unter dem Druck der Verfolgung außerhalb von Vernichtungslagern, Konzentrationslagern, anderen Zwangslagern und Haftstätten Suizid begingen	319
Opfer anderer Verfolgungsmaßnahmen	2425
Opferzahl insgesamt	*8877*

Quelle: Hamburger Jüdische Opfer des Nationalsozialismus. Gedenkbuch, Veröffentlichung des Staatsarchivs Hamburg, bearbeitet von Jürgen Sielemann, Hamburg 1995, S. XVII.

Bevor dieser Beitrag sich den einzelnen Deportationen widmet, soll kurz die Arbeit des Religionsverbandes bzw. der Bezirksstelle der Reichsvereinigung zur Zeit der Massentransporte skizziert werden.[25]

Neben der Vorbereitung der Deportationen blieben die Jüdischen Gemeinden zuständig für die Juden, die (noch) in Hamburg lebten, zur Schule gingen, im Krankenhaus betreut werden mussten, in Anstalten und Heimen wohnten oder eine Berufsausbildung machten. Teile dieser Aufgaben entfielen allerdings bald: So wurden die Lehrwerkstätten und die Haushaltungsschule Ende 1941/Anfang 1942 aufgelöst, erhalten blieb nur die Tischlerei mit vier Beschäftigten,[26] und die 80 noch verbliebenen jüdischen Schüler wurden im Sommer 1942 endgültig nach Hause geschickt.[27]

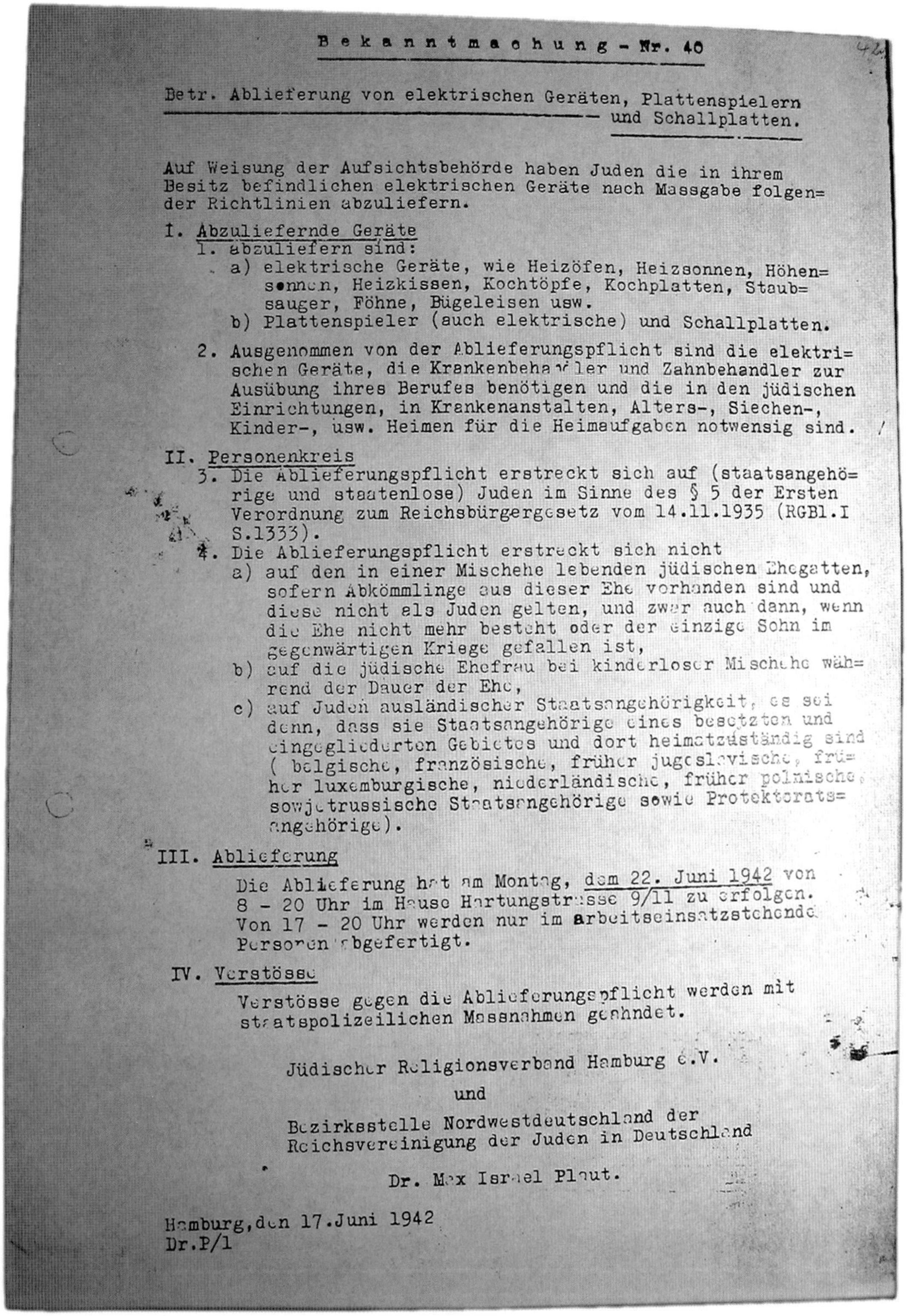

B e k a n n t m a c h u n g - Nr. 40

Betr. Ablieferung von elektrischen Geräten, Plattenspielern und Schallplatten.

Auf Weisung der Aufsichtsbehörde haben Juden die in ihrem Besitz befindlichen elektrischen Geräte nach Massgabe folgen= der Richtlinien abzuliefern.

I. Abzuliefernde Geräte

1. abzuliefern sind:

a) elektrische Geräte, wie Heizöfen, Heizsonnen, Höhen= sonnen, Heizkissen, Kochtöpfe, Kochplatten, Staub= sauger, Föhne, Bügeleisen usw.

b) Plattenspieler (auch elektrische) und Schallplatten.

2. Ausgenommen von der Ablieferungspflicht sind die elektri= schen Geräte, die Krankenbehandler und Zahnbehandler zur Ausübung ihres Berufes benötigen und die in den jüdischen Einrichtungen, in Krankenanstalten, Alters-, Siechen-, Kinder-, usw. Heimen für die Heimaufgaben notwensig sind.

II. Personenkreis

3. Die Ablieferungspflicht erstreckt sich auf (staatsangehö= rige und staatenlose) Juden im Sinne des § 5 der Ersten Verordnung zum Reichsbürgergesetz vom 14.11.1935 (RGBl.I S.1333).

4. Die Ablieferungspflicht erstreckt sich nicht

a) auf den in einer Mischehe lebenden jüdischen Ehegatten, sofern Abkömmlinge aus dieser Ehe vorhanden sind und diese nicht als Juden gelten, und zwar auch dann, wenn die Ehe nicht mehr besteht oder der einzige Sohn im gegenwärtigen Kriege gefallen ist,

b) auf die jüdische Ehefrau bei kinderloser Mischehe wäh= rend der Dauer der Ehe,

c) auf Juden ausländischer Staatsangehörigkeit, es sei denn, dass sie Staatsangehörige eines besetzten und eingegliederten Gebietes und dort heimatzuständig sind (belgische, französische, früher jugoslavische, frü= her luxemburgische, niederländische, früher polnische, sowjetrussische Staatsangehörige sowie Protektorats= angehörige).

III. Ablieferung

Die Ablieferung hat am Montag, dem 22. Juni 1942 von 8 - 20 Uhr im Hause Hartungstrasse 9/11 zu erfolgen. Von 17 - 20 Uhr werden nur im arbeitseinsatzstehende Personen abgefertigt.

IV. Verstösse

Verstösse gegen die Ablieferungspflicht werden mit staatspolizeilichen Massnahmen geahndet.

Jüdischer Religionsverband Hamburg e.V.

und

Bezirksstelle Nordwestdeutschland der Reichsvereinigung der Juden in Deutschland

Dr. Max Israel Plaut.

Hamburg, den 17.Juni 1942
Dr.P/1

Quelle: StaH, 522-1, Jüdische Gemeinde, 992 l

Litten die jüdischen Gemeinden ohnehin schon überall durch die finanzielle Ausplünderung der Juden an sinkenden Einkünften, so verloren sie mit dem Beginn der Deportationen die Auswandererabgabe, natürlich auch die Kultussteuern, die die De-

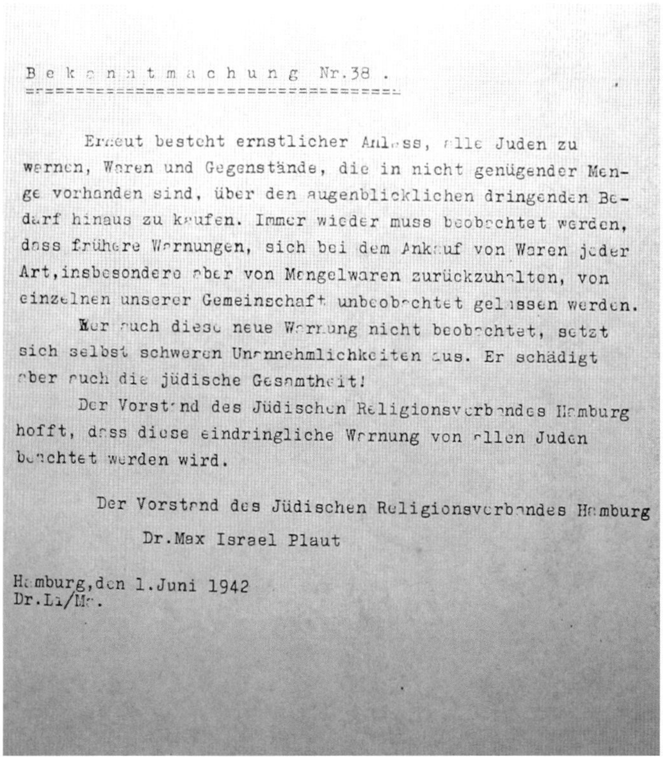

Bekanntmachung Nr.38.

Erneut besteht ernstlicher Anlass, alle Juden zu warnen, Waren und Gegenstände, die in nicht genügender Menge vorhanden sind, über den augenblicklichen dringenden Bedarf hinaus zu kaufen. Immer wieder muss beobachtet werden, dass frühere Warnungen, sich bei dem Ankauf von Waren jeder Art, insbesondere aber von Mangelwaren zurückzuhalten, von einzelnen unserer Gemeinschaft unbeobachtet gelassen werden.

Wer auch diese neue Warnung nicht beobachtet, setzt sich selbst schweren Unannehmlichkeiten aus. Er schädigt aber auch die jüdische Gesamtheit!

Der Vorstand des Jüdischen Religionsverbandes Hamburg hofft, dass diese eindringliche Warnung von allen Juden beachtet werden wird.

Der Vorstand des Jüdischen Religionsverbandes Hamburg

Dr.Max Israel Plaut

Hamburg,den 1.Juni 1942
Dr.Li/Mr.

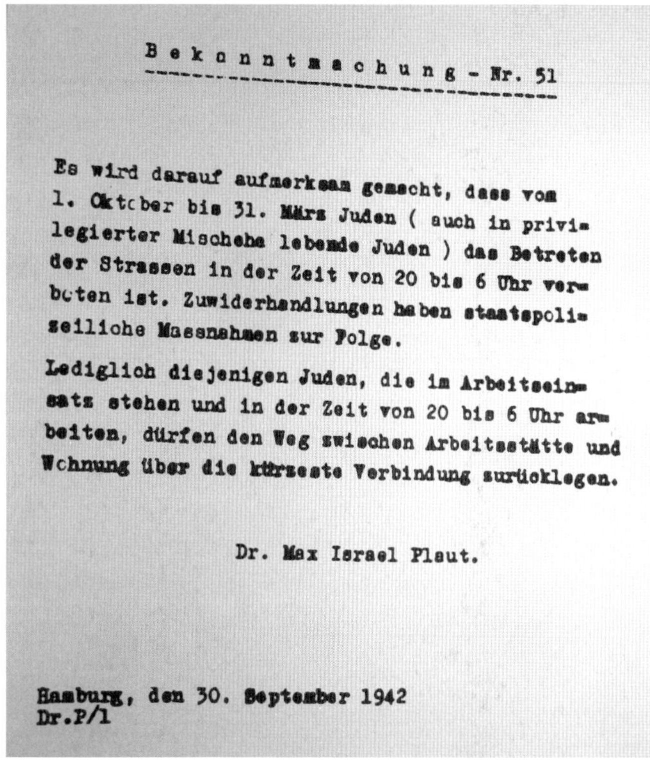

Bekanntmachung - Nr. 51

Es wird darauf aufmerksam gemacht, dass vom 1. Oktober bis 31. März Juden (auch in privilegierter Mischehe lebende Juden) das Betreten der Strassen in der Zeit von 20 bis 6 Uhr verboten ist. Zuwiderhandlungen haben staatspolizeiliche Massnahmen zur Folge.

Lediglich diejenigen Juden, die im Arbeitseinsatz stehen und in der Zeit von 20 bis 6 Uhr arbeiten, dürfen den Weg zwischen Arbeitsstätte und Wohnung über die kürzeste Verbindung zurücklegen.

Dr. Max Israel Plaut.

Hamburg, den 30. September 1942
Dr.P/1

Quelle: StaH, 522-1, Jüdische Gemeinde, 992 I

portierten regelmäßig entrichtet hatten, und andere Einnahmen, während ihre Ausgaben gleichzeitig stiegen. Sie mussten sämtliche Wohlfahrtsleistungen übernehmen und einen Großteil der von den Deportationen zunächst zurückgestellten älteren und pflegebedürftigen Juden unterbringen, versorgen und für diese neue Alters- und Sichenheime einrichten.[28] So gab der Hamburger Religionsverband beispielsweise durch eine Volksküche in der Schäferkampsallee 27 im Jahr 1941 73 000 Portionen Essen aus.[29] Hinzu kamen die Kosten für die Ausstattung der Deportationstransporte mit Lebensmitteln, Medikamenten, Winter- und Arbeitskleidung und Arbeitsgerät, die für die ersten vier Transporte 224 266 RM ausmachten.[30] Zwar flossen bei den ersten Deportationen Geld- und Sachspenden (siehe Interviewauszug mit Ingrid Wecker), doch reichten diese bei weitem nicht, die Kosten zu decken. Der Saal des Gemeinschaftshauses war zeitweise mit Matratzen ausgelegt,[31] und das Gebäude in dieser Zeit „in einer Weise beansprucht, die dem regulären Verschleiß in Jahren gleichkommt".[32]

Der Religionsverband musste die zurückgebliebenen Hamburger Juden in ausgehängten Bekanntmachungen über immer neue Ge- und Verbote sowie Abgabepflichten informieren und darauf hinwirken, dass sie diesen nachkamen. Nachdem im November 1941 schon alle Schreibmaschinen, Fahrräder, Fotoapparate und Ferngläser gemeldet worden waren, mussten im Januar 1942 Pelz- und Wollsachen, Skier und Bergschuhe abgegeben werden. Es folgten elektrische Geräte wie Bügeleisen, Heizkissen, Kochtöpfe, Staubsauger, Föhne, Plattenspieler und Schallplatten[33], um nur einen (geringen) Teil der Maßnahmen aufzulisten. Juden durften keine Zeitungen beziehen, kein Telefon besitzen und keine Fernsprechzellen mehr benutzen, keine öffentlichen Verkehrsmittel besteigen, es sei denn, sie hatten einen mehr als 7 km langen Weg zur Zwangsarbeit zurückzulegen. Der Religionsverband musste die Juden an das nächtliche Ausgehverbot zwischen 20 Uhr abends und 6 Uhr morgens erinnern[34] und sie ermahnen, keine Hamsterkäufe vorzunehmen, denn „wer auch diese neue Warnung nicht beachtet, setzt sich selbst schweren Unannehmlichkeiten aus. Er schädigt aber auch die jüdische Gesamtheit!" verkündete die Bekanntmachung.[35]

Fanden im September 1938 noch vielerorts in Hamburg Gottesdienste statt, die gerade aufgrund der zunehmend bedrückenden Lebenssituation rege besucht wurden, so reduzierten sich diese Veranstaltungen nach dem Novemberpogrom drastisch und nach dem Beginn des Krieges noch einmal. Religiöse Zusammenkünfte fanden noch in der Synagoge Beneckestraße 4, zeitweise in einem Saal des Gemeinschaftshauses in der Hartungstraße und bis Anfang 1942 dann in der kleinen Synagoge im früheren Wohnstift Kielortallee 22/24 statt, bis sie ganz verboten wurden und nur noch heimlich im Gemeindebüro durchgeführt werden konnten.[36]

Die Umquartierung der jüdischen Bevölkerung in „Judenhäuser", die bereits vor den Deportationen begonnen hatte, musste der Religionsverband weiterführen. Nach den jüdischen Ehepaaren traf der Umzugsbefehl die in „nichtprivilegierter" Mischehe Lebenden, die in sechs Häusern im Grindelgebiet zusammengelegt wurden. Diese Aktion war bis Mitte 1942 abgeschlossen. Zu diesem Zeitpunkt lebte mehr als die Hälfte der noch in Hamburg befindlichen Juden in einem solchen Gebäude. Die Häuser mussten ab März 1942 mit einem „Judenstern" gekennzeichnet sein. Sollten die Bewohner deportiert werden, erfuhren sie dies durch Aushang im Treppenhaus. Bis September 1942 registrierte die Sozialbehörde 900 beschlagnahmte „Judenwohnungen", deren Bewohner umquartiert bzw. bereits deportiert worden waren. Ab Ende 1942/Jahresbeginn 1943 erhielten dann auch die ersten in „privilegierter" Mischehe lebenden Paare (zunächst die mit jüdischem Ehemann) die Zuweisung für ein „Judenhaus". In deren qualvoller Enge mussten jüdische Funktionäre so manchen Streit unter den Bewohnern schlichten. Die Belegungsdichte wurde ständig erhöht, die vorgesehenen 8 qm pro Person oft unterschritten. Dennoch gelang es den Machthabern bis Kriegsende nicht, alle in Mischehen lebenden Hamburger Juden räumlich zu konzentrieren. Denn zum einen stand nach der zwangsweisen „Arisierung" von Gebäuden immer weniger Raum zur Verfügung, zum anderen konnte auf Mischehen-Wohnungen, die von einem nichtjüdischen Ehemann gemietet waren oder diesem gehörten, nicht ohne weiteres zugegriffen werden (siehe Verfolgung der Mischehen). Mit den „Judenhäusern" verbanden die Nationalsozialisten unterschiedliche Zielsetzungen: Die jüdische Bevölkerung „verschwand" aus ihrer bisherigen Umgebung, wurde von gewachsenen sozialen Beziehungen isoliert, durch die enge Zusammenlegung gedemütigt und sie konnte hier gut überwacht und kontrolliert werden. Zudem beschleunigte der Einweisungsbefehl den Zerfallsprozess mancher Mischehe. Vor allem aber fungierten die Häuser nach dem Abschluss der ersten großen Deportationen als Sammelstätten für die folgenden kleineren Transporte.

„Judenhäuser"

Hamburg

Agathenstraße 3
Beneckestraße 2, 4 und 6
Blumenstraße 31 a
Böttgerstraße 5
Bogenstraße 25 und 27
Bornstraße 16 und 22
Bundesstraße 6, 35 a, b u. c. und 43
Dillstraße 13, 15 und 16
Durchschnitt 1 und 8
Försterweg 43
Frickestraße 24
Grindelallee 21
Großneumarkt 56
Haynstraße 5 und 7
Heimhuder Straße 17 und 70
Heinrich-Barth-Straße 8, 17, 19 III
Hochallee 66
Innocentiastraße 19/21 und 3
Johnsallee 54 und 68
Jungfrauental 37
Kielortallee 13, 22 und 24
Kippingstraße 12
Kleiner Schäferkamp 32
Kurzer Kamp 6 (Fuhlsbüttel)
Laufgraben 37
Leinpfad 77
Neuer Steinweg 78
Ostmark Straße 24 (Hallerstraße)
Papendamm 3
Parkallee 75
Rappstraße 3 und 15
Rothenbaumchaussee 217
Rutschbahn 15 und 25 a/c
Schäferkampsallee 25, 27 und 29
Schlachterstraße 40 und 47
Sedanstraße 23
Westernstraße 27

Altona

Blücherstraße 18, 20 und 22
Breitestraße 11/17, 52, 54, 56 und 12/30, 44, 46, 48, 50
Große Bergstraße 100/108
Grünestraße 5
Hochstraße 50
Große Bergstraße 100/108
Kirchenstraße 2/18
Königstraße 28/32
Kleine Papagoyenstraße 1/9 und 2/18
Papagoyenstraße 5
Sonninstraße 12, 14 und 16
Wohlersallee 58

Quelle: Mitteilungsblatt der Notgemeinschaft Juli 1952 und Amt für Wiedergutmachung, Schr. Nr. 101/62 v. 7.3.1962, zusammengestellt von Sonja Meersmann, Wohnraumversorgung und Bevölkerungspolitik in Hamburg während dem Nationalsozialismus. Am Beispiel der jüdischen Bevölkerung Hamburgs, Dipl.-Arbeit, Hamburg 1989, Anhang 24.

Die Gestapo ließ sich vergleichsweise selten im Büro der Bezirksstelle sehen, vielmehr erhielt Plaut – zeitweise täglich – seine Anweisungen im Judenreferat. Manchmal konnte er einzelne Juden warnen, die wegen eines „Fehlverhaltens" ins Visier der Beamten geraten waren. Die Gestapo kontrollierte jedoch die Räumlichkeiten im Gemeinschaftshaus in der Hartungstraße, führte regelmäßige Haussuchungen und Razzien nach zwangsarbeitspflichtigen Personen durch. Plaut kennzeichnete Göttsche zwar als den Typus des „Judenreferenten", mit dem man reden konnte, doch zeigte sich der Gestapomann anderen Juden gegenüber eher unbarmherzig, wie im Fall des Hausmeisters des Gemeinschaftshauses, der für den Besitz von vier (!) Eiern bestraft wurde.[37] Plaut stellte der Hamburger Gestapo später ein insgesamt gutes Zeugnis aus. Die Aussagen von Hamburger Juden, die keine privilegierte Stellung einnahmen, klingen anders. Hinter verschlossenen Türen wurden seit 1933 immer wieder Juden schwer misshandelt, die teilweise an ihren Verletzungen starben; etliche fanden – wie die Belmonte-Brüder – den Tod im Konzentrationslager Fuhlsbüttel;[38] andere wurden in den Räumen des Judenreferats, bei Haussuchungen und an den Deportationssammelplätzen geschlagen;[39] die Beamten zeigten sich als bestechlich, korrupt und unterschlugen Wertsachen aus den geöffneten Lifts im Hafen[40] oder in den Wohnungen von Juden. Die Bestechlichkeit der Beamten konnte Plaut allerdings auch zugunsten der Juden nutzen. Für einige ältere „Schutzhäftlinge" erreichte er, dass sie vom Konzentrationslager Fuhlsbüttel in das Altersheim der Gemeinde überstellt wurden – bis sie dann einer „regulären" Deportation angeschlossen wurden. Plaut, ausgestattet mit einem Informationsmonopol bezogen auf die Anordnungen und Absichten der Gestapo, „dirigierte" nach eigener Aussage „wie ein Feldwebel" innerhalb der jüdischen Gemeinschaft. Niemand habe es darauf ankommen lassen, dass er bei Widersetzlichkeit die Gestapo verständigte.[41] Zur Berliner Zentrale der RV unterhielt Plaut sehr gute persönliche und kollegiale Beziehungen, die später von seinen Nachfolgern weitergeführt wurden.

Als im Sommer 1942 Heime und Anstalten geräumt und die ersten großen Alterstransporte zusammengestellt worden waren, wurden nicht mehr so viele Gemeindeangestellte benötigt wie im Herbst/Winter 1941. Erstmals wurden nun auch Mitarbeiter des Religionsverbandes und der Bezirksstelle der Reichsvereinigung in größerer Zahl nach Theresienstadt deportiert. Bis Jahresende 1942 waren 64 Prozent der Hamburger Juden „abgewandert",[42] und der Religionsverband musste sich in die Reichsvereinigung eingliedern. Das Vermögen der ehemaligen Jüdischen Gemeinde war der Stadt Hamburg schon in einem Sammelkaufvertrag übereignet worden, nun musste auch die Bezirksstelle der Reichsvereinigung ihre Vermögenswerte liquidieren, 58 Millionen Reichsmark kamen dem Deutschen Reich zugute.[43]

Martin Heinrich Corten (1950)

Im Januar 1943 erhielten die führenden Funktionäre der Zentrale der Reichsvereinigung in Berlin, Paul Eppstein, Leo Baeck und einige andere, den Befehl zur „Wohnsitzverlegung" nach Theresienstadt. So zeichnete sich ab, dass die Reichsvereinigung insgesamt aufgelöst werden würde. Plaut setzte im März 1943 vorauseilend in Mischehe lebende Juden als Mitarbeiter ein, um die Arbeitsfähigkeit der Organisation zu gewährleisten. Nachdem der Auflösungsbefehl für die Reichsvereinigung eingetroffen war, bestiegen die letzten 30 besoldeten Mitarbeiter der Hamburger Bezirksstelle am 23. Juni 1943 zusammen mit über 70 anderen Juden, die bis dahin von der Deportation zurückgestellt waren, den Zug nach Theresienstadt.[44] Das gesamte Judenreferat fand sich am Bahnhof ein. Die Theresienstadt-Überlebende Käthe Starke schrieb später ironisch: „Sie sahen ihr Arbeitsgebiet in der Heimat verschwinden und die Front für sich in gefährliche Nähe rücken."[45] Max Plaut befand sich nicht unter den Abreisenden. Die Gestapo hielt ihr Versprechen, ihn als einzigen deutsch-jüdischen Funktionär mit seiner Mutter und einer älteren Verwandten ausreisen zu lassen.[46] Im Januar 1944 gelangte er über Dachau nach Vittel in Frankreich (Sommer 1944) und via Wien und Türkei mit einem Austausch nach Palästina.

Zuvor war Plaut noch ein letzter Erfolg beschieden: Als die Gemeindeangestellten nach Theresienstadt deportiert wurden, hielt die SS den begleitenden Arzt Martin Heinrich Corten[47] absprachewidrig dort fest. Mit Hilfe der Hamburger Gestapo erreichte Plaut Cortens Freilassung, denn der Mediziner war als sein Nachfolger vorgesehen. Corten leitete vom Sommer 1943 bis zum Kriegsende als „Vertrauensmann" die

Rest-Reichsvereinigung, die für alle Angelegenheiten der in Mischehe lebenden Juden verantwortlich war. Der ehemalige Rechtsanwalt Max Heinemann führte das Büro.

Die Luftangriffe auf Hamburg im Juli/August 1943 zerstörten Einrichtungen und Infrastruktur der Gemeinde. Für die Organisation ging es nun monatelang darum, überhaupt wieder arbeitsfähig zu werden, die Kartei zu reorganisieren, die ca. 350 flüchtigen Mitglieder aufzuspüren, die Arbeitsfähigkeit des Jüdischen Krankenhauses wiederherzustellen.[48] Die meisten Geflüchteten kehrten freiwillig nach Hamburg zurück, andere versuchten, meist außerhalb Hamburgs, unter falscher Identität zu überleben, was 60 bis 80 Personen gelang.[49]

Die Luftangriffe auf Hamburg im Sommer 1943 verstärkten die Wohnraumknappheit in Hamburg. Nicht nur die „Judenhäuser“ waren jetzt stark überbelegt, auch Juden, die noch in ihren alten Wohnungen lebten, erhielten Einquartierung von anderen Mischehen. Dennoch forderte die Gestapo zusätzlich zweimal die Räumung von je 200 Zimmern zugunsten nichtjüdischer Ausgebombter. Sie drohte, sollte die Reichsvereinigung dies nicht bewerkstelligen können, mit Verlegung der Juden in „einwandige Baracken“ in Elmshorn. Die Betroffenen sollten in einem Gebiet um das Grindelviertel, Randbereichen von Eppendorf und Eimsbüttel sowie um die Altonaer Breitestraße konzentriert werden.[50] Dies konnte nur ansatzweise verwirklicht werden, und zu der kurz vor Kriegsende angedrohten Einweisung in Baracken auf dem jüdischen Friedhofsgelände in Ohlsdorf kam es ebenfalls nicht.

Quelle: StaH, 522-1, Jüdische Gemeinde, Abl. 1993, Ordner 15

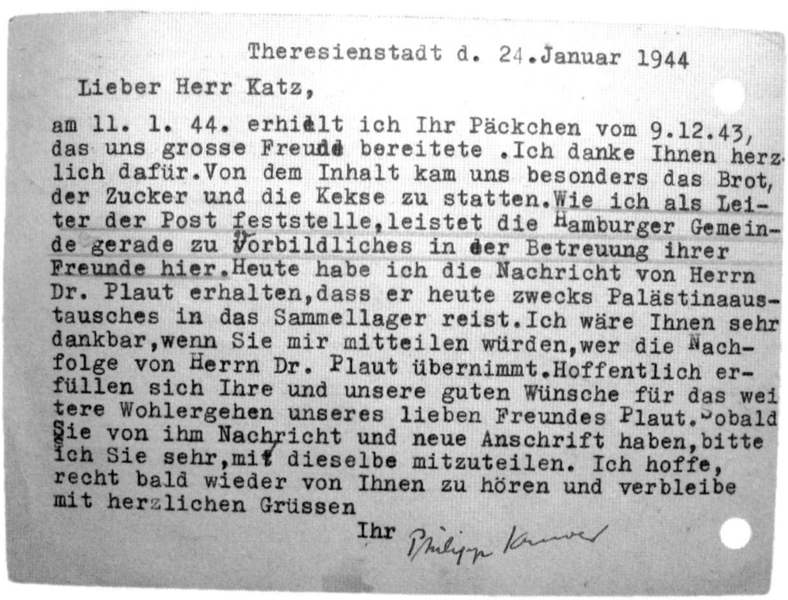

Theresienstadt d. 24.Januar 1944

Lieber Herr Katz,

am 11. 1. 44. erhielt ich Ihr Päckchen vom 9.12.43, das uns grosse Freude bereitete .Ich danke Ihnen herzlich dafür.Von dem Inhalt kam uns besonders das Brot, der Zucker und die Kekse zu statten.Wie ich als Leiter der Post feststelle,leistet die Hamburger Gemeinde gerade zu Vorbildliches in der Betreuung ihrer Freunde hier.Heute habe ich die Nachricht von Herrn Dr. Plaut erhalten,dass er heute zwecks Palästinaaustausches in das Sammellager reist.Ich wäre Ihnen sehr dankbar,wenn Sie mir mitteilen würden,wer die Nachfolge von Herrn Dr. Plaut übernimmt.Hoffentlich erfüllen sich Ihre und unsere guten Wünsche für das weitere Wohlergehen unseres lieben Freundes Plaut.Sobald Sie von ihm Nachricht und neue Anschrift haben,bitte ich Sie sehr,mir dieselbe mitzuteilen. Ich hoffe, recht bald wieder von Ihnen zu hören und verbleibe mit herzlichen Grüssen

Ihr Philipp Kozower

In den „Freitod“ getrieben

Seit der nationalsozialistischen Machtübernahme registrierten die Behörden bei bestimmten Ereignissen – etwa wenn jüdische Geschäfte boykottiert, Berufsverbote verkündet wurden oder 1938 im Zuge des Novemberpogroms – steigende Selbstmordzahlen. Die Angst um die materielle Existenz oder vor öffentlichen Demütigungen, das Bewusstsein des rasanten sozialen Abstiegs und die Furcht vor möglicher Kriminalisierung kulminierte gerade bei denjenigen, die weder die Möglichkeiten noch den Mut hatten, im Ausland einen neuen Anfang zu wagen, in der Überlegung, sich das Leben zu nehmen. Andere wurden in Konzentrationslagern und Gestapogefängnissen in den „Freitod“ getrieben. Als die systematischen Deportationen der Juden im Oktober 1941 begannen und die meisten potentiell Betroffenen davon ausgingen, künftig „im Osten“ bei harter Zwangsarbeit unter unwirtlichen Bedingungen leben zu müssen, erhöhten sich die Zahlen weiter, und als im Laufe des Jahres 1942 einem Teil der noch nicht Deportierten Gerüchte über den systematischen Mord zu Ohren kamen, noch einmal.

In seiner Untersuchung über Selbstmorde bei Juden gelangte der Historiker Konrad Kwiet zu dem Ergebnis, dass während des Nationalsozialismus eine (natürlich nicht exakt quantifizierbare) Zahl von ca. 10 000 deutschen Juden unter dem Druck der nationalsozialistischen Verfolgung Suizid begangen habe. Für Berlin und Württemberg wird für die Zeit der Deportationen von 1941 bis 1945 angenommen, ca. 10 Prozent jüdischen Bevölkerung habe diese Entscheidung getroffen.[51] Die für Hamburg registrierten Zahlen von 319[52] Selbstmördern insgesamt, darin enthalten 190[53] für die Zeit der Deportationen, würden somit prozentual sogar etwas höher liegen als andernorts, wenn sie auf insgesamt 10 000 jüdische NS-Opfer und ca. 5300 aus der Hansestadt selbst Deportierte bezogen wird. Kwiet weist auf die Problematik hin, den Selbstmord unter „Widerstandshandlung“ zu rechnen, betont aber, dass dieser „die extremste Form der Flucht“ darstelle.[54] Der Selbstmord sei „eine Abweichung vom verordneten Modell“, „durchkreuzte und ‚störte‘ den reibungslosen technisch-bürokratischen Ausschaltungsprozess“.[55] Hinzugefügt werden muss aber wohl, dass der Selbstmord gleichzeitig Ausdruck der extremsten Form der Verzweiflung ist.

Die Gestapo, die die Juden in den sicheren Tod deportieren wollte, tolerierte die eigenmächtige Entscheidung zu sterben nicht. Auch in Hamburg wurde jedem Suizid eines Juden als „unnatürlichem Sterbefall“ nachgegangen. Entdeckte ein Nachbar, eine Ehefrau oder ein Dritter, dass ein Jude den Freitod „gewählt“ hatte, protokollierte ein Polizist des nächst gelegenen Reviers die Umstände. Wiesen ein Abschiedsbrief oder die Aussage eines Bekannten darauf hin, dass die bevorstehende Deportation auslösendes Moment für die Tat gewesen war, wurde dies als eine Erklärung notiert, die nicht weiter begründet oder ausgeführt werden musste. Die Leiche wurde ins Hafenkrankenhaus gebracht – in dem lebende Juden nicht mehr behandelt wurden – und gründlich untersucht (vgl. Rundgang, Carl Belzinger, Ottilie Robertsohn, Max Fleischhauer). Selbstmörder, die aufgefunden wurden, bevor der Tod eingetreten war, kamen ins Jüdische Krankenhaus, wo sie – wenn möglich – so weit wieder hergestellt werden sollten, dass sie transportfähig waren. Das Krankenhauspersonal war im Zwiespalt, sie für die Deportation zu retten oder sie sterben zu lassen. „Wir haben sie sterben lassen“, sagte eine ehemalige Krankenschwester später im Interview.[56] Manche täuschten einen Selbstmordversuch vor, wenn sie den Deportationsbefehl erhalten hatten. Auch dies konnte gefährlich sein, wie aus einem erhaltenen Bericht des Hamburger Jüdischen Krankenhauses hervorgeht: „Einen hohen Anteil an den Kranken stellte die Gruppe der Selbstmordfälle dar. Diese Erscheinung löste häufig Besuche von Stapo-Beamten aus, die feststellen wollten, wo die betreffenden Selbstmordkandidaten sich die Mittel für ihren Versuch beschafften. Trotz dieses verstärkten Interesses ist in verschiedenen Fällen durch Verabreichung von Dolantin u. ä. in verstärkter Dosis ein

Selbstmordversuch vorgetäuscht worden, besonders dann, wenn man in Kürze mit einem Stapobesuch zu rechnen hatte. Die Wirkung dieser Maßnahme für das Schicksal der Betroffenen war jedoch nur aufschiebend, und ein solcher Selbstmordkandidat hatte mit um so größerer Sicherheit mit der Einteilung für den nächsten Transport zu rechnen. Der Abtransport der Kranken bei Deportationen hatte auf möglichst unauffällige Weise zu erfolgen. ... Ein Möbelwagen fuhr vor, in dem die Kranken untergebracht waren."[57] Die Krankenschwester berichtete, bei jeder großen Deportation seien 20 bis 30 Selbstmörder eingeliefert worden.[58]

Die Entscheidung, aus dem Leben zu gehen, hatten manche bereits lange vorher getroffen, wie aus etlichen Abschiedsbriefen deutlich wird. Sie vollzogen sie, wenn der gefürchtete Deportationsbefehl eingetroffen war (siehe Abschiedsbrief eines Rechtsanwalts an seine Tochter).

Quelle: FZH, Sign. 6262, Judenverfolgung/Berichte

Abschiedsbrief eines Hamburger Rechtsanwalts an seine Tochter

Hamburg, den 22.Oktober 1941

Meine geliebte Tochter!

Vor mehr als zweieinhalb Jahren habe ich mich von dir getrennt, und trotz aller Qualen, die ich seitdem erlitten habe, und trotz all' dem Schrecklichen, dass mir noch bevorsteht, war jener 11. März 1939 der leidvollste Tag meines Lebens. Alle diese Jahre habe ich dich vor mir gesehen, wie du, im Arm deine Puppe, an der Hand von Tante Dorothy in das große Flugzeug gestiegen bist, das dich, das einzige, liebste und beste dann entführte. Oft, sehr oft, habe ich gezweifelt, ob ich richtig gehandelt habe, mein einziges, sehr geliebtes Kind in fremde, wenn auch so liebevolle Hände zu geben. Aber gerade meine große Liebe zwang mich, so zu handeln, denn nur so konnte und kann ich noch hoffen, dass du als freier Mensch aufwächst, eine gute Schulbildung erhältst und nach liebevoller und sorgsamer Erziehung durch deinen Onkel ... und deine Tante ... zu der Ruth-Ingrid aufwächst, die ich mir ersehnte und die zu sehen mir wohl nicht mehr vergönnt sein wird.

Heute geht der erste Transport jüdischer Menschen aus Hamburg fort, es sollen 2.000 sein von den etwa 7.000, die noch hier sind. Ich stehe nicht auf der Liste, aber es steht allgemein fest, dass weitere Transporte folgen, und ich muss glauben, dass alle Juden aus Hamburg und wohl aus ganz Deutschland abtransportiert werden. Also werden auch ich und deine liebe Mutter in einigen Tagen oder vielleicht auch Wochen an die Reihe kommen, da ja auch wir nach den deutschen Gesetzen als Juden gelten, obwohl wir beide Christen sind und deine Mutter auch der Rasse nach keine Jüdin ist. Wohin man uns schicken wird, dass weiß Niemand, aber sicher ist, dass nur ein Bruchteil der Verschickten diese Prüfung überstehen kann. Viele nehmen sich das Leben, um den schrecklichen Demütigungen und Peinigungen, dem Hunger und der Kälte, dem Schmutz und den Krankheiten, die uns erwarten, zu entgehen. Ich weiß nicht, was ich tun werde, wenn die Reihe an mich kommt, aber ich danke der allmächtigen Güte, dass ich die Kraft aufgebracht habe, dich, du geliebtes Kind, vor diesem Schicksal zu bewahren ....

Unsere Bemühungen, noch auszuwandern, sind leider vergeblich geblieben; so muss ich nun in diesem Brief, mein Kind, Abschied von Dir nehmen, ehe ich dich kenne. Und du selbst wirst kaum noch eine Erinnerung an deinen Vater haben ....

Hamburg, den 8. Januar 1942

Meine sehr geliebte Tochter,

es sind fast drei Monate vergangen, seit ich die ersten drei Bogen dieses Briefes geschrieben habe. Drei Monate so voll Entsetzen und Qual, voll verzweifelter Hoffnung und hoffnungsloser Verzweiflung, wie du nie, nie eine Zeit erleben darfst .... Deine arme, unglückliche, geliebte Mutter hat einen schweren Nierenanfall bekommen und schläft jetzt, nachdem der Arzt ihr eine Spritze gegeben hat. Liebste Ruth-Ingrid, denke dir, dass unsere Lage so entsetzlich ist und unsere Zukunft so grauenvoll düster, dass ich wünschte, sie würde nicht wieder erwachen. Aber ich habe so oft mit ihr über einen freiwilligen Tod gesprochen, und sie hat diesen Gedanken so entschieden abgelehnt, dass ich allein aus dem Leben scheiden will. Vier Transporte von insgesamt mehr als 3.000 Juden sind im Oktober, November und Dezember 1941 aus Hamburg fortgeführt. Nur vom ersten weiß man, dass er in Lodz angekommen ist und dass die Verschickten dort ein ärmliches, aber scheinbar erträgliches Leben führen. Von den anderen, die nach Minsk und Riga gekommen sein sollen, weiß man nichts Genaues, aber schreckliche Gerüchte gehen herum, und ich bin jedenfalls entschlossen, mich diesen furchtbaren Demütigungen, dem Hunger, der Kälte, dem Schmutz und dem Ungeziefer nicht auszusetzen, um schließlich doch einen qualvollen Tod zu erleiden.

Meine Kraft ist zu Ende. Noch einmal wende ich alle meine Gedanken zu dir, mein geliebtes Kind. Ich flehe jetzt deine jetzigen Eltern an, dir treue, liebevolle Hüter zu sein. Ich hoffe, dass die Not und alle Qualen, die deine geliebte Mutter und ich ertragen mussten, ein Opfer für dich waren, ein Opfer, durch das dir ein besseres, glücklicheres Leben beschieden sein wird, als uns zu Teil geworden ist. Von den wenigen glücklichen Stunden und Tagen, die uns beschieden waren, verdanken wir die meisten dir, du meine Tochter. Du hast uns nicht einen Tag, nicht eine Stunde Kummer gemacht. Dafür danke ich dir in diesen letzten Worten, die ich an dich richten kann, von ganzem Herzen. Wenn du später einmal an deinen Vater denkst, du Liebste meines ganzen Seins, so sei stolz auf ihn: Er hat nichts Böses getan, und er leidet so unschuldig, wie je einer gelitten hat. Mein Herz war voll Liebe für dich und deine Mutter. Ich hoffte immer noch einmal, euch glücklich machen zu können. Meine Hoffnungen und damit mein Leben sind zu Ende ....

Dein Vater

Quelle: FZH, Sign. 6262, Judenverfolgung/Berichte

Brief Lucie Salomon an Ferdinand Bloch-Bauer in Zürich, 14. September 1941

Lieber Onkel Ferdinand!

Ich habe Dir noch für Deinen letzten Brief – nein es war eine Karte, die Du kurz nach Deiner Rückkehr aus Zürich geschrieben hast – zu danken. Ich freue mich, dass Du ein bisschen Erholung und Abwechslung gehabt hast. Hoffentlich bleibt Dir die körperliche und geistige Frische noch lange erhalten. Von uns kann ich Dir nur sagen, wir sind am Ende unserer Kräfte, es ist zu viel wieder, was in den letzten Wochen auf uns eingestürmt ist und noch einstürmt. Ich nehme an, dass Du von allem unterrichtet bist. Wir haben lange tapfer stand gehalten, aber es gibt eben Dinge, über die man nicht hinweg kommen kann, wenigstens wir nicht!

Quelle: Ernest H. Sanders (olim Helmut Salomon), Heil und Unheil. Eine Hamburger Familie 1904–1941, Berlin 2005, S. 74f.

Ich glaube gar nicht, dass Du wirklich darüber im Bilde bist, welche Stellung Paul hier hatte, und was er für eine geachtete und geschätzte Persönlichkeit war. – Wenn er das liest, wird er in seiner Bescheidenheit wieder sagen: „Was für ein Unsinn!!" – Aber wie anerkannt und geschätzt Paul hier war, das beweisen auch heute noch Freunde, die trotz allem treu zu ihm halten. Wir haben ein glückliches Leben bis 33 geführt, und können darüber froh sein, dass unsere Kinder vor der schlimmsten Zeit herausgekommen sind, und Fuß fassen konnten, hoffentlich werden sie weiter vorwärts kommen, und auch ihr Leben wird von Glück und nicht allzu vielen Sorgen begleitet sein. Ich hoffe es auch heute für Hilde, Franz und Inge!

....

Dieser Brief, lieber Onkel, wird erst abgesandt werden wenn wir nicht mehr am Leben sind. Ich hoffe und wünsche, dass uns der Schritt, den wir uns reichlich überlegt haben, gelingen wird, und wir dann diesem schauerlichen Erdendasein entronnen sind.

Wir bitten Dich, unsere Kinder – Du hast die Adressen von allen – zu unterrichten, vielleicht telegraphisch, Du hast ja auch die Telegramm-Geschäftsadresse von Lotti.

Ich möchte Dir noch einmal danken für alle Freundlichkeiten und verwandtschaftlichen Gefühle, die Du ein langes Leben lang für mich gehabt hast, die Du mir auch immer wieder zu Teil werden ließest. – Ich bitte Dich: Übertrage sie auch auf unsere Kinder, die schwer genug an dem Schritt zu tragen haben werden, den wir vor haben zu gehen. Vergiss bitte nie, dass sie die Enkel Deiner prachtvollen Schwester Hermine sind, unseres Muttchens. ...

Lebe wohl, lieber Onkel, behalte uns in guter Erinnerung, lasse es Dir recht, recht gut gehen, so wie Du es in so reichem Maße verdienst. – Dank noch einmal für alles!

Noch einen warmen Händedruck von Deiner Nichte

/s/ Lucie

Lucie und Paul Salomon

Ähnlich wie dieses Ehepaar, schied auch das Ehepaar Lippmann gemeinsam aus dem Leben. Leo Lippmann, ein gewissenhafter und preußisch-pflichtbewusster ehemaliger Beamter, hatte bis zum Sommer 1943 die Finanzen des Religionsverbandes bzw. der Bezirksstelle der Reichsvereinigung betreut. Nach deren Auflösung sollten seine Frau und er nach Theresienstadt deportiert werden. Lippmann verabschiedete sich schriftlich von seinen Weggefährten in dem Wissen, dass er für die jüdische Gemeinschaft alles getan hatte, was er konnte, und beging mit seiner Frau Selbstmord.[59] Trafen die Genannten die Entscheidungen für sich selbst, so befanden sich andere wie die Töchter Beschütz in einem extremen Gewissenskonflikt, als ihre 91-jährige Mutter im Dezember 1941 nach Riga deportiert werden sollte. Die Frauen, die ebenfalls auf der Transportliste standen, gaben ihrer Mutter Gift, um ihr diesen letzten Weg zu ersparen. Dabei hätte die Greisin nach den Richtlinien des Reichssicherheitshauptamtes als über 65-jährige nicht deportiert werden dürfen, doch darauf ach-

Leo Lippmann

tete die Hamburger Gestapo nicht. Die alte Frau starb nicht sofort, weil das Mittel nicht voll wirkte, sondern erst eine Woche später, geistig verwirrt, im Jüdischen Krankenhaus.[60]

Andere, die dem Deportationsbefehl folgten, hofften vielleicht noch, dass sie den unbekannten Lebensbedingungen gewachsen sein würden, wie das Ehepaar Offenstadt, das die Reise ins Ungewisse antrat und für den Eventualfall Schlaftabletten ins Ghetto Theresienstadt einschmuggelte. Ein knappes halbes Jahr später begingen sie dort am selben Tag Selbstmord (siehe Rundgang, Offenstadt).

Die Deportationen nach Lodz, Minsk und Riga

Am Vorabend der ersten Deportation im Oktober 1941 zählte der Religionsverband in Hamburg noch 7547 Mitglieder. Die Gestapo stellte eine Liste zusammen von eintausend plus zweihundert weiteren Personen auf, die „für eventuelle Ausfälle in Reserve gehalten werden" sollten. „Der Zug", so die Gestapo in ihrem Schreiben weiter, „fährt am 25.10.1941 um 10.10 Uhr ab Hamburg, Hannoverscher Bahnhof, und soll fahrplanmässig am 26.10.1941 um 11 Uhr in Litzmannstadt eintreffen ... den Juden ist die Kennkarte und, soweit vorhanden, Arbeitsbuch und Reisepass belassen worden. Diese Papiere sind mit einem Stempelaufdruck versehen, aus dem die Evakuierung zu ersehen ist. i. A. Göttsche."[61] Ähnliche Schreiben sind von den folgenden Transporten erhalten.[62]

Die zu Deportierenden mussten sich einen Tag vor dem Abtransport im ehemaligen Logenhaus in der Moorweidenstraße 36 einfinden. Der Religionsverband hatte Doppelstockbetten für die Übernachtung aufgestellt. Die vorhandenen sanitären Einrichtungen im Keller des Gebäudes reichten für jeweils mehr als 1000 Menschen in keiner Weise aus. Die Verpflegung organisierten Helferinnen und Helfer vom Jüdischen Gemeinschaftshaus aus (vgl. Interviewauszug Ingrid Wecker).

Im Logenhaus befanden sich Helfer der Gemeinde, medizinisches Personal sowie Gestapo- und Finanzbeamte. Es ging oft rüde zu. Ermittlungen, die nach dem Krieg gegen den Gestapobeamten Hermann Kühn eingeleitet wurden, der dort regelmäßig Dienst tat, geben einen kleinen Einblick in die Praxis der Gestapo, die Max Plaut so positiv beurteilte. Martin Starke (vgl. Bericht Starke und Interviewauszug Wecker), der als Hausmeister bei den Großtransporten anwesend war, erlebte in mehr als 30 Fällen mit, wie Kühn bei Haussuchungen und im Logenhaus Juden schlug, „einmal, um Geständnisse zu erpressen, zum anderen (dass er) ältere Leute misshandelt hat, weil sie sich gemäß seinen gegebenen Anweisungen nicht schnell genug bewegten. Viele dieser Schlägereien haben sich abgespielt im Luftschutzkeller der Niedersachsen-Loge, wo die zu Verschickenden versammelt wurden. Dort habe ich auch gesehen, dass Kühn eine sogenannte Arierin verschiedentlich geschlagen hat, weil sie ihre jüdischen Bekannten, die nach Litzmannstadt abtransportiert werden sollten, zum Sammelplatz begleitet hat ...".[63] „Bei dem Abtransport der Juden war gewöhnlich die ganze Gestapodienststelle vom Judenreferat beteiligt, also auch Kühn. Wie oben schon erwähnt, kam es bei dem Abtransport vor, dass die einzelnen Familien mehr Gepäck mitnahmen als zulässig war. Sie wurden nicht nur durch Kühn, sondern auch durch die anderen Gestapobeamten im Luftschutzkeller der Niedersachsen-Loge in der Moorweidenstraße, wo der Transport gesammelt wurde, deswegen geprügelt. Im Falle Kühn habe ich des öfteren beobachtet, dass er wahllos Männer und Frauen geschlagen hat. Kühn schlug mit der Faust wahllos zu oder nahm hierzu Gegenstände ... Dass die Schläge ... stark ausgeführt wurden, habe ich daran erkannt, dass Leute mit minder guter körperlicher Verfassung kaum mehr fähig waren, ihre Sachen zu tragen. ... Bezeichnend ist, dass Kühn allgemein in jüdischen Kreisen als ‚Bluthund' bezeichnet wurde ..."[64] Kühn bestritt dies nicht, sondern wälzte die Schuld auf seinen Vorgesetzten Göttsche ab. Er selbst sei immer großzügig bei der Bemessung des Gewichts gewesen, nur wenn zu viel Arbeit angefallen sei, habe er angeordnet, überzähliges Gepäck im Vorgarten abzustellen und dies der Jüdischen Gemeinde zu übergeben. Kühn: „Bei diesen ... Transporten war stets ein großer Massenbetrieb in der Moorweidenstraße, zumal viele Angehörige die zum Transport vorgesehenen Juden dorthin begleiteten. In der Regel war es so, dass hierzu uniformierte Polizei zum Absperren hinzugezogen wurde. Ich gebe zu, dass es manchmal wenn Gepäck zurückgestellt werden musste, lebhaft und erregt zuging und es quasi gewaltsam den zum Abtransport bestimmten Juden abgenommen werden musste, da diese sich natürlich von ihrer letzten Habe nicht trennen wollten. Bei diesem Tumult beim Streit um das Gepäck kann es absolut vorgekommen sein, dass nicht nur ich, sondern auch die anderen Beamten dazu übergehen mussten, die Juden gewaltsam von dem Gepäck wegzureißen und zurückzustoßen. Dass hierbei vereinzelt Schläge ausgeteilt wurden, bestreite ich gar nicht, möchte aber doch betonen, dass diese Schläge mit einer bewussten Misshandlung keineswegs verwechselt werden dürfen ...".[65] Sein Vorgesetzter Göttsche, „der bei diesen Abtransporten stets zugegen war, sah sehr darauf, dass die Kilogramm einigermaßen eingehalten wurden und machte uns dann häufig Vorhaltungen, wenn er Leute antraf, die bei uns passiert waren und trotzdem noch viel zu viel Gepäck bei sich hatten ...".[66]

Deportationsziel „Litzmannstadt" (25. Oktober 1941)

Erste Planungen Heinrich Himmlers hatten vorgesehen, 60 000 Juden aus dem „Altreich" nach Lodz zu deportieren. Diese Zahl wurde nach Einsprüchen des zuständigen Gauleiters Greiser auf 25 000 gesenkt, denn dieser wollte „seine" Juden loswerden, nicht aber weitere aufnehmen, wenn auch diese – so Himmlers Zugeständnis – im folgenden Frühjahr weiter gen Osten transportiert werden sollten. Die vom Reichssicherheitshauptamt herausgegebenen Richtlinien sind nicht als solche erhalten, lassen sich jedoch rekonstruieren, weil Anweisungen von Gestapostellen, Oberbürgermeistern oder Landräten sich darauf bezogen. In die 1000er-Transporte sollten keine Juden aus Mischehen, keine ausländischen Juden (mit Ausnahme staatenloser und ehemals polnischer oder luxemburgischer Staatsangehöriger), keine Rüstungsarbeiter, die nicht vom Arbeitsamt bzw. der zuständigen Rüstungsinspektion zur Deportation freigegeben waren, wie auch nicht deren Familienangehörige und keine über 65-jährigen einbezogen werden. Die zu Deportierenden durften RM 100 pro Person, einen Koffer mit bis 50 kg Gewicht, Bettzeug mit Decke und Verpflegung für mehrere Tage mitnehmen.[67]

In Lodz, der zweitgrößten Stadt Polens, lebten vor dem Zweiten Weltkrieg 665 000 Einwohner, die meisten waren Polen, 34 Prozent Juden und 10 Prozent Deutsche. Es galt als eines der wichtigsten Zentren der Textilindustrie. Nach der Besetzung gingen die Deutschen brutal gegen die jüdische Bevölkerung vor, misshandelten, vertrieben und ghettoisierten sie. Die Stadt wurde nach dem deutschen General Karl Litzmann in „Litzmannstadt" umbenannt, dessen Truppen Lodz im Ersten Weltkrieg erobert hatten. Im jüdischen Armenviertel Baluty richtete die deutsche Verwaltung 1940 ein Ghetto ein, in dem sie 154 000 einheimische Juden auf vier Quadratkilometern zusammenpferchte, von denen nur 2,5 bebaut waren.[68] Zwei Durchgangsstraßen zerschnitten das Ghetto, Holzbrücken ermöglichten es den Juden, die drei Ghettoteile zu erreichen, während die nichtjüdische Bevölkerung mit der Straßenbahn oder zu Fuß auf den Durchgangsstraßen das Gebiet passieren konnte. Das jüdische Ghetto wurde als „Produktionsghetto" eingerichtet. Der „Judenälteste" Chaim Rumkowski organisierte den Betrieb der zahlreichen Fabriken, „Arbeitsressorts" genannt, die vor allem Textilien herstellten. Hauptabnehmer waren neben der deutschen Wehrmacht auch Bekleidungshäuser im „Altreich" wie beispielsweise das Hamburger Alsterhaus. Rumkowski verfolgte die Überlebensstrategie, die Juden des Ghettos sollten sich über Arbeitsleistung unentbehrlich machen. Als die 20 000 Juden aus dem „Altreich" in Lodz eintrafen, war das Ghetto bereits heillos überfüllt. Die Hamburger wurden ebenso wie die anderen „eingesiedelt",[69] meist in Holzhäuser ohne Wasseranschluss, und auf die Fabriken verteilt. Die Gestapo Litzmannstadt meldete, der Hamburger Transport würde am 26.10.1941 erwartet, und listete das Alter, den Familienstand wie die Arbeitsqualifikationen penibel auf. Dass 30 Personen über der in den Richtlinien angegebenen Altersgrenze lagen, störte dabei offensichtlich niemanden.

Ankunft im Ghetto „Litzmannstadt"/Lodz

„Einsiedelung" Ghetto Lodz

Ghetto Lodz (u.)

Die Sterblichkeitsrate im Ghetto war hoch: Bis Jahresende 1942 waren bereits mehr als 4200 Tote unter den reichsdeutschen Juden registriert.[70] Die polnischen Juden und „Zigeuner" wurden in Gaswagen erstickt, erschossen oder im bereits im Dezember 1941 in Betrieb genommenen ersten Vernichtungslager Kulmhof (Chelmno) ermordet. Die Todesstätte war eigentlich kein Lager, sondern – wie der Historiker Wolfgang Scheffler es knapp beschreibt – „eine Gaswagenstation , die aus einigen Gebäuden bestand".[71]

Schreiben der Gestapo Litzmannstadt wegen Hamburger Juden

Abschrift

II B 4 Litzmannstadt, den 24.10.41

1.) FS.
An den
Inspekteur der Sipo und des SD

in P o s e n Dringend!
Sofort vorlegen!
Betr. : Evakuierung von Juden in das Ghetto Litzmannstadt.
Vorgang: Bekannt

Der am 26.10.41 hier aus Hamburg eintreffende Judentransport wird sich wie folgt zusammensetzten:

1.) Anzahl der Familien 235

2.) Anzahl der ledigen Juden 187

3.) Anzahl der ledigen Jüdinnen 267

4.) Altersgliederung:

von 1 – 5 Jahren	31 Personen		von 36 – 40 Jahren	54	P.
" 6 – 10 "	27	"	" 41 – 45 "	110	"
" 11 – 15 "	32	"	" 46 – 50 "	133	"
" 16 – 20 "	57	"	" 51 – 55 "	143	"
" 21 – 25 "	40	"	" 56 – 60 "	158	"
" 26 – 30 "	38	"	" 61 – 65 "	86	"
" 31 – 35 "	61	"	" über 65 Jahren	30	"

5.) Zahl der arbeitsfähigen Juden 706

6.) Berufliche Zusammensetzung:

Kaufmännische Berufe	51
Ärzte	3
Krankenpfleger	14
Handwerker: a) Schlosser	15 Personen
b) Tischler	10
c) Schneider, bzw. Schneiderinnen	36 Pers.
d) Maler (Anstreicher)	10 Personen
Hausangestellte	92 Personen
Sonstige Arbeiter	236 Personen

Stapo Litzmannstadt dt-II B 4 9371/41g 112)

gez. F u c h s Krim.

Quelle: Adolf Diamant, Getto Litzmannstadt. Bilanz eines nationalsozialistischen Verbrechens, F.a.M. 1986, S. 211.

Dieses Schicksal traf zwischen dem 4. und dem 15. Mai 1942 dann auch die reichsdeutschen Juden, die nicht mehr als arbeitsfähig galten. Einige wurden wie der Harburger Fritz Sarne, der zu den wenigen Überlebenden des Ghettos Lodz gehört, zur Zwangsarbeit außerhalb eingesetzt (siehe Bericht Fritz Sarne). Wer die Arbeits- und Lebensbedingungen sowie die wiederkehrenden „Selektionen" auf Arbeitsfähigkeit bis August 1944 überstanden hatte, wurde nun, bei der Liquidierung des Ghettos Lodz, nach Auschwitz gebracht. Dort fand noch einmal eine Selektion auf die Arbeitsfähigkeit hin statt. Wer bei dieser „durchfiel", wurde ermordet, die anderen in Zwangsarbeiterlager weiterdeportiert (siehe Biographie Iwan Vogel im Rundgangsteil).

Anfangs kamen noch Postkarten der Angehörigen dieser ersten Massendeportation in Hamburg an. Danach konnten Verwandte oder die Jüdische Gemeinde von der Heimat aus noch Geld senden, das quittiert wurde (siehe Postkarte), dann riss der Kontakt ab. Ein Stempel informierte die Zurückgebliebenen: „Zurück. In der Strasse des Empfängers findet z. Zt. keine Postzustellung statt". Im Mai 1944 trafen überraschend wieder einige Postkarten ein (siehe Biographie von Hilde Vogel im Rundgangsteil), deren Schreiber die Deportation allesamt nicht überlebten. Von den meisten nach Lodz deportierten Hamburgern wissen wir nicht, wann und wo sie gestorben bzw. ermordet worden sind.

Quelle: privat

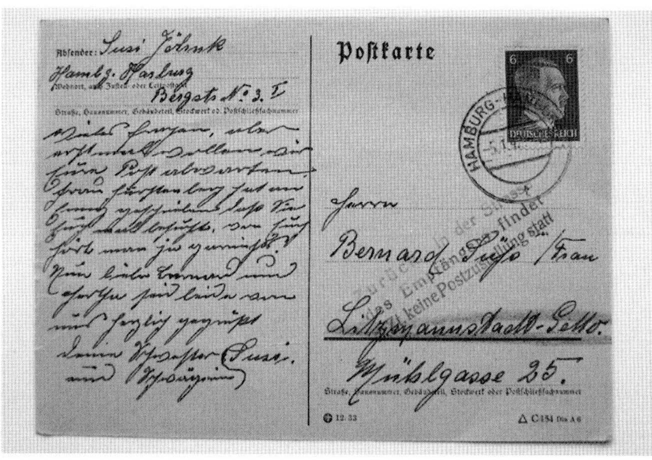

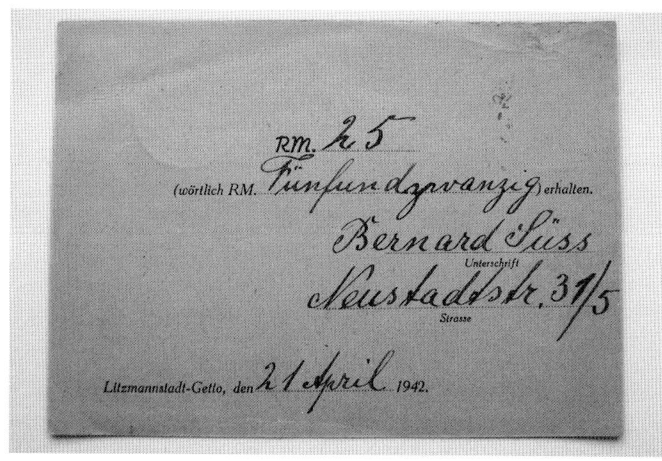

Deportationsziel Minsk (8. und 18. November 1941)

Die Deportation der ersten 25 000 Juden und „Zigeuner" aus dem „Altreich" nach Lodz zeigte an, dass eine grundsätzliche Entscheidung gefallen war, doch das Deportationsziel selbst stellte nur eine Notlösung dar. Die Weigerung der Gauleiter in den annektierten polnischen Gebieten und der Verwaltung des „Generalgouvernements", weitere Juden aus dem Deutschen Reich aufzunehmen, führte zu Überlegungen, für die zweite Deportationswelle nun Ziele in der besetzten Sowjetunion auszuwählen, wie Minsk im „Generalkommissariat Weißruthenien", Teil des „Reichskommissariats Ostland".[72] Nach Minsk und Riga sollten nun aus dem „Altreich", der „Ostmark" und dem „Protektorat Böhmen und Mähren" zusammen 50 000 Juden abgeschoben werden, wieder in 1000er-Transporten. Die Richtlinien deckten sich weitgehend mit denen für die erste Deportation.

In Minsk, der Hauptstadt Weißrusslands, lebten 1941 ca. 80 000 Juden, sie stellten ein Drittel der Stadtbewohner dar. Die deutschen Besatzer richteten – nach brutalen Mordaktionen – ein etwa zwei Quadratkilometer großes Ghetto für 100 000 einheimische Juden in der Stadt ein, das auch einen Friedhof umfasste. Am 7. November 1941 ermordete die SS 12 000 Ghettobewohner, deren Unterkünfte von den deutschen Neuankömmlingen belegt werden sollten. Eine zweite „Aktion", der 7000 weitere Juden zum Opfer fielen, folgte am 20. November. Aufgrund von Transportschwierigkeiten trafen nicht 25 000, sondern lediglich 7000 Juden aus Deutschland ein (dafür vergrößerten sich die Deportationszüge nach Riga).[73] Nach der Ankunft der deutschen Juden erstattete die Einsatzgruppe A Bericht:

„Für die Aufnahme der aus dem Reich ankommenden Judentransporte ist sowohl in Minsk als auch in Riga alles vorbereitet. Der erste in Minsk angekommene Transport, der sich aus Hamburger Juden zusammensetzte, traf am 10.11.41 ein. Am gleichen Tag wurde den Juden im Ghetto Quartier angewiesen. Es konnte beobachtet werden, dass die Juden sich z. T. ein völlig falsches Bild über ihre Zukunft machten, z. B. dass sie sich als Pioniere fühlten, die zur Kolonisierung des Ostens eingesetzt werden."[74]

Der Hamburger Minsk-Überlebende Heinz Rosenberg schilderte den Schock, den die Ankömmlinge beim Anblick der gerade abgeschlossenen blutigen „Räumungsaktion" erlitten (siehe Bericht Heinz Rosenberg).

Da der Hamburger Transport vom 8. November als erster reichsdeutscher in Minsk eintraf, bestimmte die SS deren Transportleiter, Dr. Edgar Frank, zum Judenältesten mit Prügelrecht.[75] Frank, ein ehemaliger Baltikumskämpfer, soll sogar eine Urkunde aus seiner Freikorpszeit in sein Zimmer gehängt haben.[76] Ein älterer Hamburger Arzt war zunächst für die „medizinische Versorgung" zuständig, bis ihn jüngere aus anderen deutschen Städten ablösten; eine Hamburgerin erwarb sich Verdienste bei der Bekämpfung der Läuseplage.[77] Die deutschen Juden richteten sich nach ihren Herkunftsregionen ein. Die Hamburger quartierten sich zusammen mit den Frankfurtern im Roten Haus ein und installierten sehr schnell eine erste Notküche und bald eine zweite. Bis April 1942 mussten sich alle anderen reichsdeutschen Ghettobe-

Ghetto Minsk

Häftlinge im Ghetto Minsk (Ankunft)

Häftlinge im Ghetto Minsk

In Minsk erschossen: Gustav Spiegel

Tochter Marga Spiegel (ermordet in Minsk)

wohner dort ihre Suppe holen. Im Januar gebar eine Frau im Hamburger Lager ein Baby, das allerdings nach vier Wochen starb, da seine Mutter es nicht stillen konnte.[78] Einen Versuch, im Ghetto ein kulturelles Leben aufzubauen, zerschlug die SS sofort. Die deutschen Juden versuchten, ihre Ernährungssituation zu verbessern, indem sie – verbotenerweise – mit der einheimischen Bevölkerung illegal mitgebrachte Gegenstände oder Kleidung tauschten. Frank erwies sich als strikter Legalist, verbot nicht nur den Tauschhandel, sondern beschlagnahmte selbst die erworbenen Waren, schlug die Ertappten und durchsuchte ihre Wohnungen.[79]

Karl Loesten, der später aufgrund seiner Beziehungen von Minsk nach Theresienstadt verlegt wurde und dort überlebte, berichtete über Franks letzte Tage: „Die Leitung des Lagers bestand, da die Hamburger zuerst eingetroffen waren, aus Hamburgern. Der deutsche Polizeimeister hatte sich mit ihnen angefreundet und sich erboten, Briefe für sie nach Hamburg zu befördern und Post für sie, die an seine Adresse gerichtet war, entgegenzunehmen. Das fiel auf – musste auffallen. Alle Herren, und zwar Dr. Frank, Bieber, Behrend, Cohn, Jacob, Sachs, Spiegel und Rappolt[80] wurden am 8. Februar 1942 verhaftet und zunächst als Zeugen gegen den Polizeimeister gebraucht. Genau einen Monat später, am 8. März, wurde Dr. Frank, vollkommen verlaust und verwahrlost auf einem Schlitten lehnend, ins Lager zurückgeschafft. Ich erkannte ihn nicht wieder. Anscheinend hatte man ihn vergiftet, denn er starb noch in der gleichen Nacht. Die anderen sieben Herren wurden am 13. April 1942, auf einem Lastwagen liegend, in den Hof des Lagers gefahren. Von Fußtritten und Peitschenhieben begleitet, mussten sie einzeln von dem Wagen herunterklettern, sich mit dem Gesicht zur Erde gewandt hinlegen und sich mit den Füßen ausrichten. Dann stellte sich SS-Obersturmführer Burckhardt dorthin, wo ihre Füße lagen, und erschoss zuerst den rechten Flügelmann. Dann machte er einen großen Bogen um die auf der Erde Liegenden, um den linken Flügelmann zu erschießen. Wiederum in einem großen Bogen kehrte er zu dem Zweiten von rechts zurück, erschoss diesen und wiederholte das Manöver des Umgehens so lange, bis der letzte erschossen war."[81]

Von den 7000 deutschen Juden wurden 1400 bei Stellen der SS, der Wehrmacht, im Lazarett, in Werkstätten, der Organisation Todt oder in Privatfirmen eingesetzt.[82] Hunger und Infektionskrankheiten bewirkten bald zahlreiche Todesfälle. Aus dem Bericht Karl Loestens wird deutlich, dass sich die Hamburger bis zuletzt als Gruppe verstanden hatten (was Loesten als Außenstehender nicht unbedingt billigte). Diejenigen Hamburger, die diese Zeit der harten Arbeit, unwirtlichen Lebensbedingungen und häufigen Erschießungsaktionen überlebt hatten, wurden fast alle in einem Massaker am 8. Mai 1943 erschossen oder in Gaslastwagen erstickt. Einige wenige wurden zur Zwangsarbeit ausgesucht wie Ernst Selig (siehe Rundgangsteil), der eine Lagerodyssee durchmachen musste, die ihn bis nach Flossenbürg führte, wo er kurz vor dem Kriegsende doch noch zu Tode kam. Von den 7000 deutsch-jüdischen Minsker Häftlingen hat nicht einmal ein Dutzend überlebt.

Deportationsziel Riga (6. Dezember 1941)

Die SS-Einsatzgruppe A berichtete über die Deportationen nach Riga: „Die ersten fünf Transporte, die nach Riga kommen sollten, wurden nach Kauen geleitet. Das Rigaer Lager, das zur Aufnahme von rd. 25 000 Juden dienen soll, ist z. Zt. im Entstehen und wird in kürzester Zeit fertiggestellt sein. Der höhere SS- und Polizeiführer in Riga, SS-Obergruppenführer Jeckeln,[83] hat inzwischen eine Erschießungsaktion in Angriff genommen und am Sonntag, d. 30.11.1941 ca. 4000 Juden des Rigaer Ghettos und eines Evakuierungstransportes aus dem Reich beseitigt ... ."[84] Tatsächlich hatte die SS am 30. November, dem „Rigaer Blutsonntag", und am 8. Dezember 1941 mehr als 27 500 lettische Juden und einen aus Berlin eingetroffenen Transport ermordet, um „Platz" für die reichsdeutschen Ankömmlinge zu schaffen.[85] Als diese aus Nürnberg, Stuttgart, Wien und Hamburg eintrafen, lief die Mordaktion noch. Deshalb wurden die Züge zum sechs Kilometer von Riga entfernten Gut Jungfernhof umgeleitet. Das heruntergekommene Stadtgut bestand aus einem Gutshaus, drei großen Holzscheunen, fünf kleineren Häusern und Viehställen.

Der Hamburger Bertold Kohn, der mit seiner Mutter zusammen deportiert worden und einer der 148 Riga-Überlebenden war, erklärte später unter Eid über die Zeit in „Jungfernhof": „Kommandant des Lagers war Rudolf Seck, damals Unterscharführer der SS. Ungefähr 5000 Menschen kamen innerhalb weniger Wochen in das Lager. Die Frauen waren in Viehställen und Scheunen untergebracht. Die Männer lagen in einer riesenhaften Scheune, ca. 100 m lang und ca. 15 m breit mit riesenhaften Toren, die nicht zu schließen waren. Die Temperatur war innerhalb der Scheune genau dieselbe wie außerhalb, das heißt zwischen –30 und –35 Grad Celsius. Es lagen zwischen 2000 bis 3000 Männer in der Scheune. Täglich erfror eine große Anzahl. Ein besonderer Dienst musste die Toten morgens aus den ca. 50 cm hohen Regalen ziehen, in denen man nachts schlief. Die Toten wurden etwas abseits der Scheune auf dem Hof aufgestapelt."[86] Wenn Seck das Lager inspizierte – so Kohn – hätten alle die Scheune verlassen müssen, Zurückgebliebene wurden erschossen. Seck habe die Kranken alle 3 bis 4 Wochen abtransportieren und an einen Ort fahren lassen, wo sie ermordet worden seien. „Ende März 1942 wurden die dann noch lebenden Menschen vom Jungfernhof von Rudolf Seck aussortiert und ca. 2000 in Autobussen in den nahen Hochwald geschickt und dort erschossen. Darunter war der ehemalige Oberrabiner von Hamburg-Altona, Dr. Carlebach samt Frau und Kindern. Den Menschen wurde gesagt, sie kämen nach Dünamünde, um dort in einer Fabrik zu arbeiten."[87] In dieser auswegslosen Situation versuchten auch die nach Riga deportierten Juden, erfolgreicher als die in Minsk, Trost in religiöser und kultureller Selbstbehauptung zu finden. Salomon Carlebach, Joseph Carlebachs Sohn, der die Deportation überlebte, schilderte später: „Im Lager herrschten schreckliche Not, Hunger und Kälte, jeden Tag sind hunderte gestorben. Trotzdem hat Vater die Leute in der großen Baracke zusammengerufen und hat zu ihnen gesprochen: Die Juden seien ein ewiges Volk, und es sei nicht das erste Mal, dass wir der Verfolgung ausgesetzt sind. Mit Mut und G'ttvertrauen müsse man hoffen, diese schreckliche Zeit zu überleben."[88] Miriam Gillis-Carlebach, die vor den Deportationen emigriert war, trug später die Berichte von Riga-Überlebenden zusammen und rekonstruierte

Jüdische Frauen im Ghetto von Riga

Dezember 1941: Das Ghetto Riga nach der Ermordung der Lettischen Juden

Das Lager Riga Kaiserwald (r.)

so, wie ihr Vater unter den Bedingungen des Lagers lebenserhaltende Seelsorge betrieb, wenn der brutale Zwang und die Not in Konflikt mit religiösen Vorschriften gerieten: Er löste die Probleme erzwungener Arbeit am Samstag, er wies orthodox-religiöse Insassen darauf hin, dass nichtkoschere Speisen, wenn sie lebensrettend waren, durchaus gegessen werden sollten; er verwahrte eingesammelte Gebetsbücher und Bibeln so würdig, wie es unter diesen Umständen möglich war. Er hielt in der Scheune eine Chanukka-Feier[89] für Kinder ab, nahm geheime Bar-Mitzwa-Feiern[90] vor, rief die Pädagogen zusammen und initiierte einen provisorischen Schulunterricht mit den wenigen Mitteln, die zur Verfügung standen. Im Kunstunterricht beispielsweise modellierten die Kinder Figuren aus Schnee.[91]

Häftlinge beim Barackenbau im Lager Salaspils

Wie aus der Erklärung Berthold Kohns schon hervorging, wurden zwischen 1700 und 1800 der deutschen Juden aus Jungfernhof am 26. März 1942 in der „Aktion Dünamünde“ erschossen. Ein kleinerer Teil der Männer wurde in das Lager Salaspils verlegt, die „Weiße Hölle“ genannt (siehe Rundgangsteil Familie Schwarzschild). Sie errichteten Baracken und wurden beim Gleisbau eingesetzt. Die Todesrate war hoch, die noch Arbeitsfähigen wurden bald weiterverlegt. Ab Sommer 1942 lebten in Salaspils keine reichsdeutschen Häftlinge mehr. Wenige Juden gelangten doch noch ins Ghetto von Riga. Als die Rote Armee weiter vorrückte, räumte die SS das Ghetto und verlegte die Häftlinge im Sommer 1944 in das KZ Stutthof bei Danzig (siehe Bericht Rita Springfield). Mehr als 47 000 Juden trafen hier ein, so dass das Lager bald hoffnungslos überfüllt war und die Häftlinge Richtung Deutschland in Marsch gesetzt wurden. Vorrangig Männer kamen nach Buchenwald oder Auschwitz, Frauen nach Neuengamme, andere nach Mauthausen, Dachau, Sachsenhausen oder Natzweiler.[92]

Das KZ Stutthof

Die Deportationen nach Auschwitz

Die Massenerschießungen der einheimischen Juden in den besetzten Ländern verliefen den Machthabern zu öffentlich und stellten zudem eine große psychische Belastung für die Mörder dar. So nahm die Idee der „Vernichtungslager" ab Oktober 1941 langsam Gestalt an. Sie folgte drei Grundüberlegungen: Erstens sollten die Vernichtungslager – weit entfernt vom deutschen Kerngebiet – hinter den Stacheldrahtzäunen eines Konzentrationslagers Geheimhaltung gewährleisten; zweitens konnte

Auschwitz

die bereits während der „Euthanasie-Aktion" (dem Mord an den Geisteskranken) erprobte Methode des Erstickens im Gas genutzt werden, die effizienter und weniger belastend für die Mörder sein würde; und drittens sollte das Fachwissen der „Umsiedlungsexperten" in Adolf Eichmanns Referat im Reichssicherheitshauptamt „Judenangelegenheiten und Räumungsangelegenheiten" zum Tragen kommen, um die europäischen Juden in die Vernichtungsstätten zu transportieren.[93] Im ersten Vernichtungslager Kulmhof (Chelmno), das am 8. Dezember 1941 in Betrieb genommen wurde, ermordete die SS Häftlinge aus dem Ghetto Lodz in drei Gaswagen, in denen die Opfer erstickt wurden. Nachdem die Rohrverbindungen gelöst worden waren, transportierten die Fahrzeuge die Leichen zu Massengräbern, später auch zu Krematorien. Chelmno bestand bis April 1943. Belzec, Sobibor und Treblinka wurden ab Juni 1942 vor allem zur Ermordung von Juden aus dem Generalgouvernement eingerichtet – insgesamt ca. 1,75 Millionen fanden einen gewaltsamen Tod durch Gas, das von Dieselmotoren erzeugt wurde.

Das Lager Auschwitz wurde am Rand der polnischen Stadt Oswiecim gebaut und umfasste schließlich ein „Interessensgebiet" mit einer Fläche von ca. 40 Quadratkilometern. Es bestand aus drei Teilen:[94] dem so genannten Stammlager (Auschwitz I), Auschwitz-Birkenau, dem späteren Vernichtungslager (Auschwitz II), und dem Zwangsarbeiterlager Monowitz, dem Buna Monowitz (Auschwitz III) und 45 weitere Lager angegliedert wurden. In den Zwangsarbeiterlagern (siehe Bericht Martin Starke) schufteten die Häftlinge bis zur völligen Erschöpfung bei den Buna Werken (synthetisches Gummi), den IG Farben und den Oberschlesischen Hydrierwerken. Dann wurden sie nach Auschwitz-Birkenau überstellt.

Ab Herbst 1941 wurde in Auschwitz mit dem Gas Zyklon B experimentiert. Das Vernichtungslager Auschwitz-Birkenau wurde ab März 1942 in Betrieb genommen. In seinen vier Gaskammern wurden bis November 1944 zwischen 1 und 1,5 Millionen Juden ermordet.

Von Hamburg aus soll ein erster Transport im Juli 1942 dort eingetroffen sein, den niemand überlebt hat (siehe „Sie bringen uns wohl nach Warschau" – Die Lebensgeschichte des deportierten Hamburger Juden Alfred Pein). Die Gestapo hatte auf der Namensliste für diesen Transport als Ziel „unbekannt" angegeben. Der Suchdienst in Arolsen ging nach dem Krieg davon aus, der Zug sei nach Auschwitz-Birkenau gefahren.[95] Eine Anfrage beim Museum Auschwitz ergab lediglich, dass dort keine Dokumente mehr existieren, in denen ein solcher Transport registriert ist. Auch die Namen der Deportierten sind dort nirgends vermerkt. Da jedoch die meisten Unterlagen vernichtet worden sind, besagt dies nichts über das Schicksal der Deportierten.[96]

Gepäckverladung Auschwitz

Weibliche Häftlinge in Auschwitz

Der kleine Transport vom 12. Februar 1943 mit 22 Hamburgern und zwei weiteren Personen wurde zunächst nach Berlin geschickt, wo die Betroffenen im Sammellager Große Hamburger Straße auf den nächsten Osttransport warten mussten, dem sie dann angeschlossen wurden.[97]

Wer die hier abgedruckten Berichte von Deportierten, die Kurzbiographien im Rundgangsteil und die Beiträge von Linde Apel wie Walter Zwi Bacharach liest, stößt auf eine Minderheit Deportierter, die von ihrem ersten Zielort aus eine Lagerodyssee antraten. Ein Netz von Zwangsarbeiterlagern überzog das Generalgouvernement mit 300 bis 400 Lagern, ähnlich sah es in den übrigen besetzten Gebieten aus. Dort produzierten SS-Betriebe oder privatwirtschaftliche Rüstungsfirmen. Die meisten Lager existierten nur relativ kurze Zeit. Vorwiegend kräftige männliche, weniger oft weibliche Häftlinge zwischen 15 und 45 Jahren wurden dafür ausgesucht.

Die Zwangsarbeit gehörte als „Vernichtung durch Arbeit“ zur auf der Wannsee-Konferenz koordinierten „Endlösung“. Zwangsarbeiter, die den Anforderungen nicht mehr genügten, wurden ermordet. „Fast allen Lagern gemeinsam ist die unglaublich brutale Behandlung der jüdischen Häftlinge und die periodisch wiederkehrenden Massenerschießungen“, konstatierte der Historiker Dieter Pohl.[98] Wegen der vorrückenden Roten Armee wurden die noch arbeitsfähigen Häftlinge auf Außenstellen der Konzentrationslager im „Altreich“ verteilt, wo sie wiederum Zwangsarbeit unter härtesten Bedingungen leisten mussten. So gelangten beispielsweise Häftlinge wie Heinz Rosenberg und Ernst Selig (siehe Rundgangsteil) in ein Außenlager von Flossenbürg, Hersbruck, das erst im Mai 1944 errichtet worden war und in der kurzen Zeit seiner Existenz bis Mai 1945 4000 Tote von 9000 Insassen verzeichnete.[99] Als die Lager wegen der sich nähernden Front aufgelöst wurden, mussten tausende Häftlinge Todesmärsche antreten. Schätzungen zufolge kamen dabei noch einmal 50 Prozent derer um, die bis dahin überlebt hatten.[100]

Die Deportationen nach Theresienstadt

Als ab Oktober 1941 das „Altreich“ systematisch „judenfrei“ gemacht wurde, nahmen die leicht variierenden Richtlinien des Reichssicherheitshauptamtes für die Transporte der ersten und zweiten Deportationswellen – wie beschrieben – u. a. Juden über 65 Jahre, Gebrechliche zwischen 55 und 65 Jahren, Juden, die in Mischehen lebten, teilweise ausländische Juden und solche, die im Ersten Weltkrieg ausgezeichnet worden waren aus. Dennoch führten die Großtransporte die örtlichen Gestapostellen immer wieder in Versuchung, gerade die versorgungs- oder pflegebedürftigen alten Juden einzureihen sowie keine Rücksicht auf solche zu nehmen, die von hochrangigen NS-Stellen oder Amtsinhabern protegiert wurden. Beides erregte bisweilen unliebsames Aufsehen. Deshalb verkündete Reinhard Heydrich bereits im November 1941, das für die Juden des „Protektorats Böhmen und Mähren“ geplante Ghetto Theresienstadt sei gleichzeitig als „Altersghetto“ für deutsche Juden vorgesehen. Auf der Wannsee-Konferenz wurde diese Funktion noch um die eines „Vorzugslagers“ für schwerkriegsbeschädigte und kriegsdekorierte Juden erweitert.[101]

Kleine Festung Theresienstadt (2003)

Magdeburger Kaserne (2003)

Am 19. Februar 1942 setzte Eichmann die jüdischen Repräsentanten aus dem „Altreich" vom geplanten „Altersghetto" Theresienstadt in Kenntnis.[102] Ob sie bereits vorher davon wussten, ist unbekannt. Das Schicksal der Alten und Pflegebedürftigen erfüllte die jüdischen Funktionäre zunehmend mit Sorge, als die Deportationen nach den ersten großen Transporten fortgesetzt wurden. Deshalb forderten sie eine angemessene Lösung und rechneten es sich als großen Erfolg an, „als es gelang, eine Verfügung zu erreichen, dass Juden über 65 Jahre und gewisse bevorzugte Gruppen wie Schwerkriegsbeschädigte, Mischlinge und ‚arisch Versippte' mit ihren Familienangehörigen nicht die Fahrt nach dem Osten und nach Auschwitz antreten mussten, sondern nach dem regional und klimatisch viel günstiger gelegenen Theresienstadt."[103] Ab Juni 1942 bestimmte das Reichssicherheitshauptamt dann Theresienstadt als Deportationsziel für die genannten Gruppen, zunächst in 1000er-Transporten, dann regel-

Ansichten von Terezin (2003)

mäßig in kleinen Gruppen zwischen 50 und 100 Personen. Zuerst kamen die Gebrechlichen und Alten, die Partner aus aufgelösten Mischehen, „Geltungsjuden" u. a., 1943 dann immer mehr Mitarbeiter der Bezirksstellen (und der Zentrale) der Reichsvereinigung der Juden in Deutschland. Am 23. Juni 1943 wurden die letzten Mitarbeiter wie Käthe Starke mit ihrer Schwester, Ludwig Löffler mit seinen Eltern, Fanny David mit ihrer Mutter und ihrer Schwester und andere dorthingebracht.[104]

Sie alle wurden in den Kasernen und anderen Gebäuden der ehemaligen Garnisonsstadt zusammengepfercht. Wenn sie auch verstreut lebten, hielten die Hamburger doch regelmäßigen Kontakt zueinander. Bis September 1942 trafen ca. 38 000 deutsche und österreichische Juden in Theresienstadt ein, getäuscht durch die Vorspiegelungen der Heimeinkaufsverträge, alt und im hohen Maße versorgungsbedürftig. Gleichzeitig befahl das Reichssicherheitshauptamt immer wieder Abtransporte aus Theresienstadt in Vernichtungslager, in die nach kurzer Zeit auch deutsche Juden deportiert wurden. Davon erfuhren die jüdischen Verantwortlichen in den Büros der Reichsvereinigung zunächst noch nichts. Die Zentrale und die Bezirksstellen der Reichsvereinigung bemühten sich auch, das Ghetto mit dem Inventar von Kleiderkammern, aufgelösten Werkstätten und Betrieben auszustatten, so wurden beispielsweise die Werkzeuge und das Inventar aus der Hamburger Tischlerwerkstatt dorthin transportiert. Max Plaut berichtete später, er habe heimlich Impfstoff für 30 000 Personen nach Theresienstadt einschmuggeln lassen.[105] Doch diese Hilfestellungen, so wichtig sie für das Überleben der Einzelnen waren, konnten den ständigen Hunger nicht besiegen, die unhygienischen Verhältnisse und daraus folgenden Krankheiten nicht abwenden. Die Lebensverhältnisse führten gerade bei älteren Personen zu einer hohen Sterblichkeitsrate. Im August, September und Oktober 1942 starben mehr als 10 300 Juden, davon 56,2 Prozent deutsche. Auch später, als die allgemeine Todesrate etwas sank, lag die der deutschen Juden immer noch höher als die der anderen Nationen. Nach Kárný gelangten insgesamt ca. 42 000 deutsche Häftlinge nach Theresienstadt, von denen mehr als 20 000 starben (48,5 Prozent) und knapp 16 000 weiterdeportiert wurden.[106]

Von Juni bis September 1942 herrschte für Theresienstadt Postsperre. Als diese aufgehoben wurde, musste die Berliner Zentrale der Reichsvereinigung als Zensur- und Poststelle für Karten aus ganz Deutschland und die Antworten aus Theresienstadt fungieren, bis ab Sommer 1943 der direkte Postverkehr erlaubt wurde.[107] Von der Bezirksstelle Nordwestdeutschland trafen regelmäßig Päckchen ein, wie Philipp Kozower „als Leiter der Post feststell(t)e, [...] die Hamburger Gemeinde [leistet] geradezu Vorbildliches in der Betreuung ihrer Freunde hier".[108]

Wenngleich die Todesrate unter den deutschen Juden hoch war, überlebten doch viele der dorthin Deportierten das Ghetto, vor allem, wenn sie relativ spät dort angelangten. Etliche von ihnen verfassten später Berichte, die eindrucksvoll belegen, unter welchen Umständen, aber auch mit welchem Selbstbehauptungswillen die Juden dort lebten.[109] Im Ghetto fanden „landsmannschaftlich bestimmte Gottesdienste" statt, wie Jacob Jacobsohn, der das Ghetto überlebte, später berichtete: „Die Hamburger Juden z. B. hatten Thorarollen, Thoravorhänge und Thoramäntel aus Hamburg mitgebracht, der Kantor in diesem Minjan trug den berühmten, herrlich gestickten

Berggasse in Terezin (2004)

Gebetsmantel der alten Hamburger Kantoren und betete aus den Folianten vor, die einst in Hamburg auf dem Vorbeterpult lagen.“[110] Auch der Gründer der „evangelischen Gemeinde“ in Theresienstadt, Arthur Goldschmidt, stammte aus dem Hamburger Randgebiet.[111] Im Januar und Februar 1945 wurden die jüdischen Partner aus noch existierenden Mischehen nach Theresienstadt deportiert. Die meisten von ihnen überlebten die sehr kurze Lagerzeit und wurden im Sommer 1945 in ihre Heimatstadt zurückgeholt (siehe Memoiren Alice Kruse).

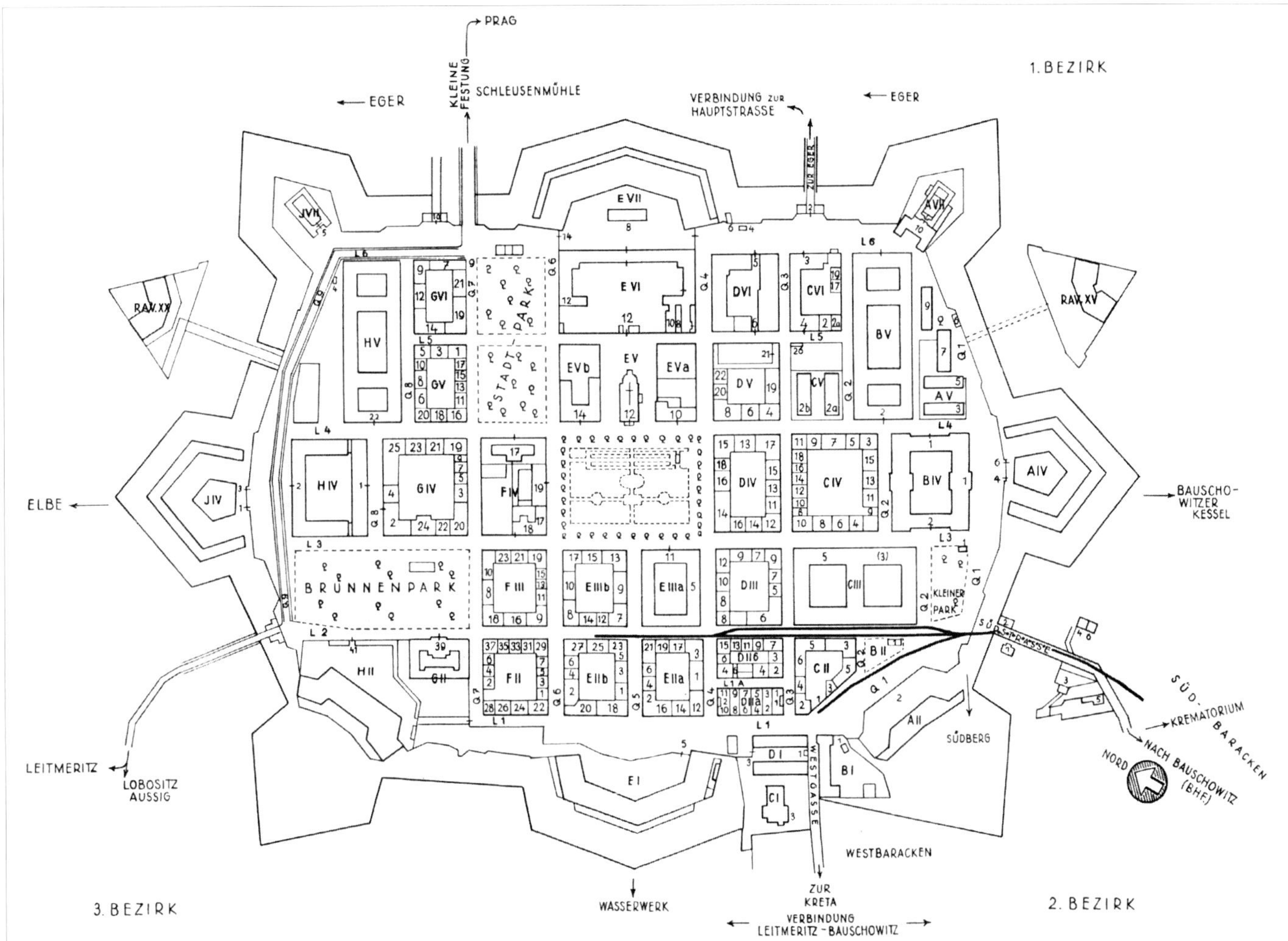

Grundriss Theresienstadt Sommer 1944

Quelle: H. G. Adler, Theresienstaat 1941–1945. Das Antlitz einer Zwangsgemeinschaft, 2005 (Göttingen), Anlage

————	= Eisenbahn
♀	= Grünanlagen
L 1	= Seestraße
L 1a	= Kurze Straße
L 2	= Bahnhofstraße
L 3	= Lange Straße
L 4	= Hauptstraße
L 5	= Parkstraße
L 6	= Wallstraße
Q 1	= Bäckergasse
Q 2	= Jägergasse
Q 3	= Badhausgasse
Q 4	= Neue Gasse
Q 5	= Turmgasse
Q 6	= Rathausgasse
Q 7	= Berggasse
Q 8	= Postgasse
Q 9	= Egergasse
Stadtmitte	= Marktplatz
Südstraße 1	= Kindererholungsheim

Südstraße 3	= Zentralleichenhalle
Südstraße 5	= Zeremonienhalle
Südstraße 4/6	= Urnenhain
Westgasse 3	= Sokolhalle
Komplex C I u. D I, A VII u. I VII, Rav. XV u. XX für Zwecke der Landwirtschaft	
A II	= Jägerkaserne (Männer)
A IV	= Heeresbäckerei (Zentrallager)
C III	= Hamburger Kaserne (Holländer)
B IV	= Hannover Kaserne (Männer)
B V	= Magdeburger Kaserne (Sitz der Selbstverwaltung)
E I	= Sudetenkaserne (Berliner Dienststelle)
E IIIa	= Geniekaserne (Krankenhaus, Altersheim)
E VI	= Hohenelber Kaserne (Zentralkrankenhaus)
E VII	= Kavalier Kaserne (Altersheim)
G II	= Offizierskasino (Gendarmerie)
H II	= Bauhof (Werkstätten)
H IV	= Bodenbacher Kaserne und Zeughaus (Berliner Dienststelle)
H V	= Dresdner Kaserne (alte Frauen)
I IV	= Aussiger Kaserne (Kleiderkammer)

Juden in Hamburg: Bevölkerungszahl 1933–1945

1933[112]	16973	1,39 Prozent der Hamburger Bevölkerung
1937	15308	1,40 Prozent
1939 (Großhamburg)	10131	0,60 Prozent
1940 (Deportationen!)	7985	0,50 Prozent
1941	4951	0,20 Prozent
1942	1805	0,10 Prozent
1944	865	
1945 (30.4.)	647	

Quelle: Eigene Zusammenstellung

Übersicht der Deportationstransporte 1941–1945

	Deportationsziel	*Zahl der Deportierten*[1]		*Zahl der ermittelten Opfer*
25.10.1941	Lodz	1034		1016
08.11.1941	Minsk	968		952
18.11.1941	Minsk	407	(1)	403
06.12.1941	Riga	753		726
11.07.1942	Auschwitz	300	(5)	292
15.07.1942	Theresienstadt	926		882
19.07.1942	Theresienstadt	771	(14)	669
12.02.1943	Auschwitz	24	(2)	21
24.02.1943	Theresienstadt	51		36
10.03.1943	Theresienstadt	50	(1)	38
24.03.1943	Theresienstadt	50	(2)	48
05.05.1943	Theresienstadt	51		32
09.06.1943	Theresienstadt	80	(6)	66
23.06.1943	Theresienstadt	109	(4)	91
19.01.1944	Theresienstadt	61		20
30.01.1945	Theresienstadt	19		–
14.02.1945	Theresienstadt	194		4
Gesamtzahl		*5848*	*(35)*	*5296*

Quelle: Hamburger Jüdische Opfer des Nationalsozialismus. Gedenkbuch, Veröffentlichung des Staatsarchivs Hamburg, bearbeitet von Jürgen Sielemann, Hamburg 1995, S. XIX.

[1] Einzelnen Transporten wurden in Hamburg Juden aus anderen Orten angeschlossen, die als frühere Mitglieder einer der jüdischen Gemeinden Hamburgs nicht nachgewiesen sind. Ihre Zahl ist in der genannten Zahl der Deportierten des jeweiligen Transports enthalten und daneben in Klammern gesetzt.

Anmerkungen

1 Vgl. Christopher Browning, Die Entfesselung der „Endlösung". Nationalsozialistische Judenpolitik, München 2003, S. 536.

2 Vgl. zu den Planungen Wolf Gruner, Von der Kollektivausweisung zur Deportation der Juden aus Deutschland (1938–1945). Neue Perspektiven und Dokumente, in: Birthe Kundrus/Beate Meyer (Hrsg.), Die Deportation der Juden aus Deutschland. Pläne. Praxis. Reaktionen 1938–1945 (= Beiträge zur Geschichte des Nationalsozialismus, Bd. 20), Göttingen 2004, S. 21–62.

3 Browning, „Endlösung" und Peter Longerich, Politik der Vernichtung. Eine Gesamtdarstellung der nationalsozialistischen Judenverfolgung, München/Zürich 1998.

4 Browning, „Endlösung", S. 537 ff.

5 Vgl. Christian Gerlach, Die Wannsee-Konferenz, das Schicksal der deutschen Juden und Hitlers politische Grundsatzentscheidung, alle Juden Europas zu ermorden, in: ders., Krieg, Ernährung, Völkermord. Forschungen zur deutschen Vernichtungspolitik im Zweiten Weltkrieg, Hamburg 1998, S. 85–166; auch abgedruckt in: WerkstattGeschichte 18/1997, S. 7–44.

6 Vgl. Kurt Pätzold/Erika Schwarz, Tagesordnung: Judenmord. Die Wannsee-Konferenz am 20. Januar 1942, Berlin 1992; siehe auch Mark Roseman, Die Wannsee-Konferenz. Wie die NS-Bürokratie den Holocaust organisierte, Berlin 2002.

7 Vgl. Gerlach, Wannsee-Konferenz, in: WerkstattGeschichte, S. 40.

8 Vgl. Longerich, Politik der Vernichtung, S. 486 f.

9 Vgl. Diana Schulle/Alfred Gottwaldt, Die „Judendeportationen" aus dem Deutschen Reich 1941–1945, Wiesbaden 2005, S. 267 ff.

10 Zu Seetzen siehe Lawrence D. Stokes, Heinz Seetzen – Chef des Sonderkommandos 10a, in: Klaus-Michael Mallmann/Gerhard Paul (Hrsg.), Karrieren der Gewalt. Nationalsozialistische Täterbiographien, Darmstadt 2004, S. 196–206.

11 Zu Göttsche siehe Jürgen Sielemann, Aber seid alle beruhigt. Briefe von Regina van Son an ihre Familie 1941–1942, Hamburg 2005, S. 84–99 und Meyer in: Frank Kopitzsch und Dirk Brietzke (Hrsg.), Hamburgische Biographie. Personenlexikon Bd. 1, Hamburg 2001, S. 107.

12 Max Plaut gab später an, das Referat habe anfangs 6, später 20 Mitarbeiter gehabt, vgl. FZH, Gesprächsprotokoll Schottelius – Plaut v. 11.7.1953, S. 1.

13 Die Geschichte der Hamburger Gestapo ist bisher nur bruchstückhaft erforscht. Da die Quellen vernichtet worden sind, wird sich dies auch künftig kaum ändern. Die Frühphase hat Ludwig Eiber untersucht: siehe ders., Unter Führung des NSDAP-Gauleiters. Die Hamburger Gestapo (1933–1937), in: Klaus-Michael Mallmann/Gerhard Paul (Hrsg.), Die Gestapo. Mythos und Realität, Darmstadt 1995, S. 101–117; verstreute Hinweise in Gertrud Meyer, Nacht über Hamburg, Frankfurt/M. 1971 und Ursel Hochmuth/Gertrud Meyer, Streiflichter aus dem Hamburger Widerstand 1933–1945, Frankfurt/M. 1980.

14 Vgl. Käthe Starke, Der Führer schenkt den Juden eine Stadt. Bilder, Impressionen, Reportagen, Dokumente, Berlin 1975, S. 25.

15 Leo Lippmann, „... dass ich wie ein guter Deutscher empfinde und handele". Zur Geschichte der Deutsch-Israelitischen Gemeinde in Hamburg in der Zeit vom Herbst 1935 bis zum Ende 1942, Hamburg 1993, S. 90.

16 Vgl. Armin Wirtz, Die Vermögensverwertungsstelle beim Oberfinanzpräsidenten in Hamburg, in: Deutsches Zollmuseum Hamburg (Hrsg.), Verfolgung und Verwaltung. Beiträge zur Hamburger Finanzverwaltung 1933–1945, Hamburg 2003, S. 29–38; Gabriele Ferk, Zur Geschichte des Hamburger Oberfinanzpräsidenten: eine Hamburger Behörde auf Raubzug, in: Angelika Ebbinghaus/Karsten Linne (Hrsg.), Kein abgeschlossenes Kapitel: Hamburg im „Dritten Reich", Hamburg 1997, S. 215–232.

17 Zitiert nach Wirtz, Vermögensverwertungsstelle, S. 33.

18 Ferk, Geschichte des Oberfinanzpräsidenten, S. 226.

19 So Moritz Henschel, letzter Leiter der Jüdischen Gemeinde Berlin und Vorstandsmitglied der Reichsvereinigung der Juden in Deutschland, vgl. Beate Meyer, Gratwanderung zwischen Verantwortung und Verstrickung – Die Reichsvereinigung der Juden in Deutschland und die Jüdische Gemeinde zu Berlin 1938–1945, in: Beate Meyer/Hermann Simon (Hrsg.), Juden in Berlin 1938–1945, Berlin 2000, S. 291–337, hier: S. 304.

20 IGdJ, 14.00I.I, Plaut Aufzeichnungen, S. 20.

21 Ebd.

22 StaH, 522-1 Jüdische Gemeinden, Abl. 1993, Ordner 22 op, Schr. Plaut an Bankhaus Brinckmann v. 10.4.1942 betr. Litzmannstadt; Überweisungen für Hamburger jüdische „Schutzhäftlinge" in Neuengamme, Buchenwald, Stutthof, Ravensbrück u. a.

23 StaH 522-1 Jüdische Gemeinden, Abl. 1993, Ordner 15.

24 Landesarchiv Berlin, B Rep. 058, 1 Js 9/65, Vernehmung Hans-Erich Fabian v. 28./29.10.1968, S. 9 f.

25 Siehe dazu Ina Lorenz, Aussichtsloses Bemühen: Die Arbeit der Jüdischen Gemeinde 1941 bis 1945, in: Forschungsstelle für Zeitgeschichte/ Institut für die Geschichte der deutschen Juden (Hrsg.), Die Deportation der Hamburger Juden, Hamburg 2002, S. 30–44, wieder abgedruckt in Ina Lorenz (Hrsg.), Zerstörte Geschichte. Vierhundert Jahre jüdisches Leben in Hamburg, Hamburg 2005, S. 193–207.

26 StaH, 522-1 Jüdische Gemeinden, Abl. 1993, Ordner 29, Prüfbericht v. 30.8.1942, S. 13.

27 Ebd., S. 23.

28 Zu den Finanzen des Religionsverbandes bzw. der Bezirksstelle Nordwestdeutschland der Reichsvereinigung siehe Lippmann, „... dass ich wie ein guter Deutscher empfinde und handele“, S. 73 ff.

29 Vgl. Jörg Berkemann/Beate Meyer, Jüdisches Leben zur Zeit der nationalsozialistischen Verfolgung (1933–1945), in: Institut für die Geschichte der deutschen Juden (Hrsg.), Das jüdische Hamburg. Ein historisches Nachschlagewerk, Göttingen 2006, S. 145–151.

30 Lippmann, „... dass ich wie ein guter Deutscher empfinde und handele“, S. 80.

31 IGdJ, 45-007, Internes Schr. Plaut an Herbert Frank v. 2.5.1942.

32 Ebd., Schr. Plaut, Geschäftsführer des Jüdischen Gemeinschaftshauses, an sich selbst als Leiter des Jüdischen Religionsverbandes Hamburg v. 30.12.1941.

33 StaH 522-1, Jüdische Gemeinden, 992l, Bekanntmachung Nr. 40 v. 17. 6.1942.

34 Ebd., Bekanntmachung Nr. 51 v. 30.9.1942.

35 Ebd., Bekanntmachung Nr. 38 v. 1.7.1942.

36 StaH, 522-1 Jüdische Gemeinden, Abl. 1993, Ordner 29, Prüfbericht v. 30.8.1942, S. 32.

37 IGdJ, 45-007, Schr. Jüdisches Gemeinschaftshaus an Plaut v. 30.4.1942.

38 Vgl. Michael Studemund-Halévy, Die Hamburger Nachkommen des Amsterdamer Kaufmannes Jacob Israel Belmonte, in: Galerie Morgenland/Geschichtswerkstatt Eimsbüttel (Hrsg.), 25 Jahre. Festschrift, Hamburg 2003, S. 141–149; siehe auch Astrid Louven, „Die Belmonte-Brüder sind tot“, in: Galerie Morgenland (Hrsg.), „Wo Wurzeln waren“. Juden in Hamburg-Eimsbüttel 1933–1945, Hamburg 1993, S. 141–146.

39 StaH, 213-11, Staatsanwalt beim Landgericht – Strafsachen – 6669/64, Hermann Kühn, Verf. 14 Js 829/48. Vernehmung Kühn v. 12.1.1949, Bl. 33R.

40 Große Holzkisten mit dem Umzugsgut jüdischer Auswanderer, die nach Kriegsbeginn nicht mehr verschifft wurden. Siehe zu den „Judenkisten“ Jürgen Sielemann, Ein Wochenendhaus in Poppenbüttel. Die Beraubung und Plünderung jüdischer Flüchtlinge in Hamburg im „Dritten Reich“, in: Andreas Brämer/Stefanie Schüler-Springorum/Michael Studemund-Halevy (Hrsg.), Aus den Quellen. Beiträge zur deutsch-jüdischen Geschichte. Festschrift für Ina Lorenz zum 65. Geburtstag, Hamburg 2005, S. 341–346.

41 IGdJ, 14.00I.I, Plaut , Interview, S. 5.

42 Lippmann, „... dass ich wie ein guter Deutscher empfinde und handle“, S. 89.

43 Vgl. Berkemann/Meyer, Jüdisches Leben.

44 Vgl. Starke, Der Führer schenkt..., S. 23.

45 Ebd., S. 23.

46 Ebd., S. 26.

47 Zu Martin Heinrich Corten, geb. 22.12.1889 in Hamburg, gestorben 23.11.1962 in München, siehe Meyer, in: Das Jüdische Hamburg, S. 50 f.

48 StaH, 522-1 Jüdische Gemeinden, Abl. 1993, Ordner 16, Aktenbericht über die Verhandlung in Berlin am 20. und 21.8.1943; Schr. Corten an Reichsvereinigung Berlin v. 17.2.1944.

49 Vgl. Beate Meyer, „A Conto Zukunft“ – Hilfe und Rettung für untergetauchte Hamburger Juden, in: Zeitschrift des Vereins für Hamburgische Geschichte Bd. 88/2002, S. 205–233; Kurzfassung dieses Beitrages in: Lorenz (Hrsg.), Zerstörte Geschichte, S. 209–225.

50 Vgl. dazu Sonja Meersmann, Wohnraumversorgung und Bevölkerungspolitik in Hamburg während des Nationalsozialismus am Beispiel der jüdischen Bevölkerung Hamburg, Diplomarbeit (HWP), Hamburg 1989.

51 Konrad Kwiet/Helmut Eschwege, Selbstbehauptung und Widerstand. Deutsche Juden im Kampf um Existenz und Menschenwürde 1933–1945, Hamburg 1984, S. 205.

52 Hamburger Jüdische Opfer des Nationalsozialismus. Gedenkbuch (im folgenden: Gedenkbuch), Veröffentlichung des Staatsarchivs Hamburg, bearbeitet von Jürgen Sielemann, Hamburg 1995, S. XVII.

53 Sielemann, Aber seid alle beruhigt, S. 97.

54 Kwiet/Eschwege, Selbstbehauptung, S. 194.

55 Ebd., S. 196.

56 Zitiert nach Angelika Eder, Die Deportationen im Spiegel lebensgeschichtlicher Interviews, in: Forschungsstelle für Zeitgeschichte/Institut für die Geschichte der deutschen Juden (Hrsg.), Deportation, S. 45–59, hier: S. 52.

57 FZH, 6262, zitiert nach Kwiet/Eschwege, Selbstbehauptung, S. 206 f.

58 Vgl. Eder, Deportation, S. 52.

59 Siehe Leo Lippmanns Abschiedsbrief in: ders., Mein Leben und meine amtliche Tätigkeit. Erinnerungen und ein Beitrag zur Finanzgeschichte Hamburgs, aus dem Nachlass herausgegeben von Werner Jochmann, Hamburg 1964, S. 705 f.

60 Vgl. Galerie Morgenland (Hrsg.), „Wo Wurzeln waren“, S. 69.

61 StaH, 522-1, Jüdische Gemeinden, Abl. 1993, Ordner 13.

62 So vom 7.11. und 15.11.1942 für die Deportationen nach Minsk, vom 1.12.1941 für den Transport nach Riga, dem außer den Hamburger Juden auch „44 Juden aus Lüneburg, 136 aus Kiel und Lübeck und 75 aus Danzig angeschlossen“ werden sollten, ebd.

63 StaH, 213-11, Staatsanwalt beim Landgericht – Strafsachen – 6669/64, Hermann Kühn, Verf. 14 Js 829/48. Vernehmung Kühn v. 12.1.1949, Vernehmung Martin Starke v. 31.12.1948, Bl. 17.

64 Ebd., Vernehmung Martin Starke v. 8.2.1949, Bl. 22R.

65 Ebd., Vernehmung Hermann Kühn v. 6.5.1949, Bl. 47.

66 Ebd. Die Ermittlungen gegen Kühn führten nicht zu einem Verfahren, obwohl mindestens eine Frau an seinen Schlägen verstorben war. Ein zu erwartendes Urteil – so der Staatsanwalt – würde zweifelsohne nicht höher als das des Spruchgerichts ausfallen, das Kühn zu 2 ½ Jahren Gefängnis verurteilt hatte, die mit der Internierungshaft verrechnet wurden, die er als

Angehöriger der Gestapo bereits abgesessen hatte. Der Staatsanwalt zeigte auch sonst Verständnis: Kühn habe „nur geschlagen, wenn Widerstand zu brechen war, sonst aber durchaus zeitgemäß korrekt gehandelt ... Zeitgemäß insofern, als dass die Behandlung durchweg jedes Festgenommenen damals auf Anordnung streng und hart durchzuführen war oder zumindest dem Betroffenen so erscheinen musste...". Ebd., Vermerk Staatsanwaltschaft v. 17.5.1949.

67 Vgl. Schulle/Gottwaldt, „Judendeportationen", S. 55 ff.

68 Zum Ghetto Lodz siehe div. Aufsätze in: „Unser einziger Weg ist Arbeit". Das Ghetto in Lodz 1940–1944, Red. Hanno Loewy und Gerhard Schoenberner, Frankfurt/M. 1990; Lexikon des Holocaust. Die Verfolgung und Ermordung der europäischen Juden, Bd. II, herausgegeben von Israel Gutmann (Eberhard Jäckel/Peter Longerich/Julius H. Schoeps), Berlin 1993, S. 892–900.

69 Sehr eindrucksvolle Erinnerungen darüber hat die Hamburger Lodz-Überlebende Lucille Eichengreen verfasst: Von Asche zum Leben. Erinnerungen, Hamburg 1992; siehe dies., Rumkowski, der Judenälteste von Lodz. Autobiographischer Bericht, Hamburg 2000, dies., Frauen und Holocaust. Erlebnisse, Erinnerungen und Erzähltes, Bremen 2004.

70 Vgl. Schulle/Gottwaldt, „Judendeportationen", S. 66.

71 Vgl. Wolfgang Scheffler, Das Ghetto Lodz in der nationalsozialistischen Judenpolitik, in: „Unser einziger Weg ist die Arbeit", S. 12–16, hier: S. 16.

72 Vgl. Christian Gerlach, Kalkulierte Morde. Die deutsche Wirtschaft- und Vernichtungspolitik in Weißrußland 1941 bis 1944, Hamburg 1999, S. 747 ff.

73 Vgl. Schulle/Gottwaldt, „Judendeportationen", S. 89 f.

74 Bundesarchiv Berlin, Documentcenter, Ereignismeldung UDSSR 151/5.1.42: Einsatzgruppe A, zum Teilabschnitt „Juden in den Generalkommissariaten Litauen und Lettland", S. 14.

75 LBI JMB MM 50, Karl Loesten (Löwenstein), Minsk, Manuskript S. 9 f.

76 Vgl. Gerlach, Kalkulierte Morde, S. 756.

77 Karl Loesten (Löwenstein), Minsk, Manuskript S. 31 und 34.

78 Ebd., S. 35.

79 Ebd., S. 29.

80 Max Bieber, geb. 1.4.1898 (Gedenkbuch, S. 36); Behrend und Cohn nicht identifizierbar; Jacob: entweder Benjamin geb. 18.12.1877 oder Delfred geb. 29.4.1883 (beide Gedenkbuch, S. 188); Günther Sachs geb. 13.3.1923 (Gedenkbuch, S. 366); Gustav Spiegel, geb. 9.11.1896 (Gedenkbuch, S. 393) und Fritz Rappolt geb. 22.8. 1900 (Gedenkbuch, S. 336).

81 Loesten, Minsk, Manuskript S. 24.

82 Vgl. Schulle/Gottwaldt, „Judendeportationen", S. 89 f.

83 Zu Jeckeln siehe Richard Breitman, Friedrich Jeckeln – Spezialist für die ‚Endlösung' im Osten, in: Ronald Smelser/Enrico Syring (Hrsg.), Die SS. Elite unter dem Totenkopf. Dreißig Lebensläufe, Paderborn 2000, S. 267–275.

84 Bundesarchiv Berlin, Documentcenter, Ereignismeldung UDSSR 151/5.1.42: Einsatzgruppe A, zum Teilabschnitt „Juden in den Generalkommissariaten Litauen und Lettland", S. 14.

85 Vgl. Schulle/Gottwaldt, „Judendeportationen", S. 111.

86 Yad Vashem 02/855 (Wiener Library P. III.h.No. 1021/b), Bertold Kohn, Sworne Statement v. 28.1.1948.

87 Ebd.

88 Fromme Juden schreiben den Namen Gottes nicht aus, Hilfskonstruktion ist die Ersetzung des Vokals o durch ein Auslassungszeichen; Zitat aus: Salomon Carlebach, in: Die Carlebachs. Eine Rabbinerfamilie aus Deutschland, herausgegeben von der Ephraim Carlebach Stiftung, Hamburg 1995, S. 82.

89 Chanukka, das jüdische Lichterfest, erinnert an die Wiedereinweihung des Tempels in Jerusalem nach dem Makkabäeraufstand. Der Überlieferung nach reichte der Ölvorrat für das Licht nur für einen Tag, brannte jedoch durch ein Wunder acht Tage. Zur Erinnerung daran wird an Chanukka acht Tage lang jeden Tag eine neue Kerze entzündet. Das Fest liegt in zeitlicher Nähe zum christlichen Weihnachtsfest.

90 Bar Mitzwah, religionsmündig, wird ein jüdischer Junge mit 13 Jahren (ähnlich wie die katholische Firmung oder die evangelische Konfirmation). Nachdem er in der Synagoge aus der hebräischen Tora vorgetragen hat, wird der Junge vollmündiges Mitglied der jüdischen Gemeinde mit allen Rechten und Pflichten. Mädchen lernen die Reinheitsgebote für das Haus, die Nahrung und den Körper. Ihre Einführung, die Bat Mitzwah, ist neueren Datums.

91 Miriam Gillis-Carlebach, „Licht in der Finsternis". Jüdische Lebensgestaltung im Konzentrationslager Jungfernhof, in: Gerhard Paul/Miriam Gillis-Carlebach (Hrsg.), Menora und Hakenkreuz. Zur Geschichte der Juden in und aus Schleswig-Holstein, Lübeck und Altona (1918–1998), Neumünster 1998, S. 549–564; siehe auch Wolfgang Scheffler, Das Schicksal der in die baltischen Staaten deportierten deutschen, österreichischen und tschechoslowakischen Juden 1941–1945. Ein historischer Überblick in: Wolfgang Scheffler/Diana Schulle (Hrsg.), Buch der Erinnerung. Die ins Baltikum deportierten deutschen, österreichischen und tschechoslowakischen Juden, Bd. I, München 2003, S. 1–43, hier S. 11.

92 Vgl. Scheffler, Das Schicksal der deportierten Juden, in: Scheffler/Schulle (Hrsg.), Buch der Erinnerung, Bd. I, S. 1–43; siehe auch Jürgen Sielemann, Die Deportation aus Hamburg und Schleswig-Holstein am 6. Dezember 1941, in: ebd., Bd. II, S. 599–600; Schulle/Gottwaldt, „Judendeportationen", S. 110–120, S. 125 f.; Gertrude Schneider, Journey into Terror. Story of the Riga Ghetto, Westport/Conn. 2001.

93 Vgl. Browning, „Endlösung", S. 507 ff.

94 Zu Entwicklung und Funktion von Auschwitz siehe u. a. Franciszek Piper, Die Rolle des Lagers Auschwitz bei der Verwirklichung der nationalsozialistischen Ausrottungspolitik. Die doppelte Funktion von Auschwitz als Konzentrationslager und als Zentrum der Judenvernichtung, in: Ulrich Herbert/Karin Orth/Christoph Diekmann (Hrsg.), Die nationalsozialistischen Konzentrationslager. Entwicklung und Struktur, Bd. I, Göttingen 1998, S. 390–414.

95 Der Eisenbahn- und Deportationsexperte Alfred Gottwaldt vermutet – wie auch der Betroffene Alfred Pein – eher Warschau als Bestimmungsort. Zum einen weisen letzte Zeugnisse anderer Überlebender darauf hin, zum anderen wurden reichsdeutsche Juden generell erst ab Herbst 1942 nach Auschwitz gebracht. Vgl. Schulle/Gottwaldt, „Judendeportationen", S. 221f.; der Historiker Markus Gryglewski weist darauf hin, dass die Transporte in diesem Zeitraum an unterschiedliche Zielorte gelenkt wurden, vermutet aber, dass der Hamburger tatsächlich nach Auschwitz ging, vgl. Schr. v. 23.3.2005.

96 Auskunft Jerzy Wroblewski, Leiter des Staatlichen Museums Oswiecim, v. 1.3.12006.

97 Schulle/Gottwaldt, „Judendeportationen", S. 405; ein in den Akten der Bezirksstelle der Reichsvereinigung erhaltenes Schreiben vom 12.3.1943 weist 23 Juden aus, „die der Stapostelle Berlin zur Evakuierung nach dem Osten überstellt" wurden, darunter ein Häftling aus dem Konzentrationslager Fuhlsbüttel, vgl. StaH, 522-1, Jüdische Gemeinden, Ordner 15.

98 Dieter Pohl, Die großen Zwangsarbeiterlager der SS- und Polizeiführer für Juden im Generalgouvernement 1942–1945, in: Ulrich Herbert/Karin Orth/Christoph Diekmann (Hrsg.), Die nationalsozialistischen Konzentrationslager. Entwicklung und Struktur, Bd. I, Göttingen 1998, S. 415–438, hier: S. 432.

99 Vgl. Alexander Schmidt, Das KZ-Außenlager Hersbruck. Zur Geschichte des größten Außenlagers des KZ Flossenbürg in Bayern, in: Dachauer Hefte 20/2004, S. 99–111, hier: S. 104.

100 Vgl. Daniel Blatman, Die Todesmärsche – Entscheidungsträger, Mörder und Opfer, in: Herbert/Orth/Diekmann (Hrsg.), Die nationalsozialistischen Konzentrationslager, Bd. II, S. 1053–1092, hier Schätzungen der Todesrate, S. 1067.

101 Goebbels vermerkte Heydrichs Plan eines „Altersghettos" mit der Tagebucheintragung vom 18.11.1941: „Auch eine Reihe von alten Juden können nicht mehr nach dem Osten abgeschoben werden; für sie soll ein Judenghetto in einer kleinen Stadt im Protektorat eingerichtet werden" (vgl. Tagebücher von Josef Goebbels hersg. Elke Fröhlich, Teil II, Bd. 2 (Oktober–Dezember 1941, München/New Providence/London/Paris 1996, S. 309), siehe auch Miroslav Kárný, Theresienstadt 1941–1945, in: Institut Theresienstädter Initiative (Hrsg.), Theresienstädter Gedenkbuch. Die Opfer der Judentransporte aus Deutschland nach Theresienstadt 1942–1945, Prag 2000, S. 15f.

102 H. G. Adler, Die verheimlichte Wahrheit. Theresienstädter Dokumente, Tübingen 1958, S. 11.

103 Berthold Simonsohn, Gedenkblatt für Paul Eppstein, in: Jüdische Sozialarbeit, Jg. 4, Nr. 3 und 4 vom 18.9.1959, Sonderdruck.

104 Vgl. Starke, Der Führer schenkt…, S. 26ff.

105 Vgl. FZH, Protokoll Schottelius, Unterredung mit Dr. Max Plaut am 25. d. M. (1954) in Bremen, S. 1.

106 Vgl. Kárný, Theresienstadt, in: Theresienstädter Gedenkbuch, S. 39.

107 So sind – verglichen mit anderen Deportationszielen – vergleichsweise viele Briefe und Karten aus Theresienstadt erhalten, wie von Regina van Son, die jüngst veröffentlicht wurden: Sielemann, Aber seid alle beruhigt, oder Renate Osthoff, Elsbet (25.12.1901–00.10.1944), Selbstverlag o.O., Juli 2001.

108 StaH, 522-1 Jüdische Gemeinden, Abl. 1993, Ordner 15, Postkarte Kozower v. 24.11.1944.

109 Etliche Hamburger Überlebende schrieben ihre Erinnerungen nieder: Berthie Philipp, Die Todgeweihten. Roman um Theresienstadt, Hamburg 1949 (vergriffen); Käthe Starke, Der Führer schenkt den Juden eine Stadt. Bilder, Impressionen, Reportagen, Dokumente, Berlin 1975 (vergriffen); Elsa Bernstein, Das Leben als Drama. Erinnerungen an Theresienstadt, Dortmund 1999; Martha Glass, „Jeder Tag in Theresin ist ein Geschenk. Die Theresienstädter Tagebücher einer Hamburger Jüdin 1943–1945, herausgegeben von Barbara Müller-Wesemann, Hamburg 1996.

110 YV 02/373 (WL 432), Jacob Jacobsohn, From Berlin to Theresienstadt, S. 17. Ein Minjan, d. h. ein Gebetskreis besteht traditionellerweise aus mindestens zehn männlichen Juden, die Bar Mitzwah sind (an einem egalitären Minjan, den es in den 1940er Jahren jedoch noch nicht gab, können heute auch Frauen als vollwertige Mitglieder teilnehmen).

111 Vgl. Arthur Goldschmidt, Die Geschichte der evangelischen Gemeinde Theresienstadt 1942–1945, Tübingen 1948.

112 In den 1933 noch nicht zu Hamburg gehörenden Gebieten Altona: 2006; Wandsbek: 116; Harburg-Wilhelmsburg: 315.

Beate Meyer

Fragwürdiger Schutz – Mischehen in Hamburg (1933–1945)

Seit 1849 durften Hamburger Juden eine interkonfessionelle Mischehe eingehen, wenn sie das Bürgerrecht erworben hatten. Ab 1861 bzw. 1865 konnten dann – inzwischen war die Zivilehe eingeführt worden – auch jüdische Frauen einen nichtjüdischen Partner heiraten. Sie verloren in Hamburg allerdings mit einer interkonfessionellen Heirat ihre Gemeindezugehörigkeit, während männliche Juden nur aus dem orthodoxen Synagogenverband ausgeschlossen wurden. Männer konnten jedoch in anderen Kultusverbänden verbleiben, die liberaler eingestellt waren, wie im Tempelverband oder der Neuen Dammtor-Synagoge, und mussten auch die Deutsch-Israelitische Gemeinde nicht verlassen.[1] Während der Weimarer Republik wurden die meisten Mischehen in Berlin registriert, gefolgt von Hamburg und Frankfurt.[2] 1939/1940, als der NS-Staat Mischehen nicht mehr nach Konfessionen, sondern nach „Rassen" unterschied, lebten im Deutschen Reich 20 454 Juden in Mischehen, 1941 waren es in Hamburg 1036 in bestehenden sowie 198 Personen aus aufgelösten Mischehen.[3] Diese Ergebnisse der Volkszählung veranlassten die Statistiker zu der Feststellung, in Hamburg hätten sich die Juden weit stärker mit der deutschen Bevölkerung vermischt als in anderen Großstädten oder Teilen des Reiches.[4]

Generell heirateten mehr jüdische Männer nichtjüdische Frauen als umgekehrt. Für die Männer bedeutete diese Eheschließung oft genug das Eintrittsbillett in die Mehrheitsgesellschaft, für ihre nichtjüdischen Frauen verband sich damit die Hoffnung auf einen sozialen Aufstieg. Die Jüdischen Gemeinden betrachteten diese Entwicklung mit großer Sorge, denn die Nachkommen aus diesen Ehen gehörten zu über 90 Prozent den christlichen Konfessionen an, gingen ihnen also verloren. Nur 9,9 Prozent der „Halbjuden" und 1,2 Prozent der „Vierteljuden" gehörten einer Jüdischen Gemeinde an. Die Volkszählung von 1939 ergab folgerichtig, dass in Wien, Berlin und Hamburg die meisten „Mischlinge" lebten.[5] Auf Hamburg entfielen 4428 „Mischlinge ersten Grades" und 3359 „zweiten Grades".[6]

Der NSDAP galt diese „Blutsmischung" – ungeachtet ob mit oder ohne Bekenntnis zum Christentum – als geradezu tödliche Gefährdung des „deutschen Volkskörpers".[7] Mischehen, Namensänderungen und Taufen werteten die NS-Rassepolitiker als Tarnversuche der Abstammung, die sie am liebsten rückgängig gemacht hätten. So hatte Hitler schon 1924 in „Mein Kampf" geklagt: „Man halte sich die Verwüstungen vor Augen, welche die jüdische Bastardisierung jeden Tag an unserem Volke anrichtet, und man bedenke, dass diese Blutvergiftung nur nach Jahrhunderten oder überhaupt nicht mehr aus unserem Volkskörper entfernt werden kann… ."[8] Die NSDAP-Fraktion forderte bereits in den 1920er Jahren im Reichstag, einen Straftatbestand „Rassenverrat" für die „Vermischung" Deutscher mit Juden oder Farbigen einzuführen.[9] Die Nürnberger Gesetze standen insofern in einer langen Traditionslinie und stellten keineswegs den radikalsten Ausdruck rassepolitischer Forderungen dar.

Die beruflichen und persönlichen Diskriminierungen betrafen zwischen 1933 und 1938 in Mischehe lebende Juden ebenso wie andere. Viele Mischehefamilien hatten die alten jüdischen Wohngebiete verlassen und lebten in angrenzenden Stadtteilen wie etwa Eppendorf, ihre Kinder besuchten die Gelehrtenschulen, manche hatten ihre Namen „eingedeutscht". Sie waren stolz auf den sozialen Aufstieg und das damit einhergehende Ansehen. Die Mischehe war häufig Teil eines allgemeinen Säkularisierungsprozesses, der mit schwindendem Stellenwert der Religion im Alltagsleben einherging, selbst wenn die Gemeindezugehörigkeit beibehalten wurde. Die neue Situation ab 1933 zwang alle Stigmatisierten, in irgendeiner Form zu reagieren. Ein (nicht quantifizierbarer) Teil der Mischehen emigrierte. So sank deren Zahl zwischen 1933 und 1939 von ca. 35 000 auf ca. 20 000, obwohl die Begriffsdefinition weiter gefasst wurde, weil nunmehr der NS-Rassenbegriff Anwendung fand.

Gegen die beruflichen und sozialen Diskriminierungen legten etliche Betroffene Widerspruch ein, auch und gerade die in Mischehen lebenden Juden. Oftmals schloß sich die „deutschblütige" Verwandtschaft, der Freundes- oder Kollegenkreis an und protestierte gegen berufliche Diskriminierungen, indem Verdienste um Berufsverbände, um die deutsche Kultur oder anderes angeführt wurden. Wie viele andere Juden hoffte auch die Mehrheit der in Mischehe Lebenden auf eine Beruhigung der Situation durch klarere künftige Regelungen oder die Möglichkeit, persönlich von Einschränkungen ausgenommen zu werden. Ein kleinerer Teil der getauften Juden und „Halbjuden" gründete im Juli 1933 den später mehrfach umbenannten „Reichsverband der nichtarischen Christen",[10] der allerdings selbst auf dem Höhepunkt seines Erfolges im Herbst 1936 lediglich 5400 Mitglieder gewonnen hatte.[11] Die Position eines Sprachrohres oder einer Interessenvertretung seiner Mitglieder gegenüber dem NS-Staat erlangte er nie. Stattdessen war es später seine wichtigste Funktion, den Mitgliedern Klarheit über die immer unübersichtlichere rechtliche Situation zu verschaffen. So wurden im Mitgliedsblatt neben Heirats- und anderen Anzeigen allein zwischen März 1933 und Sommer 1935 mehr als 90 Seiten Hinweise über berufliche Einschränkungen bis hin zu Berufsverboten veröffentlicht.[12] Ab 1936 arbeitete der Verband gezwungenermaßen als reine „Mischlingsorganisation", bis er mit dem Jahresende 1938 aufgelöst wurde.[13]

In den ersten beiden Jahren der NS-Herrschaft wurde erkennbar, dass die in Mischehen lebenden Juden und ihre Nachkommen trotz großer Integrationsleistungen keine breite Unterstützung in der deutschen Gesellschaft fanden. Selbst in der evangelischen Kirche, der über 90 Prozent der getauften Juden und ihre Nachkommen angehörten, erhielten sie nur zögerlich Unterstützung. „Für die große Mehrheit der deutschen Protestanten waren die Juden nicht nur Anhänger einer fremden Religion, sondern auch Angehörige eines fremden Volkes", resümiert Ursula Büttner diese bittere Erfahrung am Ende eines äußerlich so gelungen erscheinenden Integrationsprozesses.[14] Ein sehr kleiner Teil der getauften „Nichtarier" war Mitglied in einer der vier 1933 noch in Deutschland arbeitenden Judenmissionsgesellschaften, die 1935/36 aufgelöst wurden.[15] Lediglich die Hamburger Jerusalem-Gemeinde, eine Gründung der „Jewish Mission of the Presbyterian Church in Ireland", lud ihre Mitglieder bis 1938 regelmäßig zu „nichtarischen Abenden" bei Tee und Wurstbrot ein, bot geistlichen Trost sowie die Möglichkeit zu sozialen Kontakten, bis ihre Pastoren im September 1938 fliehen mussten.[16]

Nicht wenige „Nichtarier“ hofften, neue Regelungen würden ihnen – trotz zu erwartender Einschränkungen – mehr Klarheit und Rechtssicherheit verschaffen. Die Nürnberger Gesetze und ihre Ausführungsverordnungen verboten neue Mischehen, tasteten bestehende jedoch nicht an. Für die in Mischehen lebenden Juden änderte sich nichts, sie waren in den folgenden drei Jahren weiterhin von allen antijüdischen Maßnahmen betroffen: So mussten sie ihr Vermögen von mehr als RM 5000 anmelden, ihre Unternehmen wurden „arisiert“, sie waren gezwungen, „Sara“ oder „Israel“ als zusätzliche Vornamen zu führen, die jüdischen Männer wurden in der Pogromnacht vom 9./10. November 1938 verhaftet. Später mussten die Familien auch ihren Anteil an der „Sühneabgabe“ von 1,2 Milliarden Reichsmark aufbringen.

Waren die Familien mit jüdischer Ehefrau durch den „arischen“ Haushaltsvorstand noch einige Jahre relativ geschützt, so konnten sich Familien mit jüdischem Ehemann den täglichen Diskriminierungen und vielen Schikanen kaum entziehen. Ihr sozialer Abstieg war unübersehbar geworden. Nach der Pogromnacht folgte der Schock, den die Inhaftierung im Konzentrationslager ausgelöst hatte. Den überwiegend aus den Mittelschichten stammenden Mischehenfamilien signalisierte spätestens diese Gleichsetzung mit Kriminellen, dass nunmehr der Zeitpunkt gekommen war, an dem die Machthaber begannen, sie gewaltsam aus der deutschen Gesellschaft auszustoßen. Die innerfamiliäre Dynamik, die die Verfolgung ausgelöst hatte, verstärkte sich: Während die jüdischen Ehemänner in den Konzentrationslagern litten, versuchten ihre nichtjüdischen Frauen, Schritte für ihre Freilassung zu unternehmen, Ausreisevisa zu beschaffen und Emigrationsmöglichkeiten zu eruieren. Überfordert und hilflos, übertrugen die Frauen oft einen Teil dieser Verantwortung auf die Kinder, die „Mischlinge“ (siehe Beitrag über Alfred Pein). So standen diese vor den Gefängnissen Schlange, um frische Wäsche zu überbringen, vor den Konsulaten, um eine Nummer für ein Visa zu bekommen, vor der Gestapostelle und Ämtern, um Formalitäten zu regeln. Jugendlichen „Mischlingen“ wurde schmerzhaft bewusst, dass die Eltern einen „Schutzschild“ benötigten. Diese Rolle sollten sie bis Kriegsende behalten. Die Verfolgung der Mischehen spaltete auch deren Familien. Durch die Verwandtschaft der meisten ging ein Riss (siehe Alfred Peins Familie): Ein Teil der nichtjüdischen Familienmitglieder brach den Kontakt ab, verweigerte jede Unterstützung oder profitierte gar im Einzelfall von der Verfolgung der Mischehen und „Mischlinge“, während andere durchaus mutig halfen und sie trotz der Gefahr unterstützten, als „Judenhelfer“ oder „Judenfreunde“ gebrandmarkt zu werden. Zwischen diesen Polen gab es unendlich viele Verhaltensvarianten, die hier nicht alle beschrieben werden können.[17]

Die Machthaber versuchten, sich die innerfamiliäre Dynamik zunutze zu machen: Im Dezember 1938 differenzierten sie die Gruppe der Mischehen in „nichtprivilegierte“ und „privilegierte“. Dieser Schritt ging mit dem „Angebot“ an die „deutschblütigen“ Frauen einher, sich scheiden zu lassen und – sollten sie zum Judentum konvertiert sein – zu rekonvertieren und in den „deutschen Blutsverband“ zurückzukehren.[18] Hielten die Eheleute an ihrer Verbindung fest, hing die Einstufung vom Geschlecht des jüdischen Partners und davon ab, ob das Paar nichtjüdisch erzogene Kinder besaß. Als „privilegiert“ galten nun Paare, bei denen die Frau jüdisch und der Mann nichtjüdisch war, wenn keine oder aber christlich erzogene Kinder vorhanden waren. Weiter wurden auch Paare so eingestuft, wenn der Mann jüdisch war, die Kinder jedoch nachweislich nichtjüdisch erzogen wurden. Familien mit diesen Konstellationen durften in ihrer bisherigen Wohnung verbleiben und konnten ihr Vermögen auf den nichtjüdischen Partner oder die Kinder überschreiben. Als „nichtprivilegiert" wurden Paare eingestuft, wenn der Mann Jude und die Ehe kinderlos war, oder wenn die Kinder einer Mischehe jüdisch erzogen wurden und/oder wenn der nichtjüdische Ehepartner zum Judentum konvertiert war. Diese Paare mussten oftmals die angestammten Wohnbezirke verlassen und in „Judenhäuser" ziehen, ihr Vermögen unterlag der „Sicherung" (Sperrung) durch den Staat und bei einer Auswanderung sollten sie wie jüdische Ehepaare behandelt werden. Die Hoffnung von „Mischlingen ersten Grades" und „jüdisch Versippten", nach Beginn des Krieges eingezogen und als Soldaten wieder in den Stand alter Rechte versetzt zu werden, erfüllte sich nicht. Stattdessen wurden sie aus der Armee ausgeschlossen, wenn nicht eine Ausnahmegenehmigung aufgrund ihrer Kriegsverdienste ihren Verbleib ermöglichte. In einigen Fällen stellte Hitler „jüdisch Versippten", deren besondere Tapferkeit nachgewiesen war, ein Dokument aus, in dem ihr Status als Wehrmachtsangehöriger bescheinigt und den „Mischlingen" unter ihnen eine Prüfung in Aussicht gestellt wurde, ob sie nach dem Krieg mit „Deutschblütigen" gleichbehandelt werden könnten. Besaß ein „deutschblütiger" Ehemann oder ein „Mischling ersten Grades" ein solches Papier, konnte er damit immerhin die jüdische Ehefrau bzw. Mutter schützen, was zur Zeit der Deportationen immer wichtiger wurde.[19] Die „privilegierten" Mischehe-Juden wurden davon befreit, den „Judenstern" tragen zu müssen, und als ab Oktober 1941 die Deportationen anliefen, waren in Mischehen Lebende nach den „Richtlinien der Evakuierung" ausgenommen.[20] „Nichtprivilegierte" Mischehen wurden zunächst zurückgestellt, „privilegierte" freigestellt. Die „Privilegien" galten nur für reichsdeutsche Juden und wurden nie gesetzlich fixiert.

Die Teilnehmer an der Wannsee-Konferenz am 20. Januar 1942 erörterten „im Zuge der Endlösungsvorhaben" auch das weitere Schicksal der „Mischlinge" sowie der Mischehen im Reichs- und Protektoratsgebiet.[21] Reinhard Heydrich forderte die Gleichbehandlung von „Mischlingen ersten Grades", in Mischehe Lebenden und anderen Juden. Die Zielgruppe sollte zwischen „Evakuierung" und Sterilisation wählen können. Das Innenministerium fürchtete den damit verbundenen Verwaltungsaufwand und schlug vor, alle „Mischlinge ersten Grades" unterschiedslos zu sterilisieren. Mischehen könne man zwangsweise scheiden, statt ein aufsehenerregendes Verfahren einzuleiten, bei dem im Einzelfall entschieden würde, ob der jüdische Ehepartner „evakuiert" oder mit Rücksicht auf die „deutschblütigen Verwandten" in ein Altersghetto zu überführen sei. Auf der Wannsee-Konferenz konnte keine Einigung über das weitere Schicksal dieser beiden Gruppen erzielt werden. Generellen Zwangsscheidungen von Mischehen wollte Staatssekretär Schlegelberger, der das Justizministerium interimistisch leitete, nicht zustimmen, wenn er auch vereinfachte Scheidungsverfahren befürwortete.

Mischehen wurden also nicht zwangsweise geschieden. Doch das Familienrecht von 1938 bot durchaus Möglichkeiten, eine Ehe aus „rassischen Gründen" zu beenden: Zum einen konnte sie „aus rassischen" Gründen aufgelöst werden, wenn der nichtjüdische Partner argumentierte, er/sie hätte sich im Irrtum über die grundlegende Bedeutung des „Rassenunterschieds" befunden; zum anderen lud die Rechtsprechung gerade in Hamburg auch traditionelle Scheidungsgründe rassistisch auf, und die neueingeführten Paragraphen wie „Zerrüttung" griffen auch bei Emigration des jüdischen Partners oder bei längeren Haftzeiten.[22] Nachdem die Praxis (nicht nur) der Hamburger Richter generellen staatlichen Regelungen so vorausgeeilt war, erarbeitete das Innenministerium im Frühjahr 1943 einen Entwurf, in dem es hieß, dass „Mischehen ohne weiteres geschieden werden". Von den mittlerweile noch rd. 19000 Mischehen würden – so erwartete der Innenminister – nur 4000–5000 mit Ausnahmeregelungen bestehen bleiben, meist Ehen, die vor 1919 geschlossen worden seien. Da Hitler den Entwurf jedoch nicht entgegennahm, scheiterte dieses Bemühen ebenso wie ein Vorstoß der Partei-Kanzlei im Januar 1944.[23] Der Historiker Uwe Dietrich Adam meint, auf dem Höhepunkt der „Endlösung" habe Hitler offensichtlich darauf vertraut, dass sich eine Lösung „so oder so" ergeben und damit eine gesetzesförmige Regelung überflüssig würde.[24]

Wurden die Ehen auch nicht zwangsweise geschieden, so erfolgte doch im Jahr 1942 eine im Alltag deutlich spürbare Verschärfung der Regelungen. Dazu gehörte die Umquartierung erst „nichtprivilegierter" und dann „privilegierter" Paare mit jüdischem Ehemann 1942/43 in „Judenhäuser". Die Bezirksstellen der Reichsvereinigung führten die in Mischehe Lebenden in der „Judenkartei" und mussten detaillierte Angaben von allen Familienangehörigen dort notieren. Die Luftangriffe auf Hamburg beschleunigten den räumlichen Konzentrationsprozess. Ab Herbst 1944 betrafen diese Anweisungen zur Um- und Einquartierung auch Paare mit jüdischen Ehefrauen, wenngleich diese oft dadurch geschützt waren, dass der nichtjüdische männliche Haushaltsvorstand den Mietvertrag abgeschlossen hatte oder ihm das Wohneigentum gehörte.

Der „Gau Hamburg" wies im Vergleich zum übrigen Reichsgebiet einige Sonderregelungen auf:

– So wurde – anders als in anderen Gauen – verlangt, dass mindestens ein Kind im Deutschen Reich leben musste, um die „Privilegierung" zu erhalten. D. h. waren die Nachkommen vor 1941 emigriert, wurden die Eltern, auch wenn sie formal die Kategorien für die „Privilegierung" erfüllten, wie „nichtprivilegierte" Paare behandelt.

– Während eigentlich der Grundsatz galt, dass eine „Privilegierung" auch über den Tod des nichtjüdischen Partners erhalten blieb, wurden in Hamburg diese Witwer oder Witwen beispielsweise sofort deportiert, d. h. der Schutz erlosch.

– Die Hamburger „privilegierten" Mischehepaare erhielten die normalen Lebensmittelzuteilungen (ohne Sonderzuteilungen). Als Hamburger Juden im Sommer 1943 aus der Stadt flohen, zeigte sich, dass die Behörden andernorts dies restriktiver handhabten.

– In Berlin wurde ein Großteil der „Geltungsjuden" von der Deportation zurückgestellt, und viele erlebten das Kriegsende im letzten Berliner Sammellager in der Schulstraße. In Hamburg dagegen erhielten die meisten so Eingestuften ab Herbst 1943 den Deportationsbefehl.

Bereits aus diesen wenigen Aspekten wird deutlich, dass Unterschiede in der regionalen Behandlung der Mischehen den Alltag erheblich erschweren, erleichtern oder sich gar lebensrettend auswirken konnten.

Die Männer und Frauen aus Mischehen waren seit 1938/39 sukzessive und seit 1940/41 massenhaft in die Zwangsarbeit einbezogen worden.[25] Zuständig für den „Arbeitseinsatz" in Hamburg war die Sonderdienststelle des Arbeitsamtes unter ihrem Leiter Willibald Schallert, ein korrupter und unberechenbarer Mann, den die in Mischehen lebenden Juden wie auch ihre Familien fürchteten. Die Arbeit selbst erwies sich meist als schmutzig, körperlich anstrengend, oft gefährlich, wenn sie in Rüstungsbetrieben stattfand bzw. Trümmer geräumt werden mussten. Zudem ging die Gestapo im Jahre 1943 – frustriert durch die Rückstellung der „Rüstungsjuden" und der Mischehepartner von den Deportationen – verstärkt zur Kriminalisierung Einzelner über, denen die Verletzung einer der vielen Vorschriften zur Last gelegt und die dann in „Schutzhaft" genommen wurden. Ab November 1942 bedeutete ein „Schutzhaftbefehl" für Juden und „Mischlinge ersten Grades" die Überstellung aus einem örtlichen Gefängnis nach Lublin oder Auschwitz, denn die Konzentrationslager im Deutschen Reich wurden „judenfrei" gemacht.[26]

Anfang 1943 lebten noch 51 327 Jüdinnen und Juden im „Altreich" (in Hamburg 1805), davon 16 760 in Mischehen. Mehr als zwei Drittel davon befanden sich in Berlin, darunter ca. 17 000 Zwangsarbeiter.[27] Am 27. Februar 1943, dem Beginn der „Fabrik-Aktion", verhaftete die Gestapo diese „schlagartig" (Goebbels)[28] und deportierte 11 000 „Volljuden" nach Auschwitz, während die Juden aus Mischehen und „Geltungsjuden" nach einer Woche Haft in der Rosenstraße entlassen wurden.[29] In anderen Städten wurden zeitgleich, aber unter verschiedenen Vorwänden, Juden verhaftet. In Hamburg lud Willibald Schallert 17 jüdische Zwangsarbeiter einzeln vor, die meist in „privilegierten" Mischehen lebten, unter ihnen den 67-jährigen früheren Besitzer des Konfektionshauses Hirschfeld, der ehrenamtlich in der Kleiderkammer der Reichsvereinigung arbeitete. Der pauschale Vorwurf gegen sie lautete: Arbeitssabotage. Ein Mann wurde wegen seiner Verdienste im Ersten Weltkrieg freigelassen, ein zweiter konnte noch während der mehrwöchigen Haftzeit in Fuhlsbüttel entfliehen, die übrigen wurden – vermutlich über Berlin – nach Auschwitz deportiert, ohne dass Einsprüche von Verwandten erfolgreich waren.[30]

Als die Reichsvereinigung nach dem 10. Juni 1943 als Mischehenorganisation weiterexistierte, setzte die Gestapo als „Vertrauensmann" Martin Heinrich Corten und als seinen Büroleiter Max Heinemann ein. Sie und einige wenige andere kümmerten sich um die Mischehepartner, die – wie z. B. die erhaltene Kartei aus Hamburg zeigt – zum großen Teil als Glaubensbekenntnis „evangelisch" angaben. Diese Mitglieder gehörten der Reichsvereinigung oft gezwungenermaßen an und erwarteten von ihr kaum Gutes. Allerdings mussten sie den Kontakt im eigenen Interesse halten, denn sie durften kein Schreiben an irgendeine Behörde richten, das nicht über diese Organisation ging; sie erhielten dort Kenntnis von neuen Vorschriften; sie hatten jeden Umzug oder Veränderung ihrer Lebensumstände dort zu melden; war der jüdische Ehepartner verhaftet, konnten nur die jüdischen Funktionäre Nachforschungen über seinen Verbleib anstellen, und schließlich leitete die Rest-Reichsvereinigung zeitweise auch Post und Todesnachrichten weiter. Die Hamburger Gestapo durchforstete die Kartei regelmäßig nach Juden aus aufgelösten Mischehen (durch Scheidung oder Tod), die deportiert wurden, es sei denn sie sorgten für minderjährige Kinder. Hatten diese das 18., später das 16., Lebensjahr vollendet, traf der Deportationsbefehl umgehend ein.

Die Hamburger Gestapobeamten im Judenreferat unterschieden sich nicht von ihren gewalttätigen, korrupten Kollegen andernorts. Ihre jüdischen Opfer, die in die Großdeportationen nach Lodz, Minsk und Riga eingereiht wurden, wurden überwiegend ermordet und konnten deshalb nach dem Krieg nicht mehr als Zeugen gegen sie auftreten, auch wenn sie Belastendes zu berichten wussten wie beispielsweise, ein Jude habe für sich und seine Frau RM 50 000 für die Freistellung von der Deportation gezahlt – und beide seien sofort danach deportiert worden.[31] Juden, die in Mischehen lebten und nicht deportiert wurden, sagten hingegen nach dem Kriege aus, wie die Gestapobeamten sie mit Versprechungen geködert oder mit Drohungen unter Druck gesetzt hatten. Sie erpressten Geld, das sie auf ein Scheinkonto der NSV einzahlen ließen, Lebensmittel oder andere Werte. Insbesondere, wenn die „deutschblütigen" Ehemänner wohlhabend waren, nahm die Gestapo sie gezielt ins Visier: So durchsuchte sie in Abwesenheit eines Ehepaares dessen Wohnung, transportierte alle Lebensmittel ab, die sich dort befanden, und drohten den Geschädigten „Schutzhaft" an, sollten sie die Beschlagnahme der Waren nicht schriftlich anerkennen und RM 6000 Geldspende an die NSV zusagen. Großzügig akzeptierten die Beamten Ratenzahlung zu je RM 500. Von einer anderen in Mischehe lebenden Familie eignete die Gestapo sich das Warenlager des Ehemannes an. Dieser, ein Kaufmann, hatte 2000 Flaschen Wein, 70 Flaschen Spirituosen, 6000 Zigarren, 4000 Zigaretten, 10 Pfund Rohkaffee, Schokolade, Seife usw. vorrätig, die so den Besitzer wechselten. Außerdem stahlen die vier Beamten, die die Haussuchung vornahmen, dort RM 15 000 und nahmen die jüdische Ehefrau für drei Wochen fest. Angeblich hatte sie sich „ungebührlich verhalten", indem sie auf der Straße mit einer jüdischen Freundin sprach, die einen „Judenstern" trug. Als in „privilegierter" Mischehe lebend war sie selbst von der Kennzeichnungspflicht befreit. Nachdem sie drei Wochen in „Schutzhaft" im „Kolafu" gesessen hatte, boten der Judenreferent Göttsche und sein Sachbearbeiter Kühn ihrem Mann an, sie gegen eine Spende von RM 10 000 freizulassen, andernfalls käme sie in ein Lager, wo sie „wohl noch vier bis sechs Wochen gelebt" hätte.[32] Das bedrängte Ehepaar akzeptierte.

Ab Herbst 1943 erhielten die ersten „Mischlinge" und Ehemänner jüdischer Frauen den Befehl zum Arbeitseinsatz bei der Organisation Todt,[33] das Gros wurde im Oktober 1944 eingezogen.[34] Die ca. 1000 Hamburger Männer hatten Glück im Unglück: Sie konnten in ihrer Heimatstadt verbleiben, weil sie zum Wiederaufbau der kriegszerstörten städtischen Infrastruktur benötigt wurden. Sie durften weiterhin zu Hause leben. Nur ca. 100 „jüdisch Versippte" mussten ein Barackenlager auf dem Ohlsdorfer Friedhof beziehen. Zwar versuchten die Verantwortlichen bis Kriegsende, auch die übrigen 900 zu „kasernieren", doch scheiterte dies daran, dass alle vorbereiteten Quartiere für ausgebombte KZ-Häftlinge benötigt wurden.

Die meisten Dienstverpflichteten fürchteten, die Einberufung in den geschlossenen Arbeitseinsatz wäre der erste Schritt in Richtung Deportation, zumal die Benachrichtigung den Deportationsbefehlen sehr ähnelte und als Sammelort die KZ-Außenstelle „Dessauer Ufer" angegeben war. Ihre prekäre Situation wurde ihnen immer wieder bewusst: Beaufsichtigten sie den einen Tag polnische oder italienische Kriegsgefangene, so schufteten sie am nächsten Tag Seite an Seite mit tschechischen Jüdinnen aus dem KZ Neuengamme unter SS-Bewachung.

Zuvor hatten die meisten Mischehepaare notgedrungen sehr isoliert gelebt. In den Arbeitskolonnen jedoch bot sich die Möglichkeit zum Austausch mit anderen, den sie – abgesehen von der Minderheit, die im „Reichsverband nichtarischer Christen“ organisiert war – sonst nicht kannten. Wenige Monate vor Kriegsende entwickelten sie erstmals ein Gruppengefühl und schmiedeten erste Pläne für eine Zeit jenseits von NS-Herrschaft und Krieg.

Doch soweit war es noch nicht: Im Gegenteil erhielten im Januar und Februar jüdische Männer und Frauen aus den noch 12 487 reichsweit existierenden Mischehen[35] (in Hamburg 865) – unabhängig, ob die Ehen „privilegiert“ waren oder nicht – den Befehl zum „auswärtigen Arbeitseinsatz“ nach Theresienstadt. Die Machthaber ließen die letzten Rücksichten auf „deutschblütige“ Verwandte fallen. Angesichts des verlorenen Krieges und des zerstörten Landes, in dem die alliierten Armeen bereits weit vorgerückt waren, sollten jetzt auch noch die letzten in Deutschland verbliebenen Juden deportiert werden. Vielerorts verweigerten sich die Betroffenen. In Hamburg traten von 161 Männern (16 waren frei-, 6 zurückgestellt worden und 11 nicht erschienen) 128 die Fahrt ins Ungewisse an, von 115 Frauen (16 frei-, 13 zurückgestellt, 10 hatten sich krankgemeldet bzw. Selbstmordversuch begangen, 10 waren nicht erschienen) bestiegen 66 den Zug.[36] Wer kein Attest vorlegen konnte, flüchtete. Meist versteckten sie sich in den Ruinen ihres bisherigen Wohnortes, ohne irgendeine Vorbereitung getroffen zu haben – und ohne damit zu rechnen, dass sie noch fast drei Monate überbrücken mussten, bis die Befreier einmarschierten.[37] Insgesamt ca. 2000 Juden aus allen Gegenden Deutschlands bestiegen noch die Züge nach Theresienstadt (siehe Memoiren Alice Kruse).[38]

In den letzten Kriegswochen kursierten unter den „rassisch Verfolgten“ in Hamburg Gerüchte, die „Mischlinge“ und in Mischehen lebenden Juden sollten allesamt erschossen oder auf Schiffe gebracht und versenkt werden.[39] Dazu kam es glücklicherweise nicht. Als Deutschland kapitulierte, lebten im Deutschen Reich nach Schätzungen noch 12 000 Juden in Mischehen, in Hamburg waren es noch 647 Personen.[40] 50 bis 80 Juden aus Mischehen konnten bis zum Kriegsende untertauchen.[41]

Die Wege der Juden aus Mischehen gingen nun auseinander: Diejenigen, die jüdischen Glaubens waren, gründeten mit Überlebenden der Konzentrations- und Vernichtungslager zusammen eine Jüdische Gemeinde. Diese begriff sich in Hamburg wie andernorts auf deutschem Boden zunächst als Auswanderungsgemeinde.[42] Die getauften Juden und „Mischlinge“ riefen – wie bereits während der Zwangsarbeit geplant – eine eigene Interessenvertretung ins Leben, die „Notgemeinschaft der durch die Nürnberger Gesetze Betroffenen“. Diese vereinigte „Juden, die Sternträger waren, Juden aus privilegierten Mischehen, Arier aus Mischehen und Mischlinge ersten Grades“.[43] Die Notgemeinschaft verstand sich ausdrücklich nicht als religiöse Gruppe. Der letzte Büroleiter der Reichsvereinigung, Max Heinemann, gründete die „Hilfsgemeinschaft der Juden und Halbjuden“, die später in der Jüdischen Gemeinde aufging. Schließlich entstand im Sommer 1945 mit „Die aus Theresienstadt“ ein vierter Interessenverband, initiiert von Theresienstadt-Überlebenden, die an die Traditionen des assimilierten Judentums der Vor-NS-Zeit anknüpfen wollten. Diese Gruppierung verlor schnell an Bedeutung. Alle Organisationen versuchten, die materielle Situation der Überlebenden zu verbessern, den KZ-Insassen die Heimkehr zu ermöglichen und Nachforschungen nach Verschollenen anzustellen.

Die Mischehe bot in der NS-Zeit keine sichere Überlebensgarantie. Die antijüdischen Maßnahmen richteten sich vor 1938 auch gegen die jüdischen Partner in diesen Ehen. Ab 1939 bot die Besserstellung eine Reihe von Erleichterungen, die teils später wieder zurückgenommen wurden, teils aber so lange schützten, wie die Juden nicht ins Visier eines Gestapomannes oder eines anderen Funktionsträgers (wie etwa dem Dienststellenleiter des Arbeitsamtes) gerieten. Auch die generelle Zurückstellung von Deportationen konnte jederzeit durch individuelle „Schutzhaft" und folgendem Abtransport aufgehoben werden. Doch die Mischehe verschaffte einem Großteil der Betroffenen eines: den notwendigen Zeitaufschub zum Überleben. Hätten die nationalsozialistischen Machthaber den Krieg noch länger führen können, hätten sie zweifelsohne auch diese letzten verbliebenen Juden in ihr Mordprogramm einbezogen, wie sie mit der letzten Deportation aus Hamburg im Februar 1945 (andernorts sogar April 1945!) demonstrierten. So aber trafen die Alliierten rechtzeitig ein, um wenigstens den überwiegenden Teil der Juden in Mischehe retten zu können. Auch die in der Endphase des Krieges noch Deportierten hatten fast alle das Ghetto Theresienstadt überlebt.

Anmerkungen

1 In Hamburg übernahm die Deutsch-Israelitische Gemeinde, deren Mitglied die Juden waren, keine Kultusaufgaben. Dies blieb den unter ihrem Dach existierenden, selbstständigen Kultusverbänden vorbehalten. Es stand jedem Gemeindemitglied frei, sich einem Kultusverband seiner Wahl anzuschließen. Vgl. zu diesem „Hamburger Modell" Ina Lorenz, Die Jüdische Gemeinde Hamburg 1860–1943 – Kaiserreich – Weimarer Republik – NS-Staat, in: Arno Herzig (Hrsg.), Die Juden in Hamburg 1590 bis 1990. Wissenschaftliche Beiträge der Universität Hamburg. Zur Ausstellung „Vierhundert Jahre Juden in Hamburg", Hamburg 1991, S. 77–100, wieder abgedruckt in: Dies. (Hrsg.), Zerstörte Geschichte. Vierhundert Jahre jüdisches Leben in Hamburg, Hamburg 2005, S. 128–171, hier: S. 132 f.

2 Vgl. Zeitschrift für Demographie und Statistik der Juden 4–6/1926, Die Mischehe in Deutschland, S. 129.

3 Die 1941 veröffentlichten regionalen wie reichsweiten Zahlen weisen leichte Differenzen zu den 1944 publizierten bereinigten Zahlen aus. Vgl. Jutta Wietog, Volkszählungen unter dem Nationalsozialismus. Eine Dokumentation zur Bevölkerungsstatistik im Dritten Reich, Berlin 2001, S. 166 ff.; die hier und im Folgenden für Hamburg genannten Zahlen stammen aus den Aufzeichnungen Leo Lippmanns, „... dass ich wie ein guter Deutscher empfinde und handele". Zur Geschichte der Deutsch-Israelitischen Gemeinde in Hamburg in der Zeit vom Herbst 1935 bis zum Ende 1942, Hamburg 1993 hier: S. 74.

4 Aus Hamburgs Verwaltung und Wirtschaft (Sondernummer 5), hrsg. vom Statistischen Amt der Hansestadt Hamburg, Hamburg, 1.8.1941, S. 20.

5 Vgl. Statistik des Deutschen Reichs, Band 552/4, Volkszählung. Die Bevölkerung des Deutschen Reichs nach Ergebnissen der Volkszählung 1934, Heft 4, Die Juden und jüdischen Mischlinge im Deutschen Reich, Berlin 1944, S. 48–55 und 56–59; demographische Angaben zu den „Mischlingen" beider Grade siehe Bruno Blau, Die Christen jüdischer und gemischter Abkunft in Deutschland und Österreich im Jahr 1939, in: Judaica 5/1949, Zürich 1949, S. 272–288; Jeremy Noakes, Development of Nazi Polica toward the German-Jewish „Mischlinge" 1933–1945, in: Leo Baeck Institute Year Book XXXIV/1989, S. 291–354; s. a. Meyer, „Jüdische Mischlinge", S. 162 ff.

6 Aus Hamburgs Wirtschaft und Verwaltung, S. 17 f.

7 Vgl. zu den Positionen der Rassepolitiker: Cornelia Essner-Conte, Die Alchemie des Rassenbegriffs und die Nürnberger Gesetze, in: Jahrbuch für Antisemitismusforschung 4/1995, S. 201–225; ausführlich dazu siehe dies., Die Nürnberger Gesetze oder die Verwaltung des Rassenwahns, Paderborn 2002.

8 Adolf Hitler, Mein Kampf, München 1925/1927, 700. Aufl. 1942, S. 629.

9 Vgl. Peter Weingart/Jürgen Kroll/Kurt Bayertz, Rasse, Blut und Gene. Geschichte der Eugenik und Rassenhygiene in Deutschland, Frankfurt 1992, S. 499 f.; siehe auch Uwe Dietrich Adam, Judenpolitik im Dritten Reich, Düsseldorf 1979, S. 19–38.

10 Siehe zur wechselhaften Geschichte dieses Verbandes, der sich vom „Reichsverband der nichtarischen Christen" zum „Paulus-Bund" und schließlich zur „Vereinigung 1937" umbenennen musste, bis zu seiner zwangsweisen Auflösung 1939: Aleksandar-Sasa Vuletic, Christen jüdi-

scher Herkunft im Dritten Reich. Verfolgung und organisierte Selbsthilfe 1933–1939, Mainz 1999.

11 Ebd., S. 273.

12 Vgl. Meyer, „Jüdische Mischlinge", S. 203; vgl. auch Ursula Büttner, Von der Kirche verlassen: Die deutschen Protestanten und die Verfolgung der Juden und Christen jüdischer Herkunft im „Dritten Reich", in: dies./Martin Greschat, Die verlassenen Kinder der Kirche, Göttingen 1998, S. 15–60, hier S. 22.

13 Vgl. Vuletic, Christen, S. 232 ff.

14 Büttner, Von der Kirche verlassen, in: dies./ Greschat, Die verlassenen Kinder der Kirche, S. 15–60,. S 68.

15 Vgl. Eberhard Röhm/Jörg Thierfelder, Juden-Christen-Deutsche, Bd. 1: 1933–1935, Stuttgart 1990, S. 281 ff.. Die Berliner Judenmission arbeitete bis 30.1.41, nachdem sie 1936 ihre Auflösung hatte abwenden können. Ebd., S. 293.

16 Vgl. Beate Meyer, Jerusalem-Kirche, Jerusalem-Krankenhaus, Paulus-Bund, in: Galerie Morgenland (Hrsg.), „Wo Wurzeln waren". Juden in Hamburg-Eimsbüttel 1933–1945, Hamburg 1993, S. 179–185, hier: S. 180.

17 Siehe dazu die lebensgeschichtlichen Interviews in Meyer, „ Jüdische Mischlinge", S. 266–355.

18 BA, R 18, Reichsministerium des Innern 5519 (343-345), Geheimer Schnellbrief Göring an Reichsminister des Innern u.a. v. 28.12.1938.

19 Vgl. Meyer, „ Jüdische Mischlinge", S. 56 und S. 232.

20 Vgl. Schnellbrief Adolf Eichmanns an die Stapostellen im Reich: Beginn der Deportationen aus dem Reich, 31.1.1942, abgedruckt in: Peter Longerich, Die Ermordung der europäischen Juden. Eine umfassende Dokumentation des Holocaust 1941–1945, Zürich, 1989, S. 165 f.

21 Faksimile des Protokolls der Wannsee-Konferenz siehe Peter Longerich, Die Wannsee-Konferenz vom 20. Januar 1942. Planung und Beginn des Genozids an den europäischen Juden, Berlin 1998, sowie Kurt Pätzold/Erika Schwarz, Tagesordnung: Judenmord. Die Wannsee-Konferenz am 30. Januar 1942, Berlin 1992.

22 Vgl. zur Scheidungspraxis bei Mischehen Beate Meyer, Die Verfolgung der Mischehen während des Nationalsozialismus, in: Miriam Gillis-Carlebach/Barbara Vogel (Hrsg.), „... und so zogen sie aus: ein jeder bei seiner Familie und seinem Vaterhaus. Die vierte Joseph Carlebach-Konferenz. Familie im Spannungsfeld zwischen Tradition und Moderne, Hamburg 2000, S. 135–153, hier: S. 143–147.

23 Vgl. Adam, Judenpolitik, S. 329 f.

24 Ebd., S. 330; vgl. auch Raul Hilberg, Die Vernichtung der europäischen Juden. Die Gesamtdarstellung des Holocaust, Berlin 1961, S. 302.

25 Vgl. Wolf Gruner, Der geschlossene Arbeitseinsatz deutscher Juden. Zwangsarbeit als Element der Verfolgung 1938–1943, Berlin 1997.

26 Landesarchiv Berlin, B Rep 057-01, 1 Js 7.65 (RSHA) Erlass RSHA v. 5.11.42, Anklageschrift gegen Fritz Woehrn und 11 weitere Angeschuldigte, S. 147. Einen Monat zuvor, am 5.10.1942, hatte das SS-Wirtschaftsverwaltungshauptamt einen gleichlautenden Erlass an die Kommandanten der KL versandt, in dem die „Mischlinge ersten Grades" noch nicht erwähnt wurden. Vgl. Gedenkstätte Sachsenhausen, Dokument 32.6, SS-WVHA, Amtsgruppe D – KL an die Kommandanten der KL.

27 Bundesarchiv Berlin, R 8.1.5.0, Reichsvereinigung, Nr. 69, Bl. 144, Statistik v. 6.1.43.

28 Zur Fabrik-Aktion vgl. Gruner, Arbeitseinsatz, S. 304 ff.

29 Vgl. Wolf Gruner, Die Fabrik-Aktion und die Ereignisse in der Berliner Rosenstrasse. Fakten und Fiktionen um den 27. Februar 1943 – 60 Jahre danach, in: Jahrbuch für Antisemitismusforschung 11/2002, S. 137–177 und ders., Widerstand in der Rosenstraße. Die Fabrik-Aktion und die Verfolgung der „Mischehen" 1943, Frankfurt/M. 2005.

30 Vgl. Meyer, „Jüdische Mischlinge", S. 58–67.

31 Bundesarchiv Koblenz, Akteneinsicht in Außenstelle Dahlwitz-Hoppegarten, Z 42 IV/4959, Spruchgerichtsakte Hermann Kühn, Bl. 4959/48.

32 Ebd., Bl. 4959/42 und 48.

33 Vgl. Beate Meyer, Das „Sonderkommando J". Zwangsarbeit der „jüdisch versippten" und der „Mischlinge ersten Grades" in Hamburg, in: Zwangsarbeit und Gesellschaft (= Beiträge zur Geschichte der nationalsozialistischen Verfolgung in Norddeutschland, Heft 8), Bremen 2004, S. 102–110.

34 Vgl. Meyer, „Sonderkommando J", S. 103 f.; siehe auch Wolf Gruner, Die NS-Führung und die Zwangsarbeit für sogenannte jüdische Mischlinge, in: Manfred Weißbecker/Reinhard Kühnl (Hrsg.), Rassismus, Faschismus, Antifaschismus. Forschungen und Betrachtungen, Köln 2000, S. 63–79.

35 Vgl. Herbert A. Strauß, Jewish Emigration from Germany. Nazi Policies and Jewish Responses (I), in: LBI Yearbook XXV/1980, S. 313–358, hier: S. 317.

36 StaH, 522-1 Jüdische Gemeinden, Abl. 1993, Ordner 19, Aufstellung zum Transport Februar 1945.

37 Ralph Giordano hat dies in seinem autobiographischen Roman „Die Bertinis" eindrucksvoll beschrieben. Vgl. ders., Die Bertinis, Frankfurt 1982.

38 Vgl. Theresienstädter Gedenkbuch. Die Opfer der Judentransporte aus Deutschland nach Theresienstadt 1942–1945, Prag 2000, S. 59–69 u. S. 88 f.

39 Vgl. Beate Meyer, Zwischen allen Stühlen: „Mischehen und Mischlinge", in: Galerie Morgenland (Hrsg.), „Wo Wurzeln waren", S. 147–225, hier: S. 203.

40 Vgl. Meyer, „Jüdische Mischlinge", S. 25 f.

41 Vgl. Beate Meyer, Kein Ort nirgendwo? – Hilfe und Rettung für untergetauchte Hamburger Juden, in: Lorenz (Hrsg.), Zerstörte Geschichte, S. 208–225.

42 Vgl. Ina Lorenz, Gehen oder Bleiben. Neuanfang der Jüdischen Gemeinde in Hamburg nach 1945, Hamburg 2002, S. 57 f.

43 FZH, 18-1.1.12, Notgemeinschaft an Wartenberg (o. D.), siehe auch Entwurf Rundschreiben Nr. 2.

Beate Meyer

„Sie bringen uns wohl nach Warschau"

Die Lebensgeschichte des deportierten Hamburger Juden Alfred Pein

Als die vierzehnjährige Inge Pein 1935 von einer Klassenreise nach Sylt zurückkehrte, holten ihre Eltern sie von der Bahn ab: „Da ist mir das erste Mal bewusst geworden, dass eine furchtbare Veränderung mit meinem Vater vor sich gegangen war. Er, der immer fröhlich war, immer gut gelaunt, ... immer positiv eingestellt, stand da und war wahnsinnig traurig. Da habe ich das erste Mal gespürt, da ist etwas Schreckliches, da stimmt was nicht."[1] Diese plötzliche Erkenntnis des jungen Mädchens betraf zwei Aspekte: Während ihrer Abwesenheit waren zum einen die Nürnberger Gesetze erlassen worden, die eine strenge Trennlinie zwischen Juden und Nichtjuden zogen, und zum anderen begann die Ehe ihrer Eltern, eine so genannte Mischehe, unter dem äußeren Druck zu zerbrechen.

Ihr Vater Alfred Pein, geb. 1890, stammte aus einer wohlhabenden religiösen jüdischen Familie. Er hatte die Realschule besucht und anschließend in einer Leder-Großhandlung eine kaufmännische Lehre absolviert. Im Ersten Weltkrieg gehörte er der Infanterie an, kam allerdings wegen eines chronischen Ohrenleidens nicht zum Fronteinsatz.[2] Als er dann die nichtjüdische Martha T. heiraten wollte, stimmte sein Vater unter der Bedingung zu, dass die künftige Schwiegertochter zum jüdischen Glauben konvertierte. Der Vater der Braut arbeitete als Bäckermeister, Martha T. war eines der jüngeren von acht Kindern. Sie willigte in den Glaubenswechsel sein, und nach eingehender religiöser Unterweisung stand der Eheschließung im Jahr 1919 nichts mehr im Wege. Der rituellen Trauung folgte ein großes Fest im Curio-Haus. Das Paar bezog eine 5-Zimmer-Wohnung in der Isestraße. 1921 und 1924 wurden die Töchter Inge

Hochzeitsgesellschaft Pein 1919 im Curio-Haus

und Ursula geboren.[3] Die Religion nahm im Alltag keinen breiten Raum ein: Zwar gehörten alle Familienmitglieder zur Jüdischen Gemeinde, doch besuchte nur der Vater an den hohen Feiertagen die Synagoge, die Töchter begleiteten ihn dabei nicht. Inge Pein erinnert sich lediglich, dass der Vater sie einmal zur Einweihung des Tempels in der Oberstraße mitnahm.

Für die Hamburger Juden lag es im Trend der Zeit, eine Mischehe einzugehen: Schlossen 1910 25 Prozent von ihnen eine interkonfessionelle Ehe, so waren es 1925 bereits mehr als 44 Prozent der Eheschließungen, an denen Juden beteiligt waren. Lag Berlin bei den Mischehen in den 1920er Jahren an der Spitze, so folgte Hamburg bereits auf dem zweiten Platz noch weit vor Frankfurt.[4] Weniger verbreitet war eine Konversion des nichtjüdischen Partners wie bei den Peins, im Allgemeinen signalisierte die Mischehe eher eine Säkularisierung der Eheschließung. Vielleicht wollte Alfred Peins Vater die Besorgnis der jüdischen Gemeinde entkräften, die Mischehen entzögen ihnen den Nachwuchs und seien deshalb eine „unheilvolle Entwicklung“. Wie in der Ehe der Peins überwog generell die Paarkonstellation jüdischer Mann – nichtjüdische Frau, und auch der Unterschied bezogen auf die soziale Herkunft war vergleichsweise typisch: Während Alfred Pein aus einer Kaufmannsfamilie stammte, kam Martha Pein aus einer Handwerkerfamilie. Mit der Eheschließung war für sie ein sozialer Aufstieg verbunden. „Sie hat sehr jung meinen Vater kennengelernt, und von heute auf morgen war alles da: eine große Wohnung, ein Mädchen, Gesellschaft, Feste und eine große Familie“, erinnert sich die Tochter. Dazu gehörten auch Urlaube an der Ostsee, und die ältere Tochter Inge besuchte vier Jahre die Privatschule Dr. Löwenberg. Alfred Peins Unternehmen M. Pein & Co., eine Leder-Handelsfirma, die er kurz vor der Heirat – vermutlich mit einem Startkapitel seines Vaters Martin, dessen Namen sie trug – gegründet hatte, florierte noch. Büro und Lager befanden sich in der Großen Theaterstraße. Doch die Wirtschaftskrise und riskante Geschäfte führten 1933/1934 zum Konkurs. Danach arbeitete er in seiner Branche als selbstständiger Handelsvertreter weiter. Dem geschäftlichen Niedergang folgte die private Einschränkung: Die große Wohnung und der bürgerliche Lebensstil mussten aufgegeben werden. Kurzzeitig lebten die Töchter bei der Großmutter mütterlicherseits, die Eltern in einem nahe gelegenen Zimmer. Dann wechselte die Familie in die Schäferkampsallee in ein ausgebautes Dachgeschoss, kleiner, aber – wie Inge Pein erinnert – gemütlich. Der Familienzusammenhalt veränderte sich nach der nationalsozialistischen Machtergreifung. Von der jüdischen Seite wanderte nach und nach aus, wer konnte: Alfred Peins Vetter ging mit der Familie nach England, sein Bruder emigrierte nach Holland und überlebte dort später im Versteck, seine Schwester floh 1939 mit beiden Töchtern nach Shanghai. Von der nichtjüdischen Seite traten manche in die NSDAP ein oder sympathisierten mit der braunen Bewegung. Lediglich Marthas Schwester Frieda Silberbach verdoppelte ihre Anstrengungen, der Familie Pein unter die Arme zu greifen. Sie stand ihr mit Rat und Tat und finanzieller Unterstützung stets zur Seite. Dabei vollzog sich der Trennungsprozess nicht mit großen Konflikten, sondern eher sukzessive und unauffällig. Hatten die unverheirateten jüdischen wie nichtjüdischen Familienmitglieder beispielsweise zusammen unter Peins Tannenbaum Weihnachten gefeiert, so ließen diese Treffen einfach nach, je mehr sich die Kluft zwischen ausgegrenzten Juden und der Mehrheitsbevölkerung vertiefte. „Na ja, man kam weniger zusammen, sondern konzentrierte sich vielmehr, weil es nicht so gefährlich war, auf die jüdische Seite. Außerdem: Man hatte sich nicht mehr allzu viel zu sagen", beschreibt Inge Pein im Interview diese Entwicklung, wobei deutlich wird, dass familiäre Differenzen, die so vermieden wurden, durchaus ein Gefahrenpotential hätten beinhalten können.

Der soziale Abstieg wirkte sich auch auf die Ehe der Peins aus. Tochter Inge bemerkte erste Anzeichen noch in der Schäferkampsallee. 1937 folgte ein Umzug in eine kleinere Wohnung in der Isestraße 28. Da Alfred Pein keinen Verdienst mehr nach Hause bringen konnte, schlug Martha Peins Schwester vor, Martha solle in Heimarbeit schneidern und die Familie so ernähren. Die nichtjüdischen Familienmitglieder würden das Geld für eine elektrische Nähmaschine zusammenlegen. Sie könnte dann zu Hause bei den Kindern sein, und Kunden würde sie schon bringen. Empört wies Martha Pein das Angebot zurück: „Wie komme ich dazu?!" zitiert ihre Tochter die Antwort.

Am 16. Juni 1938 wurde Alfred Pein im Rahmen der so genannten Juni-Aktion verhaftet, weil er wegen geringfügiger Vergehen als vorbestraft galt.[5] Diese von der Kriminalpolizei durchgeführte Aktion betraf in Hamburg 700 Männer, darunter ca. 200 Juden, meist Bagatell-Straftäter.[6] Die Hamburger Häftlinge wurden in das Konzentrationslager Sachsenhausen eingewiesen. Die über 50-jährigen kamen einige Zeit später frei, die jüngeren, unter ihnen der 48-jährige Alfred Pein, blieben inhaftiert. Im November 1938 wurden dann mehr als 30 000 jüdische Männer, unter ihnen ca. 1200 Hamburger, verhaftet und ebenfalls in die Konzentrationslager eingeliefert. Bei beiden Aktionen wussten die Angehörigen anfangs nichts über den Verbleib ihrer Väter, Brüder oder Ehemänner. Die Häftlinge lebten im Lager unter menschenunwürdigen Zuständen: Unterbringung, Misshandlungen und mörderische „Arbeitsbefehle" kosteten viele Juden das Leben oder die Gesundheit. Alfred Pein wurde erst im Januar 1939 aus dem Konzentrationslager Sachsenhausen entlassen. Nach einem kurzen Zwischenaufenthalt in Berlin, wo seine nichtjüdische Schwägerin ihn in der Sammelstelle aufsuchte, kehrte er mit zwei erfrorenen Fingern zurück und wurde für drei Wochen im Israelitischen Krankenhaus versorgt.

Nachdem er dies verlassen hatte, besuchte ein Pfleger der öffentlichen Wohlfahrtsverwaltung die Peins. Die öffentliche Fürsorge für Juden war gerade in einer „Sonderdienststelle J" konzentriert worden, deren Mitarbeiter die Anweisung erhalten hatten, jüdische Bedürftige „über das übliche Maß hinaus" zu überwachen und ihnen nur reduzierte Unterstützungszahlungen zu bewilligen.[7] Der Fürsorger hielt in seinem Bericht fest: „Die ganze Familie wurde in der Wohnung angetroffen. P. hat keine Einnahmen, da er sich auf Anordnung der Kripoleitstelle gewerblich nicht betätigen darf. Bis zum 15.4.1939 hat er Aufenthaltserlaubnis in Deutschland. Er beabsichtigt nach Shanghai auszuwandern. Die älteste Tochter ernährt die Familie. Sie verdient bei der Fa. Elise Navarra ... brutto RM 120,– monatlich netto RM 100,76. Die Miete beträgt mtl. RM 35,–. Sie ist zum 1.4.39 wegen Umbau gekündigt. Die jüngere Tochter ist im Hause. Sie kommt Ostern in die Lehre. Die [nichtjüdische, B. M.] Schwägerin, Frau Frieda Silberbach, unterstützt mit Geld und Lebensmitteln. Kapitalvermögen ist nicht vorhanden. P. ist nicht in der Lage, Zahlungen zu leisten."[8]

War die Ehe bereits vor der Verhaftung zerrüttet, so hatte die Haftzeit sie endgültig zerstört. Martha Pein hatte sich schon schwer mit dem sozialen und gesellschaftlichen Abstieg abgefunden, aber dass sie nun die Ehefrau eines Ex-Häftlings bzw. eines arbeits- und einkommenslosen Fürsorgeempfängers sein sollte, wies sie vehement von sich. Schon während der Haftzeit hatte sie jede Unterstützung verweigert. Die Verantwortung lastete auf der siebzehnjährigen Tochter. Diese ging zum Gestapobüro in der Rothenbaumchaussee 38: „Ich war zweimal da. Einmal, um zu fragen, was (mit meinem Vater) ist, da hab ich kaum Auskunft bekommen, und dann nachher, um die Auswanderung in Gang zu bringen. ... Da war er noch in Haft. ... Ich war angemeldet, kam die Treppe hoch, und der Gestapobeamte kam mit hochrotem Kopf aus seiner Tür, schubste eine zierliche alte Dame in ein Zimmer. Da hab ich gedacht, oh Gott. Dann hat er mich reingebeten und gesagt: ‚Ich hab gar nicht gedacht, dass ein Jude so eine hübsche Tochter hat.' Ich hab nur gedacht, gib bloß keine Antwort, hab die Formalitäten erledigt, einen Fragebogen ausgefüllt. Er hat mich sonst Gottseidank in Ruhe gelassen, ich konnte dann gehen."[9] Inge Pein hatte inzwischen die Schule verlassen müssen, auf die sie so gern gegangen war, und arbeitete bei einer jüdischen Hausmaklerfirma, deren Chef während des Novemberpogroms ebenfalls verhaftet worden war. Sie bemühte sich um Auswanderungsmöglichkeiten für den Vater, und als dieser entlassen und ohne Einkommen war, ernährte sie die Familie – wie der Fürsorger richtig notiert hatte – von ihrem Gehalt als „Anfängerin" in einer jüdischen Hausmaklerfirma.

Während Alfred Pein die Formalitäten für die Ausreise erledigte, leistete er „Pflichtarbeit", d. h. Zwangsarbeit für Wohlfahrtsempfänger. Im Sommer 1939 existierten nur noch wenige Auswanderungsmöglichkeiten. Alfred Pein versuchte nach Shanghai zu entkommen, wo kein Visum gefordert wurde und seine Schwester ihn erwartete. In den Fragebögen gab er an, dort wieder als Kaufmann arbeiten zu wollen. Wäre die Auswanderung zustande gekommen, hätte der „Hilfsverein der deutschen Juden" seine Passagekosten getragen. Seine fertige und akzeptierte Liste des Umzugsguts enthielt ausschließlich alte, gebrauchte Kleidung und wenige notwendige Güter. Das 4-teilige Silberbesteck, das pro Person mitgenommen werden durfte, hatte der dafür benannte Hamburger Juwelier Wilkens & Söhne bereits verpackt und versiegelt.[10] Jetzt entschied Martha Pein sich, nicht mit auszuwandern. Der Beamte der Devisenstelle, der Alfred Pein vorgeladen hatte, vermerkte: „Ehefrau und Kinder verbleiben voraussichtlich in Deutschland".[11]

Die Abreise verzögerte sich um einige Wochen, bis Alfred Pein alle geforderten Auflagen erfüllen konnte.[12] Als er dann in Genua eintraf, verhinderte der Beginn des Zweiten Weltkrieges, dass sein Schiff den Hafen verließ. Die deutschen Emigranten wurden zurückgeschickt. „Wir haben gedacht, um Gotteswillen, die werden alle sofort wieder einsperren oder sammeln oder was auch immer. Aber das taten sie nicht. Er kam zurück", berichtet Inge Pein.

Wieder in Hamburg, bezog Alfred Pein zunächst ein Zimmer bei seiner Schwester. Seine Frau trug sich jetzt mit konkreten Scheidungsgedanken, zumal die nationalsozialistischen Machthaber im Dezember 1938 verkündet hatten, diejenigen Frauen, die sich von ihren jüdischen Männern scheiden ließen und – bei Konversion – aus den jüdischen Gemeinden austraten, könnten ohne Nachteile in den „deutschen Blut-

Alfred Pein mit Tochter
Inge (1942)

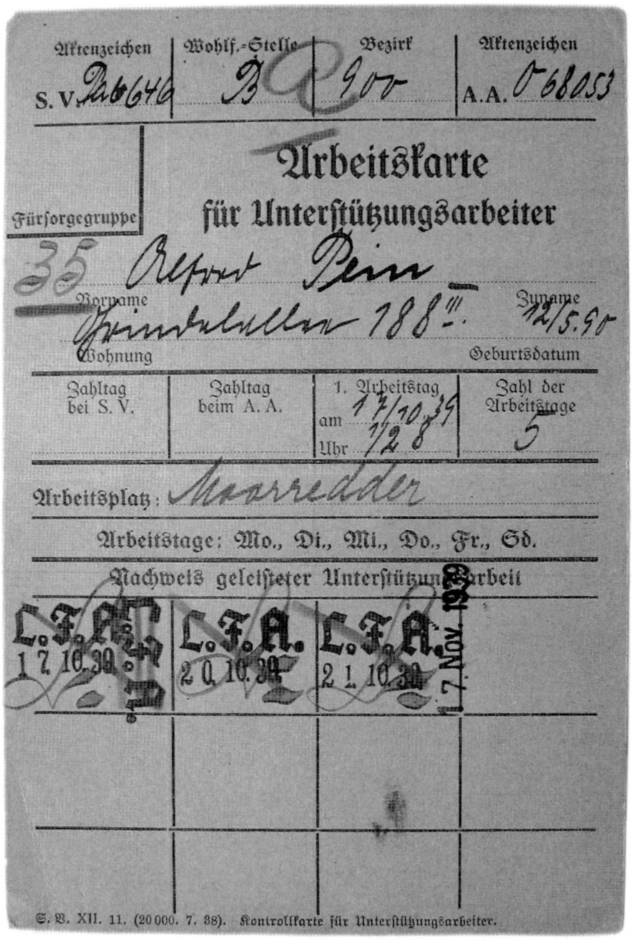

Aktenzeichen S.V. | Wohlf.-Stelle | Bezirk | Aktenzeichen A.A. 068053

Fürsorgegruppe

Arbeitskarte für Unterstützungsarbeiter

Alfred Pein

Vorname | Zuname

Wohnung | Geburtsdatum 12/5.90

Zahltag bei S.V.	Zahltag beim A.A.	1. Arbeitstag	Zahl der Arbeitstage
		am 17/10.39 Uhr	5

Arbeitsplatz: Moorredder

Arbeitstage: Mo., Di., Mi., Do., Fr., Sd.

Nachweis geleisteter Unterstützungsarbeit

L.F.A. 17.10.39 | L.F.A. 20.10.39 | L.F.A. 21.10.39 | 17 Nov. 1939

S.B. XII. 11. (20000. 7. 38). Kontrollkarte für Unterstützungsarbeiter.

verband" zurückkehren (siehe Beitrag Fragwürdiger Schutz). Das galt nicht für die Kinder aus Mischehen wie Inge und Ursula Pein, sie konnten sich weder scheiden lassen noch das Stigma des „Jüdischen" ablegen. Waren andere „Halbjuden" als „Mischlinge ersten Grades" eingestuft und unterlagen einem einschränkenden Sonderrecht, so gehörten sie wegen der Zugehörigkeit beider Eltern zur jüdischen Religion zu den „Geltungsjuden", die wie Juden behandelt wurden. Gleichzeitig mit dem Angebot an die „deutschen" Frauen, sich von den jüdischen Männern scheiden zu lassen, wurden die Mischehen in die beiden Kategorien „nichtprivilegiert" und „privilegiert" eingeteilt. Die Ehe der Peins mit zwei jüdisch erzogenen Kindern galt als „nichtprivilegiert". Dennoch schützte der Status vorerst vor der Deportation – es sei denn, die Ehe wurde aufgelöst.[13] Das allerdings wussten weder Martha noch Alfred Pein, als das Scheidungsverfahren in der zweiten Jahreshälfte 1939 lief. In dieser Zeit leistete Alfred Pein wieder „Pflichtarbeit", wie die ordnungsgemäß abgestempelte „Arbeitskarte für Unterstützungsarbeiter" belegt. Am 22. Dezember 1939 wurde die Ehe rechtskräftig aus beiderseitigem Verschulden geschieden.[14]

Die Töchter hielten weiter engen Kontakt zum Vater, besuchten ihn, gingen manchmal mit ihm zu einer Filmvorführung des Jüdischen Kulturbundes im Jüdischen Gemeinschaftshaus in der Hartungstraße. In dieser Zeit lernte Alfred Pein auch Emmy Süss kennen. Sie heirateten bald. Inge Pein erinnert sich an die Hochzeitsfeier, die bei ihrer jüdischen Tante zu Hause stattfand. Diese hatte eine lange Tafel durch zwei Zimmer hindurch gedeckt, es gab Kaffee und Kuchen. Inge und Ursula Pein mochten die neue Frau ihres Vaters auf Anhieb, sie sei zupackend, tatkräftig und fröhlich gewesen, beschreibt Inge Pein sie rückblickend, und der Vater habe durch sie wieder Lebensmut gefasst.

Alfred und Emmy Pein zogen in die Bornstraße 22 in die Wohnung von Emmys Mutter Rachel Süß,[15] die Rosa genannt wurde. Emmy hatte lange als Verkäuferin bei einem jüdischen Kaufhaus in der Elbstraße gearbeitet und diese Stelle nach dessen „Arisierung" verloren. Nun verdiente sie als Angestellte des Jüdischen Kulturbundes bzw. des Jüdischen Gemeindehauses gerade mal RM 20 die Woche. Alfred Pein, der aufgrund seiner Konstitution inzwischen als „nicht arbeitseinsatzfähig" eingestuft war, erhielt als Wohlfahrtsempfänger wöchentlich RM 9,70.[16] Von knapp RM 30 die Woche drei Personen zu ernähren, war kaum möglich. Zudem hofften – so Inge Pein – auch die Schwestern von Alfred Pein, ihr Bruder könne sie auf irgendeinem Weg mit Lebensmitteln versorgen, was dieser ihnen in seiner Rede auf der Hochzeitsfeier auch versprochen habe. Als nichtjüdische ehemalige Kunden anfragten, ob er nicht Schuhe ohne Bezugsscheine besorgen konnte, und ein Schuhhändler ihm gerne solche überließ, begann er heimlich im kleinen Umfang mit Schuhen und Anzugstoffen zu handeln. Doch diese Artikel unterlagen seit Kriegsbeginn der Bewirtschaftung und damit der Preisbindung, d. h. der freie Handel mit ihnen war verboten. Nachdem Alfred Pein bereits am 19. Juli 1941 für einen Tag festgenommen worden war, wurden er und vier nichtjüdische Beteiligte am 4. August 1941 verhaftet und ins Stadthaus eingeliefert, dem Sitz der Hamburger Gestapo. 20 Paar Schuhe und 10 Anzugstoffe, so ermittelte die Gestapo, sollten über Alfred Pein den Besitzer gewechselt haben. Die Gestapo nahm ihn in „Schutzhaft". Nach einer Zeit im KZ Fuhlsbüttel ließ sie ihn dann bis zu einem Sondergerichtsverfahren in U-Haft überstellen.[17] Offensichtlich litt er sehr unter dieser erneuten Verhaftung, denn neben dem Stempel „Jude" findet sich auf seiner Gefangenkarte der warnende Hinweis für das Wachpersonal: „Selbstmordgefahr".[18] Alfred Peins Verfahren wurde von dem der nichtjüdischen Verhafteten abgetrennt. Das Sondergericht verurteilte ihn im Schnellverfahren am 18. September zu insgesamt 10 Monaten Haft bei Anrechnung der Arrestzeiten. „Ich weiß, dass ich unverantwortlich gehandelt habe", sagte er vor der Gestapo, „verleitet wurde ich dadurch, dass ich keine Beschäftigung und kein Geld hatte und mir die Geschäfte von allen Beteiligten so leicht gemacht wurden. Ich möchte aber betonen, dass ich weder der Verführer noch der Verführte noch der geistige Urheber dieser Geschäfte gewesen bin. Ich habe genauso viel und genauso wenig Schuld wie die anderen."[19] Neben ein paar Reichsmark hatte er eine grobe Mettwurst von 2–3 Pfund Gewicht, ½ Pfund Butter und 3 Dosen Brechbohnen „eingenommen". Für das Sondergericht jedoch hatte er „böswillig die Deckung des Bedarfs gefährdet" und „einen ganz üblen Schleichhandel" betrieben.[20] Während seine Mitbeschuldigten mit einer Ordnungsstrafe davonkamen, wurde er in den Gefängnistrakt der Haftanstalt Fuhlsbüttel überstellt und erst am 15. Mai 1942 entlassen. Als seine Töchter 1955 eine Revision des Urteils verlangten, verweigerten die Richter die Umwandlung in eine Ordnungsstrafe, sondern setzten es auf „nur" 6 Monate herab, schließlich habe Alfred Pein nicht „aus Gegnerschaft zum Nationalsozialismus", sondern aus „reiner Gewinnsucht" gehandelt, argumentierten sie und zeigten damit unfreiwillig auch, wie weit sie von einer kritischen Auseinandersetzung mit der Rolle der Richterschaft während der NS-Zeit noch entfernt waren.

Alfred Pein (1942)

Emmy Pein, geb. Süss (1941)

Doch zurück zum Geschehen in den Jahren 1941/42: Während Alfred Pein seine Strafe in Fuhlsbüttel absaß, hatte sich die Situation der Juden weiter verschärft. Seit September 1941 herrschte die „Kennzeichnungspflicht", Juden mussten den gelben Stern sichtbar auf der Brust tragen. Wenn Inge Pein nach dessen Haftentlassung mit ihrem Vater unterwegs war, trug er einen Stern – und sie nicht, denn sie nutzte eine Grauzone, um die jüdische Herkunft zu verbergen. Sie lebte bei der nichtjüdischen Mutter, hatte keine Kennkarte beantragt, die sie als Jüdin ausgewiesen hätte, arbeitete inzwischen bei einem Arbeitgeber, der „Mischling ersten Grades" war, und legte bei Bedarf ihren Postausweis mit Lichtbild immer dann vor, wenn ein amtliches Ausweispapier gefordert wurde. Vor allem versuchte sie sich von Behörden fernzuhalten, damit keine Aktenvorgänge entstanden, denn natürlich waren sie und ihre Schwestern als Kinder eines Juden dort registriert. Mit zwiespältigen Gefühlen erinnert sie sich an eine Straßenbahnfahrt mit ihrem Vater, der keinen Sitzplatz im

Wagen einnehmen durfte. Deshalb blieben die beiden außerhalb des Wagens auf dem Perron stehen. Sie habe jeden Moment erwartet, irgend jemand würde lautstark monieren, dass ein Sternträger mit einer blonden, jungen Frau unterwegs war, erinnert sie sich im Interview. Doch nichts geschah. Im Mai 1942 hatten sich die Hamburger an die Diskriminierung der Juden und den Anblick des gelben Sterns bereits gewöhnt. Im Oktober 1941 hatten zeitgleich mit dem Verbot der Auswanderung die Deportationen begonnen, und Alfred Peins Schwestern Martha Fürstenberg geb. Pein und Klara Levy geb. Pein waren für den 25. Oktober und 6. Dezember 1941 nach Lodz bzw. Riga aufgerufen worden. Sie hatten sich von ihrem Bruder nicht verabschieden können. Diesen bewahrte die Gefängnisstrafe davor, noch 1941 deportiert zu werden. Doch nach seiner Haftentlassung blieben ihm kaum zwei Monate Zeit, bis er und seine Frau auf der Deportationsliste standen, er mit der Berufsangabe „Arbeiter", sie als „Verkäuferin". Neben dem Namen von Emmy Peins Mutter, die sich freiwillig gemeldet hatte, weil sie nicht allein zurückbleiben wollte, stand der Vermerk „staatenlos" und „Wäschegeschäft". Die drei wurden mit unbekanntem Ziel deportiert, vermutlich nach Auschwitz. Der Zielort wurde ihnen nicht bekannt gegeben, sie selbst vermuteten, es ginge nach Warschau. Die drei schrieben am Tag vor dem Abtransport im Sammellager eine Karte an Emmy Peins Tante, die in Mischehe verheiratet und (noch) geschützt war. Darin berichteten sie mit schwarzem Humor vom „Paradieslager" in den Doppelstockbetten, in denen sie die letzte Nacht in Hamburg verbringen mussten. Inge Peins jüngere Schwester Ursula und ihr Freund verabschiedeten sich von den dreien auf der Moorweide vor dem Logenhaus, wo die Juden – wie der Freund sich erinnert – in Grüppchen herumstanden und auf den Abtransport warteten. Die Unterlagen in Auschwitz (vgl. Beitrag Meyer über Deportationen) enthalten keine Hinweise darauf, ob und wann dieser Transport ankam.[21]

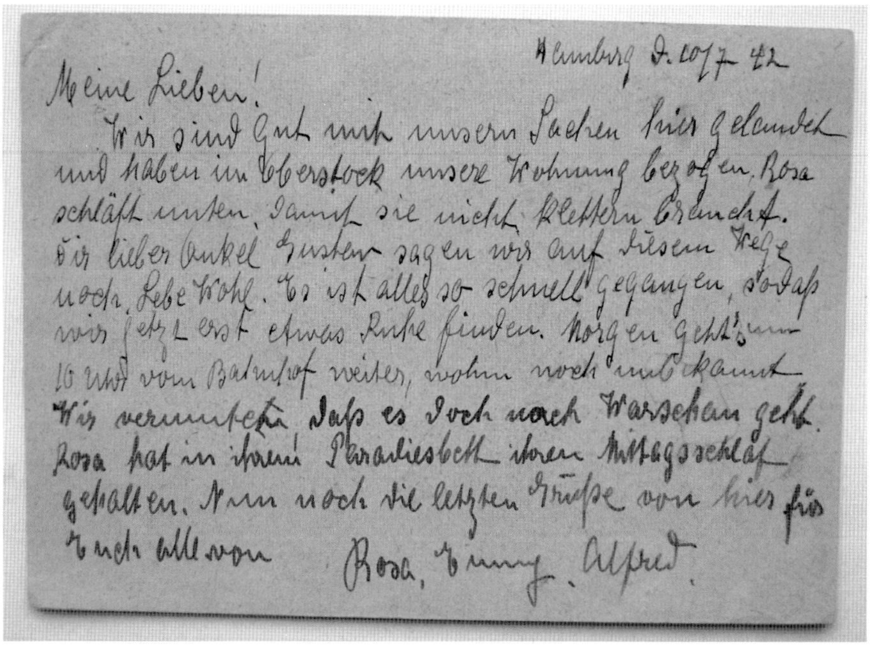

Hamburg d. 10/7 42

Meine Lieben!

Wir sind gut mit unseren Sachen hier gelandet und haben im Oberstock unsere Wohnung bezogen. Rosa schläft unten, damit sie nicht klettern braucht. Dir lieber Onkel Gustav sagen wir auf diesem Wege noch Lebe wohl. Es ist alles so schnell gegangen, sodaß wir jetzt erst etwas Ruhe finden. Morgen geht's um 10 Uhr vom Bahnhof weiter, wohin noch unbekannt. Wir vermuten daß es doch nach Warschau geht. Rosa hat in ihrem Paradiesbett ihren Mittagsschlaf gehalten. Nun noch die letzten Grüße von hier für euch alle von

Rosa, Emmy, Alfred.

Die Tochter Inge Pein nahm an, was „alle gedacht haben: Die werden zur Arbeit abgeholt". Nach der Karte ihres Vaters ging sie davon aus, Ziel des Transportes sei das Warschauer Ghetto gewesen. Um so mehr erschrak sie, als sie eines abends – vermutlich im Mai 1943 – mit Freunden im Kellerlokal „Tante Klara" saß: „Dort trafen sich alle, die nicht Nazi waren, Freunde, die wussten, dass sie offen miteinander reden können. Da kam einmal ein Soldat in Uniform rein, angetrunken, und sagte leise, aber aufgeregt: ‚Das Warschauer Ghetto brennt.' Wir waren alle wahnsinnig betroffen. Ich fing zu weinen an ... Ja, da hat man wohl zum ersten Mal gedacht: Was passiert da?“[22] Inge Pein wusste, dass die Verwandten von Emmy Pein mit Deportierten nach „Litzmannstadt“ wenigstens eine Zeitlang den Post- bzw. Geldverkehr aufrechterhalten konnten, von ihrem Vater hingegen war nur noch ein Lebenszeichen eingetroffen: Eine Postkarte, die er noch im Zug geschrieben, frankiert und vermutlich aus dem Fenster geworfen hatte. Passanten hatten sie wohl in einen Briefkasten gesteckt. Doch zu diesem Zeitpunkt hatte kein zum Transport Gehöriger das Reiseziel gekannt. Inge Pein hatte bis zur Information über das Warschauer Ghetto geglaubt, ihr Vater leiste Zwangsarbeit. „Man konnte es sich nicht vorstellen, dass die die Menschen einfach umbringen. Weil es so unvorstellbar war, hat man es nicht wahrhaben wollen.“[23] Sie selbst hielt sich weiterhin, so gut es ging, von allen Behörden fern, mied Plätze, an denen Ausweiskontrollen stattfanden, und den Kontakt mit Personen, die sie nicht kannte, die sie bei Konflikten als Jüdin hätten denunzieren können. Erwachsene, ungebundene „Geltungsjuden“ standen ab Ende 1943 auf den Deportationslisten nach Theresienstadt. Die Gefahr, in der Inge Pein schwebte, steigerte sich noch, als sie mit einem nichtjüdischen Freund liiert war und schwanger wurde. Nach den Nürnberger Gesetzen fiel ein solches Verhältnis unter den Straftatbestand „Rassenschande“. Eine Aufdeckung hätte für ihren Freund eine Zuchthausstrafe und für sie die Einweisung in ein Konzentrationslager bedeutet. Im August 1944 gebar sie als Privatpatientin ihren Sohn im Bethanien-Krankenhaus. Wäre sie als Kassenpatientin dort gewesen – so erzählte sie im Interview – hätte eine Fürsorgerin sie gleich im Wochenbett aufgesucht. Diese sei dann erst Wochen später bei ihr zu Hause aufgetaucht. Sie habe Anstoß an der Unehelichkeit des Kindes genommen und dringend empfohlen, eine Heiratserlaubnis zu beantragen. Rein formal gesehen, erlaubte das Reichsbürgergesetz, das Mischehen verbot, die Beantragung einer Sondererlaubnis. Solche Genehmigungen, für die zahllose Unterlagen eingereicht werden mussten, waren in der Praxis zwischen 1936 und 1942 bei tausenden Antragstellern nur ein Dutzend Mal erteilt worden. Dann hatte das zuständige Innenministerium die Bearbeitung eingestellt, im August 1944 hätte ein solcher Antrag lediglich die Gestapo auf den Plan gerufen. Doch aus diesem Kontrollbesuch folgte glücklicherweise keine Anzeige. Erst, als Inge Pein ihren Sohn Anfang Februar 1945 standesamtlich anmeldete, nachdem sie diesen notwendigen Schritt so lange wie möglich hinausgezögert hatte, denunzierte ein Standesbeamter sie bei der Gestapo. Sie wurde vorgeladen, befragt, mit der Tatsache konfrontiert, dass sie in den Akten als „Geltungsjüdin“ geführt würde und mit den Worten entlassen, die sie sich gemerkt hat, „Sie hören von uns“. Im Februar 1945 wurde noch ein letzter Deportationstransport unter dem Deckbegriff „Auswärtiger Arbeitseinsatz“ nach Theresienstadt zusammengestellt. Er betraf erstmalig Juden, die in noch existierenden Mischehen lebten, und einige wenige „Geltungsjuden“, die bis dahin zurückgestellt worden waren.

Emmy Peins Tante hatte den Deportationsbefehl nach Theresienstadt erhalten. Sie hoffte, mit ärztlichen Attesten aus gesundheitlichen Gründen zurückgestellt zu werden, fürchtete sich aber, den Gang zur Gestapo allein anzutreten. Obwohl Inge Pein nach der eigenen Vorladung auch Angst hatte, diesem Transport angeschlossen zu werden, wagte sie sich noch einmal in die Höhle des Löwen und begleitete sie. Inge Pein hatte Glück, niemand verlangte einen Ausweis von ihr, und ihr energisches Eintreten für „eine Bekannte“ war von Erfolg gekrönt. Heute führt sie den Mut, mit

Alfred Pein, 1942

dem sie sich für den Vater und die Verwandte einsetzte, auf die Sorglosigkeit ihrer Jugend und den Mangel an verantwortlichen Personen in ihrer Umgebung zurück: „Weil man jünger war, ging es wohl. Und dann: Einer musste es ja machen, der auch Kompetenzen hatte! Meine Mutter verweigerte sich, meine Schwester war viel zu jung, und meines Vaters Schwestern waren selbst gefährdet, die konnten auch nichts mehr machen (und waren dann ja auch deportiert). Man ist dadurch viel früher erwachsen geworden."[24]

Bis zum Kriegsende lebte sie in der Angst, noch eine Aufforderung von der Gestapo zu bekommen. Insgeheim hatte sie beschlossen, in diesem Fall mit ihrem Kind zu flüchten, sie wollte sich nicht mehr „verschicken lassen", zumal die britische Armee bereits auf der anderen Seite der Elbe stand.[25] So erlebte sie das Kriegsende als Befreiung für sich und ihr Kind – und als Auftakt eines langen Wartens auf den Vater: „Zunächst haben wir jeden Tag gewartet, ob er vor der Tür steht. Dann sickerten ganz langsam Nachrichten durch, was geschehen ist. Die erste Anlaufstelle war die VVN (Vereinigung der Verfolgten des NS-Regimes) in der Maria-Louisen-Straße. Dort habe ich einen Ausweis bekommen und Bildchen an die Pinnwand geheftet, um nach meinem Vater zu suchen. Im Ausweis stand: ‚Tochter des nach Auschwitz deportierten Alfred Pein'. ... So ganz langsam kam alles ans Tageslicht ... Aber bei uns stand nie jemand vor der Tür und sagte, ‚ich hab Euren Vater getroffen'." Der Vater wurde auf den 8. Mai 1945 für tot erklärt.

Anmerkungen

1 Interview mit Inge Pein (heute verheiratete H.), geführt am 13.1.2006 von Beate Meyer, Transkript S. 2.
2 Amt für Wiedergutmachung, Akte 120590, Alfred Pein.
3 StaH, 522-1, Jüdische Gemeinden, 992b, Kultussteuerkartei der Deutsch-Israelitischen Gemeinde Hamburgs.
4 Vgl. zur Entwicklung der Mischehen Beate Meyer, „Jüdische Mischlinge". Rassenpolitik und Verfolgungserfahrung 1933–1945, Hamburg 1999, S. 24f.
5 Seine Tochter vermutet, dass die Vorstrafe mit dem Konkurs seines Unternehmens zusammenhing.
6 Vgl. zu dieser Aktion, die als „Juni-Aktion" oder „Aktion Arbeitsscheue Reich" oder „Aso-Aktion" in der Literatur zu finden ist, den Beitrag zum „Schicksalsjahr 1938".
7 Vgl. Uwe Lohalm, Fürsorge und Verfolgung. Öffentliche Wohlfahrtsverwaltung und nationalsozialistische Judenpolitik in Hamburg 1933 bis 1942, Hamburg1998, S. 52.
8 Amt für Wiedergutmachung, 120590, Fürsorgeakte, Bericht v. 7.3.1939
9 Interview mit Inge Pein, Transkript S. 4.
10 StaH, 314-15, Oberfinanzpräsident FVG 5415, Prüfung des Umzugsgutes v. 19.5.1939.
11 Ebd., siehe auch Formblatt der Gestapo v. 27.2.1939.
12 Ebd., Schr. Alfred Pein v. 18.7.1939. Lt. Vermerk darauf wurde die Frist bis 30.9.1939 verlängert.
13 Vgl. Meyer, „Jüdische Mischlinge", S. 30f.
14 Archiv Landgericht Hamburg, Scheidungsurteil 9b R 207/1939.
15 Vgl. auch Karin Guth, Bornstr. 22: Ein Erinnerungsbuch, Hamburg 2001.
16 StaH, 213-11 Staatsanwaltschaft b. Landgericht 1942/5445, Verhörprotokoll der Gestapo v. 21.7.1941.
17 StaH, Gedenkbuchdatenbank, Zu- und Abgangslisten Fuhlsbüttel.
18 Ebd., 213-11 Staatsanwaltschaft b. Landgericht 1942/5445, U-Haft Gefangenenbuch Nr. 1435/41.
19 Ebd., Verhörprotokoll der Gestapo v. 21.7.1941.
20 Ebd., Urteil 132/Ds 255/41 v. 18.9.1941.
21 Sterbebücher von Auschwitz, Bd. 1, München u. a. 1995, S. 198ff. und Bd. 3, Namensverzeichnis M-Z.
22 Interview mit Inge Pein, Transkript S. 7.
23 Ebd.
24 Interview mit Inge Pein, Transkript, S. 8.
25 Vgl. Videofilm Beate Meyer/Galerie Morgenland/Stadtjournal, „Ich war ‚rassisch' halb", Hamburg 1989.

Linde Apel

Keine Zuflucht

Verfolgungserfahrungen emigrierter Hamburger Juden

5848 Hamburger Juden wurden zwischen Oktober 1941 und Februar 1945 aus ihrer Heimatstadt deportiert. Diese für sich genommen schon ungeheuerliche Zahl bleibt unvollständig, wenn man nicht auch diejenigen Juden einbezieht, die bis 1941 abgeschoben worden oder geflüchtet waren und später im Exil von der nationalsozialistischen Verfolgung eingeholt wurden. Dies betrifft zum einen die Hamburger Juden, die sich beim Einmarsch der deutschen Truppen in Polen oder anderen osteuropäischen Ländern aufhielten. Deren Opferzahlen können nur annähernd mit mehr als 2000 beziffert werden. Zum anderen erwies sich auch die Emigration in westeuropäische Länder als unsicher. Selbst hier ist nicht genau bekannt, wer aus Fluchtländern deportiert wurde, wer zu Tode kam und wer überlebte. Schätzungen gehen von knapp 700 Opfern aus.[1]

Die nationalsozialistische Judenpolitik in der ersten Hälfte der 1930er Jahre zielte vor allem darauf ab, der jüdischen Bevölkerung ein Leben im Deutschen Reich unerträglich zu machen und sie dadurch zur Auswanderung zu zwingen. Gleichzeitig wurde es im Laufe der Jahre für deutsche und österreichische Juden immer schwieriger, ihre Heimat zu verlassen, da nach und nach ihre ökonomische Existenz vernichtet wurde, und sich kein Land bereit fand, mittellose Juden aufzunehmen. So erzwang und bremste der NS-Staat die Auswanderung der Juden gleichzeitig. Die Emigranten mussten psychologische wie zahllose zeitraubende bürokratische und finanzielle Barrieren überwinden, um überhaupt ausreisen zu können. Sie konnten nicht absehen, welche Exilländer tatsächlich Sicherheit vor nationalsozialistischer Verfolgung bieten würden. Unser heutiges Wissen um die Verfolgung der Juden, die in deren Ermordung mündete, verstellt rückblickend oft den Blick darauf, wie tief deutsche Juden trotz aller Diffamierung und Diskriminierung in ihrer Heimat verwurzelt waren. Viele fühlten sich zu alt, um in einem fremden Land, in dem sie sich nicht auskannten und über keine geschäftlichen Verbindungen verfügten, oder dessen Sprache sie nicht beherrschten, neu anzufangen. Häufig gingen die Männer vor, um im Exil den Nachzug der Familien vorzubereiten und mussten nach Kriegsbeginn hilflos zusehen, wie sich Grenzen schlossen und die zurückgebliebenen Angehörigen das Deutsche Reich nicht mehr verlassen konnten. Nicht zu vergessen sind auch die administrativen Hindernisse, die die potentiellen Aufnahmeländer gegenüber Juden errichteten. In der internationalen Konferenz von Evian im Juli 1938, zu der die amerikanische Regierung eingeladen hatte, verhandelten 32 Länder über Lösungen für Auswanderer, die in Deutschland politisch oder „rassisch" verfolgt wurden. Eine humanitäre oder gar politische Lösung für das Flüchtlingsproblem fand sich jedoch nicht, zu hoch schienen die Kosten, die die Aufnahme der Flüchtlinge nach sich gezogen hätten. Letztlich blieb es bei unverbindlichen Absichtserklärungen der Regierungen.[2]

Neben den USA, Großbritannien und Palästina, wo mit Abstand die meisten deutschen Juden Zuflucht fanden, stellte vor allem das Nachbarland Niederlande ein wichtiges Ziel für jüdische Flüchtlinge aus Hamburg dar.[3] Wegen der nahen Grenze, aber auch der Tatsache, dass Holland im Ersten Weltkrieg neutral geblieben war, entschieden sich viele für eine Flucht in dieses Land. Ebenso wurden Frankreich und Belgien zu Fluchtpunkten für jüdische Emigranten, allerdings gerieten alle drei Länder bereits im Mai und Juni 1940 unter deutsche Militärverwaltung. Wie sich dies auf emigrierte Hamburger Juden auswirkte, die sich in Sicherheit wähnten, soll im Folgenden exemplarisch anhand zweier Interviews dargestellt werden.[4]

Die lebensgeschichtlichen Interviews mit Karin Creuz[5] und Nathan Ben-Brith geben Aufschluss darüber, wie es denjenigen erging, die nach Belgien und damit in ein Land emigrierten, in dem Antisemitismus und Fremdenfeindlichkeit bis in die 1930er Jahre hinein nicht sonderlich ausgeprägt waren. Im Gegensatz zu den auch nach Kriegsbeginn nicht unmittelbar bedrohten Exilanten in USA, Großbritannien oder der Schweiz sahen sich die Flüchtlinge in Belgien nach dem Überfall der Wehrmacht im Mai 1940 im Exilland verfolgt. Belgien bot keinen Schutz mehr, sondern reagierte anfangs geradezu panisch auf die imaginierte Bedrohung durch die als fünfte Kolonne bezeichneten Ausländer im eigenen Land.[6] Darunter befanden sich besonders viele deutsche und österreichische Juden, die vor der nationalsozialistischen Diktatur geflohen waren. Etwa ein Drittel der aus 90 000 Personen bestehenden jüdischen Gemeinde in Belgien bestand aus Flüchtlingen aus dem Deutschen Reich.[7] Ihnen standen schlagartig kaum noch Handlungsoptionen zur Verfügung. Oft genug mittellos und ohne gültige Ausweispapiere, waren sie auf die Unterstützung der nichtjüdischen Bevölkerung angewiesen oder gerieten sogleich in die Fänge des nationalsozialistischen Verfolgungssystems.

Emigriert und im Versteck überlebt

Karin Creuz wurde 1919 in Hamburg in der „Calmannschen Klinik" in der Johnsallee als jüngstes von sieben Kindern geboren. Die orthodoxe Familie lebte inmitten des Grindelviertels. Der Vater, ein Rabbiner, war bereits 1931 verstorben. Das Nesthäkchen Karin ging bis April 1935 zur Schule, absolvierte dann einen Schneiderkurs und arbeitete anschließend als Nachhilfelehrerin. Unter ihren Schülerinnen befanden sich auch einige Mädchen, deren Familien sich auf die Emigration vorbereiteten. Karins um einiges älterer Bruder war noch im Jahr 1933 nach Brüssel gezogen. Er hatte im Berufsleben frühzeitig Erfahrungen mit antisemitischer Diskriminierung gemacht und daraus geschlussfolgert, im Deutschen Reich keine berufliche Zukunft zu haben. Da auch die anderen Geschwister das Elternhaus längst verlassen hatten, lebte sie von 1933 bis 1938 mit ihrer Mutter allein in Hamburg, eine Zeit, die sie rückblickend als sehr einsam beschreibt. Im Januar 1938 verließen beide auf Drängen des Bruders Hamburg und wanderten nach Belgien aus. Karin Creuzs Mutter hatte die Auswanderung lange Zeit abgelehnt. Sie befürchtete, dafür zu alt zu sein, sprach keine Fremdsprache und fühlte sich in Hamburg heimisch. Diese Hindernisse überwand sie erst, als ihr Sohn es ihr mit Hilfe eines Anwalts ermöglichte, legal nach Belgien einzuwandern. Denn seit 1938 galten alle in Belgien eintreffenden Flüchtlinge als illegal und erhielten kein Visum, wurden jedoch im Land geduldet.[8] Karin Creuz erinnert sich an den Umzug, der Anfang des Jahres 1938 stattfand. Im Rückblick vergleicht sie die Umstände ihrer Auswanderung mit den schlechteren Bedingungen, mit denen diejenigen konfrontiert waren, die nach der Pogromnacht flüchteten: „Ich muss sagen, damals konnten wir noch alles mitnehmen, was wir gehabt haben. Kein Geld, aber sonst alles, unsere Möbel, alles konnten wir mitnehmen."[9] Karin Creuz beurteilt ihre Auswanderung als ungefährlich und risikolos, da sie ihren materiellen Besitz behalten konnte. Sie machte sogar die Erfahrung, dass ihr ein Mitarbeiter der Zollverwaltung während der Kontrolle des Gepäcks ermöglichen wollte, Geld zu schmuggeln. „Da wurde die Tür (des Umzugswagens) versiegelt, dann ist jemand vom Zoll gekommen und hat zu mir gesagt: ‚Mein Mädchen, also hier machen wir zu, wir versiegeln das alles, haben Sie noch irgend etwas, was Sie reinlegen wollen? Das müssen Sie jetzt tun.' Er wollte mir Gelegenheit geben, money oder something (zu schmuggeln). Ich hab doch nichts gehabt. Also, anyway, ich hab gesagt ‚Nein, ich hab gar nichts'."[10] Ob dies tatsächlich eine Hilfestellung oder eher eine Falle war – schließlich wurden Vergehen gegen die Devisenbestimmungen besonders hart geahndet – lässt sich im Nachhinein nicht mehr rekonstruieren. Karin Creuz und ihre Mutter jedenfalls verließen Hamburg und zogen nach Brüssel. Karin Creuz lebte sich dort schnell ein. In Belgien konnte die junge Frau zumindest eine Weile lang unbeschwert leben und einen neuen Freundeskreis aufbauen. „Und bis 1940, das sind ja zwei Jahre gewesen, ist alles sehr schön und sehr gut gewesen. ... Wir waren so jung. Und es war Fun für mich in Belgien, mein Bruder hat so viele Freunde gehabt."[11] Wie die Familie Creuz wanderten zwischen 1933 und 1938 etwa 10 000 deutsche Juden in Belgien ein, das eine zwar restriktive, aber doch Ausnahmen gestattende Flüchtlingspolitik verfolgte. Für viele war dieses Land lediglich eine Transitstation. Ein Großteil lebte nahe der Armutsgrenze. Zwischen März 1938, dem so genannten Anschluss Österreichs, und Mai 1940 emigrierten weitere 40 000 Juden aus dem Deutschen Reich.

Unter den Neuankömmlingen befanden sich auch eine Schwester von Karin Creuz und ihr Ehemann aus Berlin. Im Gegensatz zur Mutter, die nie ein Wort französisch lernte, beherrschte Karin Creuz die Sprache bald fließend. Ihre vielen Freunde und die Sprachkenntnisse sollten sich noch als überlebensnotwendig erweisen. Der Angriff der deutschen Wehrmacht auf Belgien im Mai 1940 markierte einen tiefen Einschnitt im Leben von Karin Creuz. Die Angst vor den Deutschen, Gefühle von Bedrohung und Verfolgung waren nun nicht mehr zu verdrängen. „Die Leute haben sich gefürchtet, jeder hat sich schrecklich gefürchtet. Man ist auf die Flucht gegangen, wenn man ein Auto gehabt hat. Es sind auch Leute zu Fuß losgezogen."[12] Auch die Familie Creuz machte sich auf den Weg zur französischen Grenze. Obwohl sie relativ unvorbereitet ihr Zuhause verlassen hatten und die Grenze gesperrt war, erinnert Karin Creuz diesen Fluchtversuch im Nachhinein doch eher als Abenteuer. Sie freute sich vor allem, die Wohnung in Brüssel bei der Rückkehr unberührt vorzufinden. „Während der Fahrt habe ich im Auto geschlafen, ich war sehr jung, das hat mir nicht soviel ausgemacht. Dann kam so ein großer Wagen angefahren, voll mit Lebensmitteln. Das waren auch Flüchtlinge, die aber alles mitgenommen haben. Sie haben (unterwegs) verkauft, haben so ein bisschen Geld gemacht. Ich habe noch nie so viele Cookies gegessen wie damals (lacht). Also, anyway, dann mußten wir zurück, es blieb uns gar nichts anderes übrig ... Wir kamen an, an einem Sonntagnachmittag. Die Wohnung war noch in Ordnung, alles war da! Ach, wie waren wir froh, im eigenen Bett schlafen und ein Bad nehmen zu können."[13] Karin Creuz und ihre Angehörigen hatten letztlich Glück im Unglück, denn viele derjenigen, die entgegen ihren Plänen doch wieder in ihre Heimatorte zurückkehrten, weil sie die Grenze nicht passieren konnten, fanden die Wohnungen ausgeräumt vor oder erhielten ihren Besitz nie wieder, den sie vertrauten Personen oder Nachbarn zur Aufbewahrung gegeben hatten.

Nach der Massenflucht, die der Familie Creuz nicht gelungen war, und nachdem tausende Juden ohne rechtliche Grundlage nach Frankreich abgeschoben worden waren, lebten Ende 1940 noch 52 000 Juden in Belgien.[14] Ähnlich wie in Deutschland begann nun auch hier der Prozess der Verfolgung und Vernichtung der Juden mit der Definition des Begriffs Jude und der Erfassung der jüdischen Bevölkerung. Im Oktober 1940 ordnete die deutsche Militärverwaltung die Registrierung aller Juden an. Nach und nach wurden etliche, im Vergleich zu anderen Ländern jedoch insgesamt weniger anti-jüdische Verordnungen durchgesetzt.[15] Dennoch bezeichnet Karin Creuz auch die folgenden zwei Jahre bis 1942 im Rückblick als relativ normal. Im Oktober 1941 unterlagen Juden einer Sperrstunde und durften sich nur noch in Brüssel, Antwerpen, Lüttich und Charleroi aufhalten. Ab Mai 1942 mussten die Juden in Belgien den gelben Stern tragen. Spätestens zu diesem Zeitpunkt wurde auch für Karin Creuz und ihre Familie die Bedrohung akut, denn nur wenige Wochen später wurden alle Arbeitslosen in Lager eingewiesen und zur Zwangsarbeit für die Organisation Todt verpflichtet. Betroffen waren davon vor allem Juden. Im Juli 1942 nahm ein Sammellager in Malines zur Vorbereitung der von Adolf Eichmann initiierten Deportationen den Betrieb auf. Es lag zwischen Brüssel und Antwerpen und damit genau zwischen den Städten mit der größten jüdischen Bevölkerungszahl. Karin Creuz erinnert sich mit Schrecken an diese merkliche Veränderung ihrer Lebensverhältnisse: „1942 ging es los, dann haben sie die Leute eingezogen, zur Arbeit, so hieß es, nicht? Aber diese Leute, junge Leute, vor allen Dingen Männer, schickte man zur ‚Arbeit', und es ist nie einer zurück gekommen. ... Nach zwei Jahren haben sie die Leute sogar aus den Häusern rausgeholt."[16] Was Frau Creuz hier so knapp beschreibt, waren die Vorbereitungen der Deportationen in Brüssel. Da die Juden die Anordnung, sich für den „Arbeitseinsatz" zu melden, nur zögernd befolgten, fanden vor allem im August und September 1942 Razzien statt. In Antwerpen beteiligte sich auch die belgische Polizei daran, nicht jedoch in anderen Städten. Dort verhafteten die deutsche Sicherheitspolizei und Angehörige der Militäradministration zahlreiche Juden, die sie oft mit Gewalt aus ihren Wohnungen holten. Karin Creuz und ihre Angehörigen, die vor allem vom Bruder beschützt wurden, der sich einen tschechischen Pass hatte ausstellen lassen, beschlossen daraufhin unterzutauchen. Die Gefahr für die Männer der Familie, den Bruder und den Ehemann der Schwester, stieg, denn bald war unübersehbar, dass der Befehl zum Arbeitseinsatz einem Todesurteil glich, da offenbar alle davon Betroffenen spurlos verschwanden. Im November 1942 waren bereits 15 000 Männer, Frauen und Kinder aus Belgien abtransportiert. Die Deportationen liefen bis Ende Juli 1944 weiter. Für die deutsche Militäradministration wurde es nun schwieriger, der Juden habhaft zu werden, da sich immer mehr bei belgischen Familien versteckt hielten. Es waren meist Nachbarn oder Arbeitskollegen, ehemalige Geschäftspartner, angeheiratete Familienangehörige oder Freunde, die sich dazu entschlossen, verfolgten Juden Schutz zu bieten. Die Verfolgten mussten sich jedoch dazu aktiv um

Beistand bemühen. So verhielt es sich auch bei der Familie von Karin Creuz. Da alle davon ausgingen, die nun immer häufiger stattfindenden Razzien richteten sich vor allem gegen Männer, fiel es ihr zu, ein Versteck für fünf Personen zu suchen. Allerdings war sie als junge jüdische Frau mittlerweile gleichermaßen davon bedroht, verhaftet und deportiert zu werden. Um ihre Rolle und Verantwortung macht sie im Rückblick kein großes Aufhebens, sondern erwähnt nur, dass es ihr erst nach einigen Anläufen gelang, für die ganze Familie Verstecke zu finden. Gleichwohl mussten sie ihre geheimen Unterkünfte oft wechseln, was wiederum mit großen Gefahren verbunden war. Denn wer bei Razzien als Jude den Verfolgern ins Netz ging, wurde deportiert, ungeachtet, ob es sich um hochbetagte Männer und Frauen oder um unbegleitete Kinder handelte. Letztlich landeten sie in einem Zimmer mit zwei Betten für die Mutter und den Bruder, ihr selbst blieb nur eine Kindermatratze. Die Schwester und deren Mann kamen andernorts unter. Dringend benötigten sie Geld und vor allen Dingen Nahrungsmittel, an die, weil sie rationiert waren, nur schwer heranzukommen war. Wieder war Karin Creuz diejenige, die sie beschaffen konnte. Während der Zeit, als sie ihre Lebensmittelmarken noch legal abholte, hatte sie einen Mitarbeiter der Verteilungsstelle kennen gelernt, der ihr später Marken überließ. „Wer nicht wagt, der nicht gewinnt", so umschreibt sie ihr damaliges Verhalten und bemäntelt ihre Initiative mit ihrer jugendlichen Unbekümmertheit. „Aber wie gesagt: Das tut man, wenn man jung ist, heute würde ich das nicht mehr tun."[17] Ihre Schwester und deren Mann entkamen der Verfolgung schließlich nicht. Sie wurden im Juni 1943 verhaftet und ins Sammellager Malines eingewiesen. Da sie dort auf Bekannte stießen, die ihnen Arbeit innerhalb des Lagers vermittelten, blieb ihnen die Deportation nach Auschwitz schließlich erspart. Karin Creuz und ihr Bruder wussten von der Verhaftung und Einweisung ins Lager, ihrer Mutter verschwiegen sie dies jedoch. Karin Creuz brachte sogar mehrmals den Mut auf, ihr Versteck zu verlassen und unter falscher Identität ihre Schwester und den Schwager im Sammellager aufzusuchen. Von den Besuchen im Lager Malines, wo sie mit falschen Papieren in die Höhle des Löwen ging, um ihre Verwandten zu sehen, erzählt sie wie nebenbei und fast schon gleichmütig. Die Gefahr, in die sie sich brachte, spielt sie bis heute herunter. Im Interview erwähnt sie lediglich die große Sorge und Nervosität, die ihr Bruder an den Tag legte, als sie das Versteck verließ und nicht zur vereinbarten Zeit zurückkehrte. Als „touch and go"-Momente bezeichnet sie Wagnisse wie dieses, die sie mehrmals einging.

Noch bevor sie ins Versteck abtauchte, erhielt sie einen Brief ihrer besten Freundin aus Hamburg, in dem diese ihr mehr oder weniger verschlüsselt mitteilte, dass sie deportiert würde: „Meine allerbeste Freundin schon von der Schule, vom ersten Schuljahr an, das heißt, wir haben schon vorher zusammen gespielt, wir wohnten ziemlich nah, ist weggekommen. Sie hat mir geschrieben, das war 1942, als ich den Brief kriegte, ‚also ich werde jetzt auf den Transport geschickt, und, Karin, bitte vergiss' mich nicht, und so wie ich Gelegenheit habe, wieder von mir hören zu lassen, werde ich das tun'."[18]

Die ersten Deportationstransporte hatten Hamburg bereits zwischen Oktober und Dezember 1941 in Richtung Lodz, Minsk und Riga verlassen.[19] Karin Creuz' Freundin, von der sie nie wieder etwas hörte, war wohl eines der Opfer dieser Transporte.

Auch wenn Karin Creuz im Interview immer wieder darauf verwies, wie viel Glück sie hatte, wie unkompliziert und fast harmlos ihre Zeit in der Illegalität verlief, so wird doch besonders an der Beschreibung der Tage unmittelbar vor der Befreiung deutlich, unter welchem Druck sie stand und wie groß die Angst war, die sie nie zeigen durfte, um die Mutter nicht zu beunruhigen. Gerüchte von der kurz bevorstehenden Befreiung und der Brutalität der deutschen Besatzung, die sie aufgeschnappt hatte, beunruhigten sie so, dass sie es im Versteck kaum aushielt. „Dann kam die Befreiung. Und davor wusste man ja nicht, was sein wird, wie das abläuft. Ich hab vor allen Dingen furchtbare Angst gehabt, dass man das ganze Lager abknallt, wenn die weggehen, der Kommandant und all die Leute."[20] Trotz der Abgeschiedenheit ihres Lebens war bis zu ihr durchgedrungen, dass die Deutschen bei ihrem Abzug aus den besetzten Gebieten die Lager mit Gewalt räumten. Während Karin Creuz ihre Sorgen kaum kaschieren konnte, blieb die Mutter ahnungslos. „In der letzten Nacht, in der geschossen wurde, saßen wir im Keller bei Katholiken, die im Nebenhaus wohnten. Die beteten die ganze Nacht den Rosenkranz, und ich bin furchtbar nervös geworden, furchtbar nervös geworden. Meine Mutter hat zu mir gesagt: ‚Du warst den ganzen Krieg so tapfer, warum bist Du jetzt so nervös?' Ich habe wahnsinnige Angst gehabt um die Leute, die im Lager waren, was die da zuletzt alles mit denen machen werden, nicht? Aber sie haben gar nichts gemacht, sie sind einfach weggelaufen und haben zu den Leuten gesagt: ‚Ihr müsst hier bleiben, Ihr dürft nicht rauslaufen.' Natürlich sind sie rausgelaufen, nachdem die weg waren. Es ist alles gut gegangen, aber die tension, die waren hart, die man mitgemacht hat."[21] Auch wenn sie im Interview nicht darüber spricht, was sie von Zuständen in Malines erfuhr, als sie ihre Schwester besuchte, so wird das Ausmaß des Drucks und der seelischen Belastung deutlich, wenn sie über die Befreiung spricht. Erst auf Nachfragen erzählt sie, unter großer Angst gelitten zu haben, da sie immer wieder von anderen untergetauchten Juden gehört hatte, die doch entdeckt und verhaftet worden waren. Von den während der deutschen Besatzung registrierten Juden wurden 44 Prozent aus Belgien deportiert. Karin Creuz und ihrer Familie blieb dieses Schicksal erspart. Mit den Worten „Es war schon eine schwere Zeit", fasst sie ihre Erfahrungen zusammen. Als besonders befreiend blieb ihr ein erster Ausflug mit ihrer Mutter im Jahr 1947 in die Schweiz in Erinnerung. Endlich habe ihre Mutter, die nie Französisch gelernt hatte, wieder Deutsch sprechen können, ohne sich damit in Gefahr zu begeben. „Und dann sind wir beide frühstücken gegangen. Für meine Mutter war es eine große Sache, dass sie sich selbst ein Frühstück bestellen konnte und nicht mehr immer ihren Mund halten musste."[22] Erst zwei Jahre nach dem Krieg war offenbar auch für Karin Creuz der Krieg zu Ende, und sie konnte die Verantwortung ablegen, die sie über die Jahre für ihre Mutter getragen hatte. Karin Creuz blieb bis zu ihrer Heirat in Brüssel. Mit ihrem Mann, einem Hamburger, der im Versteck in Holland überlebt hatte, wanderte sie in die USA aus. Das Ehepaar hat häufig miteinander über ihrer beider Zeit im Untergrund gesprochen. Heute ist Karin Creuz Witwe und lebt bei New York. Eine Rückkehr in ihre Geburtsstadt stand für sie nie zur Diskussion.

Emigriert und nicht entkommen

Auch wenn die jüdische Bevölkerung im Deutschen Reich von Anbeginn der nationalsozialistischen Herrschaft an unter Verfolgung und Entrechtung leiden musste, waren es doch erst die Verhaftungen nach den landesweiten Pogromen im November 1938, die vielen unmissverständlich vor Augen führten, dass sie nicht mehr erwünscht waren und um Leib und Leben fürchten mussten.[23] Das Familienoberhaupt der siebenköpfigen Familie Bundheim hatte im Sommer 1938 begonnen, die Auswanderung in die USA vorzubereiten.[24] Die Initiative dazu war von seiner Frau Johanna ausgegangen, deren Brüder bereits Mitte der 1930er Jahre ausgewandert waren.[25] Die gutsituierte Kaufmannsfamilie lebte in Harvestehude in der Brahmsallee 26. Die Kinder erhielten eine orthodoxe religiöse Erziehung. Sie wuchsen gleichwohl aber in einem liberalen jüdischen Milieu auf, waren Mitglied in jüdischen Sportclubs, nahmen Musikunterricht und besuchten jüdische Schulen. Ernst Bundheims gutgehende Im- und Exportfirma für den pflanzlichen Polster- und Matratzenfüllstoff Crin d'Afrique befand sich in den Hohen Bleichen 20.[26] Als wohlhabender Jude diente auch Ernst Bundheim im November 1938 als Zielscheibe der von SS und SA inszenierten Ausschreitungen gegen jüdische Bürger und Geschäftsleute. Am 10. November 1938 wurde er verhaftet, ins Polizeigefängnis Fuhlsbüttel und von dort in das KZ Sachsenhausen eingeliefert.[27] Dort unterlagen die jüdischen Häftlinge einem zermürbendem Drill, mussten stunden- und tagelang exerzieren und körperlich hart arbeiten, wofür sie weder angemessen ernährt noch mit entsprechender Bekleidung oder Arbeitsgerät ausgestattet wurden. Die Behandlung durch Wachmannschaften und Lagerleitung zielte darauf ab, die jüdischen Häftlinge zu erniedrigen und zu quälen. Von den etwa 6000 in Sachsenhausen inhaftierten Juden starben im November und Dezember etwa 90.[28] Die Machthaber knüpften die Entlassung an den Nachweis, dass die Auswanderung bevorstand. Ernst Bundheims Frau Johanna schickte ihre vier Kinder nach der Verhaftung ihres Mannes sofort zu Verwandten nach Belgien und blieb mit ihrer Jüngsten in Hamburg zurück. Der Sohn Nathan Ben-Brith besuchte eine Jeshiva bei Antwerpen. Sein Vater überlebte die Wochen im Konzentrationslager und wurde vermutlich im März 1939 aus Sachsenhausen unter der Bedingung entlassen, auf sein gesamtes Vermögen zu verzichten und das Deutsche Reich umgehend zu verlassen.[29] Seine Frau hatte die Hamburger Firma aufgelöst und letzte Formalitäten der Auswanderung geregelt, bevor auch sie und die jüngste Tochter nach Brüssel zur Familie reisten. Ihr Mann folgte. Schlagartig verarmt – die Devisenstelle des Oberfinanzpräsidenten hatte noch nicht einmal erlaubt, den Ehering seiner Frau auszuführen – bemühte sich Ernst Bundheim, frühere geschäftliche Kontakte nach England zu aktivieren, um dorthin emigrieren zu können.[30] Auch eine Ausreise nach Palästina

1936, Antisemitismus: Nachbarsjunge hängt die Hakenkreuzfahne auf (o.)

Bundheim-Kinder Joseph, Nathan, Paul, Thirza und Rosel, 1937

Ernst und Johanna Bundheim in Hamburg, Brahmsallee 26, 1936

stand zu diesem Zeitpunkt zur Debatte. Ernst Bundheim versuchte sogar, sich für die Arbeit in der Landwirtschaft ausbilden zu lassen. Diese Pläne nahmen ein abruptes Ende, als die Wehrmacht am 10. Mai 1940 Belgien angriff. Alle deutschen Staatsangehörigen wurden zur Polizei befohlen. Nathan stellte sich dieser Aufforderung allein, da sein Vater zu dem Zeitpunkt noch in Antwerpen war: „Da wurden alle deutschen Juden über 15 oder 16 Jahren aufgefordert, sich bei der Polizei zu melden, weil wir deutsche Staatsbürger waren. Und Deutschland war der Feind, da hatte jetzt Belgien angefangen Krieg zu machen. Als wir uns dort gestellt haben, obwohl wir einen deutschen Pass mit einem großen J drin hatten – Jude –, hatten die Angst oder meinten dann, wir könnten die fünfte Kolonne sein für Deutschland. Ja und dann wurden wir alle verhaftet und nach Frankreich abtransportiert, nach Südfrankreich."[31] Nathan hatte vor seiner Verhaftung und Internierung gehofft, die belgischen Behörden aufklären zu können, dass er als verfolgter deutscher Flüchtling kein Feind, sondern natürlicher Verbündeter Belgiens sei. Fatalerweise fehlten ihm aber die Sprachkenntnisse, um sich überhaupt verständlich zu machen.[32] Was Nathan Ben-Brith im Interview lakonisch beschreibt, ist der Beginn der Odyssee durch zahlreiche Lager, die ihn zunächst nach Frankreich, später ins nationalsozialistische Einflussgebiet und schließlich nach Zypern führte. Von Brüssel aus strandete der verzweifelte, allein gelassene 16-jährige im südfranzösischen St. Cyprien nahe Perpignan. Dieses direkt am Mittelmeerstrand gelegene Sammellager bestand aus halbverfallenen Baracken, in denen zwischen 6000 und 10 000 Personen untergebracht wurden. Nicht lange nach seiner Ankunft stieß er dort auf seinen Vater, der in Antwerpen festgenommen und deportiert worden war. Nach einem heftigen Sturm, der das Lager fast vollständig zerstörte, wurden die Internierten, die nicht im Chaos geflüchtet waren, ins weiter südlich in Richtung der Pyrenäen gelegene Internierungslager Gurs eingeliefert. Auch Nathan und Ernst Bundheim gehörten dazu. Sie hatten sich gegen die Flucht entschieden, da sie der französischen Sprache nicht mächtig waren und auch nicht wussten, an wen sie sich um Hilfe hätten wenden können. Das Lager Gurs war ursprünglich im April 1939 als Sammellager für spanische Flüchtlinge und Angehörige der Internationalen Brigaden gegründet worden. Ab Mai 1940 bis Sommer 1944 internierte die französische Polizei dort Ausländer, vor allem deutsche Emigranten, darunter viele Juden. In den Jahren 1942 und 1943 wurden etwa 3000 Juden über Drancy in die Vernichtungslager deportiert.[33] In Gurs sorgte Ernst Bundheim dafür, dass sein Sohn Nathan mit Hilfe des jüdischen Kinderhilfswerks Oeuvre de secours aux enfants (OSE) das Lager verlassen und zu Verwandten nach Limoges reisen konnte. Das Kinderhilfswerk hatte im Zweiten Weltkrieg ein Netzwerk zur Rettung von Kindern aufgebaut. In Nathans Fall konnte es die Behörden davon überzeugen, die Ausreise des Jungen in die USA sei genehmigt und stünde unmittelbar bevor. Der Vater hingegen blieb in Gurs zurück.

Nathan Ben-Brith (l.) 1942 in Limoges

Seiner Frau war unterdessen mit den anderen Kindern Joseph, Paul, Thirza und Rosel die Flucht aus Belgien nach Frankreich gelungen, wo sie festgenommen und ebenfalls nach Gurs eingeliefert wurden. Johanna Bundheim und die vier Kinder wurden schließlich ebenfalls durch die Bemühungen des Kinderhilfswerks und tatkräftige Unterstützung Verwandter und mit viel Glück und Entschlossenheit gerettet. Sie fanden sich nach dem Krieg wieder.[34]

Was für seine Frau und die Kinder möglich war, misslang bei Ernst Bundheim. Er wurde im März 1943 über Drancy nach Majdanek deportiert und dort vermutlich unmittelbar nach der Ankunft ermordet.[35]

Ernst Bundheim, ermordet 1943 in Majdanek

Nathan lebte nach seiner Entlassung aus Gurs etwa ein Jahr in Limoges bei Verwandten und besuchte dort eine technische Schule. Sein Französisch reichte bald, um sich zum Radiotechniker auszubilden. Abends besuchte er ein Theologisches Seminar und studierte den Talmud.[36] Am 28. August 1942 wurde er im Zuge der Vorbereitungen zur Auslieferung der Juden aus der freien Zone Frankreichs verhaftet und nach kurzem Aufenthalt im nahe Limoges gelegenen Internierungslager Nexon in Drancy interniert.[37] Auf der Fahrt dorthin befasste er sich mit dem Gedanken, sich der Deportation zu entziehen, doch siegten moralische Skrupel. „Aber schauen Sie mal, wie jemand – wie heißt es – naiv sein kann. In jedem Waggon, das waren Viehwaggons, saßen französische Soldaten. Die Türen waren offen, nicht so wie als wir nach Deutschland transportiert worden sind. ... Von Limoges nach Drancy waren wir in offenen Viehwagen, in jedem Viehwagen saßen zwei junge französische Soldaten, mit den Beinen raushängend aus den Wagen. Und da hab ich die Idee gehabt zu fliehen, aber dann hätte ich die zwei Soldaten aus dem Wagen stoßen müssen, und die wären dabei umgekommen. Und das habe ich mir nicht erlaubt. Das konnte ich nicht über mich bringen, zwei Leute zu töten, um selbst zu entfliehen."[38] Nathan Ben-Brith wurde also in Drancy inhaftiert. Über das Lager in einem riesigen U-förmigen Betonbau herrschte die Gestapo, die zwischen Juni 1942 und August 1944 etwa 60 000 Juden nach Auschwitz-Birkenau, Lublin-Majdanek und Sobibór deportierte. Auch Nathan wurde nach kurzem Aufenthalt einem Transport zugeteilt, der Auschwitz-Birkenau zum Ziel hatte. „Dieses Mal waren die Schiebetüren von außen mit einem starken Riegel verschlossen und die offenen Luken mit Stacheldraht verbarrikadiert. Innen war für den Aufenthalt von Menschen nichts vorbereitet, außer einem leeren und einem mit Wasser gefüllten Eimer. Es gab nicht einmal genug Platz für alle, um auf dem Boden zu sitzen, geschweige denn zu liegen oder sich zurückzuziehen, um die Notdurft zu verrichten. Der Zug fuhr manchmal stundenlang im normalen Tempo, manchmal stand er Tage oder Nächte lang auf irgend einem Seitengleis ohne sich zu rühren. Niemals erhielten wir Nahrungsmittel. Auch die Eimer wurden sehr selten mit Wasser nachgefüllt und von den Exkrementen geleert. Sehr bald verschlechterte sich unser körperlicher und seelischer Zustand. Mehrere alte Leute konnten diese Bedingungen nicht länger aushalten und starben; ihre toten Körper wurden nicht entfernt. Andere wurden krank, übergaben sich und litten unter Durchfall. Aber es gab keine Hilfe, weder für sie noch für andere, so dass wir alle unter einem unerträglichen Gestank litten. Andere verloren den Verstand und begannen wahnsinnig zu schreien. Auch junge Leute wie ich, die an und für sich gesund und stark waren, litten enorm unter diesen furchtbaren Zuständen."[39] Kurz vor der Ankunft in Auschwitz hielt der Zug im nur wenige Kilometer entfernten Kosel in Oberschlesien. Im Auftrag des „Sonderbeauftragten für fremdvölkischen Arbeitseinsatz", der Organisation Schmelt, wurden hier seit Sommer 1942 als arbeitsfähig geltende Männer aus Deportationstransporten des Reichssicherheitshauptamtes für die Zwangsarbeitslager in Oberschlesien aussortiert.[40] Frauen, Kinder und Alte wurden in das Vernichtungslager Auschwitz-Birkenau gebracht. Nathan Ben-Brith wurde bei der Selektion in Kosel für arbeitsfähig befunden und nach Ottmuth verschleppt, wo er Zwangsarbeit für die Firma Ota, Schlesische Schuhwerke (früher „Bata") leisten musste. Bis 1944 produzierte er Absätze für Holzschuhe an schweren Maschinen. Im Rückblick auf die Lager Blechhammer und Buchenwald, die er anschließend durchlief, bewertet er die Arbeits- und Lebensbedingungen in Ottmuth als erträglich. Allerdings ist ihm deutlich bewusst, dass es der Lagerleitung ausschließlich um die Erhaltung seiner Arbeitskraft ging: „Das war an und für sich ein leichtes Lager. ... Man kann sagen, im Vergleich zu anderen Lagern wurden wir gut behandelt. ... Wir haben zu essen be kommen, denn sie wollten, dass wir produktiv sind."[41] Die hygienischen Verhältnisse reichten keineswegs aus, wie er sehr sachlich formuliert: „Keiner ist dort an Hunger gestorben, wir haben Läuse bekommen, und wir haben Krankheiten bekommen, aber an und für sich haben sie uns normal behandelt, so dass die Bedingungen dort keine gefährlichen Bedingungen waren, wollen wir mal so sagen." Zwei Jahre lang befand sich Nathan Ben-Brith in Ottmuth. Als er zwischendurch erkrankte, überredete der jüdische Arzt, den er noch aus Frankreich kannte, den Lagerleiter dazu, ihn mit Verdacht auf Typhus in ein nahegelegenes Krankenhaus einzuweisen. Dort wurde er ganz im Gegensatz zur Behandlung von Juden, mitten im Jahr 1943, von deutschen Ärzten und Krankenschwestern wieder gesund gepflegt, gewann an Körpergewicht und kehrte leicht erholt nach Ottmuth zurück. Im Mai 1944 wurde er ins ca. 80 km nordwestlich von Auschwitz gelegene Lager Blechhammer verschleppt. Auch dieses war zunächst als Zwangsarbeitslager für Juden bei den Oberschlesischen Hydrierwerken eingerichtet worden. Zum Zeitpunkt der Einlieferung Nathan Ben-Briths gehörte es jedoch als Außenlager von Monowitz zum Lagerkomplex Auschwitz-Birkenau.[42] Hier machte er die übliche gewalttätige Aufnahmeprozedur eines Konzentrationslagers durch. Auch dies formuliert Nathan Ben-Brith knapp und auf das Wesentliche konzentriert: „Und als wir dort ankamen, wurden uns die Auschwitznummern auf die Unterarme tätowiert, und wir bekamen dann die Uniformen, die KZ-Uniformen, die mit den blauen Streifen."[43] Nun leistete er als einer von etwa 4000 Häftlingen Zwangsarbeit bei der Produktion von synthetischem Benzin. Als ungelernter Arbeiter wurde er als Bauhäftling eingesetzt und damit bei den schwersten Arbeiten, die die Häftlinge am schnellsten verbrauchten. Nathan Ben-Brith, der mit 81 Jahren beim Besuch in Hamburg auf seine Lagererfahrungen zurückblickte, erinnert sich im Interview vor allem an die ungeheuren Ausmaße der Fabrikanlagen in Blechhammer und deutet nur an, wie gefährlich die Arbeit war, zu der er gezwungen wurde: „Das war eine riesengroße Fabrik, eine riesengroße Fabrik, ich weiß nicht, wie viele Quadratkilometer das waren. Mit Rohren, Röhren, um all das zu machen, so dass schließlich aus Kohlen Flugzeugbrennstoff, also Benzin geschaffen wird. ... Und da bin ich beschäftigt gewesen, man hat mich gebraucht, um Pipelines zu legen, Röhren auf Brücken, denn das war eine riesengroße Fabrik. ... Technisch weiß ich nicht wie, aber ich war dabei, diese zu bauen. Das Schwierige war, dass wir Holzschuhe trugen, und das Holz konnte man nicht biegen, und wir mussten raufklettern auf die großen Gerüste."[44] Nathan Ben-Brith gibt in wenigen Worten zu verstehen, dass es nicht nur die starren, vermutlich nicht passenden und rutschenden Holzschuhe waren, die ihn gefährdeten. Diese Fußbekleidung kam fast einem Todesurteil gleich, da sich die Füße darin verletzten und entzündeten. Aufgrund der fehlenden Hygiene und nicht vorhandener medizinischer Betreuung konnte dies in kürzester Zeit tödlich sein, denn kranke Häftlinge wurden zunächst in den so genannten Häftlingskrankenbau eingeliefert und anschließend nach Auschwitz gebracht, wo sie ermordet wurden.[45] Er lässt hier auch durchblicken, dass er in einem Teufelskreis gefangen war, der ihm kaum eine Überlebenschance ließ. Die vorgesehenen Leistungsquoten waren unerreichbar hoch und zielten auf die baldige Erschöpfung der austauschbaren Häftlinge. Wenn sich nun ein Häftling antrieb und sein Pensum erfüllte, um darauf aufmerksam zu machen, dass er nicht so einfach ersetzbar war, reduzierte er zugleich seine Kraftreserven, die er benötigte, um von Tag zu Tag zu überleben. Zumal die kärgliche Ernährung der Häftlinge nicht dazu angetan war, sie am Leben zu erhalten. Nathan Ben-Brith, der insgesamt sehr zurückhaltend von seinen Verfolgungserfahrungen berichtet, erinnert sich deutlich an die unzureichenden Rationen in Blechhammer: „Aber das Essen war viel geringer dort, man hatte kaum etwas, so und so viel Gramm, ich weiß nicht mehr wie viel Gramm Brot pro Tag wir bekommen haben und eine Suppe, eventuell mit einem Kohlblättchen drin, das war heißes Wasser mit irgendeiner Farbe darin, sozusagen."[46] Diese Mangelernährung konnte auch ein kräftiger Mann nicht lange überleben, zumal wenn er wie Nathan Ben-Brith bereits mehrere Jahre Lagerhaft hinter sich hatte. Er erlebte das nationalsozialistische Prinzip der Vernichtung durch Arbeit gewissermaßen am eigenen Körper: „Die Kräfte verließen einen, und das waren natürlich viel schlechtere Bedingungen. Die Idee in Blechhammer war, uns auszunutzen, bis man die Kraft verloren hat, und dann der Tod von selbst gekommen ist, ausgehungert, ausgeschwächt." Beim täglichen Appell zeigten sich die Folgen von Schwerstarbeit bei Unterernährung: „In Blechhammer sind bestimmt ganz viele gestorben. Ich weiß nicht, wie viele, aber schauen Sie, jeden Morgen, Abend, wurde zum Appell gerufen. Wir mussten stundenlang im Schnee stehen, denn das war im Norden, das war sehr kalt dort, und wir hatten nur diesen Pyjama an, und wir mussten stundenlang im Schnee stehen, bis sie herausgefunden haben, dass ihnen eigentlich niemand fehlt, weil die und die gestorben sind. Das hat stundenlang gedauert, furchtbar." Sein Lebenswille blieb ungebrochen, auch wenn er während der Appelle mit ansehen musste, wie Mithäftlinge gehängt wurden. Daher kam für ihn eine Sabotage der Arbeit für die Kriegswirtschaft nicht in Frage: „Wir wollten doch weiter leben, so lange wie möglich. Wir wollten es überleben."[47] Mit Glück überstand Nathan Ben-Brith auch die Angriffe der britischen und amerikanischen Luftwaffe unversehrt, die sich im Sommer 1944 auf das Werk Blechhammer konzentrierten. Er hielt trotz Mißhandlungen der Wachmannschaften auch den Todesmarsch durch, der von Blechhammer zu Fuß in das KZ Groß-Rosen führte. „Wir waren ungefähr 3000, die auf den Marsch gegangen sind, schließlich lebend angekommen sind 200. Ich bin einer davon. Wir sind von dort 14 Tage durch Schnee und ohne Essen und furchtbar, bis nach Groß-Rosen gekommen. ... Gott sei Dank hat man uns nicht lange in Groß-Rosen gelassen, das war ein furchtbarer Zustand, und wir sind wieder per Viehwagen transportiert worden. Wir wussten natürlich nicht wohin, aber wir sind in Buchenwald angekommen."[48] In Groß-Rosen herrschten in den Wintermonaten 1944/1945 chaotische Zustände. Das Lager war extrem überfüllt, die Gefangenen erhielten kaum Nahrung und blieben sich selbst überlassen.[49] Die neu eingetroffenen Häftlinge hatten in der Regel eine jahrelange Odyssee durch zahlreiche Lager hinter sich und befanden sich in einem sehr schlechten körperlichen und seelischen Zustand. Sie starben in hoher Zahl an Entkräftung oder wurden bei den von der SS durchgeführten Selektionen ermordet. Nathan Ben-Brith traf Anfang Februar 1945 in Groß-Rosen ein, zu einem Zeitpunkt, an dem die SS das Lager wegen der vorrückenden Roten Armee räumte. Die Häftlinge wurden in offenen Viehwaggons nach Mauthausen, Buchenwald und andere weiter westlich gelegene Konzentrationslager transportiert. In Buchenwald gelang es Nathan Ben-Brith, sich als nichtjüdischer Franzose registrieren zu lassen. Bereits in Blechhammer hatten er und eine Gruppe Gleichaltriger sich als Franzosen ausgegeben, denn er hatte schon lange begriffen, dass die Juden in der Lagerhierarchie auf der untersten Stufe standen, wie er zusammenfasst: „Juden waren Schmutz, wurden benutzt, ausgenutzt.“[50] Mit dieser falschen Identität entging er der Einweisung ins „Kleine Lager“ von Buchenwald, einem eingezäunten Bereich, in dem mehrheitlich jüdische Häftlinge dem Tod durch Hunger und Erschöpfung überlassen wurden.[51] Zwar wusste der Blockälteste seiner Baracke, ein nichtjüdischer Deutscher, dass er ein Jude ist, verriet ihn aber nicht. Allerdings warfen seine besser genährten Mithäftlinge ihm sein unpassendes Verhalten vor, als er immer wieder vor unstillbarem Hunger auch Kartoffelschalen verschlang. Eine Zeit lang leistete er in Buchenwald Schwerstarbeit in einer Steingrube, bis er einem Transport zugeteilt wurde, der die flüchtende SS in Richtung Österreich bringen sollte. Zu diesem Zeitpunkt war die Front bereits auf Hörweite nahe gerückt. Die den Konvoi begleitenden Häftlinge mussten unterwegs beschädigte Gleise reparieren. Das eigentliche Kriegsende und die Befreiung von Verfolgung und Qualen erinnert Nathan Ben-Brith nicht, war er doch zu diesem Zeitpunkt schwer an Typhus erkrankt und hatte das Bewusstsein verloren. Als er wieder erwachte, befand er sich in einem Krankenhaus in Salzburg und wog nur noch 38 Kilogramm. Seine Oberschenkel, so beschreibt er, seien dünn wie Handgelenke gewesen. Obwohl nun in Sicherheit und bei guter Pflege, begriff er lange Zeit nicht, dass ihm keine Gefahr mehr drohte. Selbst als ihm im Hospital ein amerikanischer Militärrabbiner begegnete, wagte er nicht, sich als Jude zu erkennen zu geben. Nach seiner Herkunft befragt, verschwieg er auch, Deutscher zu sein und ließ sich nach Frankreich repatriieren. Dort musste er sich noch lange in einem Krankenhaus aufhalten. Ein wenig zu Kräften gekommen, beauftragte er das OSE-Kinderhilfswerk mit der Suche nach seiner Familie. Seine Mutter, die in Lyon in einem Waisenhaus dieser Organisation arbeitete, erfuhr so von seinem Überleben und besuchte ihn bald. Beim nächsten Mal schickte sie eine junge Frau zu ihm, eine Mitarbeiterin des Waisenhauses. Diese Erzieherin wurde später seine Frau. Als sie von ihm ein Kind erwartete, bat er sie, mit ihm nach Palästina zu gehen. Sie heirateten, landeten illegal, weil die Einwanderung noch verboten war, in Palästina und schlugen sich bis kurz vor Tel Aviv durch, wo sie von den Briten festgenommen und auf Zypern in einem Lager interniert wurden. Nathan Ben-Brith war damit innerhalb von fünf Jahren in neun Lagern gefangen. Seine Frau gebar ihren ersten Sohn im Krankenhaus von Nikosia/Zypern. Nur wenig später fielen sie unter eine anlässlich des 20. Geburtstages der britischen Königin erlassene Amnestie und wurden wie alle anderen Paare mit neugeborenen Kindern aus dem Lager entlassen. Im November 1947 reisten Nathan Ben-Brith, seine Frau und der drei Monate alte Sohn wieder nach Palästina ein. Selbst dort mussten sie vorerst eine Baracke in einem Lager beziehen, in der es die junge Familie aber nur einige Wochen aushielt. Im Norden Israels fanden sie eine erste Heimat. Nathan Ben-Brith begann eine 20 Jahre währende Karriere in der israelischen Armee, später arbeitete er als Fremdenführer und im Tourismus. Heute lebt er in Tel Aviv. Seine größte Genugtuung liegt darin, eine große und zufriedene Familie gegründet zu haben. Auf die Frage, ob er noch oft an die Zeit der Verfolgung zurückdenke, antwortete er: „Ich versuche, es nicht zu tun. ... Es hat 40 Jahre gedauert, bis ich angefangen habe, etwas davon zu erzählen. ... Was ich erzählen kann, das ist eine geistige Erinnerung, keine physische Erinnerung. Ich kann mir nicht vorstellen, ich kann mich nicht mehr hineinfühlen, wie ich damals war. Und deshalb habe ich es nicht erzählt. Was soll ich hier erzählen. Es hat mich 40 Jahre gekostet, um mich selbst zu überzeugen, dass man's doch erzählen muss, denn sonst geht alles verloren. Ich kann Ihnen nicht beschreiben, was ich gefühlt habe. Unmöglich. Ich habe 38 Kilo gewogen. Das kann ich Ihnen beschreiben. Wie ich mich gefühlt habe – unmöglich."[52]

Karin Creuz und Nathan Ben-Brith lehnten meine Bitte um ein Interview nicht ab, doch fiel es beiden merklich schwer, sich in eine Zeit zurückzuversetzen, die mit so viel Leid, Schmerz und persönlichem Verlust verbunden ist. Herr Ben-Brith besuchte in Begleitung seiner erwachsenen Kinder zum ersten Mal seit Kriegsende wieder seine Geburtsstadt. Zum Interview brachte er seinen Sohn mit, der kein Deutsch spricht und also dem Interview inhaltlich nicht folgen konnte. Dennoch symbolisierte seine Präsenz einen notwendigen Schutz und Beistand für seinen Vater, der sich gegen Ende des Interviews immer wieder kurz auf hebräisch mit ihm verständigte. Frau Creuz stimmte dem Interview nur unter der Bedingung zu, dass es nicht zu lange dauern dürfe. Es fand in der Ecke eines stark frequentierten Flurs im jüdischen Gemeindehaus statt, wo sie und die anderen Gäste, die auf Einladung des Senats nach Hamburg gekommen waren, einen gemütlichen Abend verbringen wollten. Beide Interviewpartner schützten sich auf ihre Weise vor den schmerzlichen Gefühlen, die die Erinnerungen an eine Flucht auslösten, die zunächst ein scheinbar friedliches Weiterleben verhieß, aber schließlich doch keinen Schutz vor Verfolgung bot.

Anmerkungen

1 Nachgewiesen sind 542 aus den Niederlanden, 113 aus Frankreich, 32 aus Belgien und zehn aus Italien. Vgl. Jürgen Sielemann, Hamburger jüdische Opfer des Nationalsozialismus. Gedenkbuch, Hamburg 1995, S. XVII.

2 Vgl. dazu Fritz Kieffer, Judenverfolgung in Deutschland – eine innere Angelegenheit? Internationale Reaktionen auf die Flüchtlingsproblematik 1933–1939, Stuttgart 2002.

3 Vgl. dazu Sybille Baumbach, Die Auswanderung von Juden aus Hamburg in der NS-Zeit, in: Deutsches Zollmuseum (Hrsg.), Verfolgung und Verwaltung. Beiträge zur Hamburger Finanzverwaltung 1933–1945, Hamburg 2003, S. 39–79.

4 Beide Interviews sind in der „Werkstatt der Erinnerung" in der Forschungsstelle für Zeitgeschichte (FZH/WdE) archiviert. Sie wurden – wie ein Großteil der dort gesammelten Interviews mit jüdischen Emigranten – geführt, als die Zeitzeugen sich auf Einladung des Hamburger Senats in der Hansestadt befanden. Vgl. zu dem Projekt „Werkstatt der Erinnerung" und den Interviewbeständen Sybille Baumbach/Uwe Kaminsky/Alfons Kenkmann/Beate Meyer (Hrsg.), Rückblenden. Lebensgeschichtliche Interviews mit Verfolgten des NS-Regimes in Hamburg, Hamburg 1999. Aktuelle Informationen über die Werkstatt der Erinnerung im Internet unter www.werkstatt-der-erinnerung.de.

5 Name anonymisiert.

6 Christian Eggers, Unerwünschte Ausländer. Juden aus Deutschland und Mitteleuropa in französischen Internierungslagern 1940–1942, Berlin 2002, S. 64f.

7 Raul Hilberg, Die Vernichtung der europäischen Juden, Bd. 2, Frankfurt/Main 1999, S. 632f.

8 Lieven Saerens, Die Hilfe für Juden in Belgien, in: Wolfgang Benz/Juliane Wetzel (Hrsg.), Solidarität und Hilfe für Juden in der NS-Zeit, Regionalstudien 4, Berlin 2004, S. 193–280, hier: S. 201.

9 FZH/WdE, 737, Interview mit Karin Creuz vom 9.10.2002, Interviewerin Linde Apel, Transkript S. 4. Das Interview wurde sprachlich leicht überarbeitet.

10 Ebd.

11 Ebd., S. 4, 11.

12 Ebd., S. 4.

13 Ebd., S. 4f.

14 Juliane Wetzel, Frankreich und Belgien, in: Wolfgang Benz (Hrsg.), Dimension des Völkermords. Die Zahl der jüdischen Opfer des Nationalsozialismus, München 1996, S. 105–135, hier S. 110.

15 Saerens, Hilfe, S. 207f.

16 Dieses und folgendes Zitat aus dem Interview mit Karin Creuz, Transkript S. 5.

17 Ebd., S. 7.

18 Ebd., S. 14.

19 Vgl. dazu Linde Apel/Frank Bajohr, Die Deportation von Juden sowie Sinti und Roma vom Hannoverschen Bahnhof in Hamburg 1940–1945, in: Zeitgeschichte in Hamburg, Hamburg 2005, S. 21–63, hier S. 28f.

20 Interview mit Karin Creuz, Transkript S. 6.

21 Ebd.

22 Ebd., S. 11.

23 Vgl. dazu Hermann Graml, Reichskristallnacht. Antisemitismus und Judenverfolgung im Dritten Reich, München 1988.

24 StaH, 314-15, Oberfinanzpräsident, R 1938/3510.

25 FZH/WdE, 543, Interview mit Joseph Ben-Brith am 28.6.1998, Interviewer Jens Michelsen, Transkript S. 11.

26 Frank Bajohr, „Arisierung" in Hamburg. Die Verdrängung jüdischer Unternehmer 1933–1945, Hamburg 1997, S. 351.

27 FZH, 35363, Verzeichnis der im November 1938 durch den Vollzug von Schutzhaft für die Geheime Staatspolizei entstandenen Kosten.

28 Vgl. dazu Heiko Pollmeier, Die Verhaftungen nach dem November-Pogrom 1938 und die Masseninternierung in den „jüdischen Baracken" des KZ Sachsenhausen, in: Günter Morsch/Susanne zur Nieden (Hrsg.), Jüdische Häftlinge im Konzentrationslager Sachsenhausen 1936 bis 1945, Berlin 2004, S. 164–179.

29 Aus den Unterlagen des Archivs Sachsenhausen, D 1 A/1020, Bl. 496, geht hervor, dass Ernst Bundheim am 14.12.1938 aus dem KZ Sachsenhausen entlassen wurde. Die Familienerinnerungen besagen jedoch, dass er erst Ende März, Anfang April 1939 abgemagert und kahlrasiert in Belgien eintraf.

30 StaH, 314-15, Oberfinanzpräsident F 234, Schreiben von Ernst Bundheim an die Devisenstelle am 17.2.1939.

31 FZH/WdE, 1115, Interview mit Nathan Ben-Brith am 29.7.2004, Interviewerin Linde Apel, Transkript S. 3f., S. 4. Das Interview wurde sprachlich leicht überarbeitet.

32 Nathan Ben-Brith, Meine Erinnerungen an den Holocaust, verfasst am 9.11.2005, bearbeitet von Jürgen Sielemann, S. 7.

33 Vgl. dazu auch Serge Klarsfeld, Vichy-Auschwitz. Die Zusammenarbeit der deutschen und französischen Behörden bei der „Endlösung der Judenfrage" in Frankreich, Nördlingen 1989.

34 FZH/WdE, 543, Interview mit Joseph Ben-Brith.

35 Transport Nr. 51 am 6. März 1943 nach Majdanek, Registre des Juifs déportés de France, Memorial de la Shoah.

36 Ben-Brith, Erinnerungen, S. 11.

37 Vgl. Klarsfeld, Vichy-Auschwitz, S. 136ff.

38 Interview mit Nathan Ben-Brith, Transkript S. 19f.

39 Ben-Brith, Erinnerungen, S. 12.

40 Martin Weinmann (Hrsg.), Das nationalsozialistische Lagersystem, Frankfurt/Main 1990, S. LVIII (58)f.; Sybille Steinbacher, „Musterstadt" Auschwitz. Germanisierungspolitik und Judenmord in Ostoberschlesien, München 2000, S. 278.

41 Dieses und folgendes Zitat aus dem Interview mit Nathan Ben-Brith, Transkript S. 21.

42 Vgl. dazu Bernd C. Wagner, IG Auschwitz. Zwangsarbeit und Vernichtung von Häftlingen des Lagers Monowitz 1941–1945, München 2000, S. 248f.

43 Interview mit Nathan Ben-Brith, Transkript S. 7.

44 Ebd., S. 7f.

45 Vgl. dazu Basil Kerski/Joanna Skibinska (Hrsg.), Ein jüdisches Leben im Zeitalter der Extreme. Gespräche mit Arno Lustiger, Osnabrück 2004, S. 62. Vgl. dazu auch Hans-Werner Wollenberg, Und der Alptraum wurde zum Alltag. Autobiographischer Bericht eines jüdischen Arztes über NS-Zwangsarbeitslager in Schlesien (1942–1945), Pfaffenweiler 1992, S. 124f.

46 Interview mit Nathan Ben-Brith, Transkript S. 25, ebenso die beiden folgenden Zitate.

47 Ebd., S. 26.

48 Ebd., S. 8.

49 Vgl. dazu Isabell Sprenger, Groß-Rosen. Ein Konzentrationslager in Schlesien, Köln 1996, S. 286ff.

50 Interview mit Nathan Ben-Brith, Transkript S. 25.

51 Vlg. dazu Katrin Greiser, „Sie starben allein und ruhig, ohne zu schreien oder jemanden zu rufen". Das „Kleine Lager" im Konzentrationslager Buchenwald, in: Dachauer Hefte, 14/1998, S. 102–124.

HAMBURG

Hier war sein Zuhause – bis die Nazis ihn vertrieben

Leonard Bundheim mit seiner Mutter (l.) und Großmutter Mitte der 20er-Jahre in Hamburg.

Das Wohnhaus ist längst einem Neubau gewichen. Trotzdem wollte Ben Brith (M.) mit seinen Kindern Rafel (57), Edna (54), Osnat (44) und Elazar (56/v. l.) an diesen Ort zurückkehren. FOTOS: BRINCKMANN

VERFOLGT Ben Brith (81) kehrte nach 66 Jahren an die Brahmsallee zurück.

Karsten Broockmann

Es war ein bewegender Moment, als Ben Brith (81) gestern vor dem Haus Nummer 26 an der Brahmsallee (Harvestehude) stand. Vor der Tür erinnern zwei neue Stolpersteine an seinen von Nazis ermordeten Vater und eine Tante. Die zehn mal zehn Zentimeter großen Steine mit kleinen Messingtafeln werden seit 1992 vom Kölner Künstler Gunter Demnig (56) bundesweit zur Erinnerung an die Deportierten vor deren früheren Wohnhäusern verlegt. Zur Einweihung der neuen Steine an der Brahmsallee kam Ben Brith aus seiner jetzigen Heimat Israel nach Deutschland – zum ersten Mal seit seiner Flucht im Jahre 1938. Allerdings rechnet er nur die Zeit als freier Mensch. Die Internierung in Konzentrationslagern und den Todesmarsch nach Salzburg, auf dem er und Mithäftlinge kurz vor Kriegsende Gleise reparieren mussten, „damit die SS fliehen konnte", zählt er nicht mit, obwohl er dabei deutschen Boden betrat. „Doch", sagt Ben Brith, „Vergangenheit kann man nicht auslöschen. Ich kann weder vergessen noch verzeihen".

An der Brahmsallee und an der Hansastraße, wo die Großmutter lebte, verbrachte der Sohn eines jüdischen Kaufmanns, der damals noch Leonard Bundheim hieß, eine glückliche Kindheit. „Bis 1933 haben wir mit den anderen Kindern gespielt, aber dann haben wir uns geschlagen", erinnert er sich.

Nach der „Reichskristallnacht" am 9. November 1938 brachten die Eltern ihre fünf Kinder ins vermeintlich sichere Brüssel, wo sie 1940 verhaftet und in Konzentrationslager verschleppt wurden. Wie durch ein Wunder überlebten alle. Der Vater und viele Verwandte wurden jedoch ermordet. Die Mutter war 97 Jahre alt, als sie in Israel starb. „Man hat versucht, uns zu vernichten: Zählt man aber die Kinder meiner Mutter, ihre Enkel und Urenkel zusammen, hat sie 123 Nachfahren", sagt Brith fast trotzig.

Wie schwer es dem 81-Jährigen fiel, nach Deutschland zu kommen, lässt sich nur ahnen. „Ich wurde bereits vor 15 Jahren eingeladen, aber ich wollte die deutsche Sprache nicht hören. Ich hatte sie im KZ gehört, es war für mich die Teufelssprache. Außerdem hatte ich Angst, dass ich Leuten begegnen könnte, die meinen Vater vergast haben", sagte Ben Brith, der von seinen vier Kindern begleitet wurde.

Sein ältester Sohn Rafel (57) wurde schon 1947 auf dem Weg nach Palästina geboren. Erst ein Jahr später wurde der Staat Israel gegründet, und Ben Brith ging zur Armee, die er 1969 verließ, um Fremdenführer in dem Land zu werden, das nun seit beinahe 60 Jahren seine Heimat ist.

Hamburger Abendblatt, 5.8.2004

Teil II

Zeugnis

Bericht des Ehepaars Rosa und Koppel Friedfertig aus Hamburg, Tel-Aviv.
*Stenographisch aufgenommen von Dr. K. Ball, Anfang November 1944**

1.) Wir waren polnische Staatsangehörige und wohnten über 30 Jahre in Hamburg. Unsere älteste Tochter studierte in Frankfurt und hatte schon ein Studentenzertifikat für Palästina. Ihre Papiere waren in Frankfurt, sie selbst war gerade zum Abschied bei uns. Unsere zweite Tochter war in Berlin auf Hachscharah, die dritte ging zur Schule. Wir wohnten in Altona, Adolfstr. 164. Unsere älteste Tochter half vorübergehend im Vorbereitungslager Wilhelmshöhe in Blankenese als Führerin aus. In diesem Lager wurden am 28. Oktober 1938 die polnischen Jungen abgeholt. Unsere Tochter kam statt abends schon nachmittags nach Hause, war sehr aufgeregt, sagte uns aber nichts.

2.) In der Nacht vom 28. zum 29. Oktober früh zwischen 5 und ½ 6, noch in voller Dunkelheit, hörte ich Schritte im Hausflur, dann klingelte es und 2 Polizeibeamte verlangten Eintritt. Sie kamen mit dem Auftrage, uns alle abzuholen und riefen alle mit Namen auf. Ich sagte, dass die älteste Tochter in Frankfurt sei und die zweite in Berlin. Schließlich verlangten sie aber nur, dass mein Mann mitkomme. Sie sagten noch, er solle sich warm anziehen, frühstücken und dürfe auch 10 Mark bei sich haben. Sie ließen Zeit, sich in Ruhe anzuziehen, zu beten und kamen nach 10 Minuten wieder. Den Pass nahmen sie auch vorher ab und sagten: „Eigentlich müssten sie auch mich mitnehmen, sie wollten davon aber absehen". Dann wurde mein Mann abgeholt und zum Polizeipräsidium gebracht. Wir hatten noch gefragt, was aus den Verhafteten würde, die Beamten sagten, wir brauchten uns nicht aufzuregen, es sei keine Sache, die meinen Mann persönlich betreffe, sondern eine allgemeine Aktion gegen die polnischen Staatsangehörigen. Zunächst käme er zum Polizeipräsidium, was weiter würde, wüssten sie selbst nicht.

3.) Nachher brachte ich meine jüngste Tochter zur Schule. Als ich auf die Straße kam, bot sich ein furchtbares Bild: überall Schutzleute, die Juden jeden Alters und Geschlechts abführten. Sogar in die Synagoge gingen sie hinein und holten die Leute heraus. Dann ging ich zur Gemeinde, wo hauptsächlich Frauen und Kinder zusammenströmten, ferner auch staatenlose Männer, die nicht mit abgeholt worden waren. In der Gemeinde sagte man uns, sie ständen in Verhandlung mit den Polnischen Konsulaten in Hamburg und in Berlin, man müsse abwarten, sie könnten im Augenblick noch gar nichts sagen. Von dort ging ich, meine Tochter von der Schule abzuholen und veranlasste, dass die große Tochter mit der Tochter in Berlin zu telefonieren versuchte, damit sie sofort nach Hamburg/Altona käme und die Familie zusammen sei. Dann ging ich, meinen Mann zu besuchen. Ich fand ihn in einer riesigen Turnhalle, in der schon Hunderte von Menschen versammelt waren, Greise, Männer, Frauen, Babys in Kinderwagen usw. usw. Die Gemeinde hatte einige Vertreter dort, sie hatte Essen geschickt und übernahm Aufträge von den Einzelnen, was ectl. noch erledigt werden konnte ....

Nachdem ich meinen Mann gesprochen hatte und wieder fortgehen wollte, ließ mich der Posten nicht durch. Ich sagte, ich sei ja gar nicht verhaftet, sondern hätte nur meinen Mann besucht. Er erwiderte, das glaube er nicht, aber wenn ich nicht abgeholt worden sei, so sei das nur irrtümlich geschehen, jetzt müsse ich hier bleiben. Ich war sehr verzweifelt, weil meine Kinder gar nicht wussten wo ich war, ich wandte mich an Frl. Ellern.[1] Diese ging mit mir direkt zur Tür, sagte mit lauter Stimme zu mir: „Schaf, ich habe Ihnen doch gesagt, dass Sie meine Akten mitbringen sollen, die befinden sich in meinem Schreibtisch im Arbeitszimmer". Darauf ließ mich der Posten passieren.

4.) Zuhause kochte ich Mittagbrot. Da klopfte es wieder, und es erschienen wieder Polizisten, dieses Mal, um mich und die Kinder abzuholen. Ich verschwieg, dass meine älteste Tochter in der Wohnung war und ging mit der Kleinen zusammen mit. Der Beamte sagte noch, ich könnte alles mitnehmen, was ich tragen könnte, und ich packte so viele Koffer, wie ich hatte, natürlich viel zu viele. Dann ließ mich der Beamte aber mit den Koffern mehrfach die Treppe hinuntergehen, so dass ich sie mitbekam. Unten wartete der Grüne Wagen, und wir stiegen ein und wurden auch zum Polizeipräsidium in die mir schon bekannte Halle gebracht.

5.) Von dort wurden wir auf Lastwagen zum Bahnhof Altona gebracht und in einen Zug, der dort wartete. Es war ein richtiger Personenzug, geheizt und beleuchtet. Auf dem Bahnsteig standen große Tische und Vertreter der Hamburger und Altonaer Gemeinde, auf den Tischen Lebensmittelpakete usw., die mitgegeben wurden, auch Geld. Im Zuge Juden jeden Alters, vielfach noch mit Mänteln und Gebetbüchern, da es gerade Freitagabend war. Im letzten Augenblick kam noch meine Tochter aus Berlin, die gerade angekommen war, zuhause von irgendwelchen Nachbarn Bescheid erhielt. Im Polizeipräsidium sagte man ihr, dass sie nicht mitbrauche aber sie wollte mit uns zusammen sein und erreichte gerade den Zug. Meine andere Tochter blieb in Hamburg, weil sie schon das Zertifikat hatte. Am gleichen Abend flog sie nach Frankfurt und konnte anschließend sofort nach Palästina auswandern.

6.) Der Zug fuhr etwa um ½ 8 Uhr abends ab und morgens um 5 Uhr kamen wir in Bentschen an. Dort mussten wir alle aussteigen, dann wurden wir auf Geld untersucht, indem mehrere Leute nebeneinander durch Posten durchgehen mussten. Es wurde aber nicht sehr genau untersucht, ich z. B. konnte mehrere Hundert Mark bei mir behalten. Dann begann ein schrecklicher Marsch von etwa 7 Kilometern, ohne Rücksicht auf die körperlichen Fähigkeiten des Einzelnen. Wer sein Gepäck nicht tragen konnte oder zurückblieb, dem wurde das Gepäck abgenommen und weggeworfen. Wer nicht mitkam, wurde geschlagen. Schließlich kamen wir an die Grenze. Dort ist etwa 100 Meter auf beiden Seiten Niemandsland. An der polnischen Seite stand ein einzelner Posten mit verrostetem Gewehr. Dieser wollte Niemand durchlassen. Die Deutschen drängten aber von hinten und stießen und sagten: „Ihr werdet Euch doch nicht von einem einzelnen Mann aufhalten lassen!". Schließlich bildeten ein paar Jüngere eine Kette, gingen unter dem Schlagbaum durch und riefen dem Polen zu: „Schiesse auf uns". Von polnischer Seite wurde dann ein paar Mal in die Luft geschossen, aber da die Menge drängte und bereits den Schlagbaum in die Höhe hob, kam schließlich der ganze Zug auf polnisches Gebiet.

7.) Inzwischen wurde dort irgendwie verhandelt und alle kamen zunächst in ein auf polnischer Seite befindliches Wäldchen, wo man sich todmüde hinsetzte, aß was man noch bei sich hatte usw. Von ca. 10–1 Uhr waren wir im Wäldchen beim Regen. Dann kam die Erlaubnis der polnischen Regierung, uns nach Sponczyn[2] hereinzulassen. Wir konnten also wieder aufbrechen und dort wurden Pferdeställe für uns bereitgestellt, die zufällig leer standen. Man ordnete uns dort ein, so gut es sein konnte, einige waren auch schon vom Tage vorher aus anderen Städten dort. Der Bahnhof Neu-Bentschen war bereits schwarz von Menschen, die schon vom Tage vorher an dort gewesen waren, die ersten 20 bis 30 hatten noch weiterfahren können, dann aber wurde die Weiterreise allgemein gesperrt. Auf dem Bahnhof war für niemand weiter Platz, weil er vollkommen überfüllt war. Wir übernachteten im Pferdestall.

8.) Die Unterbringung war so, dass jeder sich selbst im Orte unterbringen musste und zunächst auch dafür bezahlen musste. Es war kein gemeinsames Lager, sondern Unterbringung bei einzelnen Leuten im Ort, aber der ganze Ort war polizeilich abgeriegelt und niemand von uns durfte ihn verlassen. Wer gar kein Geld hatte, blieb im Pferdestall oder in einem Sammellager, welches in zwei Mühlen eingerichtet wurde. Am zweiten Tage kamen schon große Lastautos mit Lebensmitteln von den jüdischen Stellen in Polen, die Brot, Butter und Eier verteilten ....

9.) Es fanden sich einige Jugendliche zusammen, die dem Misrachi[3] angehörten. Ihr Versammlungszimmer war unser Zimmer als das größte und hellste. Diese kamen auf den Gedanken, an das Palästina-Amt in Warschau zu schreiben und um Zertifikate zu bitten. Nach einiger Überlegung änderten sie aber den Plan und baten um Zertifikate für die Eltern. Wir Erwachsene sahen diesen Versuch eigentlich als ganz lächerlich an. Die Kinder setzten 15 Gesuche auf und schickten sie nach Warschau. Schon nach 3 Tagen kam ein Abgesandter aus Warschau, Dr. Wilhelm, und nahm nähere Personalien auf. Und nach ganz kurzer Zeit wurden wir telefonisch angerufen, dass unser Zertifikat bewilligt sei. Wieso gerade unser Zertifikat bewilligt wurde, wissen wir nicht, möglicherweise hing es damit zusammen, dass wir aus Misrachiarbeit in Hamburg bekannt waren, vielleicht auch damit, dass unsere älteste Tochter schon in Palästina war, und dass wir zwei Kinder hatten.

Abgeschobene Juden polnischer Herkunft in Zbaszyn

Warten in Zbaszyn

Notlager im Pferdestall

Im Ganzen wurden aber nur 5 Zertifikate für die etwa 6500 Flüchtlinge in Sponczyn[4] damals gegeben. Eines davon bekamen wir …
Wir haben Sponczyn am 22. Dezember verlassen. Irgendwelches Geld hatten [wir] gar nicht mehr, und die ganze Reise und Ausstattung dazu ist uns sozusagen als selbstverständlich von den jüdischen öffentlichen Stellen in Polen bezahlt worden.

Quelle: Archiv Yad Vashem, 01/35.

Anmerkungen

* Rechtschreibung und Zeichensetzung wie im Original.

1 Recha Ellern, jüdische Fürsorgerin, Zionistin, die sich insbesondere um die ostjüdische Bevölkerung in Altona gekümmert hatte.

2 Richtig: Zbaszyn (polnische Grenzstadt), ausgesprochen wie oben.

3 Misrachi (= geistiges Zentrum), toratreue, d. h. orthodox-religiöse zionistische Organisation, die 1902 von russischen Zionisten gegründet wurde und eine Sonderstellung in der Zionistischen Organisation einnahm.

4 Siehe Anmerkung 2.

14. Februar 1939

Mein lieber Junge,

... Und dann kam der 9. bzw. 10. November. Vom Rath[1] war tot. Morgens um 8 Uhr unser Gärtner Goldenbaum: Haben Sie schon gehört, in der Stadt sind in allen jüdischen Geschäften die Fensterscheiben eingeschlagen. Der Arbeiter erfuhr zu seinem Erstaunen, dass nachts hier wie in ganz Deutschland zu ein und derselben Minute seine Volksseele gekocht haben sollte. Als er aufstand morgens, wusste er zwar noch nichts davon. Ich fuhr noch mit Großvater ins Büro. Überall waren Stauungen schaulustiger Menschen, die am Jungfernstieg und Neuenwall die total zertrümmerten Schaufenster ansahen, bei Robinsohn, gegenüber bei Hirsch, Campbell etc. etc. Unger auch. Na, und dann erfuhr man, dass in Hamburg die Synagogenfenster auch zertrümmert und innen demoliert worden seien, dass aber im übrigen Deutschland die Synagogen durchweg angesteckt und ausgebrannt worden seien und die Schutzleute und Feuerwehr dabei gestanden hätten mit der Order, nur dafür zu sorgen, dass umliegende Gebäude nicht zu Schaden kämen. Und dann hörte man im Laufe des Tages schon von nachts und auch während des Tages vorgenommenen Verhaftungen von Juden. Das war schon einmal im Juli[2] gewesen, als alle die Juden verhaftet wurden, die schon einmal mit der Polizei in Konflikt gekommen waren, und wenn es auch nur eine Geldstrafe von M. 50,– für ein Malheur gewesen war. Man bezeichnete solche Menschen damals als asoziale Elemente, die man erst einmal sicherstellen wollte, trotzdem sie ja von Rechtswegen ihre Strafe verbüßt hatten, womit nach eigentlichem, oder früherem deutschen Recht ihre Strafe verbüßt sein sollte. (Ein Scherz: Die Schweizer bauen ein riesiges Marineministerium. Befragt warum, da sie doch keine Marine besäßen, antwortet der Schweizer, ja, ihr baut doch in Berlin ein riesiges Justizpalais ...) Unter den nun Verhafteten befanden sich auch manche Bekannte wie Dr. Vogelstein, Friedmann Riemalt etc. Aber erschlagen war ich, als ich am nächsten Morgen, am Freitag den 11/11, noch unter der Dusche stand und Mutti tränenüberstürzt und schreiend hereinkam: Edgar, sie haben Max verhaftet, alle jüdischen Anwälte.[3] Und als am Sonnabendmorgen mich im Büro Gunst besuchte und sogar mich in den Freihafen begleitete, erzählte er mir, dass die Verhafteten alle in ganzen Zügen nach Oranienburg transportiert seien. Großvater hatte ich schon vorsichtshalber an jenem Morgen gar nicht mehr mit in die Stadt gefahren. Und als ich um 1 Uhr im Begriff war, das Büro zu verlassen, traten zwei Zivilisten ein mit der Frage, ob die Firma rein arisch, nein, Sie Inhaber, kommen Sie mit. Entleeren Sie sämtliche Taschen, nehmen Sie allenfalls M. 10,– mit, Uhr, Bleistifte alles da lassen. Ab zum Stadthaus. Dort warten, Befragen, Sie bleiben verhaftet, herunter in ein dunkles Loch mit Pritsche und Pissoir. ½ Stunde, dann kommt ein ziemlich mieser Portokassenjüngling dazu. Eine weitere ½ Stunde, Herr Clavier, der uns seinerzeit eingerichtet hatte und in meinem Alter ist. Dann allmählich Abtransport per grünem August. Im Hof des Stadthauses 2 baumlange SS. Und nun ging die Misshandlung los. Los, los, ihr Judenschweine, könnt ihr nicht die Beine lang ziehen, ihr Bürschlein, das wollen wir euch jetzt beibringen. Und mit Knuffen und Fußtritten in den gr. August. Der hat so für 8 Mann hoch Platz. Wir fuhren bei x Polizeistationen vor. Genaues sehen konnte man ja nicht. Und immer kamen mehr Juden in den Wagen. Insgesamt 31. Teilweise waren sie blutig zusammengeschlagen. Und dann ins Gefängnis Fuhlsbüttel. Dort mit derselben, nie schnell genug werden könnenden Geschwindigkeit raus aus dem Wagen mit Tritten, Knuffen und Geschimpfe, und dann mit dem Gesicht gegen die Wand des Ganges stramm gestanden, einer neben dem anderen. Ich kann dir sagen, das war eine Qual, besonders weil alles neu und noch ungewohnt, besonders das Geschimpfe, die unwiedergeblichen Ausdrücke, die Knuffe.

Torhaus des „KoLaFu"

Und nachdem nach endlosen Warten und Registrieren, alles so weit erledigt schien, in einen Raum hinunter gejagt und gestoßen, der 18 Bettgestelle hoch zwei, eine Anzahl Garderobehaken, große Fenster, 5 Stück mit einem Blick auf die Gefängnismauer, einen Wasserhahn, eine Toilette, zwei hoch oben hängende, kleine Birnen, 5 Bänke, enthielt. Hoch war der Raum und sauber. Das muss man sagen. Aber was nun. Als wir so gegen 4 Uhr in diesem Raum landeten, hatte sich, nachdem 5 Personen schon vor uns in den Raum gekommen waren, eine bunt gemischte Gesellschaft von 36 Menschen dort zusammengefunden, von denen ich Clavier, einen gewissen Levy von der Getreidebörse, von vor deiner Zeit, Heymann von Christensen, Heymann von Luethge, Friedmann von der Eppendorfer Landstr. kannte, zusammengefunden, bessere Leute wie z. B. Dr. Fritz Warburg und Dr. Carl August Cohn, die sich beide wie ich später gewahr wurde, in einem Raum über uns befanden, wie auch einfache Leute wie Diener, Zeitungsverkäufer, Handwerker, Menschen von 17 Jahren bis zu 68, Menschen, die teils nachts aus den Betten geholt, teils einfach auf der Straße angehalten: Sind sie arisch, nein, dann kommen Sie mit, wobei als nicht arisch nur reine Juden gelten. Zufälligerweise befand sich unter den Leuten einer, der schon einmal im Juli verhaftet war, wegen angeblicher Rassenschande, inzwischen aber weil haltlos, wieder entlassen. Dieser 20 jährige Jüngling konnte uns nun wenigstens sagen, was vielleicht vor sich gehen würde, und, wie wir uns zu benehmen bzw. zu verhalten hätten. Gegen 6 Uhr bekamen wir dann Schwarzbrot hereingeworfen, wobei jedes Mal, wenn die Tür aufgeschlossen wurde, man stramm zu stehen und einer Achtung zu rufen hatte. Clavier war zum „Vormann" ich zu seinem Stellvertreter ernannt worden aus der Gesellschaft heraus, um, dem Rate des jungen Mannes folgend, uns die Sache zu erleichtern. Das trockene Schwarzbrot und Wasser, ohne Messer übrigens auch, war das erste, was ich seit meinem Frühstück zu Hause zu sehen bekam. Und um 6.30 hat alles zu schlafen. Schlafgelegenheit war ja gerade für 36 da, aber nur stark stinkende 3teilige Matratzen. Also ruff. In Zeug und Mantel. Aber schon um 9 Uhr wurden noch so an die 20 hereingeworfen. Und nachts um 3 Uhr so viele, dass wir einige 90 waren. Von der 3teiligen Matratze plus Keil musste jeder 2 Stücke hergeben, so dass wir, die wir Bettgestelle hatten, auf dem Eisen mit etwas unterm Kopf lagen, andere ähnlich auf dem Steinboden, der Rest mit nichts. Die letzten waren bei Hotel-Razzien, wobei auch die einzelnen Zimmer nachts geöffnet wurden, zusammen gekidnappt worden. Und auch am Sonntag und Montag ging das immer noch hin und her. Umgelegt nach anderen Räumen, neue hinzu. Geschimpfe der 22/23 jährigen SS „Wachtmeister" wie sie sich nennen ließen, und trockenes Schwarzbrot dazu. Und dann immer die Frage, kommen wir weg nach Oranienburg oder nicht. Und die sadistischen Wachtmeister hatten eine ganz besondere Freude, uns, so weit sie außer Schimpfen überhaupt etwas sagten, immer wieder klar zu machen, welche Hölle Sachsenhausen/Oranienburg sei. Kommen wir also weg, kommen wir vielleicht nach der Beerdigung von vom Rath frei oder nicht. Wann wird diese Beerdigung sein. Die am Montag Gekommenen wussten ja etwas mehr, sie ist erst Donnerstag, Tag nach Himmelfahrt. So spät erst. Also vor Freitag wird das nichts mit dem Nachhausekommen. Und Mutti weiß ja nicht einmal wo ich bin. Oder kommen wir Freitag nach Oranienburg, neueste Parole der Wachtmeister. Es ereignet sich nichts. Wir immer noch in unserem Zeug, ich hatte gerade zufällig meinen neuesten Anzug an. Unrasiert, Schwarzbrot trocken zum Abbrechen oder beißen, mittags aus einer Blechschüssel etwas warmes, teils Erbsen oder Bohnen, teils undefinierbar, oder etwa Eier oder zwei unausgenommene Salzheringe mit Pellkartoffeln, mit einem Löffelstiel abzupellen, das Ganze in einem abgestoßenem Blechnapf. Später gab es dann wenigsten auch noch eine Gabel, und ganz später einzelne Messer zum Herumreichen, die abends wieder blitzsauber wieder herausgegeben

„Polizeigefängnis" Fuhlsbüttel

werden mussten. Geputzt wurde das alles mit Mauersteinen, die aneinander gerieben „Rotstein" ergaben. Das mit dreckigen Schuhlappen aufgetragen auch ausgerieben, ließ die stumpfen Sachen blank erscheinen. Wollte man sie benutzen, musste man sie also erst einmal abwaschen, damit sie sauber waren. Na, und nach 14 Tagen gab es ein Stückchen Papier, damit wir unseren Angehörigen unseren Aufenthalt bekannt geben konnten. Eine kleine Seite, sauber zu schreiben, offen zwecks Zensur hinzugeben, Couvert wie dir inzwischen eingesandt. Als alle mit einem 1 Zentimeter langen Stummel geschrieben, zerriss der Wachtmeister die Briefe, die mit so viel Liebe mühseligst zusammengestoppelt waren: Meint ihr Judenschweine, wir haben Lust, so ein

Geschmier zu zensieren. In 4 Wochen dürft ihr wieder schreiben. Aber wir schrieben dann am nächsten Tag nochmals. Und nach 14 Tagen erhielten wir auch ½ Pfund der billigsten Margarine, und am nächsten Sonnabend 60 gr. Blutwurst. Auf Grund unserer Briefe schickten die Frauen je ein halbes Pfund Butter und Wurst zusammen mit Unterwäsche. Da ich am Sonnabend verhaftet, also 8 Tage alte Unterwäsche an hatte, bin ich so mit dem Dreck 3 Wochen herumgelaufen. Unrasiert außerdem selbstverständlich, bis es evident wurde, dass wir da bleiben, und nicht mehr nach Oranienburg kommen würden, wenigstens wahrscheinlich nicht. Und dann wurden wir nach 14 Tagen eben auch eingekleidet, erhielten also Sträflingszeug und so genannte Bettbezüge, auch ausreichend Matratzen und ein Handtuch, oder wenigstens, was sich so nannte. Und dann eben einmal die Woche Brief und Packet von zu Hause. 2 Briefe habe ich so erhalten, der eine, der mir mitteilte, dass ein Treuhänder in die Firma gesetzt, der andere von Hans' Tod und meiner zwangsweisen Auswanderung, wenn ich wieder heraus wolle. Inzwischen waren bei uns die Leute über 60 entlassen, auch einige, die Passage zur Auswanderung schon belegt hatten. Und so konnte ich auf unerlaubte Weise Mutti Näheres über mich durch diese Leute überbringen lassen. Aber da man nur mit der Verpflichtung strengsten Stillschweigens über alles Erlebte, Gesehene oder Gehörte, auch mit Bezug auf Anwesenheit der Personen, entlassen werden konnte, musste ich später feststellen, dass einige sich gar nicht getraut haben, anzurufen, andere nur noch von öffentlicher Fernsprechstelle ohne Namen. Nur einer, ein Fabrikbesitzer aus Berlin, der nach London auszuwandern im Begriff war, und der seine chemischen Sachen nun zum Schaden Deutschlands von London aus herstellen und exportieren wird, ist zu uns ins Haus gekommen. Das Leben innerhalb dieser gemischten Gesellschaft war sehr ordentlich. Jeder war bemüht, gute Kameradschaft zu halten und das Beisammensein nicht unnötig zu erschweren. Als die Wachtmeister so nach und nach doch natürlich auch uns kennen lernten, konnten wir uns hier und da kleine Erleichterungen verschaffen, wie z. B. uns eine Zahnbürste besorgen lassen, Rasierzeug, auch einmal etwas Wurst, Marmelade und Käse, Seife, Zahnpasta, Kamm etc. Auch war unser Bestand bald auf 60 herunter, da alles über 60 und Auswandernde wie gesagt entlassen wurden. Aber die Luft blieb doch entsetzlich. Und was am schlimmsten war, wir hatten nichts, aber auch gar nichts zu tun, nicht einmal das geringste zum lesen. Wohl haben erfindungsreiche Leute wie ein Maurer einen tadellosen Würfel aus Mauernstein hergestellt, ein „verschwundener" Bleistiftstummel zauberte ein Damebrett auf einem Stück Klosetpapier hervor, musste aber sorgfältig versteckt gehalten werden, aber die schließliche Langeweile war entsetzlich. Und dann das: wie lange. Weihnachten, oder gar Ostern. Es war furchtbar. Und dann immer wieder: Doch noch Oranienburg. Wir sollten jeden Tag außer sonntags 20 Minuten im Freien bewegt werden, wenn das Wetter es erlaubte. Dreimal höchstens sind wir so in der Woche auf den Gefangenenhof geführt, um dann zu exerzieren. Man stelle sich vor, alte Leute, angepöbelt, weil sie die Knie nicht mehr richtig durchdrücken konnten etc. Zweimal in meiner Zeit haben wir auch Duschen dürfen. Allerdings nur rein zuck zuck, raus zuck zuck. Dann wurde immer zwischendurch angetreten im Gang zu irgendwelcher besonderen, uns unverständlichen Sache in Gegenwart eines „höheren Beamten" der Gestapo. Dann hieß es, die selbstständigen Exporteure, zu denen ich mich nicht gemeldet hatte, kommen heraus, dann wieder

Handwerker. Tatsächlich kam auch der eine oder andere aus für uns meist unersichtlichen Gründen heraus. Das geschah dann immer so urplötzlich und schnell, dass der Betroffene mit uns gar nicht mehr sprechen konnte. Gefängniszeug aus, Privatzeug an, Bettzeug runter, raus. Die anderen hatten so lange stramm zu stehen, wie wir überhaupt 5mal am Tage in Reih und Glied anzutreten hatten. Dann musste der Vormann ordnungsmäßig melden, etwa: Saal 2b, belegt mit 56 Mann, 2 Mann abkommandiert zum Verhör im Stadthaus, zum Essensempfang angetreten. Und wurdest du aus irgendeinem Grunde aus dem stinkigen Raum herausgeholt, hattest du sofort stramm mit dem Gesicht zur Wand dazustehen. Was soll ich dir noch von den grausigen Beschimpfungen und der niederträchtigen Behandlung sadistischer Art dieser kleinen Wachtmeister erzählen, es war, wie sich später herausstellte, leicht gegen all das, was die durchmachen müssen, die in den ersten zwei Tagen verhaftet wurden und nach Oranienburg abtransportiert waren ...

Quelle: Privatbesitz.

Anmerkungen

* Rechtschreibung und Zeichensetzung wie im Original. Auslassungen mit ... gekennzeichnet. Der Kaufmann Edgar Eichholz überlebte die NS-Zeit in „privilegierter“ Mischehe in Hamburg.

1 Ernst vom Rath (1909–1938), Gesandtschaftsrat in der deutschen Botschaft in Paris, wurde am 7.11.1938 von dem jungen Juden Herschel Grynzspan, dessen Eltern mit der „Polen-Aktion“ abgeschoben worden waren, angeschossen. Am 8.11. beförderte Hitler vom Rath um drei Stufen zum Botschaftssekretär I. Klasse. Am 9.11. erlag vom Rath seinen Verletzungen.

2 Gemeint ist die „Juni-Aktion“.

3 Max Eichholz, geb. 3.12.1881, promovierter Jurist, 1921–1933 Bürgerschaftsabgeordneter der Deutschen Demokratischen Partei, wurde wegen seines mutigen Auftretens nach 1933 mehrfach verhaftet, schließlich unter dem Vorwand der „Rassenschande“ zu fünf Jahren Zuchthaus verurteilt und aus diesem nach Auschwitz überführt, wo er am 12.1.1943 ermordet wurde. Vgl. Wilfried Weinke, Die Verfolgung jüdischer Rechtsanwälte Hamburgs am Beispiel von Dr. Max Eichholz und Herbert Michaelis, in: Angelika Ebbinghaus/Karsten Linne (Hrsg.), Kein abgeschlossenes Kapitel: Hamburg im „Dritten Reich“, Hamburg 1997, S. 248–265; Heiko Morisse, Jüdische Rechtsanwälte in Hamburg. Ausgrenzung und Verfolgung im NS-Staat, Hamburg 2003, S. 125.

Die Deportationsmaßnahmen der Geheimen Staatspolizei in Hamburg

Bericht von Dr. Max Plaut,
Vorsitzender der Jüdischen Gemeinde in Hamburg 1938–1943

Am 15. Oktober 1941 war durch die Jüdische Gemeinde in Köln bekannt geworden, dass im Laufe des Monats Oktober 20 000 Juden aus Deutschland nach Litzmannstadt (Lodz) evakuiert werden sollten. Eine sofortige Anfrage bei der Hamburger Gestapo wurde negativ beantwortet: „Hier ist nichts angeordnet". Am 17.10. wurde der Schreiber telephonisch zur Gestapo gerufen, wo ihm der Leiter des Judenreferates, Kommissar Göttsche, erklärte: „Nächste Woche werden 1000 Juden nach Litzmannstadt evakuiert". Als ich um nähere Auskunft bat, wie die Behörde sich das vorstellte, erhielt ich die Erklärung, zunächst sollten alle Juden, die aus den bis 1918 zu Deutschland gehörigen Teilen des Altreiches stammten, alle naturalisierten Ostjuden,[1] alle staatenlosen Juden, sowie alle bei der Gestapo aus irgendeinem Grunde „missliebigen" Juden mit ihren Familien drankommen. Verwandte und Verschwägerte, die nicht in diese Kategorien fielen, könnten sich freiwillig melden. Auch Juden polnischer Staatsangehörigkeit – soweit nicht schon am 28.10.1938 abgeschoben – wurden miterfasst. Die Betreffenden erhielten durch die Gestapo per Einschreibebrief einen „Evakuierungsbefehl", indem ihnen mitgeteilt wurde, dass sie sich einen Tag vor Abtransport im Gebäude der „Provinzialloge für Niedersachsen", Moorweidenstrasse, einfinden sollten. Wörtlich hieß es: „Ihre Evakuierung nach Litzmannstadt ist angeordnet. Ihr Vermögen wird mit sofortiger Wirkung beschlagnahmt, jede Verfügung über Vermögen wird bestraft". Es folgten genaue Anweisungen über Mitnahme von Reisegepäck, Wegzehrung und Taschengeld. 50 kg Gepäck (Wäsche, Kleidung und Decken), Mundvorrat für 2 Tage wurden erlaubt. Die Transportteilnehmer hatten außerdem ein mitgesandtes Vermögensverzeichnis auszufüllen und mit dem übrigen Bargeld im Versammlungslokal abzuliefern. Nach Verlassen der Wohnung mussten die Schlüssel auf dem zuständigen Polizeirevier abgeliefert werden. Die Wohnungen wurden zunächst polizeilich versiegelt. Auf Grund der Beschlagnahmeverfügung zog später der Oberfinanzpräsident das Eigentum der evakuierten Juden zugunsten des Reiches ein. Die meisten, die einen Evakuierungsbefehl bekamen, wurden im Gemeindebüro beraten und, soweit erforderlich, ausgestattet. Dabei kamen die noch gut bestückte Kleiderkammer und eine beispiellose Hilfsbereitschaft der jüdischen Bevölkerung zustatten. Das Personal der jüdischen Volksküche sorgte dafür, dass in der Moorweidenstrasse reichlich warme Mahlzeiten ausgegeben wurden. Außerdem übernahm die Gemeinde die Besorgung von Mundvorrat für alle, die selbst dazu nicht in der Lage waren. Für den Transportzug wurde besondere Ausrüstung beschafft: Eimer und Kannen für Trink- und Waschwasser, Schüsseln, Toilettpapier, Handtücher und Seife, Hygieneartikel und Medikamente, Lesestoff usw. Wenn auch alle Mitarbeiter der Gemeinde Tag und Nacht unermüdlich bei der Arbeit waren und überall, wo es nottat, hilfreich zur Stelle waren, möchte ich doch zwei Namen besonders erwähnen, die sich bei der Ausrüstung der Transporte und bei der Ausstattung der Züge besonders verdient gemacht haben: Blumenthal und Martin Starke.[2] –

In dem Logengebäude wurden die Transportteilnehmer von Beamten der Gestapo abgefertigt: Gepäckkontrolle, Geldabnahme (auch des Taschengeldes), Abnahme der Vermögensverzeichnisse usw. Das Personal der Gemeinde hatte ungehindert Zutritt. Die Beamten der Gestapo hatten Anweisung, die Juden anständig zu behandeln und von jeder Schikane abzusehen. Trotzdem kam es gelegentlich zu hässlichen Entgleisungen. Zum ersten Transport meldeten sich über 100 freiwillig, die dem Leben unter Druck ein Ende bereiten wollten. Durch diesen unerwarteten Zulauf konnte eine entsprechende Anzahl zurückgestellt werden. Für kurze Zeit. Anderntags erfolgte der Abtransport mit Lastautos zum Hannoverschen Bahnhof, der für alle Deportierungen zuständig bleiben sollte. Ein großes Aufgebot von Gestapobeamten, aber auch von Helfern der jüdischen Gemeinde, war zur Stelle. Reichlich Lebensmittel und Medikamente waren ebenso wie Decken eingebracht. Als Begleitpersonal fuhren ein Leutnant und 15 Mann Schutzpolizei in Uniform mit.

Nach wenigen Wochen hieß es, dass weitere Transporte vorgesehen seien. Jetzt sollten alle Personen unter 65 (Frauen unter 60) drankommen. In dem Rundbrief des Reichssicherheitshauptamtes an die Gestapostellen waren die Fahrpläne und Anzahl der Menschen genau angegeben. Die örtlichen jüdischen Stellen sollten „mitwirken". U. a. wurde mir aufgetragen, Listen für die Abzutransportierenden zusammenzustellen. Das habe ich für mich und meine Mitarbeiter strikt abgelehnt. Daraufhin hat Kommissar Göttsche seine Mitarbeiter Wohlers und Mecklenburg[3] mit diesem traurigen Geschäft beauftragt. Der Gebrauch des Wortes „Evakuierung" wurde verboten. Es hieß jetzt offiziell „Abwanderung". Die Vorschriften blieben für alle folgenden Transporte die gleichen, auch die Modalitäten der Abfertigung. Die Versammlungslokale wechselten. Neben der Loge in der Moorweidenstrasse waren auch noch eine Schule am Sternschanzenbahnhof und das jüdische Gemeinschaftshaus, Hartungsstrasse (Auschwitztransport), Sammelpunkte. Ältere Leute, Kriegsversehrte, Insassen von Alters- und Pflegeheimen sowie das dazugehörige Personal wurden grundsätzlich nach dem KZ Theresienstadt deportiert. Die Formalitäten wurden hier anders gefasst, die Prinzipien blieben immer die gleichen. Später wurden noch „Kleintransporte" zu 50 Personen nach Theresienstadt abgefertigt mit Juden aus Mischehen, jüdischen „Mischlingen" und den nach Auflösung der Reichsvereinigung der Juden in Deutschland (10.6.1943) verbliebenen jüdischen Angestellten und Beamten.

Besonders zu erwähnen wäre noch die Deportation von 19 Hamburger jüdischen Geisteskranken nach Cholm, die von Friedrichsberg aus erfolgte. Der Abtransport wurde als Krankentransport getarnt. Es wurde amtlich mitgeteilt, dass alle jüdischen Geisteskranken in ein zentrales Heim im Gouvernement Lublin verlegt würden. Monate später erhielten die Angehörigen Todesurkunden. Beim Vergleich ergab sich, dass alle am gleichen Tage zur gleichen Stunde am gleichen Leiden gestorben waren. – Die Deportationen führten bekanntlich zur Liquidierung der Juden. Innerhalb des Bezirks Nordwestdeutschland, den ich von Hamburg aus betreute, waren die Abfertigungen durch die Behörden in Hamburg vergleichsweise erträglich, ja im Vergleich zu anderen Orten (z. B. Hannover, Kassel, Berlin) human. Nur einmal, bei einem Transport nach Minsk, misshandelte der Begleitoffizier der Hamburger Schutzpolizei einen Transportteilnehmer auf dem Bahnsteig so schwer, dass er alsbald starb. Die Haltung der Deportierten war nicht nur gefasst, sie war tapfer. Das Gefühl „viel schlimmer kann es nicht mehr werden" mag manche stumpf gemacht haben. Aber die große Zahl wusste um das ihr im Hitlerreich bestimmte Schicksal und trug es. Nur wenige, etwa ein Prozent, zogen den Freitod vor. Fünf Personen gelang es mit Hilfe nichtjüdischer Freunde zu fliehen und im Untergrund zu überleben.

Quelle: Die jüdischen Opfer des Nationalsozialismus in Hamburg. Gedenkbuch, Hamburg 1965, S. X–XIII.

Anmerkungen

1 Eingebürgerten Ostjuden.
2 Siehe Martin Starke, Bericht über seine Deportation nach Auschwitz.
3 Claus Göttsche, Leiter des Judenreferats der Hamburger Gestapo, Walter Wohlers und Walter Mecklenburg waren seine Sachbearbeiter dort, siehe Die Organisation der Transporte aus Hamburg.

Helferin der Jüdischen Gemeinde bei den Deportationsvorbereitungen

*Auszug aus einem Interview mit Frau Ingrid Wecker geb. Riemann (W) vom 18.6.1992, geführt von Beate Meyer (M)**

Ingrid Wecker 1942

Ingrid Wecker und ihre Mutter Wilma Blumenthal 1941 (in Trauer um ihren Vater)

W ... Herr Benscher[1] ... kam eines Morgens zu uns und sagte: „Riemannsche..." – so nannte er meine Mutter – „... da läuft irgend etwas, worauf wir schon lange gewartet haben, die deportieren." Es wurde aber nicht Deportation gesagt. ... Es war einfach von Umsiedeln die Rede, es war von allem möglichen die Rede, nur nicht von Deportation. Also er hat gesagt: „Kinder, da läuft was, und wir brauchen jede Hand in der Jüdischen Gemeinde. Könnt ihr helfen?" „Ja." ... Meine Mutter und ich sind dann zur Jüdischen Gemeinde in die Beneckestraße gegangen. „Was machen wir jetzt? Als erstes müssen wir die Leute versorgen. Es sind rund tausend Personen." Wir haben aufgerufen zu einer Lebensmittelspende, Lebensmittel, Wolldecken, Bekleidung ... Es hieß: „Wir müssen Päckchen packen. Wir wollen jedem ein Lebensmittelpäckchen mitgeben. Und die Lebensmittel werden wir in große Kartons verpacken. Dann wird es in einen angehängten Gepäckwagen verladen."

Wir haben zuerst – in der Jüdischen Gemeinde war ein großer Vorraum ... – große Tische zusammengestellt. Irgend jemand hat große Packpapiertüten besorgt. Die habe ich alle aufgestellt ... und Zettel geschrieben, Mehl und Haferflocken, Zucker und und und. Habe mich hingestellt und dann kamen die Dinge. Ich weiß nicht, wie das immer so schnell rundging. Sie müssen bedenken, Telefon hatte keiner mehr außer den öffentlichen Stellen.[2] Also die Jüdische Gemeinde und das Krankenhaus hatten noch ein Telefon, die Schule vielleicht auch, sonst hatte kein Mensch mehr eines. Ich nehme an, das ging alles über Mundpropaganda. Anders kann ich mir das nicht vorstellen. Es ging sagenhaft schnell. Die Leute kamen mit den letzten aufgesparten Sachen an, so'n bißchen Zucker und bißchen Mehl, es war ja alles schon rationiert, und Juden kriegten ja keine Sonderrationen. Die Spenden habe ich in die Tüten getan. Nachher kamen dann auch schon mal größere Spenden. Es gab Wein, den habe ich extragestellt und habe gesagt: „Den möchte ich mit im Sanitätswagen haben." Auch Pflaster oder Maggiwürfel. Das habe ich alles so gesammelt im Laufe des Tages.

Abends hieß es: „Jetzt müssen wir Brote schmieren, aber wir können das nicht hier machen. Wir gehen jetzt ins GH." Das GH war das Gemeinschaftshaus in der Hartungstraße, die jetzigen Kammerspiele. Die Kinosessel kamen raus, dort fanden ja sonst Kinovorführungen für uns Juden statt. Meine Mutter stand oben auf der Bühne mit der Familie Spiegel. Sie hatte unsere Brotmaschine mitgebracht ... Mutter hat die Brotscheiben gemacht, die Frauen haben auf der Bühne die Brote geschmiert und dann eingepackt in Pergamentpapier. Es gab ja diese vorgefertigten Feldpostpäckchen. ... Bevor ich Ihnen das aber jetzt erzähle, möchte ich Ihnen sagen, was draußen vor sich ging. ... Haben Sie das Theater vor Augen?

M Ja.

W Also, die große Freitreppe ist vorn, und rechts davon führte so schräg in die Wirtschaftsräume eine Kellertreppe. Plötzlich stand dort ein Faß mit Butter, und plötzlich stand da Wurst, und plötzlich stand da Zucker, und plötzlich standen da Brote, und plötzlich standen da Kisten mit Wein und ich weiß nicht, was. Anonym, muß ja von Hamburger Geschäftsleuten oder Firmen oder von einem Privatspender gewesen. Bonbons und Schokolade für die Kinder. Das haben wir alles verteilt auf diese Päckchen. Man hat zu mir gesagt, ich möchte bitte darauf achten, auch koschere Päckchen zu packen. Ich habe also mein weniges jüdisches Wissen zusammengenommen und darauf geachtet, daß keine Schinkenbrote mit reinkommen. Was die armen Leute wohl gedacht hatten, als die später ihre ‚koscheren' Päckchen aufgemacht haben! Aber ich glaube nicht, daß die das wahrgenommen haben – wenn sie sie überhaupt gekriegt haben. Und so haben wir die ganze Nacht Päckchen gepackt und gemacht und getan. ... Auf dem ersten Transport war es erlaubt, Matrazen mitzubringen. Das ganze Foyer ... war voller Matrazen. Wir wußten nicht mehr, wohin mit den Matrazen ...

M Wieviele waren Sie, die dort halfen?

W Wir waren bestimmt fünfzig Leute. ... Es war auch weitläufige Verwandtschaft von uns unter den Deportierten beim ersten Transport. Wir haben die Päckchen gepackt, ein paar Stunden geschlafen, dann hieß es mitten in der Nacht, wir müßten jetzt zum Hannoverschen Bahnhof. Herr Starke[3] hatte einen alten dreirädrigen Tempolieferwagen aufgetrieben. Mit dem haben wir diese Päckchen und alles, was zum Zug sollte, zum Hannoverschen Bahnhof gebracht. Wir hatten eine Sondergenehmigung[4] und haben gebetet, daß unterwegs kein Fliegeralarm kommt. Das konnte ja auch noch sein. ... Ich bin später immer gefragt worden: „Ist das ein Personenzug gewesen?" ... Ich weiß noch, es war vorn ein Personenzug, und hinten waren zwei oder drei Gepäckwagen angespannt. Aber die Leute waren ja noch nicht drin. Die waren ja noch in der Moorweide versammelt. Ja, so ist der erste Transport weggegangen.

Dr. Loeffler, Ausweisfoto von 1945

Fritz Benscher beim Bayerischen Rundfunk

Beim zweiten sah es schon viel schlimmer aus: Die Helfer waren weniger geworden, und es war eine bitterkalte Nacht. Wir waren wieder im Gemeinschaftsheim, haben aber schon keine Pakete mehr gepackt, sondern unten in der Küche Kaffee gekocht, Bohnenkaffee. Es war sehr kalt, und die Leute mußten in der Loge übernachten. Dort saßen sie, hatten nichts zu essen und vor allen Dingen nichts Warmes zu trinken. ... Herr Benscher, der war einmalig. Der kam mit hunderten von Thermosflaschen an, die er aufgetrieben hatte. In die haben wir den Bohnenkaffee mit großen Kellen reingefüllt. Der Dr. Löffler hat auch noch mitgeholfen.[5] Wir haben also die Thermoskannen aufgefüllt, sie wurden rübertransportiert – und nach kürzester Zeit kommen die ganzen Thermosflaschen wieder zurück. Herr Benscher sagt zu uns: „Das könnt ihr weggießen. Ich brauche jetzt große Suppenkellen." Wir haben gesagt: „Mensch Benscher, nun erzähl'! Was ist denn los?" „Die Gestapo hat uns verboten, den Leuten was zu trinken zu geben. Die Toiletten sind eingefroren, die laufen schon über, und ich brauche die Kellen dazu, um die überlaufenden Toiletten leerzuschöpfen." Das ist in der Nacht passiert.

... Benscher war einer, der sich vor der Gestapo nicht fürchtete. Der ist mit 'nem Judenstern auf dem Rad durch die Grindelallee gefahren. Er wußte für jeden Hilfe, und er hat uns alle ... richtig eingesetzt. Es war kein kopfloses Arbeiten. Nur: Die Helfer wurden immer weniger. ...

Später wurden die alten Leutchen evakuiert ... Herr Benscher kam wieder an und sagte: „Ingrid, du mußt mal helfen." Er hat mir Adressen aufgegeben, in diesen großen, schönen Villen, alles alteingesessene Hamburger! Ich habe den alten Damen geholfen, die Koffer zu packen. Frau Meyer, es war herzerweichend. Sie wissen ja, es durfte nur begrenzt Gepäck mitgenommen werden. Ich mußte immer wieder sagen: „Bitte lassen Sie es hier." Die haben lieber darauf verzichtet, einen warmen Schal einzupacken als die Bilder ihrer Angehörigen. Und dann in dem Stift in der Bundesstraße haben sich auch Szenen abgespielt![6] Es mußte auf jedem Gepäckstück die Evakuierungsnummer stehen und die Hamburger Adresse. Das war Schikane. Ich hatte noch eine alte Dose mit Bronze, um Ofentüren anzubronzen, und einen Pinsel. Damit habe ich überall auf die Koffer Adressen und die Evakuierungsnummern geschrieben. Ich ging von Zimmer zu Zimmer. Die riefen mich schon, „Oh, kommen Sie bitte her." ... Eine etwas jüngere Frau besaß noch ein bißchen Nagellackentferner, mit dem haben wir die Bronze verlängert. Die Schrift mußte ja sichtbar sein. Es gab sonst Ärger. ... Es war schlimm. Diese Nacht war schlimm. Die waren so kopflos, die alten Leute. Von dem Kofferpacken träume ich manchmal noch. Dieses Kofferpacken und dann Nachwiegen. Noch ein bißchen rein, und dann ging der Koffer nicht mehr zu. Oder Rucksäcke packen. Ich kannte einen Trick von meiner Mutter so mit 'nem Kopfkissen: In jede Ecke ein Taschentuch reinstopfen, daß so'n Knuddel entsteht, und dann ein Bettuch oder ein Tischtuch zerreißen und oben mit 'ner Sicherheitsnadel schließen, das gab einen schönen Rucksack. So haben wir das gemacht. Und dann wieder die Nummer draufgeschrieben. War ganz schlimm.

Nun will ich Ihnen was erzählen von der Gestapo. Es gab einen ganz merkwürdigen Transport. ... Da hatten sie Familien aufgerufen, die Wohnungen waren schon versiegelt, die Schlüssel abgegeben. Jetzt hieß es plötzlich: „Du und Du und Du kommst nicht mit." Da hatten sie ausgenommen: schwangere Frauen, Frauen mit ganz kleinen Kindern und alte Leute, einfach wieder zurückgeschickt. Die wußten ja jetzt überhaupt nicht, wohin. ... Ein paar Tage später gingen sie dann doch auf Transport und wurden in der Turnhalle der Israelitischen Töchterschule abgefertigt. Dort waren riesige Tische aufgebaut, und die Gestapo ließ sich jeden einzelnen Koffer aufmachen. Das mußte ich machen, ich war ja Helferin. Die haben geprüft, und wenn jetzt eine Nachbarin jemandem noch einen Bonbon zugesteckt hatte oder wenn auch nur Pelzähnliches oder Wollsachen darin waren, dann hieß es, „wissen Sie nicht, daß Sie das nicht mehr haben dürfen?!", dann haben die geschrien, die SS-Leute. ... Unter den Tischen standen Waschkörbe für die aussortierten Sachen, die kamen zur NSV[7], ich mußte sie da runterlegen. Wenn die mal nicht hinguckten, hab ich's oben wieder reingesteckt. Wissen Sie, wenn man achtzehn Jahre alt ist, denkt man nicht an die Gefahr. ... Man denkt nur an diese Ungerechtigkeit. ...

Durchsuchung des Gepäcks vor der Deportation (Zeichnung Ingrid Wecker)

Einer von den SS-Leuten war vorher so gemein zu einer alten Frau gewesen, hatte ihr Schläge angedroht. Sie hatte irgendwas nicht schnell genug geöffnet oder so. Die schmissen die Koffer immer so hin und her. Da habe ich zu ihm gesagt: „Den nächsten Koffer packen Sie wieder ein! Die Koffer sind mit so viel Mühe gepackt. Sie wissen genau, daß man bestimmte Grenzen an Gewicht nicht überschreiten darf. Den nächsten Koffer, den Sie so rumwerfen, den packen Sie wieder ein." Da hat er geguckt. ... Ich mußte die schweren Koffer nach draußen schleppen. Draußen stand ein Möbelwagen, die waren früher ja so hoch. Ich mußte die Koffer raufhieven, oben stand ein Helfer von der Gemeinde und nahm die an. ...

M Was haben Sie gedacht, was mit den Deportierten geschehen wird?

W Zu Anfang waren wir verunsichert, muß ich Ihnen ehrlich sagen, bis einige Karten eintrafen, die einfach irgendwann über aus dem Zug geworfen und von Leuten weitergeleitet worden sind. Dann tauchten die ersten Gerüchte auf, daß da irgendwas nicht stimmte. Und die Selbstmorde nahmen zu, je weiter die Transporte fortschritten, weil man inzwischen in etwa – nur in etwa! – wußte, was los war. Das ganz große Glück war, nach Theresienstadt zu kommen. Das wußten wir auch schon. ... Wir hörten von den ersten Deportationen: „Die haben ihr Gepäck nicht gekriegt. Die Wagen sind unterwegs abgehängt worden." ... Es sickerte etwas durch, doch das ganz große Ausmaß haben wir erst nach dem Krieg erfahren. ...

Quelle: FZH/WdE, 34, Interview mit Ingrid Wecker, geführt von Beate Meyer am 18.6.1992.

Anmerkungen

* FZH/WdE, 034, Interview vom 18.6.1992 mit Frau Ingrid Wecker (W), geführt von Beate Meyer (M), Transkript S. 23–30. Auslassungen werden mit ... gekennzeichnet. Der Text wurde leicht gekürzt und sprachlich überarbeitet. Ingrid Wecker stammte aus einer Mischehe und galt als „Mischling ersten Grades". Nachdem ihr nichtjüdischer Vater jedoch im Rahmen der Euthanasie-Aktion ermordet worden war, leitete ihre Mutter ein Vaterschaftsfeststellungsverfahren ein, in dem sie zur „Halbjüdin" und ihre Kinder zu „Mischlingen zweiten Grades" erklärt wurden, so dass sie vor der Deportation geschützt waren, vgl. Meyer, „Jüdische Mischlinge", S. 137–142.

1 Fritz Benscher, geb. 13.11.1904, gestorben 9.3.1970 in München, arbeitete als Schauspieler im Hamburger Theater des Westens und im Schillertheater. Während der NS-Zeit wirkte er bis August 1938 an Aufführungen des Jüdischen Kulturbunds in Hamburg, Köln und Berlin mit. Nach dem Novemberpogrom arbeitete er als Sargtischler für die Jüdische Gemeinde in Hamburg, zuletzt auf dem jüdischen Friedhof am Försterweg 43. Am 23.6.1943 wurde er nach Theresienstadt und von dort am 28.9.1944 nach Auschwitz weiter deportiert. Er überlebte, ging nach München und arbeitete dort beim Hörfunk, trat später auch als Kabarettist auf und wirkte an vielen Fernsehspielen mit. Vgl. Barbara Müller-Wesemann, Theater als geistiger Widerstand. Der Jüdische Kulturbund in Hamburg 1934–1941, Stuttgart 1997, S. 428.

2 Juden wurde verboten, Fernsprechteilnehmer zu sein, ausgenommen „Konsulenten", „Krankenbehandler" und die jüdische Verwaltung. Die Telefonanschlüsse wurden Juden zum 30.9.1940 gekündigt. Vgl. Walk, Sonderrecht, S. 325 f.

3 Martin Starke, Mitarbeiter der Jüdischen Gemeinde, siehe seinen Bericht über die Deportation nach Auschwitz.

4 Wegen der nächtlichen Ausgangssperre.

5 Dr. Ludwig Löffler, 1906–1989, juristischer Berater der jüdischen Gemeinde von 1939 bis zu seiner Deportation im Sommer 1943 nach Theresienstadt. Löffler überlebte Theresienstadt, Auschwitz und das KZ Groß-Rosen. Nach dem Krieg leitete er ab Juli 1945 die Beratungsstelle für Wiedergutmachungsansprüche, aus der sich das Wiedergutmachungsamt entwickelte. Neben seiner Tätigkeit als leitender Fachbeamter übernahm er zahlreiche Ehrenämter in jüdischen Organisationen.

6 Gemeint ist das ehemalige John R. Warburg-Stift in der Bundesstraße 43.

7 Nationalsozialistische Volkswohlfahrt. D. h. in diesem Zusammenhang: Die konfiszierten Gegenstände wurden an nichtjüdische Bedürftige verteilt (wenn sie nicht schon vorher von den an der Durchsuchung beteiligten Beamten gestohlen wurden).

Fritz Sarne

Bericht über die Deportation nach Lodz

Erinnerungen aufgezeichnet am 8. Januar 1990 von Matthias Heyl

Ich war dann bis zu meiner „Evakuierung" am 25. Oktober 1941 nach Litzmannstadt im Eppendorfer Krankenhaus mit Vorbereitungen für Luftschutzkeller-Erdarbeiten tätig, wo ich noch am Nachmittag eine Verletzung erlitt, die jedoch nicht anerkannt wurde – vielleicht zu meinem Glück, das weiß man heute nicht zu sagen – so dass ich zur Moorweide gehen musste, in der Feldbrunnenstraße meine Schlüssel abgeben musste. Damals wohnte ich in dem „Judenhaus" Heinrich-Barth-Straße 8.

Wir waren 1037 Menschen jeden Alters in unserem Transport, Hamburger und ein Teil Harburger. Von diesem Transport haben nachweislich nur drei Leute überlebt.[1]

Menschen wurden vom Komfort ihrer Wohnungen und ihres Lebens genommen, mussten in einem Saal mit je fünfhundert Leuten hausen. Eine Gruppe kam ins Kino, ein anderer Teil, darunter die meisten Harburger – auch Prediger Gordon – in die Schule. In den ersten Tagen waren wir ganz ohne Matratzen und Lebensmittel. Ich erinnere mich an den ersten Gottesdienst, den ein Herr Plessner im Kino abhielt, in der Melodie des Versöhnungstages – das war ein besonderes emotionales Erlebnis. Meine durch Erdarbeiten erworbene gute körperliche Kondition erlaubte es mir, mich als Totengräber auf dem Lodzer Friedhof zu melden, wofür es mehr Brot gab, eine Scheibe Brot vielleicht, die ich mit den Leuten aus meiner Baracke, wo wir zu zwölft, Männer und Frauen, in einem engen Raum zusammengepfercht waren, teilen konnte.

Ich habe eine Reihe von Harburgern dort beerdigt, derer Namen ich mich nicht mehr entsinnen kann. Ich erinnere mich jedoch eines Morgens im Februar 1942, an dem ich an der Friedhofsmauer, die von Schutzpolizei gesichert wurde, arbeitete. Da sah ich einen Lastwagen, auf dem ich einige Harburger, darunter Prediger Gordon, erkannte – ich sehe ihn noch heute, mit seinem kleinen Spitzbart, mit seiner Brille, mit Gepäck (wir hatten ja nur 12 Kilo Gepäck), auf dem Lastauto an der Friedhofsmauer vorbeifahren. Und nach ungefähr zwei Stunden kehrten die Autos leer zurück. Später erfuhr ich, dass im in der Nähe gelegenen Chelmno eine Vergasungsanstalt bestand, in der unsere Leute umgebracht wurden.

Ich hatte mich 1942 freiwillig zu einem Transport gemeldet, für Innenarbeiten im Ruhrgebiet. Es wurde versprochen, es gäbe dort Wurst und Brot

Friedhof im Ghetto Lodz

Totengräber in Lodz

extra. Als der Transport mit etwa 150 kräftigen Menschen im Alter zwischen zwanzig und vierzig Jahren verladen wurde, bemerkten wir, dass es weiter nach Osten ging, anstatt nach Westen, dorthin, wo jeder Stationsname den Zusatz „Warthegau" trug. So erreichten wir einen Ort namens Posen-Gutenbrunn, wo wir von dortiger Polizei nach einem Reichsbahn-Arbeitslager geführt wurden. Dort mussten wir unter unmenschlichsten Bedingungen schwerste Arbeiten an der neuen Bahnstrecke Posen-Kudno verrichten. Dort hatte ich eine Begegnung mit einem Harburger, auf die ich später zurück komme. Das Arbeitslager wurde Ende August 1943 mit dem verbliebenen Rest, denn die Leute starben dort wie die Fliegen, nach Auschwitz überstellt. Wir waren noch 141 in unserer Gruppe. Wir wussten vom Hörensagen, dass Auschwitz ein Vernichtungslager war, wir ahnten jedoch nicht, was uns dort erwartete.

Nach einer Zeit in Quarantäne wurde ich in eine Kohlengrube der I. G. Farben-Industrie überstellt, in die Grube Gutehoffnung, Janina-Grube, Auschwitz-Monowitz III. Ich war dort, nachdem ich in der Grube gearbeitet hatte, und sich dort kein anderer deutschsprachiger Häftling gefunden hatte, als Rapportführer eingesetzt worden. Ich hatte jeden Tag dreimal die Appelle abzuhalten und dem Lagerführer zu melden. In dessen Büro hatte ich Zugang auch zu Geheimbefehlen, die ich unter Lebensgefahr, wenn er mal den Raum verließ, nachsuchte, und die mich nach der Befreiung befähigten, als Zeuge gegen Schmidt[2] und Consorten im I. G. Farben-Prozess auszusagen. Das Lager wurde am 8. Januar 1945 auf den Marsch, heute in den Annalen als Todesmarsch bezeichnet, nach Westen gesetzt. Wir waren 60 000, und weniger als die Hälfte wurde im Westen befreit.

Am 1. Mai 1945 wog ich 88 Pfund. Unser Zug hielt mit tausend Personen in Tutzing, das mir aus der Geschichte her mit dem Namen Ludendorff in Erinnerung war.[3] Nachdem ich drei Monate in einem amerikanischen Hospital von meinen Wunden genesen war, fuhr ich mit einem Freund, der mich in dem DP-Lager Feldafing fand, per Anhalter nach Hamburg zurück, wo ich im August 1945 eintraf. Ich musste leider erfahren, dass meine Mutter mit ihren drei Schwestern und Cousinen in Auschwitz umgekommen waren, während mein Bruder bereits 1934 nach Palästina ausgewandert war und so auch überleben konnte.

Ich habe mich in Hamburg in der Dillstraße niederlassen können, und ich habe auch Harburg wieder besucht. [...] 1946 war ich Zeuge im Nürnberger I. G. Farben-Prozess. 1947 heiratete ich Margret Hoffmann, ebenfalls eine Verfolgte, in der Hamburger Kielerort-Synagoge. Am 11. Juni 1949 wurde unser Sohn geboren. In den Jahren 1946 bis 1950 arbeitete ich als Custodian für entzogenes und enteignetes jüdisches Vermögen durch den Hamburger Senat und als Property Control für drei Firmen. Am 15. Februar 1950 erhielten wir unser Affidavit für die USA.

Unter Aufgabe meiner Positionen, die mir ein gutes Auskommen in Deutschland gesichert hätten, zogen wir es vor, mit unserem sechs Monate alten Sohn in eine ungewisse Zukunft in ein freies Land zu gehen, um nicht unter Mördern zu leben und um unserem Kind eine jüdische Erziehung zu geben ...

Fritz Sarne ist Mitte der neunziger Jahre in den USA verstorben.

Anmerkungen

1 Nach dem Gedenkbuch: 18 Überlebende.

2 Gemeint: Hermann Schmitz, einer der 23 leitenden Angestellten der I G Farben, die 1948 wegen Raub und Plünderung im Rahmen ihrer Tätigkeit für das Unternehmen verurteilt wurden, Schmitz zu einer Gefängnisstrafe von vier Jahren.

3 Ernst Ludendorff (1865–1937), Mitstreiter Hitlers in der frühen NSDAP, der sich dann mit den Nationalsozialisten überwarf und später das religiös-germanentümelnde „Deutschvolk“ und „Tannenberggrund“ bildete. L. lebte und starb in Tutzing.

Harburg ganz persönlich

Der unendliche Schmerz

In Lodz gehungert, in Posen geschlagen, in Ausschwitz gedemütigt. Der Harburger Jude Fred Sarne, der am 25. Oktober 1941 aus Hamburg deportiert worden war, starb viele kleine Tode, um zu überleben. Seitdem kämpft er gegen den eigenen Schmerz und für die Versöhnung der Völker. Ein Porträt von Oliver Hüttmann.

Gefühle und Gedanken eines Überlebenden: Fred Sarne verdrängt den Haß und sucht die Versöhnung.

Heinz Rosenberg

Das Getto von Minsk

Letztes Bild der Familie Rosenberg, Hamburg 1936

... Endlich standen alle auf dem großen Hof vor dem Schulgebäude, erschöpft, nervös, frierend und hungrig. Viele wollten wissen, was in dem großen Haus sei, gingen hinein und kamen entsetzt zurück. Klagen und Schreien begann und ein großes Durcheinander entstand. Schließlich aber mussten die „Reinigungsarbeiten" beginnen. Die Toten wurden auf einen Platz in den Hof getragen, das Inventar wurde einfach aus den Fenstern geworfen und später auf dem Hof verbrannt. Da alle Sachen verschmutzt und verlaust waren, dachten wir, sie wären unbrauchbar. Später haben wir diesen Fehler noch oft bereut, denn die verbrannten Sachen waren gebrauchsfähige Gegenstände, die man hätte nur reinigen müssen.

Während dieser so ungewohnten Arbeit dachte niemand an Hunger; nur hatten wir alle einen starken Durst, wurden aber an den einzigen Brunnen nicht herangelassen. Erst am Abend durften wir Wasser holen, und dann begannen einige auch zu essen. Damals hatte jeder noch etwas Proviant bei sich. Um fünf Uhr fing es an zu dunkeln, jedoch gab es im Haus weder Licht noch Wasser, weder Fenster noch Feuer, weder Stühle noch Betten und auch keine Tische. Aber nach allem bis jetzt Erlebten waren wir schon froh, dass wir ein Dach über dem Kopf hatten und erst mal auf dem Fußboden sitzen konnten. So verteilte sich nach und nach der Transport auf ungefähr dreißig Säle, die die Größe von normalen Klassenzimmern hatten.

Kaum waren alle untergebracht, da erschien wiederum der SS-Offizier und verlangte den jüdischen Lagerältesten, Dr. Frank.[1] Er gab ihm den Befehl, sofort alle Männer in zwei Gruppen aufzuteilen. Die eine würde zur Bahn gebracht, um dort sofort die Waggons zu entleeren, die andere habe im Lager zu bleiben, um die ankommenden Autos zu entladen und die Lebensmittel ins Haus zu tragen.

Es war verständlich, dass die Müdigkeit sehr groß war, jedoch es war ein „Befehl", und wir wussten: Es war unmöglich, sich zu weigern oder überhaupt nur zu widersprechen. Die SS stellte fünf große Lastwagen sowie Begleitmannschaften zur Verfügung, die erste Gruppe fuhr zur Bahn, und das Verladen begann.

An der Bahn hatten die Eisenbahner alles einfach auf die leeren Gleise geworfen – die Waggons waren schon wieder weg, nur fünf Viehwagen mit diversen Sachen standen noch am Bahnhof. Die SS-Wache beschäftigte sich damit, jeden einzelnen Koffer zu untersuchen. Der Inhalt wurde herausgeworfen, und meistens kam nur die Hälfte wieder hinein. War der Koffer „wertlos", kam er auf das Auto, das ins Getto fuhr; die übrigen wurden in die SS-Kaserne gefahren. Was dort geschah, erfuhren wir

Straße im Ghetto Minsk

erst später. Im Getto wurden die Autos abgeladen, und das Gepäck wurde auf einem großen Platz vor dem Gebäude aufgestapelt. Nachher wurden die fünf Waggons geöffnet, in denen sich Nähmaschinen, landwirtschaftliche Geräte, Matratzen, Fahrräder und Lebensmittel befanden. Alles wurde sofort beschlagnahmt, und nur einige notwendige Lebensmittel, Mehl, Brot, Graupen und etwas Zucker und Ersatzkaffee, durften ins Lager gebracht werden. So war die ganze Liebesmühe der Hamburger jüdischen Gemeinde umsonst gewesen.

Während ich am Bahnhof war, hatten meine Eltern und meine Schwester in einem Zimmer der 1. Etage Platz gefunden, in dem Herr Wagner, ein freundlicher Mann, Stubenältester war. Sie richteten es sich halbwegs erträglich ein. Hier aßen wir später auch unser erstes Gettomahl, Brot und Wurst, die wir noch aus Hamburg mitgebracht hatten.

Doch schliefen wir kaum in dieser ersten Nacht. Es war kalt und stockdunkel, alle waren nervös und verängstigt. Viele Gespräche kreisten um die Frage: Wie lange werden wir hier sein? Niemand konnte Auskunft geben. Die Zeit gab die Antwort.

Die ersten Wochen

Die wenigsten hatten in der ersten Nacht schlafen können, und alle waren früh am Morgen wach. Jeder wollte sein Gepäck und seine Sachen haben, und so begann ein großes Suchen. Viele fanden allerdings nichts mehr, da der größte Teil von der SS beschlagnahmt worden war, andere fanden etwas, und nur ganz wenige fanden alle Koffer. Am Tage begann man auch mit dem „Einrichten" der Zimmer. Stühle, Tische, Matratzen, Schränke sowie alle anderen brauchbaren Gegenstände, die wir unten auf dem Hof fanden, wurden in das Haus geschleppt. Jeder wollte es sich so „gemütlich" wie nur möglich machen. Dann wurde ein „Arbeitskommando" zusammengestellt, welches die Fenster, Türen und Öfen reparierte, eine Küche und ein Magazin einrichtete sowie alle weiteren nötigen Hausreparaturen unternahm. Der Lagerälteste bildete eine Lagerleitung – bei der auch ich eine Arbeit zugeteilt erhielt.

Um neun Uhr erschien SS-Sturmführer Müller und gab neue Befehle aus:

Das rote und das weiße Haus sollten vollständig gereinigt werden.

Um unseren Teil des Gettos sollte ein besonderer Stacheldrahtzaun gezogen werden; dies sei künftig das Sondergetto 1.

Eine Gemeinschaftsküche sei einzurichten, denn privates Kochen sei nicht erlaubt.

Von allen Männern und Frauen, die noch arbeitsfähig seien, seien Listen aufzustellen für die Arbeitskommandos.

Die Leichen seien sofort zu begraben oder sonst wie zu beseitigen.

Sofort wurden die nötigen Kommandos zusammengestellt, Werkzeug und Material wurde ausgegeben, und die Arbeit begann. Anschließend wurde die Lagerleitung in den russischen Teil des Gettos geführt. Hier hatte die SS am 9. November 1941 eine sogenannte Großaktion durchgeführt, der viele tausend Juden zum Opfer gefallen waren. Die Leichen lagen noch da – dies war das dritte schauerliche Bild, das sich uns in Minsk einprägte. Müller sagte uns, dass wir diesen Teil des Gettos ebenfalls zu säubern hätten, um hier Platz zu machen für neue Transporte.

Eine weitere Aufgabe, die uns zugewiesen wurde, war das nächtliche Patrouillieren an der Innenseite der Getto-Umzäunung. Die dazu eingeteilten Männer erhielten gelbe Armbinden, damit die SS sie nicht für Flüchtende halten sollte. „Für jeden Ausreißer legen wir hundert von euch um", das wurde uns immer wieder eingehämmert.

Einige russische Juden hatten sich in unseren Teil des Gettos geschmuggelt und berichteten uns Einzelheiten von der Großaktion. Sie erzählten uns, dass 100 000 von ihnen in dieses Getto gepfercht worden waren. 30 000 waren entweder auf der Stelle erschossen oder in ein Vernichtungslager transportiert worden. Sie erzählten, dass die ukrainischen SS-Mannschaften ebenso schlecht, wenn nicht noch schlimmer seien als die deutschen. Sie töteten Juden tagein, tagaus. All dies machte einen entsetzlichen Eindruck auf die Menschen aus Hamburg. Wir hatten nie etwas Ähnliches vorher gehört. Viele von uns hatten noch niemals einen Toten gesehen. Wir hatten niemals unter einer solchen ständigen Todesdrohung gelebt. Aber irgendwie gewöhnten wir uns auch daran, an Tod, Krankheit, Hunger und Kälte. Wir hatten noch die Hoffnung.

Unsere russischen Freunde sagten uns auch, dass Minsk von den Russen niedergebrannt worden sei, bevor sie abgezogen seien. Nur einige große Gebäude seien nicht zerstört und dienten als Hauptquartier der Deutschen sowie als Lazarett und Quartier für Offiziere und Soldaten der SS.

In den ersten Tagen hatten wir ukrainische Polizei als Bewachung, als die deutsche Polizei erfuhr, dass die „Schwarzen" für sich selber „organisierten" und nicht alles der SS ablieferten, da wurden sie abgelöst und durch deutsche Feldpolizei ersetzt.

Arbeit im Ghetto Minsk

Es war schon Mitte November, die Tage wurden dunkler und kälter, aber noch keiner war zu Außenarbeit eingesetzt worden. In den ersten Tagen hatte Dr. Frank eine „Lagerleitung" im Haus 12 eingerichtet. Papiere, Medikamente und alle anderen notwendigen Sachen hatten wir dorthin gebracht.

Die Menschen wohnten noch alle im roten Haus und hatten sich bereits an die Enge und die Entbehrungen gewöhnt, jedoch hatte die SS auch den Befehl gegeben, dass die kleinen Hütten bewohnt werden sollten, die sich im Bereich unseres Sondergettos 1 befanden. Zuerst wollte keiner hineinziehen, da dort noch mehr Schmutz und Ungeziefer war, ferner war im roten Haus eine Gemeinschaft – in den kleinen Häusern jedoch war jeder auf sich selber angewiesen. Zuvor hatten die russischen Juden in den kleinen Hütten gewohnt, aber die SS hatte sie entweder erschossen oder in den anderen Teil des Gettos vertrieben. In den kleinen Hütten fanden wir aber viel Gebrauchsgegenstände: Geschirr, Matratzen, Kochtöpfe und anderes mehr. Nach und nach zogen dann doch einige „Mutige" in kleine Hütten, und als die anderen hörten, dass man dort viel besser „wohnte" als im roten Haus, da war der Bann gebrochen. So konnten sich die übrigen im großen Haus besser verteilen, die in den kleinen Hütten hatten wiederum den Vorteil, dass sie allein und ungestört waren – wenigstens vorläufig.

Heinz Rosenberg 1994 in New York

Erika und ihre Pflegeeltern hatten in einem Raum über uns Platz gefunden. Wir sahen einander sooft wie möglich. Wir alle versuchten einander zu helfen, aber weil die Räume zu überfüllt waren, brachen auch viele Streitigkeiten aus. Als es durch die Benutzung der kleinen Hütten endlich etwas besser geworden war, kam die Nachricht, dass ein neuer Transport gekommen sei.

Quelle: Auszug aus: Rosenberg, Heinz: Jahre des Schreckens: ...und ich blieb übrig, daß ich Dir's ansage. Göttingen 1985.

Anmerkungen

[1] Zu Edgar Frank siehe Beitrag zum Deportationsziel Minsk.

Friedhof Ghetto Minsk

Rita Springfield

Brief an eine Klassenkameradin über die Deportation nach Riga

*Brief an Steffi Wittenberg vom 10. Juli 2001**

Rita Kaplan (heute Springfield) 1940/41 in Hamburg (4. v. r.)

... Du fragst nach meiner Geschichte während des Nationalsozialismus. Vor meiner Deportation im Dezember 1941 noch mußte ich die Schule in der Karolinenstraße verlassen und mein Pflichtjahr antreten. Ich arbeitete im Jüdischen Altersheim, bis ich fort mußte. Wie ich Dir schrieb, wartete Vater noch in Belgien auf uns, als wir für Riga zu packen hatten. Er starb in Auschwitz. Meine Mutter beauftragte einen Spediteur, unsere Sachen fachgerecht fertig zu machen. Ich muß wohl nicht betonen, daß wir nie wieder etwas davon zu sehen bekamen. ... Die Eisenbahnfahrt dauerte Tage und Tage, und alles, was ich erinnere, war furchtbar. Wir kamen an einem Ort in Riga an, der Jungfernhof hieß. Es schneite, war kalt, und die SS jagte uns mit Hunden. Wir landeten schließlich in einer Baracke und erhielten Wassersuppe und eine Scheibe Brot. Wir mußten zu zweit in einem Holzverschlag schlafen. Wir blieben ca. einen Monat in Jungfernhof, dann wurden 200 Frauen herausgesucht, die ins (Rigaer) Ghetto kommen sollten. ... Meine Mutter wurde bei der Selektion auf die Todesseite geschickt, und ich bat darum, mit ihr gehen zu dürfen. Es war ein sogenannter Wundertransport. Wir sollten in einem Wald erschossen werden, aber der Fahrer machte einen Fehler, und wir endeten im Ghetto. Dort hatten sie keinen „Hamburger Bezirk", so kamen wir ins „Hannoveraner Haus". Wir teilten einen Raum mit 5 Personen aus Hannover. Nach einiger Zeit wurden meine Mutter und ich im Truppen-Wirtschafts-Lager (TWL) kaserniert, wo wir für die deutschen Soldaten arbeiten mußten, indem wir Uniformen aussortieren und für die Wehrmacht versandfertig machten. Nächstes Ziel war „Kaiserwald". ... Alle paar Tage mußten wir uns zum Appell aufstellen. Es wurden Menschen ausgewählt, die ermordet werden sollten. Jeder, der älter und nicht arbeitsfähig aussah, mußte zur linken Seite treten. Für einige Zeit wurden jüngere Leute verschont. Meine Mutter sollte in die linke Gruppe treten, aber irgendwie gelang es ihr, zu der Gruppe zu fliehen, in der ich war. Unser nächstes Ziel war per Schiff Stutthof, ein weiteres Schreckenslager, dann folgte „Burggraben" bei Danzig. Meine Mutter erkrankte an Typhus. Die jüngeren Leute wurden auf einen Marsch getrieben, weil die Russen näher kamen. Die SS wollte die älteren und kranken Menschen verschwinden lassen. Meine Mutter bat mich, dass ich allein marschieren und sie zurücklassen sollte, was ich nicht konnte. Ich war bereit, mit ihr zu sterben. Es war mir alles egal. Aber irgendwie erholte sich meine Mutter langsam. Ich wurde beauftragt, die Kommandantur zu säubern, und ich konnte etwas Essen für meine Mutter beschaffen. Bevor sie uns umbringen konnten, kamen die Russen in das Lager und wir wurden befreit. Ich erkrankte nun auch an Typhus. Die Russen brachten mich in ein polnisches Krankenhaus, wo ich fast gestorben wäre. Aber meine Mutter wachte über mich. Die Russen waren unmöglich. Sie vergewaltigten viele Überlebende.

Als ich mich besser fühlte, wußten wir nicht, wohin wir gehen konnten, und was wir machen sollten. Nach einiger Zeit entschied meine Mutter, nicht bei den Russen zu bleiben. Wir flohen in einem Post-LKW, unter der Post versteckt, der nach Westberlin zu den Amerikanern fuhr. Das ist der Grund, warum ich nie nach Hamburg zurückgekehrt bin. Der HIAS (eine Hilfsorganisation) half uns, in die USA zu gehen.

Das ist der Bericht von einem kleinen Teil meiner Existenz ... Vier Jahre meines Lebens, die meine besten Jahre hätten sein sollen. Ich hoffe, wir sehen uns nächstes Jahr in Hamburg.

Rita Springfield geb. Kaplan

Elisabeth Kaplan

Anmerkungen

* Der Brief wurde von Steffi Wittenberg übersetzt und zur Veröffentlichung leicht sprachlich überarbeitet. Auslassungen sind mit ... gekennzeichnet.

Rita Springfield mit Enkelin (2003)

Ein Bericht von Martin Starke über seine Schreckensjahre in den Konzentrationslagern Fuhlsbüttel und Auschwitz,

*geschrieben am 5. Februar 1947 für Freunde und Bekannte in Südamerika**

Sehr geehrte Frau Seckel, liebe Freunde,

meine Schreibfaulheit, zu der die andauernde Kälte kommt, die lähmend auf jedem Menschen liegt, hat dieses Schreiben an Sie so lange hinausgezögert. Überdies sollte es aber nicht nur ein Brief, sondern ein Bericht über die letztvergangenen Jahre sein, und es hat Zeit gebraucht, sich dazu zu entschließen.

Ich will in ganz kurzen Zügen das aufzuzeichnen versuchen, was ich in den Schrekkensjahren in den verschiedenen Ländern der Nazis erlebt habe:

Am 4. November 1942 wurde ich, auf eine Denunziation von Schallert[1] hin, von Wohlers[2] und Mecklenburg[3] verhaftet. Ich kam nach Fuhlsbüttel und feierte Wiedersehen mit dem Raum, in dem mir im November 1938 die Nase demoliert worden ist. Nachdem ich alle die kleinen Schikanen (Einzelhaft, Prügel und was sonst noch dazugehört) hinter mir hatte, glaubte ich, dass ich wie viele andere auch wieder entlassen würde, statt dessen feierte ich mein erstes Weihnachten im KZ. In einem Brief, den ich damals hinausschmuggeln konnte, und der erhalten ist, finde ich folgende Beschreibung: Ko.-La.-Fu., Saal Bl, erster Weihnachtstag 1942.[4]

Heiliger Abend! Ganz Eurasien ist im Saal vertreten. Mit allem Zubehör. Selbst die Wanzen und Läuse fehlen nicht. – Ein kleines Tannenzweiglein mit goldenem Band (das ich in einem Päckchen bekam) schwebt einsam über den 85 Menschen. Heiliger Abend, eine Stimmung zum Heulen. Da haben wir die Idee, Gefangenen-Weihnacht zu machen. Jeder, der ein Paket erhielt, muss spenden. Zigaretten, hier ein Artikel von unermäßlichem Wert, braune Kuchen, Brot, Strümpfe und ein Hemd werden an die verteilt, die nichts haben. Du kannst Dir nicht vorstellen diese Dankbarkeit der Kameraden, Russen, Tartaren, Chinesen, Franzosen und Malayen. Die Ausländer sangen mit gedämpfter Stimme Heimatlieder, alle Anstaltsdisziplin ging zum Deubel – Folge: Tür auf, Wachmeister! Gott sei Dank anständiger Kerl, Erlaubnis, bis sieben Uhr zu feiern, dann antreten, abzählen, ins Bett, Licht aus, Schluss! – Heiliger Abend.

Am 4. Februar 1943, genau ein Vierteljahr nach meiner Einlieferung, wurde ich nach Auschwitz transportiert. In Tagesetappen über Berlin, wo ich 16 Tage im Alex in Quarantäne lag, Breslau, Oppeln, Bromberg usw. kam ich eines Tages dort an.

Meine Familie, der man eingeredet hatte, wir würden uns in Berlin treffen und dann gemeinsam irgendwohin gebracht werden, ist am 12. Februar 1943 über Berlin direkt nach Auschwitz gekommen. Ein Kamerad, Berthold Grass, hat mir von der Fahrt und dem Verbleib der Meinen erzählt. Ich will hier kurz seine Geschichte einschalten, da Sie ihn wahrscheinlich noch aus dem Beth Chalus[5] erinnern.

Nach den Novembertagen 1938 war er nach Dänemark ausgewandert, wo er den Entschluss fasste, Ende 1942 nach Palästina zu gehen. Es hätten ihm andere, wenn auch weitere Wege offengestanden, aber er hatte die abenteuerliche Idee, durch Nazi-Deutschland trampen zu wollen. Dabei hatte er die Novemberkälte nicht in Rechnung gestellt. Er hing völlig verklammt in den eisigen Gestellen eines Güterwagens, bis es ihm gelang, unbemerkt in einen Waggon zu schlüpfen. Sein Verderben! Er schlief vor Erschöpfung nämlich so fest ein, dass er jedes Gefühl für seine Umgebung verlor. Er bemerkte nicht, dass der Zug hielt, noch weniger, dass er in Hamburg auf ein Abstellgleis geschoben wurde. Er wachte erst auf, als zwei Reinmachefrauen ihn aufstöberten. In seiner Verwirrung war er nicht gleich Herr der Situation, so dass er der Bahnhofspolizei vorgeführt wurde, die ihn an Herrn Göttsche abgab. So erschien er zu meiner größten Überraschung eines Tages in Kolafu.

Als ich ihn in Auschwitz wiedersah, blickte er aus einem Fenster des Krankenhauses. Er sagte mir, dass er dem gleichen Transport wie meine Familie angeschlossen worden sei, dass er gesehen habe, wie meine Frau und „der Peter“ (meine damals sechsjährige Tochter Irene Antoinette) für die Gaskammer aussortiert worden sind, gleich nach der Ankunft, während Sulamith und Vera zu Fuß in das Frauenlager Birkenau gegangen seien. Ich habe später, als ich auch in Birkenau war, an arbeitsfreien Sonntagen durch freiwillige Arbeit Zutritt ins Frauenlager gehabt und alle mir erreichbaren Stellen ausgeforscht, doch nie etwas über die Kinder erfahren können.

Bei meiner Ankunft in Auschwitz waren wir 24 Männer. Die zehn Frauen wurden am Bahnhof gleich von uns getrennt. Mit großer SS-Bewachung – vierundzwanzig Häftlinge und fünfzig Mann SS – wurden wir durch das riesige Gelände, das zum Lager Auschwitz gehört, geführt. Wenn ich vom Bahnhof Auschwitz rede, dann meine ich den Lagerbahnhof. Die Stadt, 10 km vom Lager entfernt, habe ich erst 1945 beim Rückmarsch gesehen.

Wie 1938 in Sachsenhausen bestand unser Empfang darin, dass wir Stunden vor dem Tor stehen mussten. Da ich eine gute Schule hinter mir hatte und in Fuhlsbüttel das Schlussexamen machen konnte, hat mir persönlich dies nicht viel anhaben können. Die anderen Kameraden, lauter Neulinge, mussten schon in diesen Stunden den Vorgeschmack der Hölle, die unserer wartete, kennenlernen. Nach fünfzehn Stunden wurden wir zerschunden und zerschlagen in das Lager geführt. In einem Vorraum des Duschraumes mussten wir uns entkleiden. Die Haare wurden geschoren, der Körper mit einer beizenden, stinkenden Flüssigkeit eingerieben (zum Entlausen). Dann gab es ein sehr heißes Duschbad. In diesem Zustand: nass, heiß, ausgehungert und schon vollkommen gleichgültig gegen das, was noch kommen könnte, wurden wir mit Stockhieben auf die vereiste Lagerstrasse getrieben. Zweck: Abhärtung. Bei manchem Kameraden wurde da schon der Keim für den baldigen Tod gepflanzt. Die Zeitbestimmung ging verloren. Wieder nach Stunden empfingen wir Lagerkleidung: Ein dünnes Hemd, eine fadenscheinige blauweiß gestreifte Hose und dito Jacke. Keine Strümpfe, keine Kopfbedeckung, für die Füße schwere, klobige Holzschuhe. Ein jeder von uns dachte, nun hat es ein Ende. Es wurde schon dunkel, war es doch Ende Februar und bitterkalt. Wir wurden in einen Steinbau geführt und mussten auf dem Korridor warten. Nach Aufruf durfte man eintreten: Die Häftlingsschreibstube. Der Trauring wurde einem abgenommen, man wurde registriert und bekam eine Nummer. Meine ist 103752. Im Nebenraum wurde dieses Abzeichen auf den linken Unterarm tätowiert. Damit war man aus den Reihen der Menschen ausgestoßen. Man war nur mehr eine Nummer unter zehntausenden und lebte wie ein Automat.

Martin Starke
(1950er Jahre)

Endlich kamen wir auf den Block. Immer drei Mann ein Bett, so groß wie ein Luftschutzbett, drei Etagen übereinander. In einem Raum von ca. 20 qm schliefen 150 Personen. Hier blieb ich 14 Tage in Quarantäne. Wenn die alten Häftlinge zur Arbeit waren, durften wir an die Luft. Es wurden die Lagerstrassen gefegt, Fenster geputzt und die Blocks gereinigt, eine Beschäftigung, die bei halbwegs ausreichender Ernährung und etwas Wärme auszuhalten gewesen wäre. Es gab für uns aber, da wir „nicht arbeiteten", nur 100 g Brot und einen Viertelliter kaffeeähnlichen Getränks, mittags um 12 Uhr ¾ Liter dünne Wassersuppe mit ein paar Kohl- oder Rübenblättern als Einlage. Schluss für den Tag, was das Essen anlangt.

Geweckt wurde morgens um fünf Uhr. Anziehen, Betten bauen, Raustreten zur Musterung durch den Blockältesten. Dann Antreten zum Appell. Stundenlanges Stehen im Wind und Wetter. Dann, nachdem wir inzwischen auf die verschiedenen Kommandos verteilt worden waren, wurde nach dem Appell zur Arbeit ausgerückt. Mittags und abends war noch mal Appell. Eingerückt wurde im Winter um acht Uhr bei Scheinwerferbeleuchtung. Ich war anfangs bei einem Glaserkommando. In Auschwitz wurde alles gearbeitet. Das Land Galizien hier unten ist unfruchtbar, das Klima rauh. Als es noch zu Österreich gehörte, hat es hier nur Geflügel- und Fischzucht gegeben. Die Häftlinge unter deutscher SS-Verwaltung mussten riesige Werkhallen für Krupp bauen, Strassen wurden angelegt, Eisenbahnnetze gestreckt, Wasser- und Elektrizitätswerke aus dem Boden gestampft. Es war ein unerhörtes Arbeitstempo, schlimmer als Sklavenarbeit in den dunkelsten Tagen der Sklaverei. Wir waren Juden, wir kosteten nichts, es gab unseresgleichen in allen Ländern, die Hitler eroberte. In Auschwitz waren Juden aus fast allen Staaten Europas, Holländer, Belgier, Franzosen, Griechen, Norweger, Tschechen, Juden vom Balkan, sogar aus Afrika hatte man sie hierhergebracht, ehemals reiche, glückliche Menschen. Große Künstler und Politiker waren darunter, berühmte Ärzte und Wissenschaftler aller Nationen. Alle standen vom Sonnenaufgang bis zu ihrem Untergang im Kampf um das bisschen Leben. Wer krank wurde, war verloren. Ein paar Tage Krankenbau, bei Nichtgesundung ging es nach Birkenau in die Gaskammer. Glücklich sind die Menschen zu preisen, die diesen Weg gleich nach ihrer Ankunft gehen mussten. Sie wussten nicht, was ihrer harrte. Sie gingen in den Duschraum. Zu Hunderten pferchte man sie ein. Ein Handtuch, das man ihnen gab, täuschte sie: sie glaubten, baden zu sollen. Ein paar Bomben Cyklon B platzten, und wenn man die Räume wieder öffnete, waren ganze Transporte blühender, wertvoller Menschen ein im Todeskampf verkrampfter Haufen Nichts. Immer wieder fragte ich mich in ruhigen Stunden: Wie hat ein Mensch dies aushalten können? – Dass es möglich ist, beweist meine Rückkehr.

Nach viermaligem Wechsel der Kommandos wurde ich in das Lager Birkenau verlegt. Mit mir kamen 4000 Häftlinge dahin. Birkenau – Dein Name wird mit Grauen von Menschen geflüstert, Menschen, die Dich kennenlernten und das große Glück hatten, Deinen Klauen zu entkommen. Hier in Birkenau, wo die großen Judentransporte ankamen, wo drei Krematorien standen, wo meine Kameraden und ich als Facharbeiter noch drei weitere dieser Massenvernichtungskirchen bauen mussten, hier hat man fast geglaubt, es gibt keinen Gott, etwas Schlimmeres kann nicht gedacht werden.

Wenn ich von Massenvernichtungskirchen spreche, hat dies einen Grund. Die Gebäude waren hoch und groß, wie schöne Dorfkirchen. Hohe, gotische Fenster, aus

Auschwitz-Birkenau, Bau des Krematoriums IV

hartem Klinker ausgeführt, wie für die Ewigkeit gebaut. Nur störte der an der Stelle des Glockenturms stehende wuchtig ragende Schornstein. Diese Krematorien lagen wunderschön in dem in dieser Gegend sonst so spärlichen Tannengrün eingebettet. In Luftlinie hart neben dem Lager. Um hinzukommen, bedurfte es weiter Umwege, der elektrisch geladenen Drahtsperren wegen. Wochen und Monate habe ich Tag und Nacht aus den Essen den feurig angeleuchteten schwarzen Qualm aufsteigen sehen. – Es wurde der Jude vernichtet. Der Führer befahl es, und seine Schergen haben mit einer bestialischen Lust das ihre dazugetan. In der Zeit, in der ich in Birkenau war, habe ich die Läger A, B und C mitbauen müssen. In diese Läger kamen Zigeuner, die man genauso drangsalierte und misshandelte, wie uns Juden.

Zu unseren allernächsten Vorgesetzten ernannte man die Hefe Deutschlands: Verbrecher aller Kategorien, die jahrelang hinter Zuchthausmauern ihr Leben verbracht hatten, wurden Lagerälteste, Blockälteste und Capos.[6] Diese Menschen waren Herr über Leben und Tod. – Wenn die Krematorien nicht ausreichten, die Juden zu beseitigen, kamen Befehle heraus:

Die Kommandos dürfen in der Woche vom … bis … nur mit 50% ihrer Sollstärke einrücken. – Solche Befehle lösten eine Welle von Mord und Grausamkeit, die sich nicht in Worte kleiden lässt, aus. Junge, gut gewachsene Menschen gaben ihren Körper diesen vertierten Männern, die jahrelang keine Frau gesehen hatten, nur um ihr Leben zu retten. Väter haben ihre Rationen den Capos geschenkt, um ihre Söhne zu schützen. Aber allen konnte es nicht gelingen, der Befehl war da, der Capo wollte sich auf seinem Posten halten. Ich habe aus dieser schweren Zeit ein Bild, das ich nie vergessen werde, solange noch Atem in mir ist.

Es war wieder Winter geworden. Ein Transport folgte dem anderen. Die Toten lagen vor den Krematorien aufgestapelt wie Holz. In der Nacht war wieder ein Zug angekommen. Alarm im Lager. Häftlinge wurden ausgesucht, um lange Gräben außerhalb des Lagers auszuheben. Bis zum Mittag war die Arbeit getan, die so schwer war am hartgefrorenen Boden, dass sie allein schon viele hundert Tote gebracht hat. Nun kam das Grauen:

Vom Dach eines Krematoriums, auf dem ich mit noch zwei Kameraden arbeitete, sah ich, was mir unauslöschlich im Gedächtnis haften blieb. Männer, Frauen und Kinder mussten sich in der Eiseskälte nackt ausziehen und wurden mit Lederpeitschen in die Gräben gejagt und dann mit Maschinengewehren von der SS erschossen. Wie die Menschen fielen, ob tot oder verwundet, man warf sie in die Gruben und bedeckte sie mit den harten Erdschollen. Als alles vorüber war, hob und senkte sich der Boden über den Begrabenen. Es lebten noch sehr viele. – Die Häftlinge, welche die Gräben ausgehoben und alles mit angesehen hatten, wurden danach im Hof des Krematoriums I erschossen und später verbrannt. Es ist ein Gotteswunder, dass man uns drei auf dem Dach des Krematoriums IV vergessen hatte. Sollten meine Kameraden Moritz Weigel aus Lublin und Aron Rosenstock aus Biala mit dem Leben davongekommen sein und irgendwie diesen Bericht zu Gesicht bekommen, werden beide dieses und noch vieles andere bestätigen können.

Bald hiernach bin ich ins Hauptlager Auschwitz zurückverlegt worden. In der Quarantäne teilte ich mein Bett mit dem heutigen französischen Ministerpräsidenten Leon Blum,[7] bis ich nach Buna kommandiert wurde, dem Arbeitslager für das Werk der IG-Farben, 12 km von Birkenau entfernt, das auf der Stelle des geschleiften Dorfes Monowitz errichtet worden war. Dieses Werk, größer als Leverkusen, ist in drei Jahren in Tag- und Nachtschichten fast nur von Juden erbaut. Hier wurde alles hergestellt, was deutscher Erfindergeist in den Laboratorien ersann:

Künstliches Gummi = Buna, daher der Name, synthetisches Benzin, Methylalkohol, Seife, Teer, Gas, Karbid, Zement, kurz alles, um die Kriegsmaschine in Gang zu halten. Selbst die in Birkenau anfallende Asche unserer Toten wurde hier mit Chemikalien vermischt und dann der Landwirtschaft als Düngemittel verkauft. Ich selbst habe in diesem Mischbetrieb mehrere Wochen arbeiten müssen. Wir waren 10 000 Häftlinge in der Nähe des Werkes in Baracken untergebracht. Ich war inzwischen in einem Malerkommando (Nr. 106).

Mit der Zeit machten sich die Folgen von Stalingrad auch bei uns bemerkbar. Die Männer wurden knapp, es fehlte an Arbeitskräften, die Transporte wurden nicht mehr wahllos und im Ganzen in die Gaskammern gebracht. Wer arbeitsfähig war, wurde eingesetzt. Die Ernährung ist dabei nie besser geworden, das hatte zur Folge, dass die Kameraden, wenn sie abgearbeitet waren und zu nichts mehr zu gebrauchen waren, immer noch den Weg der Vielen gingen. – Mit dem Vorrücken der Russen hatten wir auf dem Werk sehr unter Bombenangriffen zu leiden. Da Häftlinge in keinen Bunker durften, konnte man sich nur schützen, indem man im Werk, auf den Strassen, an der Stelle, wo man arbeitete, sich hinter Mauern oder in Unterführungen verkroch oder auf freiem Feld sich in einem Graben niederwarf. Doch viele hat es erwischt, wenn nicht durch Bomben direkt, dann durch herunterkommende Mauern und Maschinen, die hunderte von Tonnen wogen. Mancher Kamerad ist nach dem Angriff nicht wiedergekommen. Beim Abendappell wurde die Nummer verlesen und in der Kartei gestrichen.

Die Polen und Russen, die sich hier im Bereich ihrer Sprache befanden, haben in dieser Zeit vielfach versucht, in Freiheit zu kommen. Die Front rückte näher. Im Werk arbeiteten zivilinternierte Polen. Manches Stück Zivilkleidung ist aus dieser Quelle zu den Ausbrechern gelangt. Einigen ist die Flucht geglückt, die meisten sind wieder eingefangen worden. Diese armen Kerle wurden dann nach 14 Tagen an unserem freien Sonntag im Beisein der angetretenen Häftlinge erhängt.

Auch ich habe an einem sonnigen Sonntagnachmittag mit einer Schlinge um den Hals unter dem Galgen gestanden. Außer mir sollten zwei Polen, mit denen ich die Flucht versucht und etwa fünfzig km des Weges in die Freiheit hinter mich gebracht hatte, ausgelöscht werden. Es war alles so gleichgültig geworden. Verhungert, zerschlagen, mürbe gemacht durch 14 Tage Stehbunker, wo Tag und Nacht grelle Birnen dicht über einem brennen, in einem absichtlich unerträglich überheizten Raum, der so eng ist, dass man sich nicht hinsetzten kann, schien mir der Tod eine Erlösung. Meine übrigen Kameraden waren angetreten, von der SS mit Maschinenpistolen in Schach gehalten. Manch einen sah ich, dem ich durch gemeinsame Leidensjahre verbunden war. Es ist etwas Schönes um die Kameradschaft. Sie zeigt sich erst dann, wenn einer für den anderen eintritt, und nichts dafür erwarten kann, als einen festen Händedruck und das Wort: Dank Dir Kamerad. Dieses Erleben, diesen wahren Mut, wenn es heißt, den Kameraden zu schützen, gibt es nur unter Menschen, die unter solchen Bedingungen wie wir von der Außenwelt abgeschlossen sind. Wir waren alle allein auf uns selbst gestellt. –

Der Lagerführer erscheint. Das Schauspiel nimmt seinen Lauf. Die Todeskandidaten werden auf polnisch und deutsch gefragt: „Hast Du noch etwas zu sagen?“ Ob ja oder nein, gehängt wird doch. Die polnischen Kameraden hatten nichts zu sagen; ich einiges. Es war mir gleich, aber raus musste es, ich wollte es dem Lagerführer nicht schenken.

Bei einem Bombenangriff auf Buna hatte ich einem Untersturmführer das Leben gerettet. Ich sah den Mann in einen Bau des Kommandos 26 hineinrennen, Bombensausen mit irrsinnigem Geheul aus den Maschinen schlagen rundherum ein in die Strassen und Gebäude, Menschen hasten, schreien, toben, das Kommando 26, in dem das Elektrolager war, ist getroffen. Beim Rettungsversuch, der Kameraden gilt, die dort gearbeitet haben, komme ich an den Untersturmführer, der unter Trümmern eingeklemmt liegt und blutet. Ich machte ihn frei und band mit meinem Hemd das blutende Bein ab. Als es etwas ruhiger wurde, schleppte ich ihn in unser Lager, übergab ihn der Wache. Nach dem Abendappell wurde mir in der Politischen Abteilung eröffnet, dass der Verwundete vor seinem Abtransport alles zu Protokoll gegeben habe, mit dem Bemerken: Sollte ich aus irgendeinem Grund bestraft werden, so könne ich mich auf seine schriftlich niedergelegte Aussage berufen.

Das habe ich in knappen Worten dem Lagerführer erzählt. Großes Schweigen. Die Execution wird ausgesetzt. Unruhe in der stummen Menge der Häftlinge. Bewegung bei der SS. Nach einer kleinen halben Stunde erscheint die Lagerleitung wieder. Auf einen Wink fällt die Bodenklappe zu meiner linken, bald baumelt auch der Arme an meiner rechten Seite. Nun kommt das große Wunder: Auf Befehl wird mir die Schlinge abgenommen, die Handfessel gelöst. Urteil lautet: 6 Monate Strafkompanie Fürstengrube. Das galt fast gleich einem Todesurteil und ließ nur geringe Chance.

Die Fürstengrube, ein altes verkommenes polnisches Bergwerk, war in den Vierjahresplan eingespannt. Es wurde eine minderwertige Kohle dort gefördert. Von den schon so knappen Rationen wurde fast die Hälfte strafweise gekürzt. Die Arbeit unter Tag war hart, und der Tag dauerte vierzehn Stunden. Mag kommen was will, solange noch der Atem reicht, wird geschaffen. Wieder hatte ich Glück. Mein Capo unter Tag entpuppte sich als Landsmann aus dem Holsteinischen. Sein Verbrechen war, Kommunist zu sein. Er hatte in seiner Gegend gegen Hackens und Genossen agitiert. Ich kannte nur seine Nummer in den 68 000 und seinen Vornamen: er hieß Alfred. Dieser Mann hat es fertig gebracht, mich in einer Kolonne über Tag unterzubringen. Ich hatte Gelegenheit, mit Polen zusammenzukommen und mit gestohlenen Kohlen Brot einzutauschen, so konnte ich mein Leben fristen.

Nach Ablauf der Strafzeit kam ich nach Buna zurück und bekam wieder mein altes Kommando. Dort blieb ich bis zu unserem Abmarsch am 17. Januar 1945, als die Russen bis in unsere unmittelbare Nähe vorrückten und die Läger geräumt werden mußten.

Viele Einzelheiten kann ich in diesem Bericht, der Ihnen und den Bekannten im Großen meine Erlebnisse veranschaulichen soll, nicht bringen, sonst müsste ich ein Buch schreiben.

Wie schon gesagt, begann am 17. Januar 1945 der Marsch in die Freiheit, der so viel länger dauern sollte, als wir anfänglich annahmen, dass es für die meisten ein Todesmarsch wurde. Wie vielen guten Kameraden ist es nicht vergönnt gewesen, die Heimat wiederzusehen.

Abends sechs Uhr begann der Marsch. Zehntausend Häftlinge. Vor uns auf allen möglichen und unmöglichen Fahrzeugen die deutschen Zivilarbeiter vom Werk. Beim Durchmarsch durch Auschwitz Stadt – der Ort ist auf einer Anhöhe wunderschön an der Sola, einem Nebenfluss der Weichsel gelegen – hörten wir das Krachen der Sprengungen. Das, was in jahrlangem Mühen, gekittet mit dem Blut der Juden aus der halben Welt, aufgebaut worden war, ist in einer hellen, kalten Mondnacht in Trümmer gesunken. Wir marschierten in unserer dünnen Kleidung, mit Holzschuhen an den Füssen, in dieser Nacht und dem nächsten Vormittag bei fast meterhohem Schnee 90 km nach Gleiwitz. Mit ca. 6000 Kameraden kamen wir dort an. Aber diejenigen, die den Marsch nicht mitmachen konnten, weil ihr Zustand es nicht mehr erlaubte, die zurückgeblieben waren im Lager, was ist aus ihnen geworden? Haben die Russen sie befreit, oder sind sie vorher umgelegt worden? Wer weiß es. –

In Gleiwitz wurden wir auf offene Kohlewaggons geladen. Immer 150 Mann pro Wagen. Am anderen Morgen ging die Fahrt los. Wohin? – Niemand konnte eine Antwort geben. Von einem Lager zum anderen ging es. Ich nenne nur einige Namen, die ich im Vorbeifahren las: Linz, Mauthausen, Gusen, Außig und viele andere. Niemand wollte uns aufnehmen, alles war überfüllt. So sind wir 14 Tage durch Deutschland, Österreich und die Tschechoslowakei gefahren worden, immer unter freiem Himmel, ohne Essen, ohne Trinken. Wenn es schneite oder es einem Mutigen gelang, bei Halt auf freier Strecke vom Wagen zu springen und Schnee heraufzulangen, ohne erschossen zu werden, konnte man die aufgesprungenen Lippen und die trockene Zunge kühlen. Setzen konnte man sich nicht. Wer schwach wurde und umfiel, erfror und wurde vom fahrenden Zug geworfen. Die Städte und Dörfer an unserer Strecke haben manchen unbekannten Toten in die Erde gesenkt, von dem nur die Nummer auf seinem Arm Auskunft gab. Wo aber war die Kartei, die seinen Namen kannte?

Verbrannt und vernichtet, wie alles, was Zeugnis geben konnte über das Leiden und Sterben der Millionen von Auschwitz.

Wir kamen in Berlin bei dem Lager der Heinkelwerke an. Ganze 40 Mann auf meinem Wagen. Was schreibe ich – vierzig Mann!? – 40 Halbtote, 40 verhungerte, frostblaue Skelette, in den Anzügen schlotternd, die nicht im Stande waren, allein den Wagen zu verlassen. Aber die SS hat es geschafft. Mit Fußtritten wurde der Rest des Lagers Buna in die großen, kahlen Flugzeughallen getrieben und fand für eine Nacht Ruhe – in diesem Zustand auf dem blanken Zementboden – wer an den Außenrändern des schlafenden Menschenknäuls zu liegen kam, hier fand er die ewige Ruhe. – Fast vierzehn Tage blieben wir dort. Die Zeit verging mit Registrieren und Entlausen. Irgendeinen Vertreter des Hausherrn haben wir nicht zu Gesicht bekommen.

Als die Front auch hier näherrückte, wurden wir wieder verladen. Diesmal waren es geschlossene Güterwagen mit etwas Stroh am Boden. Wie lange diese Fahrt gedauert hatte, lässt sich nicht mehr bestimmen. Im Waggon blieb es gleichmäßig dunkel, die Luft wurde immer schwerer, man nickte ein, wachte wieder auf, immer klang das eintönige Ra-ta-tack der Schienenstöße. Hielt der Zug, war alles wach. Wo sind wir? Was kommt nun? Es ging weiter. Dann gab es doch ein Halt. Die Türen wurden geöffnet. Wie sahen wir aus! Ich brauche nichts zu beschreiben. Sechzig Personen, tagelang ohne die Möglichkeit, sich aus dem Raum zu rühren. Wir waren in Flossenbürg im Gau Bayreuth. Nach dem Ausladen Marsch durch den kleinen Ort in das Lager 985 m über dem Meeresspiegel. Das Lager, terrassenförmig auf der Bergkuppe angelegt, hatte einen schlechten Ruf:

Neun Monate Winter,
Drei Monate kalt,
Das ist Flossenbürg
Im Bayrischen Wald.

Außerdem besaß es, wie Mauthausen auch, eine berüchtigte „Todestreppe" in seinem Steinbruch, die viele Tausend Russen das Leben gekostet hat. Zu unserer Zeit wurde im Steinbruch nicht mehr gearbeitet, ebenso wenig in den Flugzeugfabriken von Messerschmitt, in denen Einzelteile gebaut worden waren. Die Auflösung des Tausendjährigen Reiches machte sich schon bemerkbar, und es galt nur, nicht selbst mit hineinzugeraten. Darum meldete ich mich, dem Rat alter politischer Häftlinge folgend, freiwillig zur Arbeit. Ich gab an, ich sei gelernter Betonarbeiter. So wurde ich mit einem Transport von 500 Mann nach Plattling in Niederbayern verschickt. Im frommen Plattling hatte man nie KZ-Häftlinge gesehen. Bei unserem Einmarsch in die Stadt wurden wir wie Wilde angestaunt. Eine Unterkunft war nicht vorbereitet. Es gab Kompetenzstreitigkeiten zwischen der Organisation Todt und der Luftwaffe, für die beide wir arbeiten sollten. Endlich gelang es dem katholischen Pfarrer des Ortes über die Gemeindebehörden eine Schule freizumachen. Wir waren untergebracht. – In Stuben wie Menschen. Das war ein Leben. Betten wurden gebaut, es gab gutgefüllte Strohsäcke und aus einer benachbarten Fleischwarenfabrik Bouillon mit Brot und Grützwurst. Wunderbar! Aber, aber der arme Magen. Der arme ausgehungerte Magen, solcher Kost entwöhnt, rächte sich. Auch das Gute kann schaden, wenn es zu spät kommt. 75 % wurden krank. Ein Stopp brachte zwar Besserung, doch haben gut 100 Kameraden im Laufe der nächstfolgenden Zeit die wenigen Mahlzeiten mit ihrem Leben bezahlt. Hier in Plattling wurden nach langen Jahren unsere Toten wieder wie Menschen der Erde übergeben, wenn auch außerhalb der Friedhofsmauer in dunkler Nacht, im feuchten Ufersand der Isar.

Unsere Arbeit war, gemessen an unseren Kräften, schwer. Eine zwei km lange Startbahn für die neuen Düsenflugzeuge sollte gebaut werden. Sie ist nie fertig geworden. Die Amerikaner brachen durch. Uns setzte man in Richtung Dachau in Marsch. Bis Mühlenberg sind wir gekommen. Ein gütiges Geschick hatte dafür gesorgt, dass die Brücken auf unserem weiteren Wege gesprengt waren. – Wohin nun? – Unser Lagerführer entschied, man müsse versuchen, nach Österreich zu entkommen. Wir sind Wochen marschiert und haben von dem gelebt, was die Bauern an Kartoffeln ihren Schweinen entzogen. Jeden zweiten oder dritten Tag auf den Mann drei bis vier Pellkartoffeln. Unterwegs erlebten wir viele Angriffe amerikanischer Tiefflieger, aber Häftlinge wurden nie beschossen. Man hörte aus allen Himmelsrichtungen Artillerie- und Maschinengewehrfeuer. Allmählich waren wir nicht mehr allein auf den Strassen. Formationen der geschlagenen deutschen Armee in schon sehr gelockerten Verbänden zogen in beiden Richtungen unaufhörlich und ohne Ziel dahin. Unsere SS hatte sich aus einem am Wege liegenden Magazin neue Uniformen besorgt. Auf einmal waren die grimmigen Wachen ganz zahme Luftwaffensoldaten geworden, die ihre Gewehre jedoch noch brav zu gebrauchen verstanden, und wenn man einen Kameraden, weil man selbst glaubte, sich keinen Schritt mehr weiterschleppen zu können, zurücklassen musste, so hörte man kurz darauf einen harten Knall, der sein Leben beendete.

Da – eines Tages – wir waren nahe der österreichischen Grenze – hörten wir hinter uns MG-Feuer. Unsere Bewachung verschwand links und rechts der Strasse im Wald, wir sanken in den Graben. Ein Brausen und Dröhnen kommt die Strasse herauf. Schon ist es da. Ein großer Tank der amerikanischen Armee hält bei uns. Das Mannloch öffnet sich, heraus springt ein junger Offizier, kommt auf uns zu, erkannte sofort die Situation und fragt nach unserer Bewachung. Unsere Antwort brachte ihn schnell auf Touren. Rein in den Tank, ein Radio-Gespräch nach hinten, kurz darauf mehrere Truppenautos. Die Mannschaften runter von den Wagen, ein paar knappe Befehle, und schon knallte es im Wald. Was sich nicht ergab, wurde niedergemacht. Wir waren frei. – Frei!!!! Aber ich habe es erst viel später begriffen. Es gab Zigaretten – ein lang entbehrter Genuss für uns. Mit der Truppe war Sanitätspersonal gekommen. Die Kranken, darunter auch ich, kamen auf die Wagen und wurden – ins Paradies gefahren: Auf einer Wiese im Schnee war ein großes Zelt aufgebaut. Saubere, weißbezogene Betten standen da. Benzinöfen strahlten wohlige Wärme aus, wir wurden „Sie" genannt. Die schmutzige, verlauste Häftlingskleidung fällt. Ein nackter, hilfloser Mensch wird von zart zufassenden Händen in ein laues Bad, in eine Gummiwanne gesetzt, und wie ein Baby gebadet, sanft frottiert, mit einem Handtuch bekleidet und in ein weißes Bett gelegt. Ein Arzt kommt, ein kaum fühlbarer Stich, die Spritze ist leer und schon versinkt alles in einem Nebel. Wie lange ich dieses erste Mal seit Jahren so entspannt und befreit geschlafen habe, weiß ich nicht. Als erste Nahrung nach dem Erwachen bekam ich eine Schnitte geröstetes Weißbrot.

Langsam durften wir essen. Langsam musste jeder Bissen zerkaut werden. Dann wurden wir gewogen. Ich wog 35 kg bei einer Länge von 1,85 m. Wer das nicht gesehen hat, glaubt es nicht. In den ersten Tagen wurde geschlafen, immer nur geschlafen, unterbrochen durch kleine Imbisse, unserem Zustand angepasst. So haben wir, die Letzten von Buna, unsere Freiheit und allmählich das Leben wiedergewonnen.

Quelle: Privatbesitz, Pit Goldschmidt

Anmerkungen

* Rechtschreibung und Zeichensetzung wie im Original.

1 Willibald Schallert, Leiter der Sonderdienststelle des Arbeitsamtes für den jüdischen Arbeitseinsatz, vgl. Beitrag Fragwürdiger Schutz.

2 Walter Wohlers, Sachbearbeiter im Gestapo-Judenreferat.

3 Walter Mecklenburg, Sachbearbeiter im Gestapo-Judenreferat.

4 Ko (Konzentrations) La (Lager) Fu (Fuhlsbüttel).

5 Das Heim für Jugendliche mittleren Alters, die sich in Hamburg auf die Auswanderung nach Palästina vorbereiteten. Es befand sich in der Schäferkampsallee 27.

6 Kapos: Funktionshäftlinge, denen die SS bestimmte Aufgabe übertrug, wie etwa, die Arbeit der anderen Häftlinge zu beaufsichtigen; der Begriff kommt angeblich von Ka (Kameraden) Po (Polizei).

7 Leon Blum, geb. 1872, Jurist, gründete 1902 die Sozialistische Partei Frankreichs mit; Blum fungierte 1936 und 1938 als Ministerpräsident der „Volksfront" in Frankreich, die sich gegen die Rechtstendenzen richtete und mit weitreichenden Reformen den sozialen Frieden zu erhalten suchte. Nach dem deutschen Einmarsch floh er 1940 nach Südfrankreich, wurde aber von der mit den Deutschen kollaborierenden Vichy-Regierung verhaftet, 1942 angeklagt und 1943 den Deutschen ausgeliefert; obwohl Jude und prominenter politischer Gegner, überlebte der 71-jährige Buchenwald und Dachau. 1946 amtierte er das dritte Mal kurzzeitig als Ministerpräsident; er starb 1950. Da Blum nie in Auschwitz inhaftiert war und sich Starkes Lagerodyssee nicht mit der Blums kreuzte, ist zu vermuten, dass Starke ihn verwechselte.

Alice Kruse

Aufzeichnungen über unseren Abtransport nach dem Konzentrationslager Theresienstadt und meinen Aufenthalt dort (Juli 1969)*

… 1943 sollte ich von der Gestapo verhaftet werden wegen unerlaubten Kinobesuches, wegen Bearbeitung unseres Schrebergartens und wegen Auslassen des geforderten Zunamen „Sara“ auf einer Lebensmittelkarte (ich wurde denunziert). Mein Mann war zufällig auf Urlaub und konnte mich in letzter Minute durch sein Auftreten als Soldat retten. Sofort setzten aber weitere Schritte zu unserer Verfolgung ein. Auf besondere Meldung hin, wurde er sofort aus der Truppe entlassen. Schrittweise folgte zwangsweise Geschäftsschließung, das wir begonnen hatten, wieder weiterzuführen – seine und meine Zwangsarbeit. Ich musste in eine Fabrik als Packerin für Rattengift, später kam ich in eine chemische Fabrik für grobe Arbeiten. Mein Mann dagegen musste in den meistgefährdeten Gebieten schwere und erniedrigende Arbeit verrichten, während der Bombenangriffe Gräber schaufeln, Strassen reinigen und sich bei der Müllabfuhr melden. Einer Kasernierung war er nur entgangen, weil die Baracken inzwischen vernichtet waren.

Unser Sohn war sich meistens selbst überlassen, denn ein Kinderheim wollte ihn nicht aufnehmen. Mittags sorgte seine Großmutter für ihn. – Dann kam der vernichtende Schlag: der *Stellungsbefehl zur Abreise.*

Der Transport:

Zum 14. Februar 1945 erhielt ich die Aufforderung, mich an der Sammelstelle Grindelhof zum *Arbeitseinsatz* nach außerhalb einzufinden. Es war die gleiche Sammelstelle, von der jüdische Transporte ausgeführt wurden. Die Bedeutung dieser Aufforderung war eindeutig und war für uns der letzte Schritt der Verfolgung, vermutlich ohne jede Hoffnung auf Rückkehr. Meine Verzweiflung war grenzenlos und ich war eigentlich nicht gewillt, diesen Weg zu gehen; mein Mann hatte viel Mühe, mich von einer Verzweiflungstat abzubringen. Nur die Hoffnung auf ein vielleicht nahes Kriegsende stand gegen die Erfahrung, dass noch keiner zurückgekommen war oder auch eine Nachricht gegeben hatte. Die Trennung von dem Kind war für mich das Schlimmste. Der Junge selbst war bei meinem Fortgehen verschwunden, er vermied den Abschied, es war besser so.

Ich rüstete mich mit Arbeitszeug aus und vielen warmen Sachen, denn der Winter war kalt – einigem Proviant und Nützlichem, soviel ich tragen konnte, keine Wertsachen. Die Nachbarn, die mit uns noch irgendwie sympathisierten, waren betreten und unsicher.

So ging es zur Sammelstelle, dort noch eine kurze Untersuchung auf Transportfähigkeit, ich war gesund und musste den bitteren Weg mit 60 Familienmüttern und 300 Männern aus „Mischehen“ antreten. Es dauerte ewig, wie sich alles hinzog und den schweren Abschied noch schwerer machte. Man suchte nach bekannten Reisegefährten, aber es gab nur wenige, einige hatten noch Auswege in die Krankheit gefunden.

Es ging dann mit Autos durch Hamburg zum Güterbahnhof, die Angehörigen durften uns noch bis dahin begleiten. Die SS zeigte uns gleich, in welchem Ton man nun mit uns umgehen werde. Viele wurden gleich eingeschüchtert und wagten nichts mehr zu sagen. Dann ging es in die Güterwagen und nun wurde endgültig Abschied genommen. In den Güterwagen, getrennt für die Frauen und Männer, waren ein paar Holzbänke aufgestellt, es hingen notdürftig ein paar Lampen von den Decken, die sich aber beim Fahren sofort als unbrauchbar erwiesen. Da saßen nun die Frauen zwischen 30 und 70 Jahren, ein Häufchen Unglück und versuchten ihr Gepäck zu verstauen und sich mit der Situation vertraut zu machen. Sie kamen alle mehr oder weniger aus geordneten und guten Verhältnissen und waren zum Teil völlig hilflos. Die besser situierten und gebildeteren Frauen behielten noch die beste Haltung. Die meisten begannen gleich zu jammern und zu klagen und erzählten, was sie zu Hause verlassen mussten und welches Schicksal sie seit 1933 hinter sich hatten. Die jüngste Frau hatte fünf Kinder verlassen müssen und war völlig apathisch.

Nach langem zermürbenden Warten wurde der Zug in Bewegung gesetzt. Es war ein Hin- und Herrangieren in Richtung Leipzig. In Deutschland wurden die Türen verschlossen gehalten, nachts verriegelt und immer wieder wurde der Zug auf Abstellgleise gebracht. Es kamen heftige Fliegerangriffe und wir saßen gefangen in Panikstimmung inmitten des Getöses von Sirenen und fallenden Bomben. Die leichten Bänke erwiesen sich als vollkommen unnötig, alle hockten und wenn sie konnten lagen auf dem Boden, es war kaum an Schlaf zu denken. Hier und da leuchtete noch eine der mitgebrachten Taschenlampen auf, um sich zu orientieren oder um eine völlig verzweifelte Mutter zu trösten. Die erste und schlimmste Nacht nahm auch einmal ein Ende.

Es ging über Wittenberge nach Stendal. Wir versuchten Karten zu schreiben, um unsere Angehörigen von der Fahrtrichtung zu unterrichten. Deutsche Polizei hatte den Auftrag bekommen, unseren Transport zu begleiten. Mit Zigaretten versuchten wir sie zu bitten, unsere Post zu befördern, was sie auch ausführten, wie sich später erwies. Sie haben sich überhaupt uns gegenüber nicht schlecht benommen und haben uns kleine Erleichterungen verschafft und nicht alles gesehen. Am Tage wurde kalte Verpflegung verteilt, die natürlich bei der Kälte nicht ausreichte uns zu erwärmen. So ging es hin und her, zehn lange Tage und Nächte. Als die Stimmung zu sehr absackte, einige Frauen Herzanfälle bekamen und ihr Jammern alles noch mehr bedrückte, zu ihrem eigenen Leid, versuchten einige von uns durch Ablenkung zu helfen, zuerst durch allerlei Erzählungen, Spiele, dann durch Gesang, so paradox es klingen mag. Die Stimmung entspannte sich tatsächlich etwas. Die Türen wurden teilweise im Fahren etwas geöffnet, wir fuhren durch verschneite Winterlandschaften, teils sehr schöne Gegenden, sodass man beinahe den traurigen Zweck dieser Fahrt auf Augenblicke vergessen konnte …

Immer stärker verdichtete sich der Verdacht, dass wir nach Theresienstadt in die Tschechoslowakei fuhren, aber immer noch in Gedanken an einen Arbeitseinsatz, nicht direkte Internierung, aber bei Ankunft an der Grenze wurde uns schließlich klar, dass es uns keineswegs besser gehen würde, als den früheren Transporten. Die Polizei wurde von der tschechischen SS abgelöst, der Ton verschärfte sich zusehends, wir waren am Endziel *Theresienstadt* ….

Ankunft in Theresienstadt:

Der Bahnhof leuchtete grelles Licht aus, die SS Soldaten, bewaffnet, standen sich in zwei Reihen gegenüber, wir wurden mit unserem Gepäck durch die Reihen getrieben, es wurde uns schwer, da der Boden sehr morastich war, wir von der langen Fahrt ermüdet und verängstigt und der Empfang recht gefährlich aussah. Theresienstadt war vordem eine kleine altertümliche Garnisonsstadt gewesen, umgeben von einer Festungsmauer und Wallanlagen, im Inneren waren vier Kasernen, kleine zweistöckige Häuser und Kirchen. Wir gingen durch die Wallanlagen in die unterirdischen Kellerräume der Festung, *Schleuse* genannt, weil alle Neuankömmlinge dort erst einmal durch mussten. Es standen wohl an den Seiten ältere Lagerinsassen, die uns Mut zuriefen, wir wussten ja nicht, was uns jetzt bevorstand.

In den Kellerräumen mussten wir auf die Registrierung warten. Wir wurden jetzt zu einer Nummer, ich Transport VI 10 – 163, zugleich bekamen wir den Judenstern …

Theresienstadt (2004)

Heutiges Ghetto-Museum

Die Frauen wurden zur Arbeit eingeteilt: Für Reinigungsarbeiten auf Strassen, Höfen, in Häusern und primitivsten Toiletten, letzteres eine besonders gefürchtete Arbeit, für Hilfsdienst in Krankenhäusern, Altersheimen und Küchen, für Fabrik- und Gartenarbeit.

Ich musste mich in der Aufsicht der Fürsorge melden, wo ein kurzes Examinieren stattfand. Die Abteilung stand unter der Leitung von *Rabbiner Baeck.*[1] Man schickte mich in einen Kindergarten, wo eine holländische Jugendleiterin eine tadellose Arbeit leistete, die ich sehr bewunderte. Die Qualität einer solchen Arbeit unter den gegebenen traurigsten Verhältnissen war kaum glaubhaft. Man muss sagen, dass hier eine große Sauberkeit und Ordnung war, die Kinder bekamen zweckmäßige Ernährung und gute Pflege, jüdische Bräuche wurden eingehalten, sowie das feierliche Begehen des Freitag-Abend …

(A. K. suchte ihre Mutter, die am 18.07.1942 nach Theresienstadt deportiert worden war):

Sie verließ Hamburg im Personenzug im Kreise von einigen Verwandten und Bekannten. Die Fahrt soll angeblich nur einen Tag gedauert haben. In der nicht leicht zu findenden Registratur fanden sich keine Akten mehr. Später stellte sich heraus, dass die SS alle Akten von den Verstorbenen vernichten und die Urnen von den Lagerinsassen in die Eger schütten ließen.

Ich fand schließlich im Alters-Krankenhaus eine Cousine meiner Mutter, Frau W., die mir von meiner Mutter erzählen konnte. Sie war kurz nach dem Eintreffen in Theresienstadt auf unebenen Steinstufen gestürzt und hatte sich dabei einen Schenkelhalsbruch zugezogen, sie wurde gleich in eine Krankenstube gebracht und hat somit nicht viel von Theresienstadt wahrgenommen. Freunde sollen sich noch um sie gekümmert haben. Die ärztliche Betreuung war nicht schlecht, da unter den Inhaftierten sehr gute jüdische Ärzte waren. Die Todesursache sollte Herzschlag gewesen sein, sie starb am 9. Oktober. Nur drei ältere Damen aus dem gleichen Transport aus Hamburg hatten die Inhaftierung bisher noch lebend überstanden, waren aber sehr geschwächt. Ich besuchte sie, so oft ich Zeit hatte …

Von zuhause hörten wir in der ganzen Zeit überhaupt nichts, es war nicht auszudenken, was sich dort im unmittelbaren Krieg bei der Bombardierung der Stadt alles ereignen konnte.

Waren Mann und Sohn noch lebend, gesund, beieinander?

Am 8. Mai war die Kapitulation in Deutschland, ich kann den Einzug der Russen bei uns nicht mehr fixieren, ich glaube es waren mehrere Tage vergangen, die Besatzungen hatten tagszuvor die Flucht ergriffen, es hatten aber noch erhebliche Kämpfe gegen die Flüchtlinge vor den Toren des Lagers stattgefunden. Wir sahen dann später noch weggeworfene Ausweise, Pässe, deutsche Geldscheine u. a. m.

Die Russen waren da, aber unsere Freiheit, wie wir gehofft hatten noch nicht; unsere Geduld wurde auf eine sehr harte Probe gestellt. Über das Lager wurde Quarantäne verhängt. Die Russen stellten ein strenges Programm auf: die Kranken und reduzierten Insassen überhaupt wieder auf die Beine zu bringen. Die russischen Ärzte haben eine bewunderungswürdige Arbeit geleistet, besonders aber auch die russischen Frauen, sie gingen still und tatkräftig an die Arbeit, ich bewunderte ihre physische Leistung, sie waren enorm kräftig.

Für uns wurde eine Essenszuteilung gemacht, die uns erst allmählich wieder zur Aufnahme von kräftigender Kost befähigte, über Graupensuppe – Graupensuppe – Graupensuppe – zu allen Mahlzeiten mit verbesserten Zutaten, zu Fleisch, Frischgemüse, Milch u. a. m.

Wir bekamen in jeder Beziehung Erleichterungen, aber die Nervosität im Lager nahm weiterhin zu. Das nicht nach Hause können, der Mangel an festen Terminen und vor allem wieder die Sorge und Angst um die Angehörigen in der Heimat quälte alle sehr. Was geschah in den besetzten Gebieten, was war überhaupt bisher passiert? Jetzt wollte keiner mehr länger warten …

Die ersten, die per Auto abgeholt wurden, waren die Dänen und Holländer. Die restlichen Tschechen und Ungarn wurden mit Eisenbahnen befördert, allen, die weggingen, wurde wehmütig nachgewinkt.

Die Deutschen ließen sich Zeit, aber schließlich kamen nacheinander die Berliner, die Frankfurter und ganz zum Schluss die Hamburger an die Reihe. Es war schließlich ein Jubel, als die Hamburger Wagen eintrafen. Die Polizei, die uns beim Abtransport begleitete, musste uns wieder zurückholen. Das Wichtigste von allem war, sie brachten Briefe, die ersten Lebenszeichen von unseren Angehörigen, mit. Sie lebten und waren gesund …

Vor der Abreise erhielten wir folgende Anweisungen:

Gebäudeleitung

Ka/A 25. Juni 1945

Betr.: Transport Hamburg und Bremen

Sie sind für den Rücktransport nach Hamburg bzw. Bremen vorgesehen. Die Abfahrt erfolgt morgen, Dienstag, den 26. Juni 1945, früh 4,30 Uhr. Jeder Teilnehmer darf 2 normale Kupee-Koffer und 1 kleinen Bettsack abgeben, Reisedecken resp. Schlafdecken, sowie kleines Handgepäck ist bei der Abfahrt gesondert mitzunehmen.

Da die Reise zum größten Teil in Lastwagen geschieht und die Nächte kühl sind, wird empfohlen, sich unbedingt mit einer Decke zu versehen. Die Verladung des Gepäcks erfolgt auf dem 2. Hof (Hamburg) und dem 3. Hof (Bremen) der Magdeburger Kaserne heute, Montag von 14,00 bis 18,00 Uhr. Das Gepäck der Alten und Kranken kann evtl. abgeholt werden. Betreffende Meldungen sind bis heute Mittag, 12,00 Uhr, auf Zimmer 107 der Magdeburger Kaserne abzugeben. Das Gepäck wird ab 14,00 Uhr abgeholt.

Jeder Teilnehmer erhält eine Karte aus der die Nr. des Wagens hervorgeht und für den er zugeteilt ist. Änderungen sind nicht möglich. Diese Nummer wird gleichzeitig als Quittung für das Gepäck benutzt und ist daher sorgfältig aufzubewahren.

Gebäudeleitung

Rückfahrt

In aller Frühe am 26. Juni 1945 verließen wir nun endlich, glücklich und hoffnungsvoll unser Gefängnis, so hoffnungsfroh, dass wir alle Unbilligungen dieser einzigartigen Reise gern in Kauf nahmen. Als erstes waren die Autos Lastwagen in die nur Holzbänke hintereinander aufgestellt waren: Wagen, wie sie von der Polizei für Ausfahrten und Übungen benutzt werden, nicht dienlich für lädierte Frauen und Männer, Kranke und Alte. Da die Fahrt über 4 Tage mit 3 Nächten ging, es keine regelmäßigen Übernachtungen gab, Verpflegung wohl geplant aber nicht erfolgte, war die Reise wirklich eine schwere Tortur. Von der Tschechoslowakei ging es durch die amerikanisch besetzte Zone, in die russische und später in die englisch besetzte Zone, überall an der Grenze Kontrolle für unsere Notausweise.

Wir mussten Umwege machen, weil die Brücken zerstört waren. Die Lastwagen, die geschickt wurden, waren nicht vorher geprüft worden und es gab Pannen, Aufenthalte. Ein Wagen fuhr sogar in einen Graben.

Walter Koppel (1950er Jahre)

Unser Weg ging über Leitmeritz – Komotau – Karlsbad – Plauen – Gera – Halle – Merseburg – Magdeburg und durch die Lüneburger Heide.

Die Wagen fuhren in Kolonne, die Führung machte der Filmproduzent Walter Koppel[2] mit gutem Willen, aber zeitweilig verloren wir uns doch auseinander. Stundenlang auf den harten Bänken zu sitzen war auch für die Jüngeren schlimm, von den Alten gar nicht zu reden. Ich hatte die Cousine meiner Mutter mit im Wagen, für die es ein völlig unerträglicher Zustand war. Ich konnte ihr bei einer Rast noch einen Platz im Sanitätswagen verschaffen, wo sie liegen konnte. Etwas Proviant hatte man uns mitgegeben, die versprochenen Mittagsmahlzeiten blieben aber aus, es war nichts für uns vorbereitet worden. Ich ging, wie wohl andere auch, als Flüchtling Milch erbetteln. Gegen Brot hatte ich mir in Plauen Zigaretten eingetauscht, das war schon etwas ganz Besonderes. Und nachts kampierten wir im Freien auf einer Wiese. Es war im Juni wenigstens verhältnismäßig warm. Einmal übernachteten wir und wurden von einem Gewitter überrascht, was einige vor Übermüdung sogar verschliefen.

Einmal blieben wir nachts im Wagen, weil eine Panne war und der Fahrer erst ein paar Stunden schlief. Aber wir näherten uns Hamburg und einmal musste die Fahrt auch zu Ende sein.

Der letzte Rest der Fahrt ging verhältnismäßig rasch, wahrscheinlich hatte der Fahrer auch genug von seiner unerfreulichen Aufgabe. Die Stimmung stieg zusehends und das Glück war unbeschreiblich, als wir dann wirklich nach Hamburg herein kamen. – Erwartet wurden wir von unseren Angehörigen in Barmbek im Schulhof Finkenau. Den Empfang kann man nicht beschreiben …

Quelle: Leo Baeck Institut, Außenstelle Berlin, ME 371, MM 46.

Anmerkungen

* Rechtschreibung und Zeichensetzung wie im Original, Auslassungen mit ... gekennzeichnet. Unterstreichungen im Original hier kursiv wiedergegeben.

1 Leo Baeck (1873–1956), Rabbiner und führender Repräsentant der deutschen Juden während der Weimarer Republik und der NS-Zeit. Er wurde 1933 zum Präsidenten der Reichsvertretung der deutschen Juden und nach deren Auflösung 1938 in der Nachfolgeorganisation von 1939 bis 1943 zum Vorsitzenden der Reichsvereinigung der Juden in Deutschland ernannt; B. wurde 1943 nach Theresienstadt deportiert und gehörte dort dem jüdischen Ältestenrat an. Er überlebte, emigrierte nach England und lehrte ab 1948 in Cincinnati/USA.

2 Walter Koppel (1906–1982), Reklamechef eines Warenhauses, illegaler Kurierdienste für eine sozialdemokratische Gruppe verdächtig, floh er 1933 nach Österreich, emigrierte dann über Prag und Brüssel nach Paris, wo er nach der deutschen Besetzung nach Deutschland zurückgebracht wurde. Wegen „Rassenschande“ und „Hochverrat“ verurteilt, überlebte er im Hamburger Jüdischen Krankenhaus, weil er fast drei Jahre erfolgreich eine schwere Krankheit simulierte. 1947 gründete er zusammen mit Gyula Trebitsch die Real-Film GmbH, engagierte sich in der Filmwirtschaft und auf Seiten der politischen Linken.

Das Ehepaar Moritz (Menachem) und Erna Bacharach lebte mit seinen beiden Söhnen Walter und Albrecht bis 1938 in Hamburg, Brahmsallee 13. Nach dem Novemberpogrom ließ sich die Familie in Hilversum/Niederlande nieder. Als die Wehrmacht in Holland einmarschiert war, wurde die Familie interniert, vom Durchgangslager Westerbork nach Theresienstadt, Auschwitz und ein Zwangsarbeiterlager in Taucha/Sachsen gebracht. Nur die Söhne Walter und Albrecht überlebten. Vier Jahrzehnte schwieg Walter Zwi Bacharach über das, was er im Holocaust erlebt hatte. Erst ein Jahr nach dem Tod seines Bruders im Jahr 1984 legte er auf Drängen seines Sohnes ein schriftliches Zeugnis für die Familie in hebräischer Sprache ab, dessen leicht gekürzte Übersetzung wir hier veröffentlichen dürfen. Es dauerte noch einmal zwanzig Jahre, bis er für eine Videoaufzeichnung der Gedenkstätte Yad Vashem mündlich davon berichten konnte. Auszüge davon können im Internet angesehen werden http://www1.yadvashem.org (View Video Testimonies of Holocaust Survivors). Beate Meyer

Walter Zwi Bacharach

„G'tt hat mich geleitet". Emigration – Deportation – Überleben[1]

Ich wurde am 7. September 1928 in Hanau geboren, einer kleinen Stadt nahe Frankfurt. Wir lebten dann in Salzwedel, und 1934 zogen wir nach Hamburg. Dort besuchte ich die Talmud Tora Schule. Ich will hier nicht meine Lebensgeschichte, sondern nur den dunklen Teil derselben erzählen, denn ich glaube, dass die Tatsache, dass ich überlebt habe, die Kraft zum Überleben gefunden und eine Familie gegründet habe, eine Ermutigung für die Generationen nach mir sein kann. Mein Vater, Moritz (Menachem) Bacharach, betätigte sich Zeit seines Lebens als Kaufmann, eine Weile auch als Teilhaber der Bank seines Bruders Hermann Bacharach. Meine Mutter, Erna Strauss, kam aus Michelstadt. Heute weiss ich, wie sehr sie mich geprägt hat. Mein Bruder Albrecht, vier Jahre älter als ich, ging nach dem Holocaust in die USA und gründete dort Heim und Familie. Albrecht kam unglücklicherweise am 12. Juli 1984 bei einem Autounfall ums Leben, was ein großer schmerzlicher Verlust für uns alle ist, vor allem aber für mich, der ich einen geliebten Bruder verloren habe, mit dem ich den tragischsten und traumatischen Abschnitt meines Lebens geteilt habe. Wir unterschieden uns fundamental in unseren Ansichten über fast alle Aspekte des Lebens, vor allem aber in unserem Bezug zur Religion, zu unserem Judentum. Ich weiß, dass Albrecht immer unter dem Gefühl gelitten hat, er als älterer Bruder hätte mich im Stich gelassen und nicht für mich gesorgt. Ich konnte ihm dieses Schuldgefühl nicht nehmen, aber ich war immer überzeugt, dass es seiner tiefen Liebe zu mir, seinem Bruder, entsprang, auch wenn ich meine Liebe und Sorge anders als er ausdrückte. Heute, ein Jahr nach seinem tragischen Tod, sitze ich nun in seinem Haus in Oregon, und möchte seiner unglücklichen Familie helfen und meine tiefe Wertschätzung dafür zeigen, wie er sein Leben lang für mich gesorgt hat.

Die „Kristallnacht" am 9. November 1938 vertrieb meinen Vater aus Hamburg. Er ging nach Hilversum in Holland und traf Vorbereitungen, um die Familie bei erster Gelegenheit nachzuholen. Es eilte, denn in diesen Tagen wusste niemand, was am nächsten Tag in Deutschland geschehen und was dies für die Juden bedeuten würde. Die Jüdische Gemeinde in Hilversum, insbesondere Herr Dasberg, der heute in Israel lebt, taten ihr Bestes, die deutschen Flüchtlinge zu unterstützen, Unterkunft und Arbeit zu finden. Vater logierte anfangs in der Pension Drucker. Nach kurzer Zeit konnte er Mutter, Albrecht und mich nachholen. Glücklicherweise verfügte er über einige finanzielle Ressourcen. Wir mieteten eine kleine Wohnung in einem hübschen Teil des Ortes, im Dahlweg 5. Nach dem Krieg haben wir die Gegend noch einmal besucht. An die beiden folgenden Jahre, 1938 bis 1940, erinnere ich mich als die ruhige Zeit meiner Kindheit, die mich zudem Holland sehr nahe gebracht hat. Diese Nähe verspüre ich bis heute. Ich sprach noch kein Wort niederländisch, als ich in die Sumatra-Schule eingeschult wurde. Aber Kinder lernen fremde Sprachen schnell, und so entwickelten Albrecht und ich uns im Unterschied zu den Eltern zu voll assimilierten Niederländern. Ich gewann viele Freunde, mit einem, Gerrit Kannegießer, korrespondiere ich noch heute.

Holländer sind anders als Deutsche. Sie gärtnern gern, lieben die Natur und vor allem die Blumen, und üben in allen Lebenslagen viel mehr Nachsicht als Deutsche. Ihr Protestantismus bestimmt ihre Einstellungen. Ich kann das am Beispiel meiner Lehrerin Frau Hoornstraa, näher erläutern, die nicht mehr lebt, aber deren noble Haltung ich nie vergessen werde: Als wir von den Deutschen 1942 verhaftet und ins Lager Westerbork gebracht worden waren, schickte sie mir ein Lebensmittelpaket. Wer war ich denn für sie? Nur ein Schüler unter vielen.

Moritz (Menachem) Bacharach

Erna Bacharach

Wie gesagt, wir lebten uns schnell ein. In Holland feierte ich meine Bar Mitzwah. Herr Dasberg bereitete mich vor. Mein Vater verdiente trotz seiner sprachlichen Schwierigkeiten gut und konnte uns ein wohlsituiertes Leben bieten. Unser Haus entwickelte sich zum Mittelpunkt deutsch-jüdischer Flüchtlinge, die Mutters Kaffeetafel liebten. Dieses ruhige Leben endete am 10. Mai 1940. Die Deutschen marschierten ein und besetzten Holland. Ich werde nie vergessen, wie Vater um Mitternacht in unser Zimmer kam, uns weckte, und wir die Schüsse hörten. Fassungslos saß er an meinem Bett und murmelte die unvergessenen Worte „Das ist das Ende". Er trieb uns an, uns anzuziehen und einige Habseligkeiten zusammenzupacken, denn er hoffte, wir könnten nach England entkommen. Ich weiß bis heute nicht, wie und wann er Vorbereitungen getroffen hatte, Tatsache aber ist, dass er in derselben Nacht einen offenen Sportwagen kaufte. Zusammen mit der Familie seines Teilhabers Diewald quetschten wir uns in das Auto. Es ging in Richtung Ymuiden, einer kleinen Hafenstadt, von der aus wir den Ärmelkanal überqueren wollten.

Die Fahrt war anstrengend. Wir passierten Rotterdam, wo die Deutschen gerade die großen Petroleumtanks im Hafen bombardierten. In meiner Erinnerung bedecken dichte schwarze Rauchwolken den Himmel, während unser weißer Wagen Gas gab. Außerhalb Rotterdams stoppte uns die Niederländische Armee zu einer Sicherheitsüberprüfung. Es sollte hinzugefügt werden, dass eine fünfte Kolonne, Nazis, im niederländischen Untergrund operierte, um die Landesverteidigung zu unterhöhlen. Die Überprüfung war einzigartig. Es ist bekannt, dass Deutschstämmige bestimmte holländische Wörter nicht korrekt aussprechen können, wie beispielsweise ‚ui' (Zwiebel), ‚Duitsland' (Deutschland), ‚schoensmeer' (Schuhcreme) usw. Für Albrecht und mich, die wir fließend Niederländisch sprachen, war das kein Problem. Aber meine Eltern konnten ihren starken deutschen Akzent nicht verbergen. Wir wurden zur Befragung in einen kleinen Raum geführt. Es dauerte drei Stunden, bis wir die Soldaten davon überzeugt hatten, jüdische Flüchtlinge zu sein. Bis heute glaube ich, dass dieser Zwangsaufenthalt unser Schicksal bestimmt hat, denn paradoxerweise rettete er unser Leben, wie sich später zeigte. Als wir unsere Fahrt fortsetzten, sahen wir die holländischen Soldaten auf dem Rückzug. Ein Offizier klärte uns auf, sie hätten kapituliert, um weiteres Blutvergießen zu verhindern. Bei Sonnenuntergang erreichten wir Ymuiden. Vater parkte das Auto am Kai, an dem ein kleines Boot vertäut war. Auf Deck befanden sich aufgeregte Flüchtlinge. Ein alter Mann beobachtete die Szene vom Pier aus. Ich erinnere mich, dass mein Vater sich mit ihm unterhielt und ihm am Ende das Auto verkauft hatte. Wir gingen an Bord. Manche Erinnerungen graben sich tief ins Gedächtnis ein. Eine davon ist bei mir der Anblick dieser zutiefst verstörten, verängstigten und gebrochenen Menschen, die verzweifelt darauf warteten, dass das Schiff ablegte. Deutsche Flugzeuge kreisten über uns und bombardierten die Schleusentore des kleinen Hafens. Wir mussten das Schiff verlassen, standen wieder auf dem Pier. War es G'ttes Güte oder reines Glück, dass der alte Mann immer noch dort stand, dem Vater das Auto verkauft hatte? Er verkaufte es uns zurück! Später hörten wir, zwei früher ausgelaufene Schiffe seien von den Deutschen versenkt worden. War es der Zwangsaufenthalt durch die niederländischen Soldaten, der uns das Leben gerettet hat? Wer kann das wissen?!

Unsere Rückreise nach Hilversum begann. Wir erreichten Amsterdam, wo die deutschen Soldaten den Verkehr bereits regelten. Eine tiefe Depression überkam uns, als wir an langen Kolonnen deutscher Lastwagen vorbeifuhren, beladen mit deutschen Soldaten, Holland hatte kapituliert. Wir erreichten am Abend unser Heim in Hilversum. Jetzt brach eine Zeit an, die ich „Interregnum" nennen möchte, sie dauerte von 1940 bis 1942, als wir in Hilversum unter deutscher Besatzung lebten. Unser Alltag verlief normal, doch immer von der Angst überschattet, was uns die Zukunft bringen möge. Vater versuchte vergeblich, Affidavits für die USA zu erhalten. Die Deutschen führten Schritt für Schritt ihre Judenpolitik ein. Die meisten Niederländer waren antideutsch eingestellt, aber es gab auch Kollaborateure, organisiert im N.S.B.[2] Einige in meiner Klasse trugen ihre weiß-blaue Uniform.

Unser Leben wurde immer schwieriger, wenngleich der Chef der Ausländerpolizei, Herr Meermann, sich als ausgesprochen hilfsbereit erwies; ihn, einen mutigen und gutherzigen Mann, besuchte ich noch lange voller Respekt in seinem Altersheim in Hilversum.

An Albrechts Geburtstag, dem 29. Januar, begann die Leidensgeschichte unserer Familie. Ich lag mit hohem Fieber krank im Bett, als deutsche Soldaten, begleitet von Gestapoleuten, in unser Haus eindrangen. Sie gestanden uns fünf Minuten zu, um zu packen und uns reisefertig zu machen, dann führten sie uns ab. Wenn ich richtig unterrichtet bin, waren wir die ersten Juden in Holland, die abgeholt wurden. Der niederländische Offizier, Herr Meermann, musste die Deutschen unterstützen, doch während sie uns aus dem Haus holten, radelte er zu den anderen jüdischen Familien und warnte sie und riet ihnen, sofort unterzutauchen. Meines Vaters Teilhaber Diewald und seine Familie gehörten zu den Glücklichen, die Meermann rettete. Ich kann die Eindrücke von der Verhaftung kaum vergessen. Die Gesichter meiner Eltern zeugten von tiefster Verzweiflung und der Gewissheit, zum Untergang verurteilt zu sein. Meermann rettete unser Silber, den Shabbatleuchter und andere Gegenstände. Nach dem Krieg brachte er sie mir auf einer Israelreise zurück! Sie sind die einzigen Erinnerungsstücke an meine Familie, die ich besitze. Vater nahm seinen Tallith[3] und ermahnte uns inständig, an unserem Glauben festzuhalten, denn diesen – so sagte er unter Tränen – könne uns niemand rauben.

Nun wurden wir durch die schmalen Straßen Hilversums zum Bahnhof getrieben. Wenn ich später, nach dem Krieg, Hilversum besuchte, ging ich diesen Weg oft allein, begleitet nur von den Erinnerungen. Wir wurden nach Westerbork transportiert. Die Deutschen betrieben dieses Lager als Sammel- und Durchgangsstation für unzählige Juden. Es war kein Konzentrationslager der Art, wie wir sie später kennenlernten. Hier durften die Familien zusammenbleiben. Die Lagerleitung lag in jüdischen Händen. Mutter übernahm die Aufsicht über die Baracken der älteren Leute. Vater arbeitete in der Lagerküche und Albrecht im Kesselhaus. Ich wurde in der Schlosserwerkstatt ausgebildet. Manchmal erhielten wir sogar Lebensmittelpakete, die Familienmitglieder aus den USA oder Südafrika schickten. Wir Jüngeren organisierten uns in der Jugendorganisation, die von Leo Blumensohn[4] und Salo Carlebach[5] geleitet wurde. Diese Jugendarbeit war ein großer Segen. Wir erfuhren viel über das Judentum, begingen die Feiertage und lernten Hebräisch. Es gab Geselligkeiten und Sportspiele. Die Organisation nannte sich „Schülerkreis". Die Deutschen mischten sich nicht ein. Wahrscheinlich waren sie zufrieden, sich nicht mit den Problemen der jüngeren Lagerinsassen befassen zu müssen. Wir wohnten (schliefen) im Waisenhaus, das Herr Birnbaum leitete, der später in Naharia/Israel lebte.[6]

Ich kam hier erstmals in Kontakt zu orthodoxen Kreisen, lernte viel über die Feiertage und den Shabbat. Ich fand Freunde. Einige derer, die den Holocaust überlebten, leben heute in Israel, andere über die Welt verstreut. Mit allen stehe ich in Verbindung. Einer von ihnen, Klaus Weiss, ist heute Manager einer Bank in Beer Sheva. Seine Eltern waren gute Freunde meiner Eltern im Lager Westerbork. Seine Mutter war eine gefeierte Opernsängerin. Sein Vater, Joseph Weiss, wurde später zu einem der Judenältesten in Bergen-Belsen ernannt.

Wir blieben fast zwei Jahre in Westerbork. Die Lebensbedingungen verschlechterten sich dramatisch, weil das Lager bald überfüllt war. 1943 begannen die Deportationen nach Theresienstadt. Außerdem fanden Transporte nach Auschwitz statt. Wir wussten das, weil manche der Verzweifelten ihre Namen und Zielorte an die Wände der Waggons kritzelten, die später wieder von Westerbork aus eingesetzt wurden. Wir, die Jungen, halfen denen, die fortmussten, die Eisenbahnwagen zu besteigen. Die Transporte gingen dienstags ab, die „schwarzen Dienstage". Ich sollte die mutige und stolze Haltung meiner Mutter als Verantwortliche für die Baracken der Alten erwähnen, denn sie wurde wegen ihrer Standhaftigkeit bekannt. Der Kommandeur des Lagers, SS-Obersturmführer Gemmeker, ließ sie rufen und bot ihr an, ihre Funktion weiter auszuüben, dafür würden sie und ihre Familie nicht in einen Osttransport eingereiht. Mutter wies jeden Handel mit der SS zurück. Kurz darauf wurden wir nach Theresienstadt gebracht.[7] Wir blieben neun Monate dort.

Theresienstadt war ein Ghetto, kein Konzentrationslager. Die Garnisonsstadt stammte aus der Zeit Maria Theresias. Sie war von hohen, 5 m breiten Festungswällen, auf denen Gemüsegärten angelegt waren, und tiefen, trockenen Gräben umgeben. So wurden früher Befestigungen angelegt. In Theresienstadt durften wir nicht mehr zusammenleben. Unsere Eltern hausten im Vorraum einer Kaserne. Die Lebensbedingungen waren furchtbar, zudem gab es keine sanitären Anlagen. Viele ältere Menschen starben an Typhus, Unterernährung oder anderen Krankheiten. Unsere Eltern überlebten. Als eines der großen Probleme stellte sich heraus, dass die Bewohner keine Arbeit hatten, sie vegetierten vor sich hin. Bedeutende und berühmte Personen befanden sich in Theresienstadt, unter ihnen Rabbi Leo Baeck. Er förderte uns jüngeren, und wir lauschten seinen Ausführungen zum Judentum und der Torah. Mein Freund Max Ansbacher, der heute in Jerusalem lebt, arbeitete in der Lagerküche. Er schlug eines Tages vor, Essen für die alten Menschen einzuschmuggeln. Wir mussten unter deutscher Bewachung in den Gemüsegärten auf den Befestigungswällen arbeiten. Auf dem Rückweg versteckten wir nun Gemüse unter unseren Kleidern. Wer erwischt wurde, erhielt furchtbare Hiebe. Mir glückte es, unentdeckt zu bleiben.

Heute ist der Besuch der Roten-Kreuz-Delegation wohlbekannt. Die Deutschen hatten sie eingeladen, um sich einen Eindruck von den „humanen" Lebensbedingungen im Ghetto zu verschaffen. Ich gehörte zu den Kindern, die ihren Part am Pavillon spielen mussten. Wir saßen an sauberen Tischen, gedeckt mit schmackhaftem Essen, und stellten eine Gruppe fröhlich-spielender Kinder dar. Es sah fast so aus wie an einer normalen Grundschule. Nachdem die erstaunte Delegation uns verlassen hatte (uns war streng verboten worden, mit ihnen zu sprechen), mussten wir in unsere dunkle Realität zurück. Sowohl in Westerbork wie auch in Theresienstadt führten wir ein hartes Leben, doch konnten wir in beiden Lagern unsere Würde als Menschen bewahren. Wir behielten unsere eigene Kleidung und durften uns mit den Eltern treffen. Ihr Los war ungleich schwieriger. Es bedrückte uns zu sehen, wie sie litten. Als das Jahr 1944 herannahte, erhöhte sich die Zahl der Transporte nach Auschwitz drastisch. Willkürlich wurden Leute herausgegriffen und eingereiht. Uns traf das Verhängnis am Jom Kippur 1944. Albrecht und ich wurden auf den Viehwaggon mit Ziel Auschwitz getrieben. Zum letzten Mal sahen wir unsere Mutter. Sie lief rastlos umher und suchte verzweifelt nach uns. Ich erinnere mich, dass sie weinte. Es blieb keine Zeit für ein Zeichen oder Rufen, wir wurden in den Waggon gestoßen, völlig paralysiert von Angst und Schmerz. Wie die Sardinen aneinandergepresst, standen wir während der Fahrt. Einige starben unterwegs. Es ist kaum möglich, die Schrecken dieses Transports zu beschreiben. Nur zweimal hielt der Zug, einige Rüben wurden in den Wagen geworfen. Die eisige Kälte war kaum erträglich, doch apathisch ertrugen wir sie. Wir hatten kein Gepäck bei uns. Heute weiß man, dass unsere Habseligkeiten nach Deutschland an die „Winterhilfe"[8] geschickt wurden.

Bisher habe ich versucht, unser Leiden zu beschreiben, das schon schwer zu Papier zu bringen war. Jetzt komme ich zu den Ereignissen, die ich bisher weder niedergeschrieben noch erzählt habe, weil sie jenseits jeder menschlichen Vorstellungskraft liegen. Dass ich es jetzt wage, bringt mir Erleichterung. Mein Sohn Menachem klagte, dass meine Kinder und Kindeskinder die Geschichte ihres Vaters und ihres Großvaters nicht kennen, und überzeugte mich, mir all die Schrecken zu vergegenwärtigen und Zeugnis abzulegen. Ich fürchtete, niemand würde mir glauben und ich würde als verwirrter Überlebender angesehen, wenn ich das unvorstellbare Grauen in Worte fasse.

Wir erreichten Auschwitz. Die Türen wurden geöffnet, wir unter Peitschenhieben hinausgetrieben. Häftlinge in ihren „Zebra"-Anzügen und die SS trieben uns zur Eile an. In Viererreihen traten wir zum Appell an. Im Hintergrund rauchten die riesigen

Schornsteine des Krematoriums, aus denen rote Funken schlugen. Langsam rückten wir zu den SS-Offizieren vor, die die „Selektion" vornahmen. Ich sah, wie Leute zur linken und andere zur rechten Seite gewiesen wurden. Einer der älteren Häftlinge fragte mich, wie alt ich wäre. Ich antwortete: „16" – er brüllte mich an, ich sei 18! Ich verstand nicht, was vorging, aber G'tt leitete mich, und ich wiederholte mein neues Alter vor der SS. Albrecht und ich wurden zur Seite des Lebens „selektiert". Im Eiltempo erreichten wir das berühmte Tor, auf dem „Arbeit macht frei" steht. Dort wurden wir in eine Halle gestoßen. Wie beim Vieh wurde unser Haar auf dem ganzen Kopf geschoren, nur in der Mitte blieb ein Streifen stehen wie bei Pinguinen. Wir erhielten die „Zebra"-Uniformen. Dann kam das Schlimmste. Das Haar an anderen Körperteilen, an den Genitalien usw. wurde ebenfalls geschoren und die Stellen dann mit purem Lysol[9] eingesprüht. Mein Körper brannte wie die Hölle, und ich wurde fast verrückt vor Schmerz. Ich weiß noch, dass ich so voller Angst war, dass ich nicht einmal mehr weinen konnte. Ich erhielt Holzschuhe und Unterwäsche, die aus einem Tallith genäht war. Die unglaubliche Kälte setzte uns weiter zu, doch befanden wir uns in einem Zustand völliger Apathie.

Wir waren in Birkenau. Vor einer großen Baracke mussten wir uns aufstellen, um „Übungen" zu machen. Die gestreiften Kappen abnehmen und sie wieder aufsetzen – alles auf Kommando. Dann hieß es, vier Stunden stillzustehen in Schnee und Kälte, wir durften uns nicht bewegen. Wir drängten uns aneinander und halfen uns mit unserer Körperwärme gegenseitig, so wurde die Situation etwas erträglicher. Die Kälte ließ uns unsere Wunden nicht mehr spüren. Zur Toilette zu gehen, war verboten, so mussten wir uns mit unserer Notdurft beschmutzen. Um Mitternacht wurden wir in die Baracken getrieben. Der Platz dort reichte für 150–200 Männer, und wir waren fast 700! Es gab keine Betten, nur ein bisschen Stroh auf dem Boden. Wir schliefen ein, wo wir gerade standen. Ich sehe heute noch die leblosen Körper derer vor mir, die dort starben. Nach einer oder zwei Stunden wurden wir wieder in die eisige Nacht hinausgetrieben – und mussten bis zum Morgen strammstehen.

Hungrig, kalt, voller Schmerz und in Todesfurcht, ich weiß nicht, wie ich mich selbst beschreiben soll. Niemand sprach je mit uns, jeder brüllte und kommandierte. Den gesamten nächsten Tag mussten wir stehen. Wir erhielten unser erstes „Essen", eine Art Suppe aus heißem Wasser mit Rüben. Vier oder fünf Männer tranken sie der Reihe nach aus einer Schüssel. Von solchen Suppen mussten wir uns auch weiterhin ernähren. Ich glaube heute, von allen Qualen war der Hunger die schlimmste, weil er den Verstand verwirrt. Auf meiner „Uniform" trug ich ein gelb-rotes Dreieck zum Zeichen, dass ich Jude war, und meine Nummer: 92746. Nach einigen Tagen konnten wir uns dann umsehen. Es war eine gespenstische Szenerie, eine Versammlung lebender Skelette.

Dann, plötzlich, standen wir vor unserem Vater. Zufällig (oder nicht?) entdeckten wir ihn, glatzköpfig und in derselben traurigen Verfassung wie wir selbst. Vater und Mutter waren einige Tage nach uns deportiert worden. Vater erzählte, dass Mutter noch im Waggon gestorben war. Er sprach nie wieder, ging schweigend mit uns. Wir nahmen ihn mit in unsere Baracke. Von diesem Moment an blieben wir stets nah beieinander, ein seltsames Trio.

In der Nacht fand die nächste Selektion statt. Wieder wurden wir auf einen großen Hof getrieben, mit Flutlicht angestrahlt, im Hintergrund sprühten die Funken aus dem Krematorium. Ich weiß noch, wie wir zu Tode verängstigt waren. Wir ahnten, es ging um Leben oder Sterben. Bevor wir richtig wussten, was ablief, befand ich mich schon auf der Seite derer, die für das Gas bestimmt waren. Ich sehe noch heute den versteinerten Blick meines Vaters und Albrechts totale Hilflosigkeit vor mir. Ich weiß nicht mehr, was ich fühlte, ich erinnere nur den Ablauf des Geschehens glasklar. Ich weiß nicht, wie ich erklären kann, was nun folgte, aber ich bin überzeugt, dass G'tt mich beschützte.

Ein Funktionshäftling, ein „Kapo"[10], kam auf mich zu, als ich in der Reihe derer stand, die zum Krematorium geführt werden sollten, begann auf mich einzuschlagen und prügelte mich halbtot. Ich war der Ohnmacht nahe vor Schmerz, das Blut lief an mir herunter. Während ich dies niederschreibe, fürchte ich, es wird mir niemand glauben. Aber wer kann sich solche Geschichte ausdenken? Wenn ich dies niederschreibe, habe ich wieder das Gefühl, die brutalen Schläge treffen mich. Ohne Unterlass prügelnd und misshandelnd schubste der Mann mich zurück zu Vater und Albrecht. Die Deutschen kümmerten sich nicht darum, wenn ein Jude zusammengeschlagen wurde. Tatsache ist, dass wir wieder zusammen waren. Ich erinnere mich gut, wie mich die anderen Häftlinge in ihren Reihen verbargen, ich war ja in einem furchtbaren Zustand. Dieser Kapo rettete mein Leben. Warum? Das weiß nur G'tt. Es kann sein, dass er uns drei zusammengesehen hat und wusste, dass wir eine Familie waren. Aber das ist nur eine Annahme. Ich weiß, dass dieser Vorfall mir neue Lebenskraft und Willensstärke gab, weil ich dem Tod so nahe gewesen war. Vater umarmte mich, ohne ein Wort zu sagen.

Nach einer Zeit der Ruhe, des Leidens und Erniedrigungen fand eine neue Selektion statt, aber diesmal nicht für die Gaskammern. Es wurden Männer für die Zwangsarbeit in der Rüstungsindustrie in Deutschland ausgesucht. Wir drei gehörten dazu. Wir freuten uns, denn dies bedeutete, Auschwitz verlassen zu können. Ich vermute, dass aus diesem Grund unsere Nummern nicht auf die Arme tätowiert wurden. Es war Ende 1944. In derselben Nacht noch wurden wir zu Viehwaggons gebracht, die bereits warteten. Endlich begann die Fahrt. Sie dauerte drei Tage. Wieder gab es Wasser und Rüben. Am Konzentrationslager Buchenwald vorbei, erreichten wir eine kleine Stadt nahe Leipzig, Taucha. Man kann das Lager nicht mit Auschwitz vergleichen. Uns erschien es wie ein Paradies. Wir bekamen ein Holzbett zugewiesen, es gab sogar eine Decke und jeden Tag Kartoffeln zum Essen. Die Lebensbedingungen waren hart, doch wir schöpften wieder Hoffnung. Jeden Morgen marschierten wir durch die Straßen der Stadt zur Fabrik (Dies zur Erinnerung an die Deutschen, die „nichts wussten", jedoch uns, marschierende Skelette, jeden Morgen sahen). Wir arbeiteten für die HASAG,[11] die Raketenwerfer zur Abwehr von Panzern herstellte. Vater, Albrecht und ich wurden als Schweißer in 16-Stunden-Schichten eingesetzt, bewacht von SS und Zivilisten. Eines Tages brach ich zusammen. Es war ein Zivilist, nicht ein SS-Mann, der auf mich einschlug. Ich weiß sogar seinen Namen noch: Hecht. Manchmal sabotierten wir Gefangenen die Produktion, indem wir Wasser in die Maschinen gossen. Das verschaffte uns eine Pause für einige Stunden.

Vaters gesundheitlicher Zustand verschlechterte sich zunehmend. Er wurde immer schwächer, Wasser sammelte sich in seinen Knien. Es wurde immer schwieriger, das zu verschleiern. Ein Arzt unter den Gefangenen sagte uns, es gäbe keine Hoffnung für ihn. Doch Vater hielt durch, arbeitete apathisch weiter. All dies zog sich bis April 1945 hin. Jede Nacht beobachteten wir die Angriffe amerikanischer Flugzeuge auf Leipzig. Es deprimierte uns, wenn Flieger abgeschossen wurden und in der Luft explodierten.

Dann hörten wir aus der Ferne näherkommende Schüsse. Die alliierten Truppen rückten von Ost und West vor. Die Deutschen entschieden, die Häftlinge Richtung Sudeten zu evakuieren. In der Nacht des 10. April ging es los. Wie Roboter marschierten wir in geschlossenen Reihen, ohne Pause, ohne Essen, ohne Wasser. Wir nahmen Vater in die Mitte, aber seine Kräfte reichten nicht aus. Bei uns war ein ungarischer Junge in meinem Alter, Lescho. In der dritten Nacht durften wir auf einer feuchten Wiese ausruhen. Es gab keine Decke, so drängten wir uns eng aneinander, Lescho und ich, Vater und Albrecht. Auf der Straße zogen die zurückweichenden SS-Truppen vorbei. Sie richteten ein Maschinengewehr auf die liegenden Menschen und schossen Salve für Salve. Ich hielt den blutigen toten Lescho in den Armen. Manchmal frage ich mich, wieso ich mit diesen Erinnerungen nicht verrückt geworden bin. Benommen ließen wir die Toten liegen und marschierten weiter. Amerikanische Flugzeuge am Himmel schossen auf alles, was sich auf den Straßen bewegte. Wir mussten versuchen, uns zu verstecken. So standen wir enggedrängt in einem Block wie Bäume und kein Flieger verletzte uns. Die Deutschen konnten diesen Angriffen aus der Luft nichts mehr entgegensetzen. Wir Häftlinge wurden schwächer und schwächer. Wer am Straßenrand zusammenbrach, wurde sofort von der SS erschossen. Ich wagte nicht, mich umzudrehen.

Dann brach Vater zusammen. Wir konnten nichts tun. Er wurde erschossen. Ich musste mit ansehen, wie unser Vater ermordet wurde. Im Unterschied zu früher kann ich dies zwar heute niederschreiben, aber darüber sprechen kann ich nach wie vor nicht, wie der Leser dieses Berichts vielleicht verstehen wird. Jetzt kommt der kritische Moment meines Leidensweges im Holocaust. Ich konnte, wollte und mochte nicht weiter. Ich legte mich an den Straßenrand und hoffte, erschossen zu werden. Mein Bruder Albrecht zeigte seinen edlen Charakter. Er legte sich neben mich. Er wollte mich nicht verlassen. Einer der Wachmannschaft kam heran, prügelte auf uns ein, stieß uns mit seinem Gewehr – und ging weg. Ich glaube fest daran, dass dies G'ttes Wille war, denn warum sollte der Soldat mich nicht erschießen? Stundenlang blieben wir liegen, das Gesicht zur Erde, bis wir merkten, dass wir allein waren, ohne andere Häftlinge, ohne Bewacher, „frei" auf einer deutschen Straße.

Sachsen ist eines der waldreichen deutschen Länder. Schnell überquerten wir die Straße und suchten Schutz im Wald. Halb besinnungslos lagen wir unter einem Baum, gelähmt und verrückt vor Angst, vor der Nacht, vor den Geräuschen der Tiere. Der Hunger quälte uns so sehr, dass wir Baumwurzeln aßen. In der Morgendämmerung fanden wir einen Kartoffelacker und stopften glücklich rohe Kartoffeln in uns hinein. Wir gingen dem Geschützlärm nach, um zu den Alliierten Truppen zu gelangen. Ich weiß nicht mehr, wie viele Tage. Wir näherten uns Osschatz, eine kleine Stadt nahe Zwickau, wo Amerikaner und Russen sich trafen.

So gingen wir immer weiter, stets auf der Hut vor der deutschen Wehrmacht. Am 25. April wurden wir vom Volkssturm verhaftet und in das örtliche Gefängnis gesteckt. Wir fühlten uns wie im Hilton. Am 27. April öffneten amerikanische Offiziere die Türen wieder. Sie schenkten mir einen Cognac ein – und ich brach zusammen. Später erzählte man mir, dass ich nach zweitägiger Ohnmacht in einem amerikanischen Feldlazarett behandelt wurde. Ich freute mich über die amerikanischen Ärzte. Während wir uns erholten, lebten wir in einem D. P. camp (Displaced Persons) für befreite Kriegsgefangene in der kleinen Stadt Grimma. Von dort wurden wir nach Holland gebracht. Im Juni 1946 emigrierte ich nach Palästina, und Albrecht ging in die USA.

Walter Zwi Bacharach 2004

Das ist unsere Geschichte. Ich hatte in den Lagern Zugang zum Zionismus gefunden, trat in einen Kibbuz ein und blieb bis 1957 dort. Seitdem lebt meine Familie in Tel Aviv. Während meiner Zeit im Kibbuz begann ich ein autodidaktisches Studium. Heute lehre ich Allgemeine Geschichte an der Bar-Ilan University. Ich will mit einigen persönlichen Bemerkungen schließen. Trotz aller Gräuel, die ich gesehen und erlitten habe, bin ich ein religiöser Mensch geworden. Ich habe mich dafür entschieden, das Judentum zu studieren und seine Traditionen verstehen zu lernen. Meine Frau Hanna hat große Zugeständnisse gemacht, damit ich mein Leben wieder in Ordnung bringen konnte. Ich lernte von ihr, meinen religiösen Weg konsequent zu gehen, während ihre Religiosität bereits tief verwurzelt war. Meine Religion gründet auf dem Willen, die jüdischen Gesetze zu halten und gleichzeitig tolerant und offen gegenüber der äußeren Welt zu bleiben. Denn das ist es, was ich während des Holocaust gelernt habe: andere Anschauungen und andere Religionen zu tolerieren.

Juli 1985

Anmerkungen

1 Fromme Juden schreiben aus Ehrfurcht das Wort Gott bzw. den Namen Gottes nicht aus.

2 „Nationaal-Socialistische Beweging", faschistische Partei in den Niederlanden.

3 Gebetsschal, den männliche Juden während des Gebets über Kopf und Schultern legen.

4 Leo Blumensohn, geb. 11.07.1921, wurde am 20.1.1944 nach Theresienstadt deportiert, wo er weiterhin Jugendarbeit in einem Jugendheim für 13- und 14-jährige Jungen leistete. Am 28.9.1944 wurde er nach Auschwitz-Birkenau weiterdeportiert und von dort in das Lager Gleiwitz I und Blechhammer, er überlebte den Todesmarsch, nach der Befreiung lebte er in Israel. Ich danke Anna Hájková für diese Auskunft.

5 Salo(mon) Carlebach war ein Neffe des Hamburger Rabbiners Joseph Carlebach. Er begleitete die Jugendlichen, als diese deportiert wurden, vermutlich nach Auschwitz, und wurde dort ermordet. Ich danke Frau Prof. Gillis-Carlebach für diese Auskunft.

6 Otto und Henny Birnbaum, orthodoxe Juden aus Berlin, wurden im September 1944 nach Belsen deportiert, wo sie sich weiter um Waisen aus Westerbork kümmerten. Ich danke Anna Hájková für diese Auskunft.

7 Nach den Transporteingangslisten von Theresienstadt trafen Bacharachs dort am 20.1.1944, Sohn Albrecht am 6.9.1944 ein, Auskunft Anna Hájková.

8 Das Winterhilfswerk (Teil der NSV), 1933 gegründet, sammelte und verteilte Spenden an nichtjüdische Bedürftige bzw. unterstützte das „Hilfswerk Mutter und Kind", die Hitlerjugend und den Lebensborn.

9 Desinfektionsmittel.

10 „Kapos" waren Häftlinge, die von der SS mit der Aufsicht über andere Häftlinge beauftragt waren und deshalb Vergünstigungen genossen. In der Regel suchte die SS sich dafür Kriminelle („Berufsverbrecher") aus. Der Begriff Kapo soll eine SS-Wortschöpfung sein und als Abkürzung für „Kameradenpolizei" stehen.

11 HASAG = Hugo Schneider Aktiengesellschaft Metallwarenfabrik; dieser Rüstungsbetrieb hatte in seinen Zweigstellen ab 1944 Raketenwerfer in Massenproduktion hergestellt und arbeitete überwiegend mit jüdischen Zwangsarbeitern. In Taucha befanden sich bei Kriegsende noch 1682 jüdische Häftlinge, mehrheitlich Frauen. Vgl. Enzyklopädie des Holocaust, Bd. II, Berlin 1993, S. 594; siehe auch Martin Schellenberg, Die „Schnellaktion Panzerfaust". Häftlinge in den Außenlagern des KZ-Buchenwald bei der Leipziger Rüstungsfirma HASAG, in: Dachauer Hefte 21/2005, S. 237–271.

Teil III

Erinnerung

„Ein Mensch ist erst vergessen, wenn sein Name vergessen ist"

Die Aktion Stolpersteine

Als der Kölner Künstler Gunter Demnig 1992/93 die ersten Stolpersteine in seiner Heimatstadt setzte, konnte er zwar hoffen, auf Resonanz zu stoßen, aber sicher nicht voraussehen, welche Volksbewegung er mit seiner Idee ins Leben rufen würde, ermordete NS-Opfer mit Stolpersteinen zu ehren, die vor ihren ehemaligen Wohn- oder Wirkungsorten in den Boden eingelassen werden. Seither hat er an 130 Orten mehr als 7000 Steine zur Erinnerung an ermordete Juden, „Zigeuner", politische Gegner, Homosexuelle, Zeugen Jehovas oder „Euthanasie"-Opfer gesetzt. In den Messingmantel stanzt er den Namen, das Geburtsjahr, Angaben zur Deportation oder das Datum des „Freitodes" und manchmal auch weitere Hinweise auf vorangegangene Haftzeiten ein. Mit dieser Art des Gedenkens setzt er einen Kontrapunkt zu den großen, aus dem Alltag ausgelagerten Gedenkorten wie beispielsweise das Denkmal für die ermordeten Juden Europas in Berlin oder die als Gedenkstätten ausgebauten Reste der Konzentrationslager. Seine Stolpersteine erinnern im alltäglichen Leben daran, dass in dem Haus, in der Straße, in der Schule Menschen gelebt und gewirkt haben, deren physische Existenz während des Nationalsozialismus brutal vernichtet wurde.

Für diese bahnbrechende Idee, die inzwischen von Initiativen in vielen Städten getragen wird, große Medienaufmerksamkeit findet und mehrfach preisgekrönt wurde, überreichte der Bundespräsident Horst Köhler Gunter Demnig den Verdienstorden der Bundesrepublik. In Hamburg unterstützt und organisiert der Kunstsammler Peter Hess ehrenamtlich die Initiative Demnigs. Seine Erfahrungen und Hoffnungen sind der Gegenstand des folgenden Interviews:

Meyer Auf welche Resonanz ist Ihre Initiative gestoßen?

Hess Als ich mit der Aktion in Hamburg begann, habe ich nicht geahnt, welche Auswirkungen das Projekt Stolpersteine haben wird. Mich persönlich berührt am meisten die Reaktion der Angehörigen, die für ihre ermordeten Familienmitglieder die Steine legen lassen wollen. Die Steinlegung ist für sie ganz, ganz wichtig. Sie kommen aus Australien, aus Amerika, aus Israel zu den Verlegungen. Sie sagen mir auch: ‚Diese Menschen haben kein Grab.' Jetzt können sie wenigstens einen Bezug zu den ehemaligen Wohnorten aufnehmen, wo die Stolpersteine liegen. Andere Verwandte, die hier leben, oder Paten gehen regelmäßig zu den Geburts- oder Todestagen der Opfer zu den Stolpersteinen, putzen sie, legen ein Blümchen hin oder gedenken still der ermordeten Verwandten. Das ist für mich der wichtigste Aspekt dieser Aktion. Deshalb ist es auch so wichtig, dass die Aktion jetzt ins Leben gerufen wurde, denn in 10 bis 15 Jahren lebt keiner aus der Opferkinder-Generation mehr.

Eine Frau schrieb mir, ihr als letztem noch lebenden Mitglied der Familie sei es sehr wichtig zu wissen, dass ein Stein verlegt worden ist, und ‚somit ist auch der Stein, den ich im Herzen trug, beigelegt worden.' Es tut den Menschen gut zu wissen, dass Steine für die Angehörigen gesetzt sind, und dass Leute aus der Bevölkerung Geld dafür aufgebracht haben. Immer wieder kommen Fragen von den Angehörigen, wer denn für ihre Verwandten gezahlt hat. Es ist auch nicht unwichtig für sie zu sehen, es gibt ein anderes, demokratisches Deutschland, das sich der Erinnerung stellt. So sind die Steine auch Botschaften ins Ausland, dass hier eine andere Generation herangewachsen ist.

Peter Hess

Meyer Welche Wirkung soll die Aktion auf heutige Hausbewohner, Nachbarn oder Passanten haben?

Hess Ich bin 1943 geboren. Wenn ich später meine Eltern oder andere nach den Juden gefragt habe, kam als Antwort: ‚Wir haben keine Juden gesehen, hier hat's auch gar keine gegeben' – obwohl gerade hier am Grindel sehr viele Juden gelebt haben! Die Stolpersteine demonstrieren, dass sie hier gelebt haben. Wenn irgendwann für alle Opfer in diesem Viertel ein Stein verlegt worden ist, kann kein Mensch ihre Existenz mehr bestreiten.

Zum anderen – und das ist die wichtigste Wirkung – initiieren die Stolpersteine fortwährend Dialoge. Ich bekomme Anrufe von Bewohnern der Häuser, und Leute fragen mich: ‚Haben hier Juden gelebt?' Dann recherchiere ich im Staatsarchiv, und wenn jüdische Bürger dort gelebt haben, die ermordet worden sind, teile ich das den Anrufern mit. Sie setzen sich zusammen, diskutieren über die Geschichte der Opfer; sie streiten sich auch, weil einige dagegen sind, Stolpersteine zu verlegen, und lieber einen ‚Schlussstrich ziehen' wollen. Aber in den meisten Fällen setzen sich die anderen durch. Sie sammeln Geld, und die Steine werden dann verlegt und eingeweiht. Wenn sie dann liegen, gibt es viele Situationen, in denen jemand stehenbleibt und den Text eines Steines liest und damit andere animiert, sich dazuzustellen, und schon wird über die Stolpersteine diskutiert.

Wir gedenken ja nicht nur der Juden, es kommen auch Leute, deren Vater oder Großvater Kommunist war, Arbeiter oder Gewerkschafter. Die sind stolz, wenn sie in der Familie Geld gesammelt haben. Einer sagte einmal bei der Einweihung: ‚Früher wurde für die Herrschenden ein Denkmal erstellt, jetzt kriegen auch wir einfachen Leute einen Stein.' Gunter Demnig, der Künstler, hat in Köln Erinnerungen in den Straßen an ‚Zigeuner', Kommunisten oder Juden vermisst. Angeregt durch die Diskussion um das Holocaustdenkmal in Berlin, das ausschließlich für die ermordeten Juden gedacht ist, wollte er etwas schaffen, was für alle Opfer des Nationalsozialismus gedacht war und in das private Leben hineinreicht. Sein Credo ist, ‚das Grauen begann nicht erst in Treblinka, es begann schon in den Wohnungen der Opfer.' Deshalb wollte er den Opfern ihren Namen wiedergeben und etwas schaffen, das an sie erinnert. Sie wissen, dass viele Bürgermeister im Nationalsozialismus ihre Stadt als ‚judenfrei' gemeldet haben. Und nach dem Krieg haben die Leute gedacht, das Thema ist erledigt, es gab ja kaum noch Juden. Nichts erinnerte an sie. Wenn es nicht in den 70er und 80er Jahren eine neue Geschichtsbewegung gegeben hätte, wäre es bis heute so geblieben. Deshalb sind die Stolpersteine so wichtig, die darauf hinweisen, dass hier jüdische Nachbarn gelebt haben, die irgendwann einmal abgeholt worden sind. Durch den Stein erfährt man, dass sie im Stadtteil gelebt haben.

Meyer Wie reagieren jüngere Leute?

Hess Gerade junge Leute, Schüler, sind stark interessiert. Sie fragen nach, ob es in ihrer Schule jüdische Lehrer oder Schüler gegeben hat. Dieses Thema ist in den meisten Schulen bis heute nicht aufgearbeitet worden. Deshalb gründen die Schüler dann eine Forschungsgruppe. Ich verschaffe ihnen Zugang zum Staatsarchiv, und sie erarbeiten die Biografien der Opfer. Anschließend wird Geld für die Patenschaften gesammelt. Die Stolpersteine für die ermordeten Lehrer werden vor der jeweiligen Schule, die für die Schüler-Opfer vor deren ehemaligen Wohnhäusern verlegt. Bei der Einweihung der Gedenksteine berichten Schüler aus dem Leben der Opfer.

Gunter Demnig

Das hat Kreise gezogen. Mittlerweile rufen mich viele Lehrer an, bitten um Prospektmaterial über die Stolperstein-Aktion und beginnen dann, die Geschichte aufzuarbeiten.

Die NS-Geschichte ist aber nicht nur in Schulen nicht aufgearbeitet. Ich war erstaunt, dass in fast allen Institutionen oder Organisationen das Schicksal der jüdischen Mitarbeiter und Mitglieder unbekannt ist, zum Beispiel in den Sportclubs. Da weiss man nicht, wie viele Mitglieder der Clubs deportiert und ermordet worden sind! Bei den Ärzten begann die Aufarbeitung durch Anna von Villiez, die sich mit deren Geschichte befasst. Nun bekommen die ermordeten jüdischen Ärzte und ihre Familienangehörigen Stolpersteine, und die Ärzteschaft veröffentlicht in ihren Blättern Berichte über die NS-Zeit und wirbt für die Stolpersteine. Wir haben aus der jüngeren Ärzteschaft Paten für alle ermordeten Ärzte gewinnen können! Heiko Morisse hat kürzlich ein Buch über die Verfolgung jüdischer Rechtsanwälte vorgelegt, und inzwischen haben fast alle Stolpersteine bekommen. Der Hamburger Richterverein hat sich dem Thema in einem Artikel in seiner Hauszeitschrift gewidmet und zu Spenden aufgerufen. Jetzt können für alle ermordeten Richter und ihre Angehörigen vor dem Ziviljustizgebäude und den Privatwohnungen Steine verlegt werden.

Meyer Wie ist der konkrete Gang, wenn beispielsweise Lehrer und Schüler etwas tun wollen?

Hess Sie sollen sich bei mir melden. Ich helfe ihnen bei den Recherchen und verschaffe ihnen Zugang zum Staatsarchiv. Dort recherchieren sie in den Akten die Biografien der Opfer und fassen die Ergebnisse zusammen. Wenn sie soweit sind, machen wir eine so genannte Schulaktion, bei der die Schüler alles, was sie gefunden haben, vortragen. Das ist oft sehr eindringlich. Manchmal werden die Biografien mit Dokumenten und Fotos, wenn es welche gibt, anschließend in der Schule ausgestellt. Das ist eine gute Geschichtsaufarbeitung, die für die Schüler insgesamt sehr interessant ist.

Ich bin dem Staatsarchiv, vor allem dem zuständigen Archivar Herrn Sielemann, sehr dankbar, denn ohne seine freundliche Anleitung wäre die Arbeit gar nicht möglich.

Meyer Wer übernimmt Patenschaften?

Hess Im Falle der Schulen sammeln die Schüler selbst für die Patenschaften, aber sonst ist das eine kleine Volksbewegung. Sie kommen aus allen Schichten der Bevölkerung. Ein Beispiel: Mich riefen ältere Damen an und fragten, was aus einer jüdischen Klassenkameradin geworden ist. Die war ‚verschwunden'. Als ich feststellte, dass dieses Mädchen ermordet worden ist, hat die Rest-Klasse Geld gesammelt und einen Stein setzen lassen. Sie standen bei der Einweihung mit Blümchen vor dem Haus. Einige sagten auch ‚Ich muss mich schämen, dass ich damals meine Freundin nicht geschützt habe.' Der Stein – so denke ich – mindert das Schuldgefühl. Viele Angehörige der jüdischen Ermordeten und die Jüdische Gemeinde standen der Aktion anfangs skeptisch gegenüber, sie hatten Angst, antisemitische Reaktionen zu provozieren und dass die Steine beschmutzt würden. Aber mittlerweile haben sie ihre Meinung geändert und die meisten begrüßen die Verlegung der Steine.

Meyer Wie begann Ihre Arbeit hier in Hamburg?

Hess Mich hat als Kunstsammler der kulturelle Aderlass im Nationalsozialismus, der in der Kunst bis heute nachwirkt, schon immer sehr beschäftigt. Eines Tages las ich in Berlin einen Artikel über die Aktion von Gunter Demnig, und sofort war mir klar: Die Aktion muss nach Hamburg, die muss unterstützt werden, das ist ganz, ganz wichtig! Ich habe mich also mit Gunter Demnig getroffen. Dann ging es erst einmal um die Genehmigungen in Hamburg. Das war nicht gerade einfach. Dennoch: Plötzlich finden Dialoge statt in den Behörden, Leute fragen oder geben Antworten, diese Dialoge hätte es sonst nie gegeben. Der Leiter des ersten Tiefbauamtes, an das ich mich wandte, wollte sich erst mit meinem Anliegen befassen, wenn ich die Rutschfestigkeit der Stolpersteine nachgewiesen hätte. Was soll man dazu sagen? Von den Tiefbauämtern hätte ich wohl nie eine Genehmigung bekommen. Aber der Eimsbüttler Bezirksbürgermeister hat mich sofort in die öffentliche Sprechstunde eingeladen, wo ich die Aktion vorstellen konnte. Ein Abgeordneter der Schill-Partei, die zu der Zeit noch im Parlament war, forderte mich auf, stattdessen etwas für die Bombenopfer zu tun. Ich antwortete dem Abgeordneten, das Schicksal der Bombenopfer sei ein ganz trauriges, es lohne sich sicher, wenn er dafür eine eigene Aktion starte. Über die Stolperstein-Aktion wurde öffentlich abgestimmt, sie wurde mit Mehrheit beschlossen. So bekam ich die erste Genehmigung. Dann bin ich von einem Bezirk in den nächsten gegangen, habe die Aktion überall vorgestellt. Bis auf Bergedorf erteilten alle die Genehmigung. Der Bezirk Bergedorf wehrte sie ab, sie müssten – so argumentierten sie – ihre Bürger schützen, denn deren Häuser würden an Wert verlieren, wenn Stolpersteine davor verlegt würden. Ich habe dann Ole von Beust angeschrieben, und mit dessen Unterstützung haben wir die Steine in Bergedorf verlegen dürfen. Mittlerweile liegen in allen Stadtteilen Steine, schwerpunktmäßig natürlich in Eimsbüttel, weil da die meisten Opfer lebten. Es gibt fast überall in der Stadt Einzelpersonen oder Initiativen wie Stadtteilarchive und Geschichtswerkstätten, die sich ehrenamtlich engagieren, die Adressen raussuchen, recherchieren und Geld sammeln. In Wandsbek wird beispielsweise jetzt eine große

Aktion mit dem Bezirksbürgermeister veranstaltet, um Geld für die Stolpersteine zu sammeln. Inzwischen hat sich die Unterstützung verselbstständigt, ich muss nicht mehr alles organisieren, sondern das übernehmen die Leute, die sich dafür engagieren. Ich strebe an, dass jedes Opfer einen Stein bekommt. Die Aktion ist nicht zeitlich befristet, sie läuft, so lange sich Menschen dafür engagieren.

Meyer Gibt es Unterschiede zwischen dem Engagement in Hamburg und andernorts?

Hess Der Künstler hat ja in seiner Heimatstadt Köln begonnen und dort ca. 1500 Steine verlegt, in Berlin sind es ca. 800 Steine, in Hamburg jetzt 1300, doch ich konnte schon weit über 2000 Patenschaften für Hamburg gewinnen. Mit der Produktion muss Gunter Demnig noch nachkommen. Insofern ist Hamburg die erfolgreichste Stadt in Deutschland. Ich bekomme die meisten Rückmeldungen und täglich Anrufe von Menschen, die Stolpersteine legen lassen wollen.

Meyer Stoßen Sie nur auf Zustimmung?

Hess Natürlich nicht! Von einer Minderheit kommt manchmal starke Ablehnung. Zum einen aus den Häusern, in denen noch ältere Bewohner die Vorgänge damals mitbekommen haben, und zum anderen aus Häusern, die die Vorfahren günstig von den Verfolgten erworben haben. Die heutigen Besitzer waren Kinder, 14, 15 Jahre alt, und haben das noch miterlebt, und reagieren mit heftiger Abwehr, wenn ich ankündige, dass dort Steine verlegt werden. Ich habe ja die Genehmigung, in ganz Hamburg die Steine verlegen zu lassen und bin nicht auf die Zustimmung der Anwohner angewiesen. Trotzdem kündige ich jede Verlegung per Flugzettel an der Haustür oder im Briefkasten an. Wenn die Leute Fragen haben oder eine Patenschaft übernehmen wollen, können sie mich dann anrufen. So bekomme ich manchmal Klagen angedroht, oder Leute sagen, sie wollten da keine Steine, es müsste endlich mal aufhören mit dem Gedenken. Einige behaupten sogar, die Juden hätten sich doch mit ihrem Geld retten können und seien gar nicht umgebracht worden. Es gibt auch die vornehme Variante, wenn Leute sagen, ‚ja, ich weiss, das Haus hat früher Juden gehört. Aber können Sie den Stein nicht ein paar Meter zur Seite legen? Ich empfange so viele Gäste!' Dann rate ich, den Gästen zu erzählen, was damals passiert ist. Der Stein soll ja die heutigen Bewohner nicht anklagen, er wird zur Erinnerung und zum Gedenken an die Ermordeten verlegt. Manchmal ruft auch jemand an und droht, ich würde mit dem internationalen Judentum untergehen. Immer wieder kommt die Forderung, ich sollte was für deutsche Opfer tun. Ich weise dann darauf hin, dass die Aktion für alle Opfer gedacht ist und die Juden auch Deutsche waren. Trotzdem: Diese Leute sind die Minderheit – und was die schweigende Mehrheit denkt, weiß ich ja auch nicht. Aber die positiven Anrufe überwiegen bei weitem. Und die Leute wollen Informationen.

Ich werde deshalb voraussichtlich Ende des Jahres 2006/Anfang 2007 eine homepage für die Hamburger Stolpersteine ins Internet einstellen. Dort können Interessierte dann die Liste bereits in Hamburg verlegter und geplanter Steine einsehen. Auch die Lebensläufe der Deportierten, soweit diese bekannt sind und Fotos von den Verlegungen, sollen darauf enthalten sein.

Für Euro 95,– kann jeder eine Patenschaft für einen Stolperstein übernehmen.
Einzelpersonen oder Projektgruppen können die Initiative unterstützen, indem sie
- Patenschaften übernehmen;
- selbst die Geschichte der Menschen erforschen, die in ihrem Haus oder ihrer Straße gewohnt, in ihrer Organisation oder ihrer Schule tätig gewesen sind, und dann eine Patenschaft übernehmen;
- oder Peter Hess ehrenamtlich bei der sonstigen Arbeit behilflich sind.

Interessierte können sich telefonisch bei ihm melden: 040-410 51 62.

Beate Meyer

Rundgang: Stolpersteine im Grindelgebiet

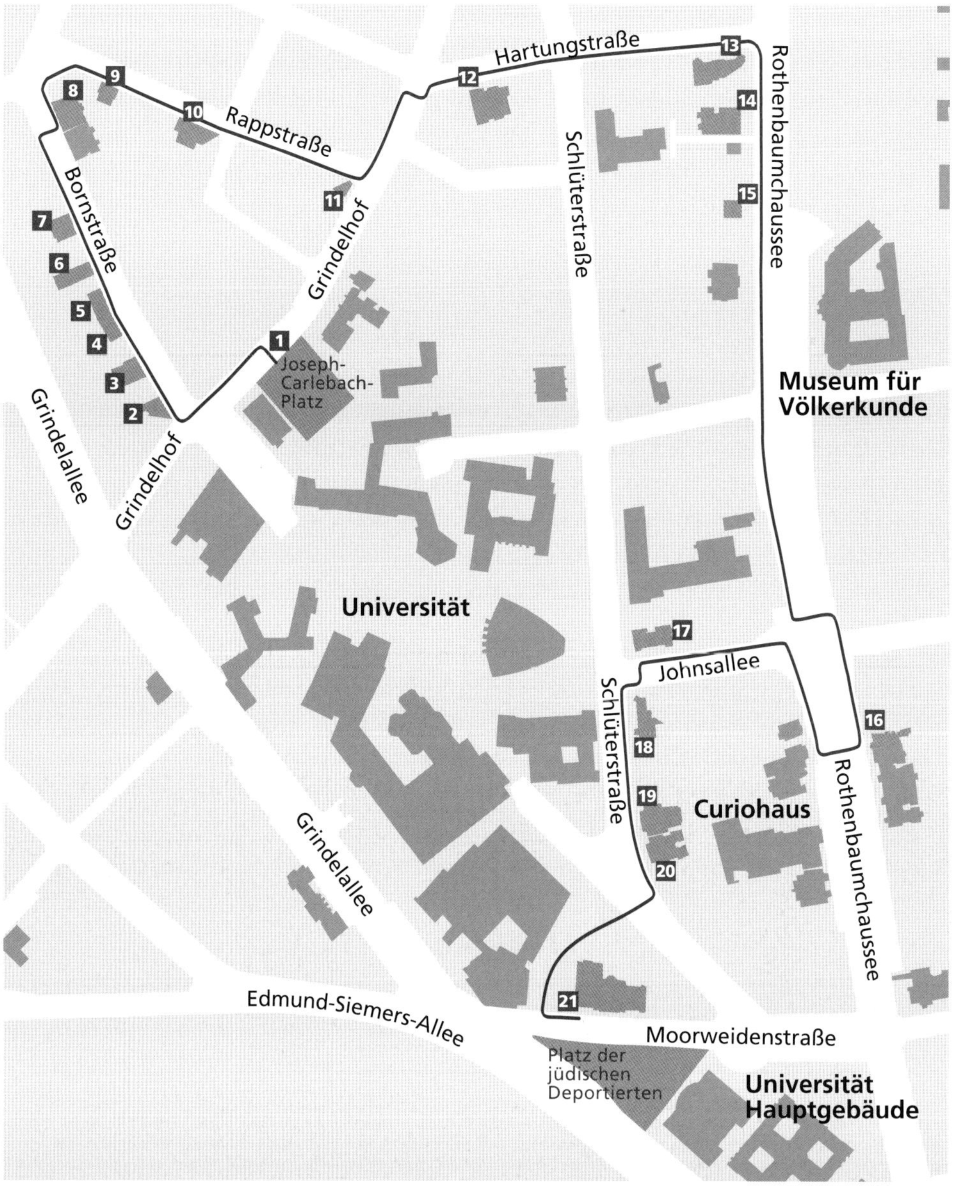

Allgemeine Hinweise

Der Rundgang beginnt am Jospeh-Carlebach-Platz und endet am „Platz der jüdischen Deportierten". Er verbindet Stätten der Verfolgung mit Kurzbiografien der Personen, für die an diesem Weg Stolpersteine verlegt worden sind. Die insgesamt 21 Stationen enthalten zusätzliche Erläuterungen zu NS-Verfolgungsmaßnahmen (farblich unterlegte Texte). Je nach Geschwindigkeit und Leseintensität dauert der Rundgang 1–2 Stunden. Die Biografien beziehen sich auf die Stolpersteine, die bis Ende 2005 verlegt wurden. Auf dem beigefügten Stadtplan finden Sie auch diejenigen, die danach verlegt wurden.

1 *Ausgangspunkt* **Joseph-Carlebach-Platz**

Wir befinden uns hier auf dem Joseph-Carlebach-Platz, dem einstigen Standort der Synagoge am Bornplatz. Diese wurde 1906 errichtet (siehe Tafel), als immer mehr Juden aus der Neustadt in das Grindelgebiet zogen und für die orthodoxen unter ihnen ein fußläufig erreichbares Gotteshaus notwendig wurde. 1925 lebten schließlich mehr als 47 Prozent der Hamburger Juden in Rotherbaum/Harvestehude. Von 1936 bis zu seiner Deportation fungierte Dr. Joseph Carlebach (siehe Tafel) als Oberrabiner. Während des Novemberpogroms wurde diese Synagoge geschändet, mehrfach angezündet und 1939 abgebrochen. Seit 1988 erinnert der in schwarzen Granitsteinen auf dem Platz angedeutete Grundriß an dieses Bauwerk.

Im Hintergrund die ehemalige Talmud-Tora-Schule

Im Jahr 1933 gehörten 19410 Juden den Israelitischen Gemeinden Hamburgs, Altonas, Wandsbeks und Wilhelmsburgs an. Nach dem Groß-Hamburg-Gesetz 1937 vereinten sich die Jüdischen Gemeinden und verzeichneten nun zusammen 15 308 Mitglieder, nachdem mit den ersten beiden Auswanderungswellen 1933 und 1935 tausende Juden Deutschland verlassen hatten. Weitere flüchteten nach dem Novemberpogrom 1938. Insgesamt – so wird geschätzt – emigrierten aus Hamburg 10-12 000 Juden. Im Oktober 1941 wurde die Auswanderung verboten. In Hamburg befanden sich jetzt noch 7547 Personen (3049 männliche, 4498 weibliche), die nach nationalsozialistischer Definition als Juden galten. D. h. neben den Mitgliedern der jüdischen Gemeinde wurden auch glaubenslose oder getaufte Menschen mitgezählt, deren Stammbaum mindestens drei jüdische Großelternteile aufwies.

Nachdem bereits im Oktober 1938 ca. 1000 Juden polnischer Herkunft abgeschoben worden waren, begann am 25. Oktober 1941 die systematische Deportation der verbliebenen Juden. In siebzehn Transporten wurden 5848 Personen deportiert, von denen 5296 ermordet wurden. Insgesamt wird die Zahl der Juden, die aus der Hansestadt oder ihren Zufluchtsländern Frankreich, Belgien, den Niederlanden oder Italien deportiert wurden und der Selbstmörder sowie der jüdischen Euthanasietoten aus Hamburg auf ca. 10 000 geschätzt. Bei Kriegsende 1945 befanden sich in Hamburg noch 647 in Mischehe mit christlichen Partnern lebende Juden.

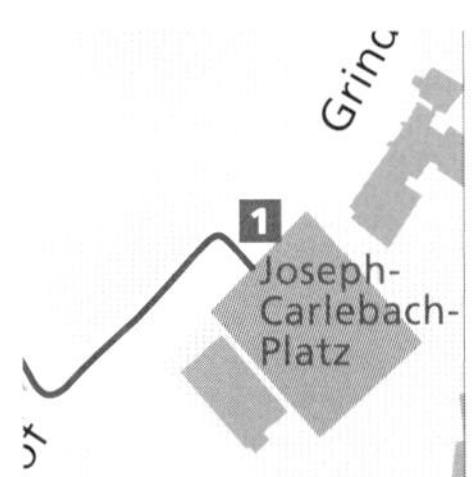

Den Grindelhof überqueren, Richtung Grindelallee gehen und in die Bornstraße gehen (linke Straßenseite)

2 Bornstraße 16

Emma Cohn, *geb. 2.10.1874, deportiert am 18. November 1941 nach Minsk*

Die allein stehende, kinderlose Buchhalterin hatte in der Grindelallee und der Isestraße gewohnt. Anfang der 1940er Jahre war sie völlig mittellos. Sie lebte im „Judenhaus" in der Bornstraße 16, als sie den Deportationsbefehl erhielt.

Quellen: StaH, 522-1, Jüdische Gemeinden, 992b, Kultussteuerkartei der Deutsch-Israelitischen Gemeinde Hamburgs; ebd., 522-1 Jüdische Gemeinden 992e; Hamburger jüdische Opfer des Nationalsozialismus. Gedenkbuch, Hamburg 1995.

Jenny Pincus, *geb. 17.1.1871, deportiert am 18.11.1941 nach Minsk*

Jenny P. besuchte die Israelitische Töchterschule bis zum 14. Lebensjahr und absolvierte dann ab 1886 eine Lehre bei der Firma Gebr. Hailbut. Danach ging sie zunächst als Verkäuferin, dann als Einkäuferin und Leiterin der Haushaltsabteilung zum Kaufhaus Tietz am Jungfernstieg, wo sie 28 Jahre arbeitete. Sie erhielt ein für Frauenarbeit stattliches Gehalt von RM 450 monatlich zuzügl. Tantiemen. 1935 verlor sie ihre Stelle. Aufgrund ihrer langjährigen Betriebszugehörigkeit bezog sie ab März 1938 ein Ruhegeld von knapp RM 90, das ab Juni 1941 auf RM 95,60 erhöht wurde. Die ledige Frau wohnte in der Lenhartzstraße, der Isestraße und der Grindelallee, bis sie ins „Judenhaus" ziehen musste. „Frl. Jenny Sara Pincus" war 1942 noch im Hamburger Adressbuch verzeichnet, als sie vermutlich längst gestorben oder ermordet worden war. Sie wurde auf den 31. Dezember 1945 für tot erklärt.

Quellen: StaH, 522-1, Jüdische Gemeinden, 992b, Kultussteuerkartei der Deutsch-Israelitischen Gemeinde Hamburgs; Adressbücher 1938, 1942; Amt f. Wiedergutmachung 1701 70; Hamburger jüdische Opfer des Nationalsozialismus. Gedenkbuch, Hamburg 1995.

Informationen über „Judenhäuser"

Das Reichsgesetz über die Mietverhältnisse mit Juden vom 30. April 1939 hob den Mieterschutz wie die freie Wohnungswahl für Juden auf. Es schuf so die Voraussetzung, die jüdische Bevölkerung in bestimmten Stadtteilen und dort in größeren Gebäuden konzentrieren zu können. In Hamburg war der Jüdische Religionsverband, wie die Jüdische Gemeinde sich nun nennen musste, bereits vor den Deportationen angewiesen worden, Wohnraum freizumachen. Die Juden wurden in Wohnstifte, Alters- und Pflegeheime, später auch in das Gebäude des Jüdischen Krankenhauses eingewiesen, deren Träger der Religionsverband war. Viele dieser Gebäude lagen im oder nahe am Grindelgebiet (siehe Liste der „Judenhäuser"). Die Häuser wurden mit einem weißen Judenstern aus Papier an der Tür gekennzeichnet. Die Belegung wurde ständig erhöht. Die Einweisung in „Judenhäuser" isolierte die jüdische Bevölkerung, die Gestapo konnte sie so gut überwachen und deportieren.

Informationen über die Deportationen von Hamburg nach Minsk

Von Hamburg aus gingen zwei Deportationen in das Ghetto von Minsk: am 8.11.1941 968 Personen, von denen 952 ermordet wurden, und am 18.11. 1941 noch einmal 407 Personen, von denen 403 ermordet wurden. Kurz bevor der erste Transport am 11.11.

eintraf, waren dort ca. 12 000 einheimische Juden erschossen worden, um für die deutschen Leidensgenossen „Platz zu schaffen". Die Neuankömmlinge aus dem Deutschen Reich arbeiteten für die Wehrmacht, die SS oder die Organisation Todt in Werkstätten, Lazaretts oder Außenkommandos. Fast alle, die Hunger, Kälte und Infektions- krankheiten in den folgenden eineinhalb Jahren überlebten, wurden in einem der Massaker am 8. Mai 1943 bzw. bei der Auflösung des Ghettos am 14. September 1943 erschossen bzw. im Gaswagen erstickt. Wenige Arbeitsfähige wurden in andere Zwangsarbeits- bzw. Konzentrationslager gebracht.

3 Bornstraße 18

Helene Guttmann, *geb. 24.8.1877, deportiert am 8.11.1941 nach Minsk*

Jacob (genannt Janus) Guttmann, *geb. 19.2.1877, deportiert am 8.11.1941 nach Minsk*

Jacob G. handelte mit Weißwaren. Bis 1936 lebte das Ehepaar in Wilhelmsburg, dann zog es nach Hamburg und wohnte in der Hochallee und Oderfeldstraße, bevor es in das „Judenhaus" Bornstraße 18 ziehen musste, wo es auch den Deportationsbefehl erhielt. Die einzige Tochter Edith wanderte 1938 in die USA aus. Dorthin wollten ihr die Eltern Ende der 1930er Jahre offensichtlich folgen, was ihnen nicht mehr gelang. Das „Vermögen" des Ehepaares war im April 1941 auf RM 827 zusammengeschmolzen.

Quellen: StaH, 522-1, Jüdische Gemeinden, 992b, Kultussteuerkartei der Deutsch-Israelitischen Gemeinde; ebd., 314-15, Oberfinanzpräsident, FVG 8854; ebd., 522-1 Jüdische Gemeinden 992e; Adressbücher 1938, 1942; Hamburger jüdische Opfer des Nationalsozialismus. Gedenkbuch, Hamburg 1995.

Carl Belzinger, *geb. 25.9.1871, Freitod 26.9.1942*

Rosa Belzinger, *geb. 1865, gestorben am 29.3.1941*

Carl B. hatte als selbstständiger Kaufmann mit Strumpfhosen und Trikotagen gehandelt; er lebte in kinderloser Mischehe mit seiner christlichen Ehefrau Louise (Lilly) in der Isestraße, der Parkallee, dann in der Bismarckstraße und schließlich in der Bornstraße 18. Als Mitglied der Deutsch-Israelitischen Gemeinde unterstützte er deren Arbeit durch Spenden wie beispielsweise im Sommer 1933, als er einen Betrag zur Erholungsfürsorge für Kinder zur Verfügung stellte. Aus Briefen von Verwandten geht hervor, dass die Verfolgungssituation bei beiden Ehepartnern schwere psychosomatische Auswirkungen zeitigte: Carl B. soll sehr nervös gewesen sein und unter Diabetes gelitten, doch versucht haben, dies vor seiner Frau zu verbergen und gute Laune zu zeigen. Er erhielt einige Sonderlebensmittelrationen und später Insulin wegen der Zuckererkrankung. Seine Frau erlitt 1939/1940 mehrere Herzattacken und wurde wiederholt ins Eppendorfer Krankenhaus eingeliefert. Nachdem sie im Winter 1940 monatelang dort gelegen hatte, reiste eine ihrer Schwestern an, um sie zu pflegen, bis sie sich im Frühjahr 1941 einigermaßen erholt hatte. Carls Bruder Leopold wurde am 19. Juli 1942 nach Theresienstadt deportiert (am 10. März 1944 wurde er in Auschwitz ermordet). Als Carl B. am 23. September 1942 den Bescheid erhielt, er und seine Frau müssten ihre Parterrewohnung am 1. Oktober räumen, fürchtete er vielleicht, dass er diesen Weg auch gehen müsste, jedenfalls sah er für sich keine Perspektive mehr. Vielleicht wollte er auch seiner Frau angesichts ihrer angegriffenen Gesundheit keine weitere Verschlechterung der Wohn- und Lebenssituation zumuten. Er erhängte sich, während seine Ehefrau außer Haus Besorgungen machte. Routinemäßig veranlasste der hinzugerufene Polizist die Überführung der Leiche in die Leichenhalle des Hafenkrankenhauses.

Rosa B. war die Schwester Carl B.s. Sie lebte mit ihrem Ehemann, dem Kaufmann Joseph Jacobsohn, in der Hölderlinsallee. Als ihr Mann im August 1935 verstarb, nahm sie ihren Geburtsnamen wieder an. Aus den Briefen Verwandter und der Steuerkarte der Jüdischen Gemeinde geht hervor, dass Rosa B. kränkelte und von ihrer Tochter Jeanette (Nettie) Jacobsohn versorgt wurde. Diese war ausgebildete Haushaltslehrerin. Sie wurde aus „rassischen Gründen" aus dem Schuldienst entlassen und erhielt eine reduzierte Pension von RM 153, von der sie Rosa B. mit RM 60 und später RM 40 monatlich unterstützte. Rosa B., von der ihre Verwandte schrieb: „Sie ist jetzt sehr alt geworden", erlitt Mitte März 1941 einen Schlaganfall und wurde ins Israelitische Krankenhaus eingeliefert, wo sie am 29. März 1941 verstarb. Die Tochter lebte zuletzt im ehemaligen John R. Warburg-Stift in der Bundesstraße 43. Von dort wurde sie am 15. Juli 1942 nach Theresienstadt deportiert, wo sie am 2. September starb.

Quellen: StaH, 522-1, Jüdische Gemeinden, 992b, Kultussteuerkartei der Deutsch-Israelitischen Gemeinde Hamburg; ebd., 331-5, Polizeibehörde – Unnatürliche Sterbefälle, 1942/1549; Adressbücher 1938, 1942; Hamburger jüdische Opfer des Nationalsozialismus. Gedenkbuch, Hamburg 1995, Schr. C.E. an Peter Hess v. 9.11.2003, Schr. C.E. an die Verf. V. 17.11.2005 sowie Privatarchiv C.E., div. Briefe; Gemeindeblatt der Deutsch-Israelitischen Gemeinde zu Hamburg 5/7.7.1933; Deutsch-Jüdische Gesellschaft, Wegweiser zu den ehemaligen jüdischen Stätten des Leidens in Hamburg, Heft 2, Hamburg 1993.

Informationen über Selbstmorde

Als die antijüdischen Bestimmungen immer schärfer wurden, die Verarmung fortschritt, Briefe mit der Einweisung in ein „Judenhaus" und schließlich der Deportationsbefehl eintrafen, schieden viele Juden „freiwillig" aus dem Leben. In Hamburg verübten 319 Juden Selbstmord. Die Polizei schickte dann jeweils einen Beamten an den „Tatort", der Ehegatten, Vermieter oder Nachbarn nach möglichen Anlässen befragte und ein Protokoll aufsetzte. In der Spalte für die mutmaßlichen Gründe findet sich dann ab Herbst 1941 zumeist ohne weiteren Kommentar die Eintragung „Deportationsbefehl". Dann ließ der Beamte die Leiche routinemäßig ins Hafenkrankenhaus überführen, wo ein Autopsiebericht geschrieben und der Totenschein ausgestellt wurde. Die Polizei versiegelte die Wohnung.

4 Bornstraße 20

Informationen über Verhaftungen während des Novemberpogroms (9./10. November 1938) in Hamburg

Am 10. November 1938 wurden in Hamburg unzählige jüdische Geschäfte, Praxen von Ärzten oder Anwälten und mindestens fünf Synagogen und Betstuben demoliert. Im Deutschen Reich wurden ca. 30 000 jüdische Männer verhaftet, in Hamburg waren es zwischen dem 10. und dem 15. November 1938 vermutlich 1000. Die meisten von ihnen wurden nach kurzem Aufenthalt im Konzentrationslager Fuhlsbüttel („Kolafu") in das KZ Sachsenhausen eingeliefert, wo sie Wochen oder Monate unter unmenschlichen Bedingungen bei schwersten Mißhandlungen inhaftiert blieben.

Ernst Selig, *geb. 29.11.1922, deportiert am 8.11.1941 nach Minsk, Todesdatum am 22.1.1945 im KZ Flossenbürg*

Werner Selig, *geb. 30.8.1921, deportiert am 8.11.1941 nach Minsk*

Isidor Selig, *geb. 28.1.1890, 1938 KZ Sachsenhausen, deportiert am 8.11.1941 nach Minsk*

Lina Selig, *geb. 15.3.1895, deportiert am 1941 nach Minsk*

Isidor S. stammte aus einer orthodox-jüdischen Familie in Friedrichstadt. Er hatte eine kaufmännische Lehre absolviert und 1920 die Ostfriesin **Lina** geb. Schönthal in Oldenburg geheiratet. Die Söhne Werner und Ernst wurden in Friedrichstadt geboren. In den 1930er Jahren lebte die Familie in der Eimsbüttler Sillemstraße, dann in der Grindelallee, bis es in die Bornstraße zog. Isidor S. betätigte sich von 1920 bis 1927 als selbstständiger Kaufmann, dann bis 1930 als Provisionsvertreter, arbeitete anschließend zeitweise für die Wach- und Schließgesellschaft und als Vorarbeiter. Danach betrieb er einen Zeitungsstand, den er im Juni 1935 verkaufen musste. Später fand er keinen dauerhaften Arbeitsplatz mehr. Er versuchte sich nicht sehr erfolgreich als Werber, sah sich gezwungen, für seine Familie und sich schließlich Fürsorgeunterstützung beantragen und wurde zur „Pflichtarbeit" herangezogen. Während des Novemberpogroms 1938 wurde er im KZ Sachsenhausen inhaftiert. Den Zwangsnamen „Israel" brauchte er nicht anzunehmen, weil „Isidor" zu den Namen zählte, die eine Person nach Meinung der Machthaber schon als jüdisch auswiesen. 1939 bemühte er sich um Auswanderung für sich und seine Familie nach Bolivien, wo er als Wegebauer und Gartengestalter zu arbeiten hoffte. Die Passage der vierköpfigen Familie hätte der Jüdische Hilfsverein bezahlt. Im März 1939 reichte Isidor S. die Umzugsliste ein. Nachdem geklärt worden war, dass an „wertvollem" Schmuck nur die Trauringe und eine Armbanduhr aus Silber vorhanden waren, ein Zigarettenetui hingegen aus Bakalit und zwei Brillen aus Horn gefertigt waren, galten die Bedenken der Devisenstelle als ausgeräumt. Auch das Gepäck wurde ohne Beanstandungen geprüft. Es handelte sich nur um alte, getragene Sachen. Allein, das Visum ließ auf sich warten. So teilte S. dem Oberfinanzpräsidenten am 1. Mai 1939 mit, „dass ich die Pässe noch nicht abgefordert habe, da die mir am 2. März avisierte Visumserteilung per 15. März bis heute noch nicht in meinem Besitz ist, und da ich infolgedessen nicht weiss, wohin ich auswandern soll." Im Juli dann bat er um eine möglichst schnelle Packerlaubnis, „dass ich noch in dieser Woche reisen kann". Doch inzwischen war die Genehmigung zum Empfang der Pässe ungültig geworden. Die Familie S. hatte sich im Gewirr der Vorschriften verfangen, ihre Aus-

wanderung scheiterte. Isidor S. nahm Arbeit auf See an, in seiner Akte ist mit Datum vom 25. September 1939 vermerkt: „Gehört zur Besatzung des Walfängers ‚Windhund', Ausreise einstweilen unmöglich." Sie wurde auch nicht wieder möglich. Als Isidor S. zurück in Hamburg war und mit seiner Familie in der Bornstraße 20 zur Untermiete lebte, traf der Deportationsbefehl nach Minsk für alle vier dort ein. Isidor S. hatte zwei Brüder, die rechtzeitig in die USA gegangen waren. Doch seine Familie und er wie auch seine Schwester Flora und sein 97-jähriger (!) Vater, die nach der „Arisierung" ihres Grundbesitzes in Friedrichstadt 1939 in die Bornstraße 7a gezogen waren, wurden abtransportiert, Flora und ihr Ehemann am 8. November 1941 nach Minsk, der Vater Jacob am 9. Juni 1943 nach Theresienstadt, wo er am 12. September 1943 verstarb.
Sohn **Ernst S.,** dessen Beruf in der Deportationsliste als Textilkaufmann angegeben wurde, überlebte im Gegensatz zu seinen Eltern und seinem Bruder, dem Kontoristen **Werner S.,** die mörderischen Arbeits- und Lebensbedingungen und wiederholten Massenerschießungen in Minsk. Am 1. September 1943, kurz vor der Auflösung des Ghettos, wurde er zusammen mit den Hamburger Leidensgenossen Erwin Vogel und Heinz Rosenberg vom Ghetto in das Konzentrationslager Minsk überstellt. Von dort wurden sie in das Zwangsarbeiterlager Budzyn verschleppt, wo die Häftlinge für die Heinkel-Werke schufteten. Anschließend gelangten sie in das ca. 150 km östlich von Krakau gelegene Lager Rzeszow („Reichshof"), wo sie ins Lager A, das „Jüdische Zwangsarbeiterlager" eingewiesen wurden. Von dort gelangten sie in das KZ Plaszow in einem Vorort von Krakau. Das Lager leitete der berüchtigte Amon Goeth, dessen Grausamkeiten Steven Spielberg im Film „Schindlers Liste" darstellte. Am 4. August 1944 schließlich trafen Ernst S. und seine Leidensgefährten im Konzentrationslager Flossenbürg in Bayern ein. Er erhielt die Häftlingsnummer 16054 und wurde in der Häftlingskategorie „J. Rd." (= jüdischer Reichsdeutscher) registriert. Vom Hauptlager Flossenbürg wurde er in das KZ-Außenlager Hersbruck verlegt, wo mehrere tausend Häftlinge Stollen für ein unterirdisches Flugzeugmotorenwerk von BMW anlegen mussten. Am 24. Dezember 1944 wurde Ernst S. mit anderen ausgezehrten, kranken und arbeitsunfähigen Häftlingen ins Hauptlager Flossenbürg „rücküberstellt". Dort starb er am 22. Januar 1945.

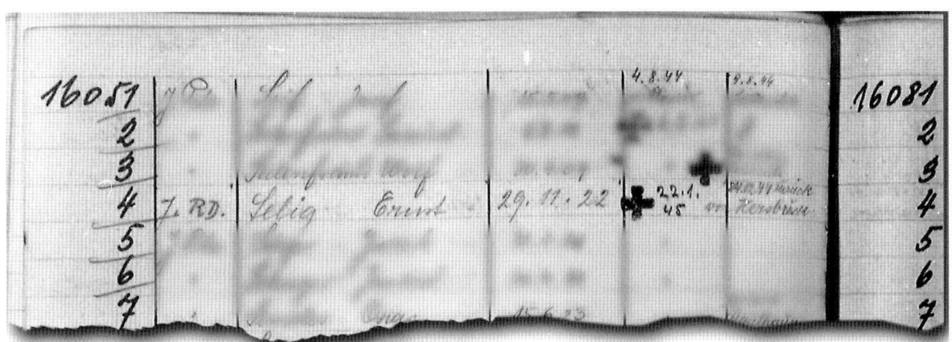

Häftlingsnummernbücher:
Eintrag des Todesdatums
von Ernst Selig

KZ Flossenbürg

Quellen: StaH, 522-1, Jüdische Gemeinden, 992b, Kultussteuerkartei der Deutsch-Israelitischen Gemeinde Hamburgs; ebd., 314-15, Oberfinanzpräsident, FVG 5900; 522-1 Jüdische Gemeinden 992e; Heinz Rosenberg, Jahre des Schreckens. ... und ich blieb übrig, dass ich Dir's ansage, Göttingen 1985; Hamburger jüdische Opfer des Nationalsozialismus. Gedenkbuch, Hamburg 1995; Auskunft U. Fritz, KZ Gedenkstätte Flossenburg v. 17.11.2005; Amt f. Wiedergutmachung 2801 90.

5 Bornstraße 22

Alfred Pein, *geb. 12.5.1890, deportiert am 11.7.1942 nach Auschwitz*

Emmy Pein, *geb. 8.7.1900, deportiert am 11.7.1942 nach Auschwitz*

Alfred P. hatte die Realschule besucht und in einer Leder-Großhandlung eine kaufmännische Lehre absolviert. Im Ersten Weltkrieg gehörte er der Infanterie an, kam allerdings wegen eines chronischen Ohrenleidens nicht zum Fronteinsatz. Nach dem Krieg gründete er ein eigenes Geschäft, das er bis 1933/34 führte, und arbeitete danach als selbstständiger Handelsvertreter. 1919 heiratete er eine nichtjüdische Frau, die bei der Eheschließung zur jüdischen Religion konvertierte. Mit den Töchtern Inge und Ursula lebte das Paar in der Isestraße und – nach der Geschäftsaufgabe – bescheidener in der Schäferkampsallee. Am 16. Juni 1938 wurde Alfred P. im Rahmen der sog. Juni-Aktion verhaftet, weil er wegen eines Bagatell-Delikts als vorbestraft galt, und saß bis Januar 1939 im KZ Sachsenhausen ein. Seine Tochter bemühte sich unterdessen um Auswanderungsmöglichkeiten für ihn. Alfred P. kehrte mit zwei erfrorenen Fingern zurück, leistete jedoch trotzdem „Pflichtarbeit", d. h. Zwangsarbeit für Wohlfahrtsempfänger. Alfred P.s Ehefrau entschied sich, mit den Töchtern in Deutschland zu bleiben. Alfred P.s Abreise verzögerte sich, bis er alle geforderten Auflagen erfüllen konnte. Er traf am Vorabend des Kriegsbeginns in Genua ein. Sein Schiff lief nicht aus. Die deutschen Emigranten wurden zurückgeschickt. Alfred P.s Frau ließ sich nun scheiden und trat aus der Jüdischen Gemeinde aus. Einige Zeit später lernte Alfred P. **Emmy Süß** kennen und heiratete sie. Das Paar zog in die Bornstraße 22, die Wohnung der Mutter Emmy P.s, **Rachel Süß.** Emmy P. verdiente als Angestellte des Jüdischen Kulturbundes bzw. des Jüdischen Gemeindehauses RM 20 die Woche. Alfred P., inzwischen als „nicht arbeitseinsatzfähig" eingestuft, erhielt als Wohlfahrtsempfänger wöchentlich RM 9,70. Von knapp RM 30 die Woche drei Personen zu ernähren, war kaum möglich. Alfred P. begann, heimlich im kleinen Umfang mit Schuhen und Anzugstoffen zu handeln. Doch diese Artikel unterlagen der Bewirtschaftung, d. h. der freie Handel mit ihnen war verboten. Alfred P. und vier nichtjüdische Beteiligte wurden am 4. August 1941 verhaftet. Während die anderen gegen eine Ordnungsstrafe freigelassen wurden, verurteilte ein Sondergerichtsverfahren Alfred P. am 18. September zu insgesamt 10 Monaten Haft, weil er „böswillig die Deckung des Bedarfs gefährdet" und „einen ganz üblen Schleichhandel" betrieben habe. Er saß seine Strafe im Gefängnistrakt der Haftanstalt Fuhlsbüttel bis 15. Mai 1942 ab. Seine Schwestern wurden nach Lodz und Riga deportiert. Durch die Haftstrafe stand Alfred P. erst 1942 auf der Deportationsliste. Es blieben ihm kaum zwei Monate Zeit, bis er mit der Berufsangabe „Arbeiter", Emmy P. als „Verkäuferin" und seine Schwiegermutter, Rachel Süß, die sich freiwillig gemeldet hatte, mit dem Vermerk „staatenlos" und „Wäschegeschäft" zum Abtransport aufgerufen wurden. Die drei wurden mit unbekanntem Ziel deportiert, vermutlich nach Auschwitz.

Alfred und Emmy Pein, 1942

Quellen: StaH, 522-1, Jüdische Gemeinden, 992b, Kultussteuerkartei der Deutsch-Israelitischen Gemeinde Hamburgs; ebd., 314-15, Oberfinanzpräsident FVG 5415; ebd., Gedenkbuchdatenbank, Zu- und Abgangslisten Fuhlsbüttel; ebd., 213-11 Staatsanwaltschaft b. Landgericht 1942/5445ebd., 522-1 Jüdische Gemeinden 992e; Archiv Landgericht Hamburg 9b R 207/1939; Galerie Morgenland (Hrsg.), „Wo Wurzeln waren ...". Juden in Hamburg-Eimsbüttel 1933 bis 1945, Hamburg 1993; Karin Guth, Bornstraße 22: Ein Erinnerungsbuch, Hamburg 2001. Videofilm Beate Meyer/Galerie Morgenland/Stadtjournal, "Ich war 'rassisch' halb"; Auskunft I. H. v. 8.12.2005; Hamburger jüdische Opfer des Nationalsozialismus. Gedenkbuch, Hamburg 1995.

Rachel Süß, *geb. 17.3.1874, deportiert am 11.7.1942 nach Auschwitz*

Die Mutter von Emmy Pein betrieb ein Wäsche- und Hutgeschäft in Altona. Sie wohnte im Weidenstieg, der Heinrich-Barth-Straße und der Dillstraße, bis sie in die Bornstraße 22 zog. Die staatenlose Witwe besaß 1940 weder Vermögen noch ein regelmässiges Einkommen. Sie nahm ihre Tochter und den neuen Schwiegersohn in die kleine Drei-Zimmer-Wohnung auf. Als diese den Deportationsbefehl erhielten, meldete sie sich freiwillig und begleitete sie.

Quellen: StaH, 522-1, Jüdische Gemeinden, 992b, Kultussteuerkartei der Deutsch-Israelitischen Gemeinde Hamburgs; 522-1 Jüdische Gemeinden 992e; Adressbuch 1942; Hamburger jüdische Opfer des Nationalsozialismus. Gedenkbuch, Hamburg 1995; Karin Guth, Bornstraße 22: Ein Erinnerungsbuch, Hamburg 2001.

Abraham Schwarzschild, *geb. 8.7.1937, deportiert am 6.12.1941 nach Riga*

Betty Schwarzschild, *geb. 11.5.1909, deportiert am 6.12.1941 nach Riga*

Sara Schwarzschild, *geb. 9.9.1938, deportiert am 6.12.1941 nach Riga*

Für die Familie Schwarzschild liegen Stolpersteine in der Schlankreye (für den Vater **Ignatz,** dessen geschiedene erste Ehefrau **Kela** und Sohn **Leopold**) wie auch in der Bornstraße 22 (für die zweite Ehefrau **Betty** und die Kinder **Abraham** und **Sara**). Der streng religiöse, gleichwohl sozialistisch orientierte Ignaz Sch. wirkte als Kantor in den 1920er und 1930er Jahren – bis November 1938 – an der Synagoge Hoheluftchaussee 25. Er und seine Ehefrau verdienten mit Buchhaltung, Zigarettenhandel, Kochen, Putzen und Einhüten den Lebensunterhalt. Die Söhne Salomon (Schlomo) und Leopold besuchten die Talmud-Tora-Schule. Sch.s waren in ihre Umwelt integriert, begriffen sich jedoch dezidiert als „Juden, die in Deutschland leben". 1936/37 trennten sich die Eheleute. Beide heirateten neue Partner. Dem Sohn Salomon glückte die Auswanderung: Er ging von der Schule ab, absolvierte eine landwirtschaftliche Ausbildung in Blankenese und verließ Deutschland im Dezember 1939. Sein Bruder Leopold, der ebenfalls von 1938 bis 1940 das Vorbereitungslager in Blankenese und von 1940 bis Ende 1941 den Beruf des Gärtners erlernt hatte, scheiterte an der Altersgrenze. Das Palästina-Zertifikat, um das ein emigrierter Onkel sich bemüht hatte, galt nur für Jugendliche bis zum 15. Lebensjahr, Leopold, Jahrgang 1924, war zu alt. Auch die Auswanderungsbemühungen seiner Mutter (jetzt verheiratete Bundheim) und deren neuen Mannes schlugen fehl, sie wurden zusammen mit dessen Tochter aus erster Ehe nach Minsk deportiert, wo sie ermordet wurden. Ignatz Schwarzschild, seine Frau Betty, Sohn Leopold und die beiden vier- und fünfjährigen Kinder Abraham und Sara erhielten den Deportationsbefehl an ihre letzte Wohnadresse in der Bornstraße 22. Sie kamen auf das Gut Jungfernhof bei Riga, das in keiner Weise dazu hergerichtet war, tausende von Menschen aufzunehmen. Von den 4000 dort zusammengepferchten Juden starben im Winter 1941/42 fast 800 Personen. Doch die Sch.s überlebten bis zum Frühjahr 1942. Unter dem Vorwand, zu einer leichteren Arbeit in einer Fischfabrik gebracht zu werden, wurden am 26. März 1942 dann 1700–1800 Personen abtransportiert und

Ignatz Schwarzschild, Kantor an der Synagoge Hoheluftchaussee 25

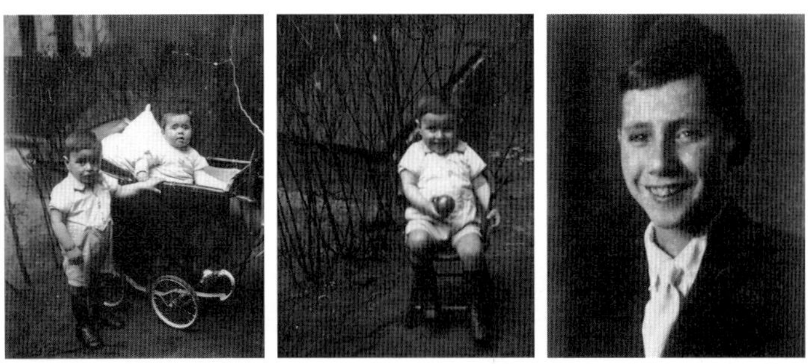

Sara Schwarzschild, deportiert im Alter von drei Jahren, Abraham Schwarzschild, deportiert im Alter von vier Jahren, Leopold Schwarzschild, deportiert im Alter von 17 Jahren

im Wald von Rumbula erschossen, unter ihnen die Kinder Abraham und Sara und ihre Mutter Betty. Ignatz und Leopold Sch. waren zusammen mit insgesamt 1000 (später noch 500 weiteren) Männern in das zwölf Kilometer weiter gelegene Lager Salaspils gebracht worden, angeblich um ein Lager zu erbauen, in das ihre Familien nachkommen konnten. Irgendwann im Jahre 1942 fielen sie dem Hunger, der Kälte, den mörderischen Arbeitsbedingungen zum Opfer oder wurden in einer der großen „Strafaktionen" ermordet.

Quellen: StaH, 522-1, Jüdische Gemeinden, 992b, Kultussteuerkartei der Deutsch-Israelitischen Gemeinde Hamburgs; 522-1 Jüdische Gemeinden 992e; Beate Meyer, Ausgrenzung, Verfolgung und Ermordung der Eimsbütteler Juden, in: Arno Herzig (Hrsg.), Die Juden in Hamburg 1590 bis 1990, Hamburg 1991, S. 601-611; Galerie Morgenland (Hrsg.), „Wo Wurzeln waren ...". Juden in Hamburg-Eimsbüttel 1933 bis 1945, Hamburg 1993; Karin Guth, Bornstraße 22: Ein Erinnerungsbuch, Hamburg 2001; Wolfgang Scheffler/Diana Schulle (Hrsg.), Buch der Erinnerung. Die ins Baltikum deportierten deutschen, österreichischen und tschechoslowakischen Juden, Bd. II, München 2003; Adressbücher 1938, 1942; Amt f. Wiedergutmachung 0909 38; Hamburger jüdische Opfer des Nationalsozialismus. Gedenkbuch, Hamburg 1995.

Bella Wolff, *geb. 29.6.1886, am 19.7.1942 nach Theresienstadt und am 9.10.1944 nach Auschwitz deportiert*

Rosa Wolff, *geb. 23.1.1893, am 6.12.1941 nach Riga deportiert*

Die geschiedene **Bella W.** hatte als Angestellte im Büro des Centralvereins deutscher Staatsbürger jüdischen Glaubens in der Beneckestraße 2 gearbeitet, der 1938 aufgelöst wurde. Während ihrer Ehe hatten ihr Mann und sie die 1915 geborene Ruth W. adoptiert, die 1938 in die USA emigrierte. Bella W. blieb zurück. Sie wohnte in der Haynstraße, der Parkallee, der Sierichstraße, im Durchschnitt und der Dillstraße, bis sie in die Bornstraße 22 zog.
Die ledige, kinderlose **Rosa W.** (offenbar nicht mit Bella Wolff verwandt) besaß einen Kaffeehandel en gros mit Geschäft in der Rentzelstraße. Sie wohnte in der Rutschbahn, bevor sie in die Bornstraße 22 zog, ihre letzte Hamburger Adresse, wo sie den Deportationsbefehl erhielt.

Quellen: StaH, 522-1, Jüdische Gemeinden, 992b, Kultussteuerkartei der Deutsch-Israelitischen Gemeinde Hamburgs; 522-1 Jüdische Gemeinden 992e; Karin Guth, Bornstraße 22: Ein Erinnerungsbuch, Hamburg 2001; Hamburger jüdische Opfer des Nationalsozialismus. Gedenkbuch, Hamburg 1995.

Informationen über die Deportationen von Hamburg nach Riga

Insgesamt 20 Transporte von deutschen, österreichischen und tschechischen Juden gelangten zwischen November 1941 und Februar 1942 in das Gebiet um Riga. Aus Hamburg wurde am 6. Dezember 1941 ein Transport mit 753 Personen (von denen 726 umkamen) dorthin geschickt. Im Rigaer Ghetto befanden sich zu dieser Zeit knapp 30 000 lettische Juden, von denen 27 500 am „Rigaer Blutsonntag" (30.11.1941) und am 8.12.1941 erschossen wurden, um für die Neuankömmlinge „Platz zu schaffen".
Als die Hamburger Juden, unter ihnen Oberrabbiner Joseph Carlebach, in Riga eintrafen, war die zweite Erschießungsaktion noch nicht beendet, deshalb wurden sie zum sechs Kilometer entfernten Gut Jungfernhof gebracht. Dieses heruntergekommene Anwesen bestand aus einem Gutshaus, drei Holzscheunen, fünf kleinen Häusern und Viehställen, wo knapp 4000 Menschen (außer Hamburgern auch Nürnberger, Stuttgarter und Wiener) zusammengepfercht wurden. 1700 bis 1800 von ihnen wurden im März 1942 in der „Aktion Dünamünde" erschossen, 200 Frauen und ein Teil der Übrigen wurden nach und nach in das Ghetto Riga eingewiesen. Ein Teil der Männer zwischen 16 und 50 Jahren kam in das 18 km vor Riga gelegene Zwangsarbeiterlager Salaspils, das nur die wenigsten überlebten.

Ab Sommer 1944 wurden die jüdischen Häftlinge aus dem baltischen Raum Richtung Deutschland zurückverlegt, Hauptziel war das KZ Stutthof bei Danzig. Von dort gelangten Frauen nach Neuengamme bei Hamburg, männliche Häftlinge nach Buchenwald, andere nach Auschwitz, Sachsenhausen, Dachau, Mauthausen oder Natzweiler. Vereinzelte Häftlinge aus Riga befanden sich dann in den Kolonnen der Todesmärsche, die diese Lager im April 1945 verließen.

Informationen über die Deportationen von Hamburg nach Auschwitz

Bis Herbst 1942 wurden die Juden aus Deutschland – wie die Hamburger – nach Lodz, Minsk und Riga deportiert. Aus anderen Städten und Regionen gelangten sie auch nach Kowno, in den Distrikt Lublin oder ins Baltikum. Auschwitz-Birkenau wurde zu dieser Zeit noch zum Vernichtungslager ausgebaut, die großen Gaskammern und Krematorien wurden im Frühjahr 1943 in Betrieb genommen. Aus Hamburg soll ein Transport mit 295 Personen vom 11.7.1942, dessen Ziel auf den Deportationslisten als „unbekannt" angegeben wurde, dorthin gelangt sein. Am 12.2.1943 wurden 24 Hamburger einem 994-Personen-Transport in Berlin angeschlossen, der am 20.2.1943 Auschwitz erreichte.

6 Bornstraße 25 (Einfahrt)

Hilde Vogel, *geb. 16.12.1907, deportiert am 25.10.1941 nach Lodz*

Iwan Isaak Vogel, *geb. 18.2.1910, deportiert am 25.10.1941 nach Lodz, ermordet im KZ Buchenwald*

Das kinderlose Ehepaar **Hilde und Iwan V**. wohnte in der Oelkersallee, dann in der Hochallee. Iwan V. arbeitete in der Fa. Victor Kaiser in der Rappstraße. Über ihr Leben, bevor sie in das Ghetto „Litzmannstadt" deportiert wurden, ist nichts bekannt. Sie erhielten den Deportationsbefehl, als sie in der Bornstraße 25 wohnten. Von Hilde V. findet sich ein letztes Lebenszeichen in Form einer Postkarte, die sie am 13. Mai 1944 an Bekannte in Hamburg schrieb: „Liebe Familie Zimmet. Ich freue mich Ihnen mitteilen zu können, dass ich gesund bin und arbeite. Iwan ist auch auf Arbeit, aber auch ihm geht es gut. Bitte schreiben Sie mir sofort zurück, wo sich meine Eltern befinden. Herzliche Grüße Ihre Frau Hilde Vogel". Vermutlich erfuhr sie nie, dass beide Eltern zum Zeitpunkt ihrer Frage bereits tot waren: Ihr Vater Louis Vogel wurde am 15. Juni 1942 nach Theresienstadt und von dort am 26. Februar 1944 nach Auschwitz deportiert, die Mutter war vorher verstorben. Als Adresse gab sie Litzmannstadt-G(hetto), Pfeffergasse 10/3 an.

Lebenszeichen aus Lodz von Mai 1944, abgestempelt am 8.6.44

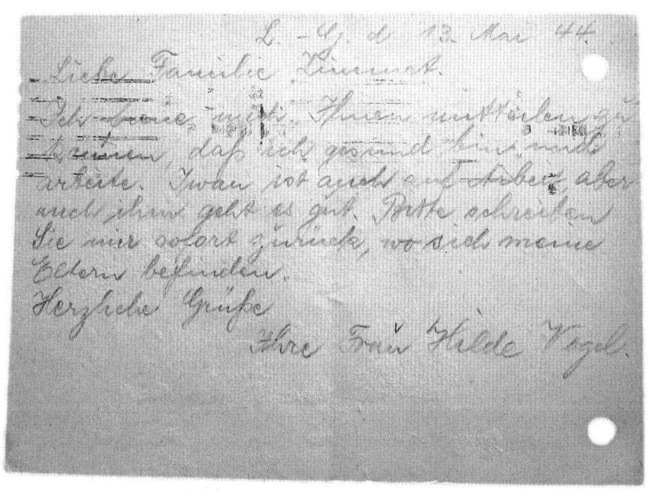

L.-G. d. 13. Mai 44.
Liebe Familie Zimmet.
Ich freue mich Ihnen mitteilen zu
können, daß ich gesund bin und
arbeite. Iwan ist auch auf Arbeit, aber
auch ihm geht es gut. Bitte schreiben
Sie mir sofort zurück, wo sich meine
Eltern befinden.
Herzliche Grüße
Ihre Frau Hilde Vogel.

Während sich Hilde V.s Spur danach in Lodz verliert, wissen wir, dass **Iwan V**. in andere Lager verschleppt wurde. Eine seiner letzten Leidensstationen war das KZ Tschenstochau ca. 200 km südlich von Warschau. Hier hatte die HASAG (Fa. Hugo Schneider AG) eine Munitionsfabrik errichtet, in der ca. 3000 Juden unter mörderischen Arbeitsbedingungen schufteten. 1943 kam ein Stahlwerk dieser Firma hinzu, wo zwischen 500 und 1000 Juden arbeiteten, darunter vermutlich Iwan V. Dieses Werk wurde am 16. Januar 1945 geschlossen und die Häftlinge in die Konzentrationslager Ravensbrück und Buchenwald überführt. So gelangte Iwan V. am 18. Januar 1945 mit einem Großtransport von 2740 Häftlingen in das Konzentrationslager Buchenwald. Dort erhielt er die Häftlingsnummer 115426, wurde als „Polit. Häftling" registriert und in das Kleine Lager (Lager 2 oder Quarantänelager) eingewiesen. Als Beruf notierte der Lagerschreiber „Silberschmied". Am 27. März 1945 findet sich im „Nummernbuch" ein letzter Eintrag, der sich auf Iwan V. als Insasse in Buchenwald bezieht. Bald darauf begannen die „Todesmärsche" aus dem Lager. Die mehr als 6000 jüdischen Häftlinge mussten sich dazu am Vorabend in einem gesonderten Bereich des Lagers versammeln. Am 7. April 1945 verließen die ersten Kolonnen das KZ. Wann und wo Iwan V. genau starb, ist nicht bekannt.

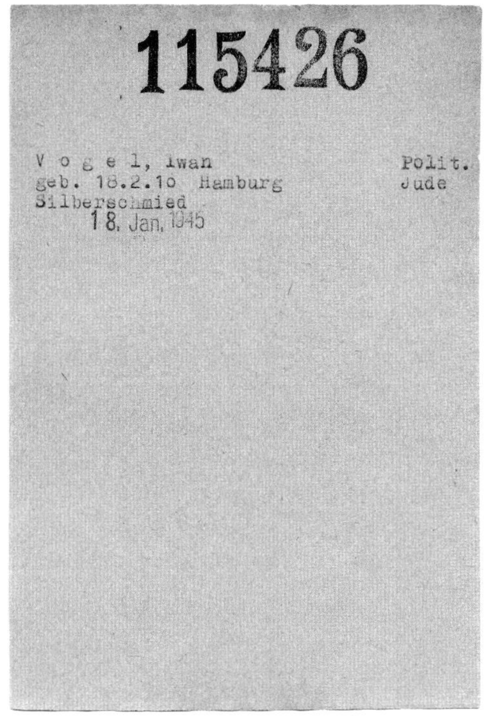

Quellen: StaH, 522-1, Jüdische Gemeinden, 992b, Kultussteuerkartei der Deutsch-Israelitischen Gemeinde Hamburgs; Hamburger jüdische Opfer des Nationalsozialismus; ebd., 522-1 Jüdische Gemeinden, Abl. 1993, Ordner 15; 522-1 Jüdische Gemeinden 992e; Gedenkbuch, Hamburg 1995; Diana Schulle, Auskunft v. 15.11.2005; KZ-Gedenkstätte Buchenwald, Auskunft v. 18.11.2005 (Thür. Hauptstaatsarchiv Weimar, Konzentrationslager Buchenwald, Häftlingsnummernkarte 115426, HKW Film 1 u. Nummernbuch KL. Lager, Aufst. Ankommender Transporte, NARA Washington RG 242, Film 16).

Informationen über die Deportationen von Hamburg nach „Litzmannstadt"/Lodz

Im Ghetto der polnischen Stadt Lodz, die 1940 unter der deutschen Besatzung in „Litzmannstadt" umbenannt worden war und im „Reichsgau Wartheland" lag, lebten 164000 einheimische Juden. Im Oktober und November kamen mit 20 Großtransporten ca. 20000 deutsche, österreichische und tschechische Juden an, darunter die 1034 Hamburger, die den Deportationsbefehl für den 25. Oktober 1941 erhalten hatten. 96 Arbeitsstätten, in denen über 90 Prozent der Bewohner arbeiteten, dienten vor allem der Textilproduktion für die Wehrmacht. Die Lebens- und Arbeitsbedingungen in den Holzhäusern des Ghettos, die weder Wasser- noch Abwasserleitungen hatten, waren menschenunwürdig, Hunger, Kälte und Seuchen forderten bereits in den ersten Monaten tausende Todesopfer (nicht nur) unter den deutschen Insassen. Zudem erwies sich das Ghetto als Durchgangsstation zum 60 km entfernten ersten Vernichtungslager bei Kulmhof/Chelmno. Dort wurden zunächst über 4000 „Zigeuner" und ca. 45000 polnische Juden ermordet, bis im Mai 1942 auch ca. 10000 Juden, die als nicht mehr arbeitsfähig galten, aus den o.a. Großtransporten umgebracht wurden. Die verbliebenen deutschen Juden wurden bei Auflösung des Ghettos im August 1944 nach Auschwitz transportiert, wo die meisten im Gas erstickt wurden. Ein kleinerer Teil wurde in Zwangsarbeiterlager verlegt.

7 Bornstraße 28

Inge Cossmann, *geb. 26.4.1924, deportiert am 6.12.1941 nach Riga*

Inge C. wohnte in der Bornstraße 28 bei ihrer seit 1931 geschiedenen Mutter Martha (geb. 1896). Offensichtlich reichten die Einkünfte nur knapp aus, den Lebensunterhalt der beiden zu bestreiten, denn während Inge C.s Schulzeit erhielt die Mutter häufiger Zuwendungen von jüdischen Wohlfahrtsorganisationen wie dem Jüdischen Kinderhilfswerk Hamburg. Die Schülerin sollte nach Holland auswandern, die dafür erforderliche Unbedenklichkeitsbescheinigung lag bereits vor. Doch das Vorhaben scheiterte. Im April 1940 erklärte die Mutter, sie und ihre Tochter beabsichtigten nicht auszuwandern, wie ein Finanzbeamter in einem Vermerk festhielt. Als Martha C. im Mai 1940 ihre Vermögensverhältnisse offen legen musste, wurde deutlich, dass sie nur noch eine Reserve von 2600 RM besaß. RM 150 monatlich wurden ihr davon zum Lebensunterhalt zugestanden. Mutter und Tochter erhielten in der Bornstraße 28 den Deportationsbefehl nach Riga. Während die Tochter dort zu Tode kam, überlebte die Mutter die mörderischen Lebens- und Arbeitsbedingungen und entkam den Erschießungsaktionen. Als die Front näher rückte, wurden die jüdischen Häftlinge aus dem baltischen Raum in das KZ Stutthof überführt, unter ihnen befand sich lt. Ankunftsliste vom 9. August 1944 auch Martha C. Sie überlebte offensichtlich die Deportation.

Quellen: StaH, 522-1, Jüdische Gemeinden, 992b, Kultussteuerkartei der Deutsch-Israelitischen Gemeinde; 314-15, Oberfinanzpräsident, FVg 8098; Wolfgang Scheffler/Diana Schulle (Hrsg.), Buch der Erinnerung. Die ins Baltikum deportierten deutschen, österreichischen und tschechoslowakischen Juden, Bd. II, München 2003; Adressbücher 1938, 1942; Hamburger jüdische Opfer des Nationalsozialismus. Gedenkbuch, Hamburg 1995.

Edgar Ephraim Hirsch, *geb. 31.7.1897, deportiert am 8.11.1941 nach Minsk*

Edgar Ephraim H. hatte nach Abschluss des „Einjährigen" (d. h. der mittleren Reife, die dazu führte, dass nur ein Jahr Militärzeit verlangt wurde) eine kaufmännische Lehre bei der Fa. Haleres, Inh. Cahn, absolviert. Während des Ersten Weltkrieges wurde er mit dem Eisernen Kreuz ausgezeichnet. Eine kriegsbedingte Verletzung kurierte er in einem mehrmonatigem Krankenhausaufenthalt aus. 1925 trat er in die väterliche Firma ein, eine Export-Agentur mit Sitz am Neuen Wall im Prediger-Haus, die er ab 1926 unter dem Namen Simon Hirsch Nachf. allein führte. Seine in die USA emigrierte Schwester erinnerte sich später: „Mein Vater war stolz auf seinen Sohn, der das Geschäft vergrößerte und gute Umsätze erzielte." 1935 löste Edgar Ephraim H. die Offene Handelsgesellschaft auf und haftete als Alleininhaber. Vermutlich hatte er kaum noch Umsätze, denn er arbeitete auch als Vertreter. Am 16. Februar 1940 wurde die Firma im Handelsregister gelöscht. Edgar Ephraim H. wohnte am Springelteich, am Heidberg, im Grindelhof, der Schlüterstraße, am Schlump und schließlich in der Bornstraße 29 zur Untermiete bei Stein. Seine Steuerkarte trug, datiert vom 18. März 1940, den Vermerk: „ohne jedes Einkommen und Vermögen". Dennoch bemühte er sich offensichtlich nicht um Auswanderungsmöglichkeiten. „Edgar war ein begeisterter Hamburger und wollte seine Heimatstadt trotz meiner Warnungen nicht verlassen in der Hitlerzeit", schrieb seine in San Franzisko lebende Schwester 1952. Er blieb in Hamburg und erhielt den Deportationsbefehl in der Bornstraße 29. Er wurde auf den 8. Mai 1945 für tot erklärt.

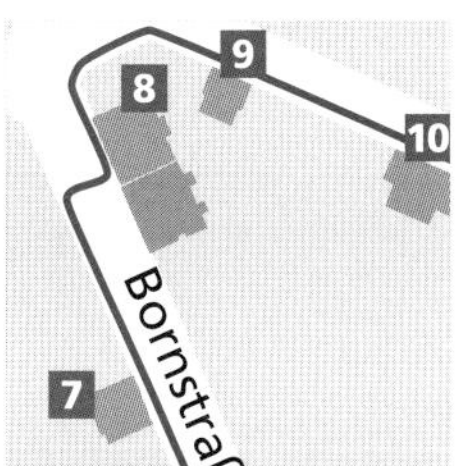

Wechsel zur gegenüberliegenden Straßenseite

Quellen: StaH, 522-1, Jüdische Gemeinden, 992b, Kultussteuerkartei der Deutsch-Israelitischen Gemeinde Hamburgs; ebd., 522-1 Jüdische Gemeinden 992e;Adressbücher 1938, 1942; Amt f. Wiedergutmachung 3107 97; Hamburger jüdische Opfer des Nationalsozialismus. Gedenkbuch, Hamburg 1995.

8 Bornstraße 1

Gisella Kaufmann, *geb. 12.6.1880, deportiert am 6.12.1941 nach Riga*

Gisella K. war eine ledige, wohlhabende Frau. Sie arbeitete als kaufmännische Angestellte und hatte ihr Vermögen in Wertpapieren und Pfandbriefen angelegt. Ein Vermerk vom 1. Januar 1940

auf ihrer Steuerkarte weist auf ein Einkommen von ca. 900 RM und ein Vermögen von 16 000 RM hin. Zudem verdiente sie mit Stickereien in Heimarbeit hinzu. Der NS-Staat stellte ihr Vermögen unter Sicherungsanordnung. „Großzügig" erteilte ihr das Finanzamt die Erlaubnis, den Gegenwert für ihre kunstgewerblichen Arbeiten in bar zu kassieren und das Geld dann auf ihr Konto einzahlen zu dürfen. Es bewilligte ihr monatlich RM 230,– zum Lebensunterhalt. Damit kam sie offensichtlich aus. Nur einmal, am 24. November 1941, beantragte sie, RM 300 außer der Reihe freizugeben. Als Verwendungszweck gab sie an: „Anschaffung von Gegenständen für meine bevorstehende Evakuierung am 3.12.1941 oder früher". Damit war die Deportation gemeint. Der Oberfinanzpräsident genehmigte ihr die einmaligen Aufwendungen von RM 300 vor dem Abtransport. Danach zog er ihr Vermögen – wie das der anderen „in den Osten" deportierten Juden – zugunsten des Deutschen Reiches ein. Gisella K. erhielt den Deportationsbefehl an ihre letzte Wohnadresse in der Bornstraße 1.

StaH: StaH, 522-1, Jüdische Gemeinden, 992b, Kultussteuerkartei der Deutsch-Israelitischen Gemeinde Hamburgs 522-1; ebd., 314-15, Oberfinanzpräsident, R 1940,/385; Adressbücher 1938, 1942; Hamburger jüdische Opfer des Nationalsozialismus. Gedenkbuch, Hamburg 1995.

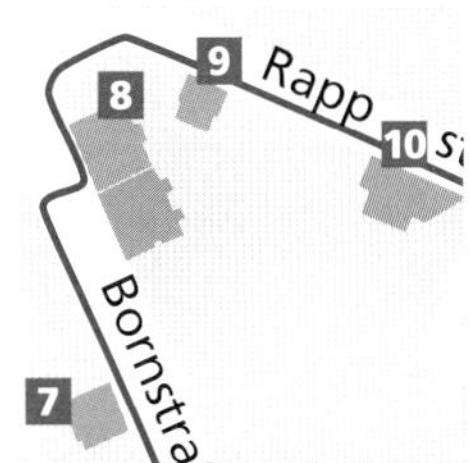

In die Rappstraße einbiegen, rechte Straßenseite

9 Rappstraße 6

Adolf Mandelik, *geb. 7.1.1877, deportiert am 25.10.1941 nach Lodz*

Margarethe Mandelik, *geb. 9.4.1876, deportiert am 25.10.1941 nach Lodz*

Adolf M. war in Prag geboren und besaß die tschechoslowakische Staatsangehörigkeit bzw. – wie auf der Deportationsliste vermerkt – gehörte dem „Protektorat Böhmen und Mähren" an. Er trat 1918 in die Jüdische Gemeinde Hamburgs ein. Mit seiner Ehefrau **Margarethe** hatte er drei Kinder: Die Zwillinge Elsa und Erich, geboren 1903, und die Nachzüglerin Ruth, geboren 1916. Die Familie lebte in der Rappstraße 6 in einer 5-Zimmer-Wohnung. Adolf M. hatte im September 1919 ein selbstständiges Gewerbe angemeldet, das er aber in der Wirtschaftskrise Anfang der 1920er Jahre nicht halten konnte. Danach arbeitete er als Vertreter und verdiente ab Ende der 1920er Jahre kaum noch den Lebensunterhalt für die Familie. Seit Beginn der 1930er Jahre galt diese als mittellos und erhielt Zuwendungen von der Jüdischen Gemeinde. Den Kindern gelang dennoch die Emigration aus Deutschland: Tochter Ruth lebte nach dem Krieg in Paris, Sohn Eric in New York und Tochter Elsa hatte in den 1930er Jahren einen nichtjüdischen Luxemburger geheiratet und die Staatsbürgerschaft dieses Landes erhalten. Die Eltern blieben in Hamburg zurück. Tochter Elsa erlebte den Tag vor ihrer Deportation mit: „Ich war gerade am Vortage zu Besuch gekommen und musste sogleich die Wohnung mit räumen. Nur mein Luxemburger Reisepaß ersparte mir dasselbe Schicksal, da ich als Ausländerin angesehen wurde. Meine Eltern mussten alles im Stich lassen, und die Wohnungsschlüssel wurden beschlagnahmt", sagte sie später aus. Knapp sechs Monate, nachdem die Eltern aus der Rappstraße 6 deportiert worden waren, wies der Oberfinanzpräsident seine zuständige Dienststelle an zu überprüfen, ob das „Vermögen" dieses nichtdeutschen Staatsangehörigen auch ordnungsgemäß eingezogen worden sei. Adolf und Margarethe M. wurden beide auf den 9. Mai 1945 für tot erklärt.

Quellen: StaH, 522-1, Jüdische Gemeinden, 992b, Kultussteuerkartei der Deutsch-Israelitischen Gemeinde Hamburgs; ebd., 522-1 Jüdische Gemeinden 992e; 314-15 Oberfinanzpräsident, Ordner 23; Amt für Wiedergutmachung 0701 77; Hamburger jüdische Opfer des Nationalsozialismus. Gedenkbuch, Hamburg 1995.

10 Rappstraße 16

Ottilie Robertsohn, *geb. am 2.5.1871, Selbstmord am 22.7.1942*

Die kinderlose Witwe bezeichnete sich selbst als „glaubenslos" (auch ihr verstorbener Ehemann Julius war 1935 aus der Jüdischen Gemeinde ausgetreten). Sie hatte im Uhlenhorster Weg gelebt, bevor sie in die Rappstraße zog. Als sie den Deportationsbefehl erhielt, setzte sie ihrem Leben am 18. Juli 1942 selbst ein Ende, indem sie sich Morphium spritzte. Ihr Vermieter Iwan Theilheimer alarmierte die Polizei. Der in die Wohnung beorderte Oberwachtmeister fand sie noch lebend vor und ließ sie ins Hafenkrankenhaus transportieren. Dort verstarb sie am 22. Juli 1942. Die ordentliche Frau hatte ihre Dokumentenmappe und die Lebensmittelkarten auf dem Tisch bereitgelegt. Die Polizei nahm Dokumente, Kennkarte, Lebensmittel- und Seifenkarten an sich, bevor sie die Wohnung versiegelte und dafür sorgte, dass Licht, Wasser und Gas abgestellt waren. Routinemäßig meldete sie den Suizid an die Gestapo, als Grund galt Angst vor der Deportation.

Quelle: StaH, 522-1, Jüdische Gemeinden, 992b, Kultussteuerkartei der Deutsch-Israelitischen Gemeinde Hamburgs; ebd., 331-5, Polizeibehörde – Unnatürliche Sterbefälle, 1942/1234; Adressbuch 1938, 1942; Hamburger jüdische Opfer des Nationalsozialismus. Gedenkbuch, Hamburg 1995.

Julius Bähr, *geb. 5.2.1874, deportiert am 6.12.1941 nach Riga*

Der Gemüsehändler lebte bereits vor der NS-Zeit im Grindelgebiet. Er wohnte mit seiner Ehefrau Bertha und den sechs Kindern Theodor, Edgar, Max, Walter, Paula und Lilly in der Dillstraße und der Rutschbahn, bevor sie in eine 3-Zimmer-Wohnung in der Rappstraße 16 zogen. Im Keller der Mietshäuser Dill- und Rappstraße betrieb Julius B. jeweils einen kleinen Gemüseladen, und er hatte bis 1936 vor dem Haus Grindelallee 72 einen Gemüsestand angemeldet. Sein Einkommen reichte oft nicht aus, die Familie zu ernähren, zumal er aus gesundheitlichen Gründen während der kalten Jahreszeit den Straßenverkauf einstellen musste. So erhielt Bertha B. schon 1914 zeitweise Wohlfahrtsunterstützung, als Julius B. während des Ersten Weltkrieges eingezogen war, und später immer wieder, wenn das Einkommen zu knapp war, die vielköpfige Familie zu ernähren. Die zuständigen Fürsorger (Pfleger) hoben bei jedem Besuch die tadellose Ordnung im Haushalt hervor und befürworteten meist die Anträge: Da die Familie die Speisegesetze einhielt, bewilligte das Amt die Behandlung im Israelitischen Krankenhaus, oder es übernahm die Kosten für einen halbjährigen Kurs, den Sohn Theodor an der landwirtschaftlichen Siedlerschule der Israelitischen Gemeinde in Blankenese absolvieren wollte. Er könne dann, so hoffte der Beamte, „im Ausland Arbeit finden und sich selber helfen". Nach diesem Kurs ging Theodor nach Paris, wo sein Bruder lebte, kehrte aber zurück, nachdem seine Mutter 1934 gestorben war. 1935/36 arbeitete Paula im Damenkonfektionshaus Robinsohn, Lilly als Verkäuferin bei Karstadt und dann in der Fa. L. Wegner, Edgar als Kontorist bei einem Hausmakler, Max als Verkäufer im Kaufhaus Hoheluft und Walter bei einer unbekannten Firma als Bote. Doch diese finanziell abgesicherte Zeit endete im November 1938. Max, während des Novemberpogroms verhaftet, saß bis zum 11. Januar 1939 im Konzentrationslager Sachsenhausen ein. Danach musste er sich arbeitslos melden. Auch Paula verlor Anfang 1939 nach 13-jähriger Tätigkeit ihre Stelle bei Robinsohn, nachdem das Unternehmen „arisiert" worden war. Von ihrer Abfindung von RM 250 lebte die Familie zunächst, denn diese wurde auf die Unterstützung angerechnet. Die Söhne Walter und Theodor waren bereits nach Rhodesien bzw. Argentinien emigriert. Jetzt beschleunigten die anderen ihre Ausreise: Tochter Paula wanderte mit der Unterstützung des Hilfsvereins der Juden in Deutschland nach London aus, wo sie den dortigen Mangelberuf der Krankenschwester erlernen wollte (1953 arbeitete sie dort wieder als Verkäuferin). Ihr Bruder Edgar ging nach Argentinien, Lilly nach Südafrika. Zurück blieb der Vater, er wurde aus der Rappstraße 16 deportiert. Das Hamburger Adressbuch wies „J. Israel Bähr" noch 1942 dort aus, als er längst in Riga ermordet worden war. Später erklärte das Amtsgericht ihn auf den 9. Mai 1945 für tot.

Quellen: StaH, 522-1, Jüdische Gemeinden, 992b, Kultussteuerkartei der Deutsch-Israelitischen Gemeinde Hamburg; Adressbücher 1938, 1942; Wolfgang Scheffler/Diana Schulle (Hrsg.), Buch der Erinnerung. Die ins Baltikum deportierten deutschen, österreichischen und tschechoslowakischen Juden, Bd. II, München 2003; Amt f. Wiedergutmachung 0502 74; Hamburger jüdische Opfer des Nationalsozialismus. Gedenkbuch, Hamburg 1995.

Max Fleischhauer, *geb. 12.4.1878, Selbstmord 7.11.1941*

Max F. hatte früher als Agent gearbeitet, verfügte aber 1940 über keinerlei Vermögen mehr. Seine Ehefrau Kalmanie war verstorben. Der Witwer unternahm im Sommer 1940 noch einen vergeblichen Versuch, in die USA auszuwandern. Max F. lebte in der Grindelallee 16, bis er am 1. Februar 1941 als Untermieter in die Rappstraße 16 zog. Als er den Deportationsbefehl für den 7. November 1941 erhielt, verübte er in der Nacht davor Selbstmord. Sein Vermieter, so gab dieser später der Polizei zu Protokoll, wollte ihn wecken, damit er sich pünktlich um 9 Uhr am Deportationssammelplatz einfinden konnte. Doch er fand das Zimmer verschlossen vor und alarmierte das zuständige Polizeirevier. Der dorthin beorderte Polizeioberwachtmeister bestellte den benachbarten Schlosser, um den Raum öffnen zu können. Max F. hatte sich an der Türangel erhängt. Seine Leiche wurde ins Hafenkrankenhaus überführt, wo der Totenschein ausgestellt wurde. Wie in solchen Fällen üblich, nahm der Polizist persönliche Dokumente und Lebensmittelkarten an sich.

Quelle: StaH, 522-1, Jüdische Gemeinden, 992b, Kultussteuerkartei der Deutsch-Israelitischen Gemeinde; ebd., 314-15 Oberfinanzpräsident; ebd., 331-5, Polizeibehörde – Unnatürliche Sterbefälle, 1942/52; Adressbücher 1938, 1942; Hamburger jüdische Opfer des Nationalsozialismus. Gedenkbuch, Hamburg 1995.

Esther Levy, *geb. 18.2.1930, deportiert am 8.11.1941 nach. Minsk*

Der Stolperstein wurde für Esther L. gesetzt, die als 11-jährige zusammen mit ihren Eltern deportiert wurde. Der Vater Emil L. hatte das Kind offensichtlich bei der Heirat mit Ehefrau Frieda im Januar 1934 adoptiert. Ein gemeinsamer Sohn des Paares, der „Adolf" heißen sollte, starb gleich nach der Geburt. Esther und ihre Mutter besaßen die polnische Staatsangehörigkeit. Die Familie litt unter finanzieller Not und war auf Fürsorgeunterstützung angewiesen, denn Emil L., ursprünglich Schlachtergeselle, hatte seine Arbeit verloren. 1939/40 musste er Erdarbeiten verrichten und erhielt dafür gerade RM 30 wöchentlich. Die häufigen Adressenwechsel innerhalb des Grindelgebietes und die Eintragungen als Untermieter weisen darauf hin, wie mühsam sich die Familie finanziell über Wasser hielt. Die Rappstraße 16 war die letzte Wohnadresse der Familie in Hamburg. Alle drei Familienmitglieder kamen zu einem nicht bekannten Zeitpunkt in Minsk oder Umgebung zu Tode oder wurden am 8. Mai 1943 oder bei der Auflösung des Ghettos am 14. September 1943 erschossen bzw. im Gaswagen erstickt .

Quellen: StaH, 522-1, Jüdische Gemeinden, 992b, Kultussteuerkartei der Deutsch-Israelitischen Gemeinde Hamburgs; ebd., 522-1 Jüdische Gemeinden 992e; Hamburger jüdische Opfer des Nationalsozialismus. Gedenkbuch, Hamburg 1995; Ursula Randt, Die Talmud Tora Schule in Hamburg. 1805–1942, Hamburg 2005.

11 Grindelhof 53

Flora Seligmann, *geb. 17.10.1874, 8.11.1941 Deportation nach Minsk*

Hans Seligmann, *geb. 21.12.1882, 8.11.1941 Deportation nach Minsk*

Flora S.s Vater Isaac Joseph Isaac war Schlachter in der Neustadt Hamburgs, ihre Mutter Hebamme. Flora hatte elf Geschwister, darunter Ludwig, Leopold und James Isaac, die legendären Hamburger Volkskünstler „Gebrüder Wolf". 1914 heiratete sie **Hans S.** Das Ehepaar lebte im Grindelhof 53 nahe der Synagoge. Im Grindelhof 55 betrieben sie die Firma M. Ehrlich, Geflügel & Feinkost, die ihnen gehörte. 1939 mussten sie das Geschäft verkaufen, es wurde „arisiert". Das kinderlose Ehepaar zog in den Lehmweg 9, wo sie mit Flora S.s Verwandten zusammen wohnten. Flora und Hans S. erhielten dort den Deportationsbefehl nach Minsk. Als sie Hamburg bereits verlassen hatten, wurden die 7 Zentner Kohlen, die sie für den Winter eingelagert hatten, zugunsten nichtjüdischer Bombengeschädigter konfisziert. Flora S.s Bruder James Wolf und ihre Schwester Helene Löwenthal wurden am 20. Juli 1942 nach Theresienstadt deportiert und kamen dort zu Tode (3.1.1943 bzw. 30.12.1942).

Quellen: StaH, 522-1, Jüdische Gemeinden, 992b, Kultussteuerkartei der Deutsch-Israelitischen Gemeinde Hamburgs; 522-1 Jüdische Gemeinden 992e; 314-15 Oberfinanzpräsident, Ordner 23; Adressbücher 1938, 1942; Frank Bajohr, „Arisierung" in Hamburg. Die Verdrängung der jüdischen Unternehmer 1933-1945, Hamburg 1997; Hamburger jüdische Opfer des Nationalsozialismus. Gedenkbuch, Hamburg 1995.

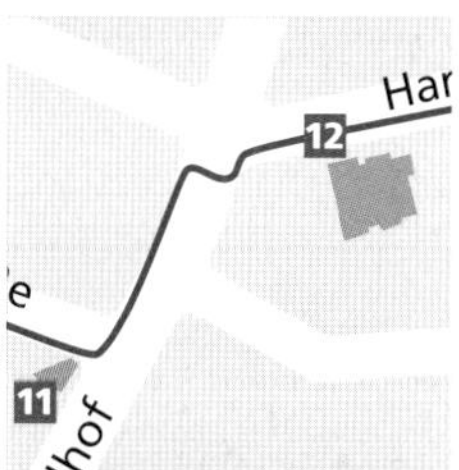

Grindelhof hochgehen, Straße an der Kreuzung zur Hartungstraße queren (Ampel)

12 Hartungstraße 9/11 – Das ehemalige Jüdische Gemeinschaftshaus, die heutigen Kammerspiele

1903 erwarb die Henry-Jones-Loge, eine jüdische Freimaurerloge, das Grundstück der heutigen Kammerspiele in der Hartungstraße 9/11. Das Privathaus wurde aus- und umgebaut, es beherbergte bald etliche Vereinigungen und Einrichtungen, darunter die Israelitische Haushaltungsschule, die Gesellschaft für jüdische Volkskunde, in den 1920er Jahren auch das Büro der Zionistischen Vereinigung. Die Henry-Jones-Loge verkaufte das Anwesen 1930 aus finanziellen Gründen an den Bauverein Hamburger Anthroposophen, der die Nutzung für die Mieter nicht einschränkte. Nachdem die Anthroposophen sich Ende 1935 hatten auflösen müssen, erwarb eine von jüdischen Honoratioren gegründete „Gemeinschaftshaus G.m.b.H." das Haus, baute es um, richtete einen Theatersaal, einen Lesesaal, eine Kegelbahn und Restaurationsräume ein. 1938 wurde das „Jüdische Gemeinschaftshaus" eingeweiht. Tausende Hamburger Juden, die von allen sonstigen Kulturveranstaltungen ausgeschlossen waren, besuchten die Theateraufführungen,

Vortragsreihen oder Lesungen des Jüdischen Kulturbundes in diesen Räumen. Während der ersten Deportationen fanden sich hier jüdische HelferInnen ein, um Reiseproviant für die jeweils ca. 1000 Personen umfassenden Transporte zuzubereiten. Für einen Deportationstransport soll die Gestapo das Gemeinschaftsheim zur Deportationssammelstätte bestimmt haben. Die Volksküche des Jüdischen Religionsverbandes befand sich noch bis zu ihrer Schließung im Juli 1942 in diesem Gebäude. Danach nutzte das Thalia-Theater die Räumlichkeiten als Ausweichquartier. Nach dem Krieg eröffnete Ida Ehre am 10.12.1945 hier die Kammerspiele.

13 Hartungstraße 1

Prof. Dr. Siegfried Samuel Korach, *geb. 30.6.1855, deportiert am 23.6.1943 nach Theresienstadt, Todesdatum dort 1.7.1943*

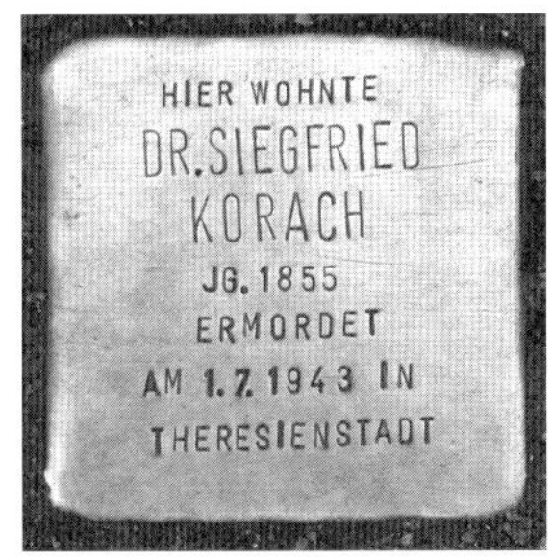

Siegfried Korach

Siegfried S. K. war einer der bekanntesten Hamburger Mediziner. Er legte sein Examen in Breslau ab, absolvierte die Ausbildung zum Internisten in Köln und begann drei Jahre später seine ärztliche Tätigkeit am Israelitischen Krankenhaus in Hamburg. 1880 noch zweiter Assistenzarzt, übernahm er kurz vor der Jahrhundertwende die Leitung der Inneren Abteilung, avancierte dann zum leitenden Oberarzt der Chirurgischen Abteilung und verließ das Krankenhaus 1930 schließlich nach 44-jähriger Chefarzttätigkeit. Während des Ersten Weltkrieges hatte er dort das Reservelazarett geleitet. Er zeigte sich neuen Methoden gegenüber offen, beispielsweise bei der Tuberkulosebehandlung, und erhielt 1917 den Professorentitel aufgrund seiner wissenschaftlichen Verdienste. In den 1920er Jahren wählten ihn die Hamburger Ärzte in die Ärztekammer. Der Spezialist für Nerven- und Herzkrankheiten bemühte sich auch sehr um die Schwesternausbildung, kümmerte sich über seine Pensionierung hinaus um die Kinder im Jüdischen Waisenheim und die Bewohner des Alten- und Siechenheims. Wie anderen Ärzten wurde auch ihm 1938 die Approbation entzogen. Mit seiner Ehefrau Mathilde – die einzige Tochter des Paares war verstorben – lebte der wohlsituierte Pensionär in der Hartungstraße 1. Die Akten des Oberfinanzpräsidenten zeigen, dass er bedrängten Freunden offensichtlich großzügig mit Krediten aushalf, so lange er über sein Vermögen frei verfügen durfte. 1939 stellte der NS-Staat das Vermögen des nunmehr 84-jährigen mit der Standardbegründung unter Sicherungsanordnung. „Sie sind Jude. Es ist damit zu rechnen, dass Sie in nächster Zeit auswandern werden. Nach den in letzter Zeit mit auswandernden Juden gemachten Erfahrungen ist es daher notwendig, Verfügungen über Ihr Vermögen nur mit Genehmigung zuzulassen." 1941 berechnete die Jüdische Gemeinde seine Kultussteuern auf ein Vermögen von RM 217 000, und allen Steuern und Sonderabgaben zum Trotz, die der NS-Staat Juden abzwang, betrug es 1943 immer noch RM 127 000. Siegfried K. und seine Ehefrau durften allerdings monatlich nur über RM 900 verfügen, wovon sie auch die Hausangestellte unterhalten und entlohnen mussten, auf deren Dienste sie angewiesen waren. Das Ehepaar wurde von einer nichtjüdischen Angestellten versorgt, die seit Jahrzehnten bei ihnen in Diensten stand: Zunächst als Sprechstundenhilfe, später als Hausdame kümmerte sie sich um das Paar, vor allem um den inzwischen erblindeten Siegfried K. Dieser zeigte seine Dankbarkeit, indem er ihr zum 70. Geburtstag ein großzügiges Geldgeschenk machte und eine Leibrente aussetzte, was der Oberfinanzpräsident genehmigte. Der wohlhabende Pensionär musste wegen jeder Massage, Gartenhilfe, ja, sogar für die An- und Restzahlung eines Grabdenkmals eine Genehmigung einholen. Im Januar 1943 wurde der zugestandene Betrag zum Lebensunterhalt für den dreiköpfigen Haushalt auf RM 650 vermindert, von

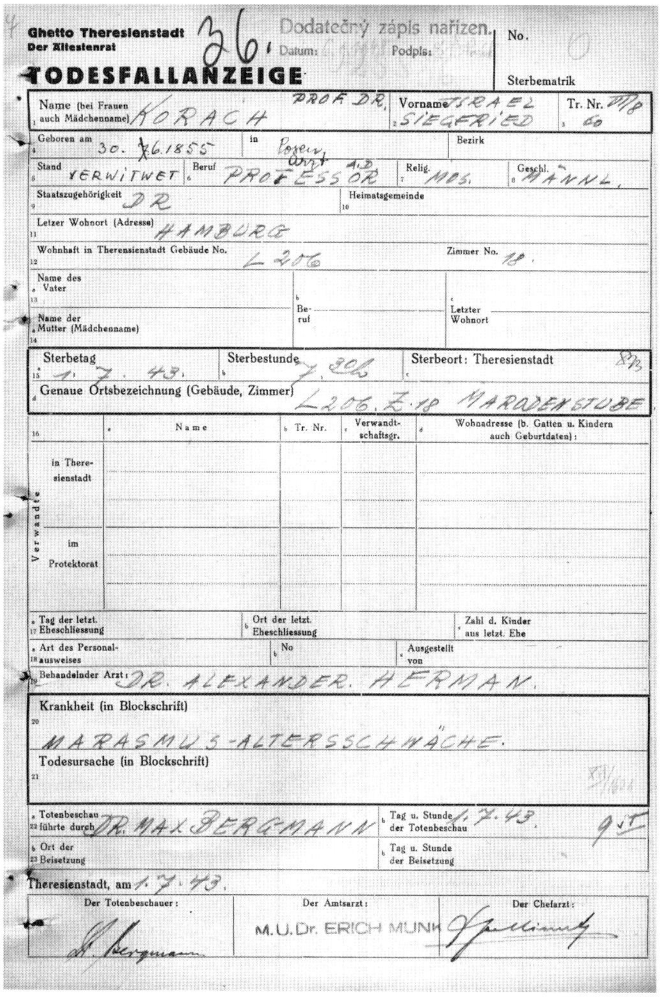
Ghetto Theresienstadt
Der Ältestenrat
Dodatečný zápis nařízen. Datum: Podpis:
No.
TODESFALLANZEIGE
Sterbematrik
Name (bei Frauen auch Mädchenname) KORACH PROF. DR. | Vorname ISRAEL SIEGFRIED | Tr. Nr. III/8 60
Geboren am 30. 6. 1855 | in Posen | Bezirk
Stand VERWITWET | Beruf PROFESSOR | Relig. MOS. | Geschl. MÄNNL.
Staatszugehörigkeit DR | Heimatsgemeinde
Letzter Wohnort (Adresse) HAMBURG
Wohnhaft in Theresienstadt Gebäude No. L 206 | Zimmer No. 18
Name des Vater | Beruf | Letzter Wohnort
Name der Mutter (Mädchenname)
Sterbetag 1. 7. 43. | Sterbestunde 7.30 | Sterbeort: Theresienstadt
Genaue Ortsbezeichnung (Gebäude, Zimmer) L 206. Z. 18 MARODENSTUBE
Verwandte: Name | Tr. Nr. | Verwandtschaftsgr. | Wohnadresse (b. Gatten u. Kindern auch Geburtdaten):
in Theresienstadt
im Protektorat
Tag der letzt. Eheschliessung | Ort der letzt. Eheschliessung | Zahl d. Kinder aus letzt. Ehe
Art des Personalausweises | No | Ausgestellt von
Behandelnder Arzt: DR. ALEXANDER. HERMAN.
Krankheit (in Blockschrift)
MARASMUS-ALTERSSCHWÄCHE.
Todesursache (in Blockschrift)
Totenbeschau führte durch DR. MAX BERGMANN | Tag u. Stunde der Totenbeschau 1. 7. 43. 9 U.
Ort der Beisetzung | Tag u. Stunde der Beisetzung
Theresienstadt, am 1. 7. 43.
Der Totenbeschauer: | Der Amtsarzt: M.U.Dr. ERICH MUNK | Der Chefarzt:

denen der 88-jährige Blinde, die 80-jährige Ehefrau (geb. 2.6.1862) und die nunmehr 74-jährige Hausangestellte lebten. Als sich abzeichnete, dass K.s trotz ihres hohen Alters deportiert würden und ihr Vermögen nicht, wie vorgesehen, ihrer Hausdame vermachen konnten, baten sie um die Genehmigung, dieser für die 48 Jahre treuer Dienste noch einmal RM 25000 schenken zu dürfen. Dies wurde abgelehnt. Es hätte die Summe vermindert, die die Theresienstadt-Deportierten in einem „Heimeinkaufsvertrag" abtreten mussten, als kauften sie sich in ein Altersheim ein. Mathilde K. verstarb am 19. Juni 1943, vier Tage vor der Deportation. Siegfried K. blieb der Transport nicht erspart: Am 25. Juni erreichte sein Zug Theresienstadt. Fünf Tage später stellte der Ghetto-Arzt seinen Totenschein aus. Die Todesfallanzeige aus dem Ghetto zeigt, dass er in ein Siechenheim (L 206) eingewiesen wurde und dort in der „Marodenstube" (sic) starb. Als Todesursache nannte der Ghetto-Arzt „Altersschwäche".

Quellen: StaH, 522-1, Jüdische Gemeinden, 992b, Kultussteuerkartei der Deutsch-Israelitischen Gemeinde Hamburgs; ebd., 314-15, Oberfinanzpräsident, R 1838/3692; Nationalarchiv in Prag/Theresienstädter Initiative, Jüdische Matriken, Todesfallanzeigen Theresienstadt, Kart. 26; Galerie Morgenland (Hrsg.), „Wo Wurzeln waren ...". Juden in Hamburg-Eimsbüttel 1933 bis 1945, Hamburg 1993; Fritz M. Warburg, Rede, in: Das Krankenhaus der Deutsch-Israelitischen Gemeinde zu Hamburg, 1931; Mary Lindemann, 140 Jahre Israelitisches Krankenhaus in Hamburg. Vorgeschichte und Entwicklung, Hamburg 1981; 150 Jahre Israelitisches Krankenhaus in Hamburg, Hamburg 1997; Anna von Villiez, Die Verdrängung der jüdischen Ärzte Hamburgs aus dem Berufsleben 1933–1945, Magisterarbeit, Hamburg 2002; dies., Verfolgt, vertrieben, ermordet, in: Hamburger Ärzteblatt 12/05, S. 587; Deutsch-Jüdische Gesellschaft (Hrsg.), Wegweiser zu den ehemaligen jüdischen Stätten, Heft 2, Hamburg 1985; Hamburger jüdische Opfer des Nationalsozialismus. Gedenkbuch, Hamburg 1995.

Informationen zu den Deportationen aus Hamburg nach Theresienstadt

Schon bei den ersten Deportationen im Oktober bis Dezember 1941 ordnete das Reichssicherheitshauptamt an, über 65jährige oder Gebrechliche über 55 Jahre, solche mit Kriegsauszeichnungen aus dem Ersten Weltkrieg, ausländische Juden, solche aus Mischehen oder „Halbjuden", die wegen ihrer Zugehörigkeit zu einer Jüdischen Gemeinde als „Geltungsjuden" behandelt wurden, zunächst zurückzustellen. Sie sollten in das für tschechoslowakische Juden vorgesehene Ghetto Theresienstadt kommen, das zum „Altersghetto" für deutsche Juden erweitert werden sollte. Später wurden dort auch Niederländer, Dänen und etliche deutsche oder österreichische Prominente eingewiesen, die unter dem Schutz hochrangiger Nationalsozialisten standen. So gelangten insgesamt ca. 141000 Menschen in die kleine Festungsstadt, ca. 88000 wurden in Vernichtungslager weiterdeportiert, 33000 starben in Theresienstadt, ca. 16800 erlebten dort die Befreiung. Unter den 50000 deutschen Ghettobewohnern befanden sich 2490 Hamburger, die mit 11 Transporten zwischen dem 15.7.1942 und dem 14.2.1945 dorthin gebracht worden waren. Die vorwiegend älteren Menschen, die vor der Abreise in einem sog. Heimeinkaufsvertrag ihr restliches Vermögen für diese Unterbringung hatten abtreten müssen, starben meist schnell an Hunger, Kälte, Krankheiten oder Seuchen. Nur für Jüngere, Kräftigere oder Personen, die kurz vor Kriegsende hierher gebracht wurden, war die Überlebenschance hier höher als an anderen Deportationszielorten. Aus den Transporten bis 1944 überlebten ca. 220 Hamburger, und von den erst zu Jahresbeginn 1945 angelangten 213 Personen aus Mischehen wurden 209 befreit.

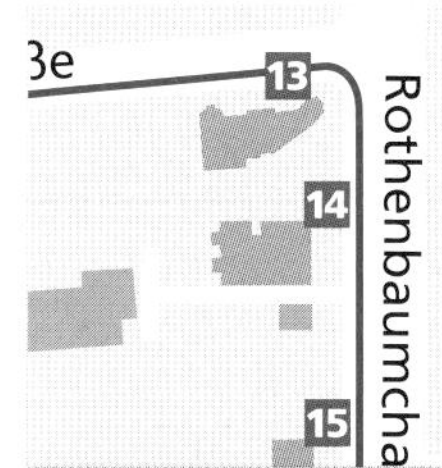

Rothenbaumchaussee auf der rechten Seite hinuntergehen (Richtung Dammtor)

14 Rothenbaumchaussee 83

Hans Manfred Scheier, *geb. 21.11.1903, deportiert am 8.11.1941 nach Minsk*

Ilma Hedwig Scheier, *geb. 16.10.1934, deportiert am 8.11.1941 nach Minsk*

Käthe Scheier, *geb. 2.9.1903, deportiert am 8.11.1941 nach Minsk*

Das Ehepaar wohnte in der Fuhlentwiete, am Heidberg und in der Husumer Straße in Eppendorf. Hans Manfred Sch. arbeitete als Schriftsetzer und Drucker, zeitweise offensichtlich bei der Hapag, bevor er nach dem Novemberpogrom 1938 keine Verdienstmöglichkeit mehr fand. Die Familie erhielt den Deportationsbefehl in der Rothenbaumchaussee 83, wo sie zur Untermiete bei der knapp vier Wochen später deportierten Alegra Benezra lebte.

Quellen: StaH, 522-1, Jüdische Gemeinden, 992b, Kultussteuerkartei der Deutsch-Israelitischen Gemeinde Hamburgs; 522-1 Jüdische Gemeinden 992e; Hamburger jüdische Opfer des Nationalsozialismus. Gedenkbuch, Hamburg 1995.

Alegra Benezra, *geb. 15.9.1893, inhaftiert 1940 im KZ Fuhlsbüttel, deportiert am 6.12.1941 nach Riga*

Alegra B.s Vater, David Benezra, stammte aus der Türkei und war „ottomanischer Staatsangehöriger". Der Teppichhändler lebte seit 1888 in Hamburg und wurde, nachdem er aus der türkischen Staatszugehörigkeit entlassen worden war, 1901 in den Hamburgischen Staatsverband aufgenommen. Er heiratete seine 1871 in Hamburg geborene Frau Johanna. Die Familie gehörte der Portugiesisch-Jüdischen Gemeinde Hamburgs an, wo David B. zeitweise als Vorstandsmitglied wirkte. Der überaus erfolgreiche und wegen seiner Wohltätigkeit hoch angesehene Kaufmann starb sechzigjährig am 1. April 1926 und hinterließ Frau und Tochter Alegra (Simha) wohlversorgt. Alegra B., die 1933 dem Wahlmänner-Gremium der Portugiesisch-Jüdischen Gemeinde angehörte, arbeitete als examinierte Klavierlehrerin. 1935 bot sie im Gemeindeblatt der Deutsch-Israelitischen Gemeinde Hamburgs Unterricht in Gesang, Klavier und Cello an, den sie in ihrer Wohnung in der Rothenbaumchaussee 83 erteilte. Die unverheiratete Frau lebte – wie der Vermerk eines Beamten aus der Oberfinanzdirektion vom 28. Oktober 1940 ausführte – in Hausgemeinschaft mit ihrer nun verwitweten Mutter Johanna. Zu diesem Zeitpunkt besaßen Mutter und Tochter kein Vermögen mehr, obwohl Grundstücksanteile in der Rothenbaumchaussee und der Schlüterstraße zu ihrem Erbe gehört hatten. Sie wurden von Alegra B.s Tante, die in den Niederlanden lebte, mit RM 120 monatlich unterstützt, damit sie ihren Lebensunterhalt bestreiten konnten. Alegra B. befand sich vom 21. bis 31. März 1940 in „Schutzhaft", der Grund wird aus den wenigen erhaltenen Akten des Konzentrationslagers Fuhlsbüttel nicht deutlich. Alegra B. wurde aus dem Haus in der Rothenbaumchaussee 83 deportiert, das einst im Familienbesitz gewesen war. Ihre Mutter, 1871 geboren, wurde aus Altersgründen am 15. Juli 1942 aus ihrer letzten Wohnung in der Frickestraße nach Theresienstadt deportiert.

Quellen: StaH, 522-1, Jüdische Gemeinden, 992b, Kultussteuerkartei der Deutsch-Israelitischen Gemeinde; ebd., 314-15, Oberfinanzpräsident, R 1938/2168; 522-1 Jüdische Gemeinden 992e; Wolfgang Scheffler/Diana Schulle (Hrsg.), Buch der Erinnerung. Die ins Baltikum deportierten deutschen, österreichischen und tschechoslowakischen Juden, Bd. II, München 2003; Adressbücher 1938, 1942; Hamburger jüdische Opfer des Nationalsozialismus. Gedenkbuch, Hamburg 1995; Michael Studenmund-Halévy, MiDor LeDor – Der Neue Portugiesenfriedhof in Hamburg-Ohlsdorf (Romanistik in Geschichte und Gegenwart Bd. 3, Hamburg 2006 (in Vorb.).

Ida Blitz, *geb. 2.11.1864, deportiert am 18.11.1941 nach Minsk*

Die unverheiratete, kinderlose Frau lebte von Gelegenheitsarbeiten als Putzfrau und von der Wohlfahrtsunterstützung, sie war völlig mittellos. Sie wurde von der Rothenbaumchaussee 83 aus deportiert.

Quellen: StaH, 522-1, Jüdische Gemeinden, 992b, Kultussteuerkartei der Deutsch-Israelitischen Gemeinde Hamburgs; ebd., 522-1 Jüdische Gemeinden 992e; Hamburger jüdische Opfer des Nationalsozialismus. Gedenkbuch, Hamburg 1995.

Informationen über jüdische „Schutzhäftlinge"

Bereits vor 1933 konnte die Polizei eine Person, angeblich zum eigenen Schutz, für 24 Stunden festhalten. Ab 4.2.1933 erlaubte es eine „Verordnung zum Schutze des deutschen Volkes", einen Verdächtigen bis zu drei Monaten in Haft zu nehmen. Am 28.2. 1933 entfiel diese zeitliche Begrenzung. Schutzhaft wurde zu einem Instrument, das ab 1938 allein der Gestapo zur Verfügung stand, um jenseits aller Rechtswege mißliebige Personen in Konzentrationslager einzuweisen und den Zeitpunkt ihrer Entlassung zu bestimmen. Nach der nationalsozialistischen Machtübernahme richtete sich diese Maßnahme zunächst gegen politische Gegner, unter denen sich auch etliche Juden befanden. Dies änderte sich während der Kriegsjahre. Unzählige Erlasse des Reichssicherheitshauptamtes gaben den Gestapostellen vor, bei welchen „Delikten", meist Verstößen gegen antijüdische Maßnahmen, sie Juden verhaften sollten. Das Schutzhaftreferat des Reichssicherheitshauptamtes in Berlin koordinierte die Maßnahmen. Betrafen sie jüdische Häftlinge, wurden sie in Eichmanns Judenreferat bearbeitet. Verhaftete ein Gestapobeamter einen Juden, kam dieser zunächst in das örtliche Polizeigefängnis oder KZ (in Hamburg ins „Kolafu"). Dann beantragte der Stapostellenleiter in Berlin die Einweisung in eines der großen Konzentrationslager, was im Regelfall bewilligt wurde. Im November 1942 verfügte ein Erlass, die Konzentrationslager im Deutschen Reich „judenfrei" zu machen und die dort einsitzenden Juden nach Auschwitz zu überstellen. Da zu diesem Zeitpunkt ein Großteil der deutschen Juden bereits abtransportiert worden war, betraf diese Bestimmung insbesondere die in Mischehen lebenden Juden, die vor der Deportation (vorläufig) geschützt waren. Sie gab der Gestapo die Möglichkeit, hunderte Juden in Schutzhaft zu nehmen und in die Gaskammern nach Auschwitz zu schicken. Genaue Zahlen sind nicht bekannt.

15 Rothenbaumchaussee 73

Agnes Offenstadt, *geb. 19.1.1881, deportiert am 15.7.1942 nach Theresienstadt, Todesdatum dort 4.1.1943*

Agnes O. war mit Leo O. verheiratet, Geschäftsführer der Privaten Hamburger Telefongesellschaft. Das Paar hatte zwei verheiratete Töchter, Flori und Edith, die 1939 nach Sao Paulo und Frankreich emigrierten. Das Ehepaar O. wohnte in den Hohen Bleichen, der Isestraße und in der Rothenbaumchaussee 83, bevor es ins „Judenhaus" Beneckestraße 4/6 ziehen musste. Agnes O. hatte im Januar 1941 noch Anstrengungen unternommen, Deutschland zu verlassen. Sie hinterlegte Schmuck und Silberwaren, die in Devisen umgewandelt werden sollten, doch ihr Auswanderungsversuch schlug fehl. Agnes und Leo O. wurden kurz nacheinander von der Rothenbaumchaussee 73 in das Ghetto Theresienstadt deportiert (15. und 19.7.1942). Der jüdische Arzt Rudolf Borgzinner musste seine noch nicht beglichene Honorarforderung von RM 82 beim Oberfinanzpräsidenten geltend machen. Währenddessen lebten O.s in L 425, einem der überbelegten kleineren Gebäude an der Hauptstraße des Ghettos. Leo O. litt unter heftigen Hautentzündungen, verursacht durch Rotlaufbakterien. Das Ehepaar verübte am selben Tag, d. 4. Januar 1943, Selbstmord mit Schlaftabletten. Die Todesfallanzeige weist als noch lebenden Verwandten Agnes O.s Bruder Arthur Dreyer aus, dieser verstarb am 24. Februar 1943.

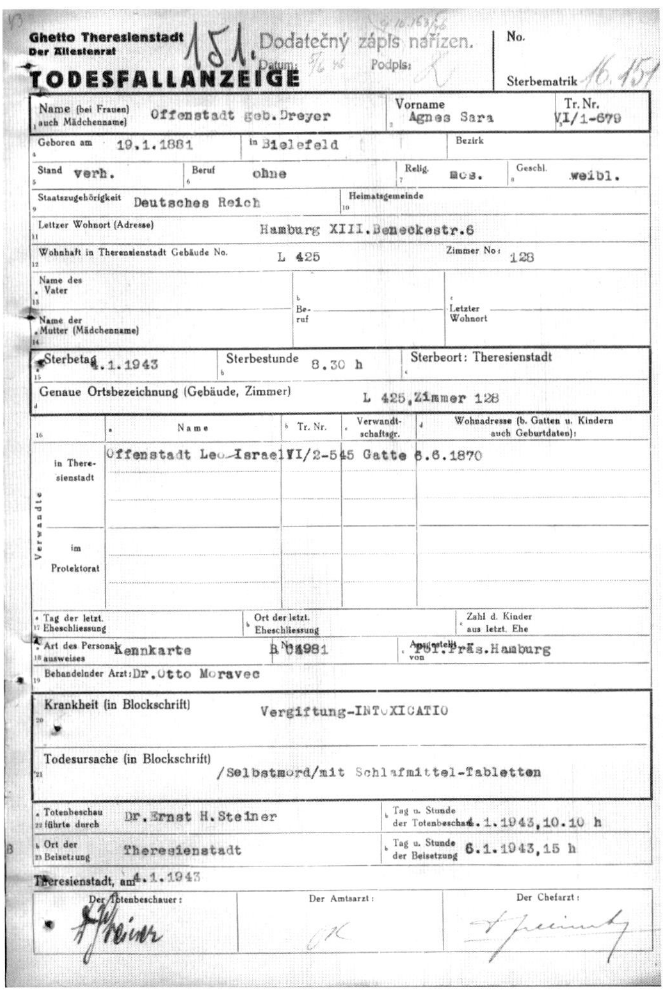

Ghetto Theresienstadt
Der Ältestenrat
151. Dodatečný zápis nařízen. Datum: 5/6 46 Podpis:
TODESFALLANZEIGE
No.
Sterbematrik 16.151

Name (bei Frauen auch Mädchenname): Offenstadt geb. Dreyer | Vorname: Agnes Sara | Tr. Nr.: VI/1-679
Geboren am: 19.1.1881 | in: Bielefeld | Bezirk:
Stand: verh. | Beruf: ohne | Relig.: mos. | Geschl.: weibl.
Staatszugehörigkeit: Deutsches Reich | Heimatsgemeinde:
Letzter Wohnort (Adresse): Hamburg XIII.Beneckestr.6
Wohnhaft in Theresienstadt Gebäude No.: L 425 | Zimmer No.: 128
Name des Vater | Beruf | Letzter Wohnort
Name der Mutter (Mädchenname)
Sterbetag: 4.1.1943 | Sterbestunde: 8.30 h | Sterbeort: Theresienstadt
Genaue Ortsbezeichnung (Gebäude, Zimmer): L 425, Zimmer 128

Verwandte	Name	Tr. Nr.	Verwandtschaftsgr.	Wohnadresse (b. Gatten u. Kindern auch Geburtdaten):
in Theresienstadt	Offenstadt Leo-Israel	VI/2-545	Gatte	6.6.1870
im Protektorat				

Tag der letzt. Eheschliessung | Ort der letzt. Eheschliessung | Zahl d. Kinder aus letzt. Ehe
Art des Personalausweises: Kennkarte | No: B 04981 | Ausgestellt von: Pol.Präs.Hamburg
Behandelnder Arzt: Dr. Otto Moravec
Krankheit (in Blockschrift): Vergiftung-INTOXICATIO
Todesursache (in Blockschrift): /Selbstmord/mit Schlafmittel-Tabletten
Totenbeschau führte durch: Dr. Ernst H. Steiner | Tag u. Stunde der Totenbeschau: 4.1.1943, 10.10 h
Ort der Beisetzung: Theresienstadt | Tag u. Stunde der Beisetzung: 6.1.1943, 15 h
Theresienstadt, am 4.1.1943
Der Totenbeschauer: | Der Amtsarzt: | Der Chefarzt:

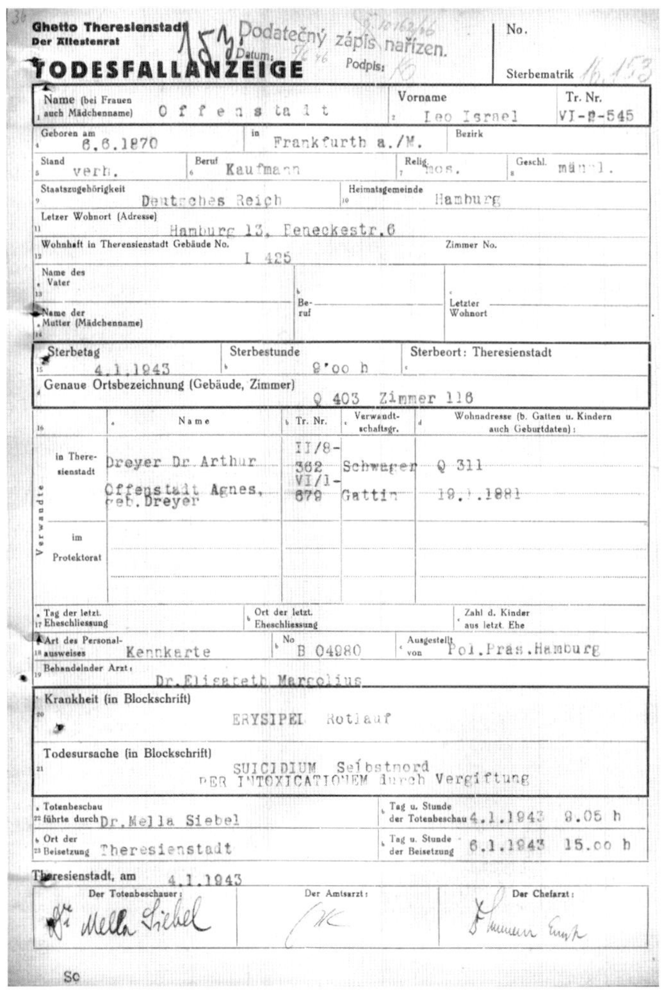

Ghetto Theresienstadt
Der Ältestenrat
153 Dodatečný zápis nařízen. Datum: 5/6 46 Podpis:
TODESFALLANZEIGE
No.
Sterbematrik 16.153

Name (bei Frauen auch Mädchenname): Offenstadt | Vorname: Leo Israel | Tr. Nr.: VI-2-545
Geboren am: 6.6.1870 | in: Frankfurth a./M. | Bezirk:
Stand: verh. | Beruf: Kaufmann | Relig.: mos. | Geschl.: männl.
Staatszugehörigkeit: Deutsches Reich | Heimatsgemeinde: Hamburg
Letzter Wohnort (Adresse): Hamburg 13, Beneckestr.6
Wohnhaft in Theresienstadt Gebäude No.: L 425 | Zimmer No.:
Name des Vater | Beruf | Letzter Wohnort
Name der Mutter (Mädchenname)
Sterbetag: 4.1.1943 | Sterbestunde: 8°° h | Sterbeort: Theresienstadt
Genaue Ortsbezeichnung (Gebäude, Zimmer): Q 403 Zimmer 116

Verwandte	Name	Tr. Nr.	Verwandtschaftsgr.	Wohnadresse (b. Gatten u. Kindern auch Geburtdaten):
in Theresienstadt	Dreyer Dr. Arthur	II/8-362	Schwager	Q 311
	Offenstadt Agnes, geb. Dreyer	VI/1-679	Gattin	19.1.1881
im Protektorat				

Tag der letzt. Eheschliessung | Ort der letzt. Eheschliessung | Zahl d. Kinder aus letzt. Ehe
Art des Personalausweises: Kennkarte | No: B 04980 | Ausgestellt von: Pol.Präs.Hamburg
Behandelnder Arzt: Dr. Elisabeth Margolius
Krankheit (in Blockschrift): ERYSIPEL Rotlauf
Todesursache (in Blockschrift): SUICIDIUM Selbstmord PER INTOXICATIONEM durch Vergiftung
Totenbeschau führte durch: Dr. Mella Siebel | Tag u. Stunde der Totenbeschau: 4.1.1943 8.05 h
Ort der Beisetzung: Theresienstadt | Tag u. Stunde der Beisetzung: 6.1.1943 15.00 h
Theresienstadt, am 4.1.1943
Der Totenbeschauer: Dr. Mella Siebel | Der Amtsarzt: | Der Chefarzt:
So

Quelle: StaH, 522-1, Jüdische Gemeinden, 992b, Kultussteuerkartei der Deutsch-Israelitischen Gemeinde Hamburgs; 314-15 Oberfinanzpräsident, Ordner 23; 522-1 Jüdische Gemeinden 992e; Martha Glass, „jeder Tag in Theresin ist ein Geschenk". Die Theresienstädter Tagebücher einer Hamburger Jüdin 1934-1945, Hamburg 1996, S. 69; Nationalarchiv in Prag/Theresienstädter Initiative, Jüdische Matriken, Todesfallanzeigen Theresienstadt, Kart. 19; Theresienstädter Gedenkbuch; Amt f. Wiedergutmachung R 3006 95; Hamburger jüdische Opfer des Nationalsozialismus. Gedenkbuch, Hamburg 1995.

Hasja Arolowitsch, *geb. 6.12.1898, deportiert am 6.12.1941 nach Riga*

Die lettische Staatsangehörige war mit Nathan A. verheiratet, der eine Schuhreparatur betrieb. Das Ehepaar lebte mit den beiden Kindern Rosa (geb. 1924) und Leopold (geb. 1931) zunächst in der Isestraße und dann in der Eppendorfer Landstraße. Der Ehemann emigrierte am 31. August 1938 nach Buenos Aires. Die Kinder konnten Deutschland im April 1939 verlassen. Zurück blieb Hasja A. Vermutlich wegen ihrer lettischen Staatsbürgerschaft musste sie den Zwangsnamen „Sara" nicht annehmen. Offensichtlich hatte das Ehepaar beschlossen, dass Hasja A. (in einigen Schriftstücken auch: Kasja) ihrem Mann oder den Kindern später folgen sollte, denn sie versuchte, obwohl weitgehend mittellos, eine Auswanderung in die Wege zu leiten. Nachdem sie als bedürftig eingestuft worden war, erklärte sich der Hilfsverein der Juden in Deutschland bereit, ihre Reisekosten zu übernehmen. Ihre Steuerkarte der Jüdischen Gemeinde Hamburgs weist mit Datum vom 7. Oktober 1940 den Vermerk auf „Hilfsverein zahlt die Passage, Ausländer". Doch die Auswanderung kam nicht mehr zustande, wobei aus den wenigen Akten nicht deutlich wird, ob sie daran scheiterte, dass Hasja A. kein Visum erhielt, keine Reisemöglichkeit fand oder ob es andere Gründe gab. Hasja A. wurde von ihrem letzten Wohnsitz, der Rothenbaumchaussee 73, nach Riga deportiert. Nahe ihrem Geburtsort Dünamünde wurde sie ermordet.

Quellen:, StaH: 522-1, Jüdische Gemeinden, 992b, Kultussteuerkartei der Deutsch-Israelitischen Gemeinde Hamburgs; Adressbücher 1938; 1942; Wolfgang Scheffler/Diana Schulle (Hrsg.), Buch der Erinnerung. Die ins Baltikum deportierten deutschen, österreichischen und tschechoslowakischen Juden, Bd. II, München 2003; Hamburger jüdische Opfer des Nationalsozialismus. Gedenkbuch, Hamburg 1995.

Helene Weinheim, *geb. 27.10.1873, am 15.7.1942 nach Theresienstadt und von dort am 21.9.1942 nach Treblinka deportiert*

Henriette Weinheim, *geb. 5.11.1861, am 15.7.1942 nach Theresienstadt und von dort am 21.9.1942 nach Treblinka deportiert*

Helene W. war ausgebildete Lehrerin. Sie trat am 1. April 1893 in den Hamburgischen Schuldienst ein, unterrichtete an der Mädchenschule Holstenwall 16 und stieg im Laufe der Jahre von der Besoldungsgruppe 8 in die Gruppe 12 auf. Während ihrer Berufstätigkeit wohnte sie Grindelberg 9a. Fünf Jahre, bevor sie in den Ruhestand getreten wäre, wurde sie aus „rassischen" Gründen entlassen und erhielt eine reduzierte Pension. Sie zog mit ihrer Schwester **Henriette W.** zusammen. Die ledigen, kinderlosen Schwestern lebten in der Innocentiastraße 51, bevor sie in die Rothenbaumchaussee 73 und dann in die Beneckestraße 4/6 zogen. „Frl." Henny W. lebte als „Privatiere" vom Erbteil, das die Eltern ihr hinterlassen hatten. Auch Helene W. besaß ein kleines Vermögen von rd. RM 24 000, zu dem die monatliche Pension von RM 260 kam, die sie lt. Genehmigung des Oberfinanzpräsidenten zum Lebensunterhalt verwenden durfte. Die Schwestern beschäftigten eine Hausangestellte, und im Oktober 1940 unternahm Helene W. eine „dringend benötigte Erholungsreise". Die Schwestern mussten in das „Judenhaus" in der Beneckestraße 4 und dann ins Gebäude Beneckestraße 6 ziehen. Dafür schaffte Helene W. einige gebrauchte Möbel an, die sie bar bezahlte. Für diese eigenmächtige Verfügung über RM 61 (!) aus ihrem Vermögen wurde sie schriftlich gerügt. Der Beamte wies darauf hin, er genehmige die Ausgabe nur „ausnahmsweise" und monierte, Wohnungsänderungen müssten sofort mitgeteilt werden. Die nächste Wohnungsänderung der nunmehr 69- und 81jährigen Frauen war die „Wohnsitzverlegung" nach Theresienstadt. Für beide entpuppte sich dies als Durchgangsstation, denn schon nach zwei Monaten wurden sie in das Vernichtungslager Treblinka in den Tod geschickt. Helene W. wurde lt. Beschluss des Amtsgerichts auf den 8. Mai 1945 für tot erklärt.

Quellen: StaH, 522-1, Jüdische Gemeinden 992b, Kultussteuerkartei der Deutsch-Israelitischen Gemeinde Hamburgs; ebd., 314-15, Oberfinanzpräsident, R 1940/451; Hamburgisches Lehrerverzeichnis 1920–1933; Theresienstädter Gedenkbuch; Hamburger jüdische Opfer des Nationalsozialismus. Gedenkbuch, Hamburg 1995.

Meta Vorreuter, *geb. 6.6.1875, deportiert am 6.12.1941 nach Riga*

Nachdem Meta V.s Ehemann Louis bereits 1914 gestorben war, lebte die kinderlose Witwe vom ererbten Vermögen. Sie wohnte in der Oderfeldstraße, dann in einer Pension im Mittelweg und schließlich in der Rothenbaumchaussee 73. Als Hermann Göring den deutschen Juden nach dem Novemberpogrom eine „Sühneleistung" von 1,2 Milliarden Reichsmark auferlegte, um angeblich die Schäden zu beheben, die während der Ausschreitungen angerichtet worden waren, wurde sie 1938/39 zur Zahlung von RM 10000 gezwungen. Während ihre Geschwister rechtzeitig nach Südafrika emigriert waren, erhielt Meta V. als 66-jährige den Deportationsbefehl. Ihr restliches Vermögen von rd. RM 26000 wurde zugunsten des Deutschen Reiches eingezogen.

Quellen: StaH, 522-1, Jüdische Gemeinden, 992b, Kultussteuerkartei der Deutsch-Israelitischen Gemeinde Hamburgs; Hamburger jüdische Opfer des Nationalsozialismus. Gedenkbuch, Hamburg 1995; Amt f. Wiedergutmachung 0606 75.

Bernhard Weinberg, *geb. 14.8.1872, am 15.7.1942 nach Theresienstadt deportiert, dort am 18.1.1943 gestorben*

Der Ingenieur lebte mit seiner Frau Friederike in Cuxhaven. Dort war er 1923 bis 1927 Mitgesellschafter der Cuxhavener Schiffswerft und, nach der Umwandlung und Umbenennung dieses Unternehmens, von 1928 bis 1937 Betriebsleiter der Schiffswerft Franz Mützelfeldt. Das kinderlose Paar lebte, so erinnerten emigrierte Neffen, „sehr elegant" in eigener Wohnung. Offensichtlich wurde Bernhard W. 1937 plötzlich verhaftet und verlor seinen Arbeitsplatz aus „rassischen Gründen". Der 65-jährige betrieb die Auswanderung und lagerte im Juni 1939 Hausrat und anderes Umzugsgut bei einer Spedition ein, doch zerschlugen sich die Pläne aus unbekannten Gründen. Das Ehepaar beschloss, Cuxhaven zu verlassen, vielleicht, um in der Anonymität der Großstadt Hamburg unbehelligter leben zu können. So verkaufte Bernhard W. das Grundstück, und das Ehepaar bezog im Dezember 1940 in Hamburg eine „sehr kleine Wohnung", so der Neffe, in der Rothenbaumchaussee 73. Das Vermögen wurde unter Sicherungsanordnung gestellt. Dennoch klagte Bernhard W. nicht: Seinen emigrierten Verwandten schrieb er im Juni 1941, wie wohl er und seine Frau sich im Sommer in der Rothenbaumchaussee fühlten: „Wir genießen das herrliche Wetter auf unserem Balkon, wo es morgens und abends herrlich kühl ist. Nachmittags ist es etwas warm, aber unser großer Schirm, den wir mitgebracht haben, schützt uns vor der grellen Sonne." Friederike W. lud ihre Freundinnen zum Kaffee auf den Balkon ein. Die Freude währte nicht lange. Am 16. April 1942 teilte Bernhard W. der zuständigen Dienststelle beim Oberfinanzpräsidenten mit, er lebe nun in einem zweiköpfigen Haushalt im Altersheim der Reichsvereinigung der Juden in Deutschland in der Beneckestraße 6. Diese Adressänderung hatte die Gestapo offensichtlich noch nicht in ihren Unterlagen vermerkt, denn in der Deportationsliste wird noch die alte Anschrift Rothenbaumchaussee 73 aufgeführt. Nachdem

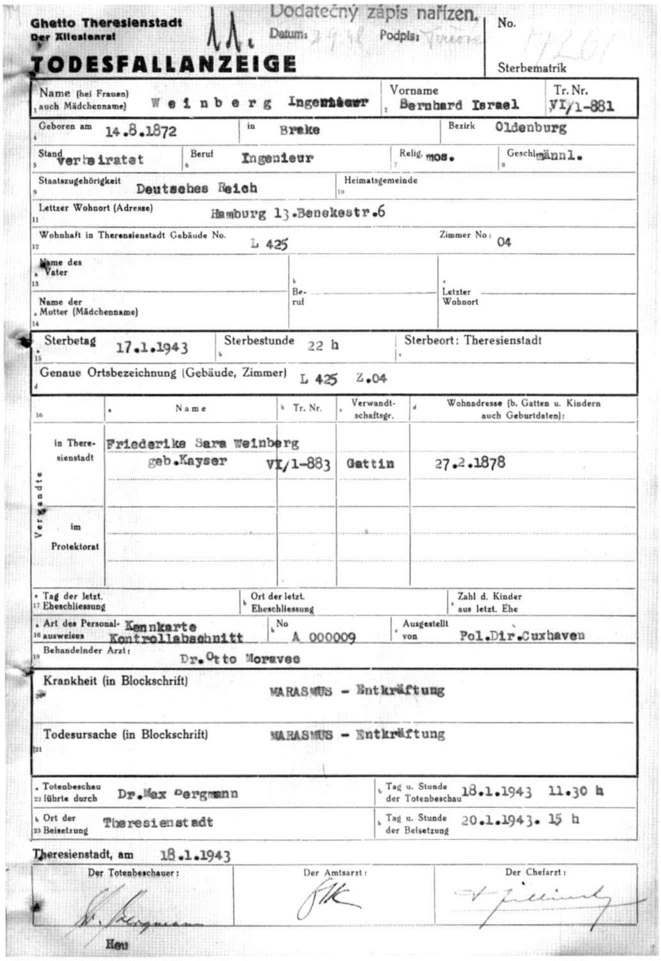
Ghetto Theresienstadt
Der Ältestenrat
Dodatečný zápis nařízen.
Datum: Podpis:
No.
Sterbematrik
TODESFALLANZEIGE
1 Name (bei Frauen) auch Mädchenname) Weinberg Ingemhaeur
2 Vorname Bernhard Israel
3 Tr. Nr. VI/1-881
4 Geboren am 14.8.1872 in Brake Bezirk Oldenburg
5 Stand verheiratet 6 Beruf Ingenieur 7 Relig. mos. 8 Geschl. männl.
9 Staatszugehörigkeit Deutsches Reich 10 Heimatsgemeinde
11 Letzter Wohnort (Adresse) Hmmburg 13.Benekestr.6
12 Wohnhaft in Theresienstadt Gebäude No. L 425 Zimmer No: 04
13 a Name des Vater b Beruf c Letzter Wohnort
14 a Name der Mutter (Mädchenname)
15 a Sterbetag 17.1.1943 b Sterbestunde 22 h c Sterbeort: Theresienstadt
d Genaue Ortsbezeichnung (Gebäude, Zimmer) L 425 Z.04
16 Verwandte
a Name | b Tr. Nr. | c Verwandtschaftsgr. | d Wohnadresse (b. Gatten u. Kindern auch Geburtdaten):
in Theresienstadt: Friederike Sara Weinberg geb.Kayser | VI/1-883 | Gattin | 27.2.1878
im Protektorat
17 a Tag der letzt. Eheschliessung b Ort der letzt. Eheschliessung c Zahl d. Kinder aus letzt. Ehe
18 a Art des Personalausweises Kennkarte Kontrollabschnitt b No A 000009 c Ausgestellt von Pol.Dir.Cuxhaven
19 Behandelnder Arzt: Dr.Otto Moravec
20 Krankheit (in Blockschrift) MARASMUS - Entkräftung
21 Todesursache (in Blockschrift) MARASMUS - Entkräftung
22 a Totenbeschau führte durch Dr.Max Bergmann b Tag u. Stunde der Totenbeschau 18.1.1943 11.30 h
23 a Ort der Beisetzung Theresienstadt b Tag u. Stunde der Beisetzung 20.1.1943. 15 h
Theresienstadt, am 18.1.1943
Der Totenbeschauer: Der Amtsarzt: Der Chefarzt:
Heu

Bernhard W. am 11. Juli 1942 in einem „Heimeinkaufsvertrag" sein gesamtes Vermögen für die Unterbringung in Theresienstadt abgetreten hatten, wurde er zusammen mit seiner Frau Friederike, Jg. 1878, dorthin deportiert. Sie lebten in L 425, einem der verwahrlosten kleineren Gebäude an der Hauptstraße des Ghettos. Die Folgen von Mangelernährung, ungeheizten, feuchten Unterkünften und fehlender medizinischer Versorgung schwächten Bernhard W. offensichtlich schnell. Er starb am 18. Januar 1943, als Ursache wurde „Entkräftung" auf der Todesfallmeldung festgehalten. Seine Ehefrau hingegen überlebte, wurde in Theresienstadt befreit. Sie starb am 15. September 1946.

Quellen: StaH, 522-1, Jüdische Gemeinden, 992b, Kultussteuerkartei der Deutsch-Israelitischen Gemeinde Hamburgs; ebd., 314-15 Oberfinanzpräsident, R 1940/487; 522-1 Jüdische Gemeinden 992e; Nationalarchiv in Prag/Theresienstädter Initiative, Jüdische Matriken, Todesfallanzeigen Theresienstadt, Kart. 20; Theresienstädter Gedenkbuch; Amt f. Wiedergutmachung 1408 82; Hamburger jüdische Opfer des Nationalsozialismus. Gedenkbuch, Hamburg 1995.

16 Informationen zum ehemaligen Jüdischen Gemeindehaus/Sitz des Gestapo-Judenreferats

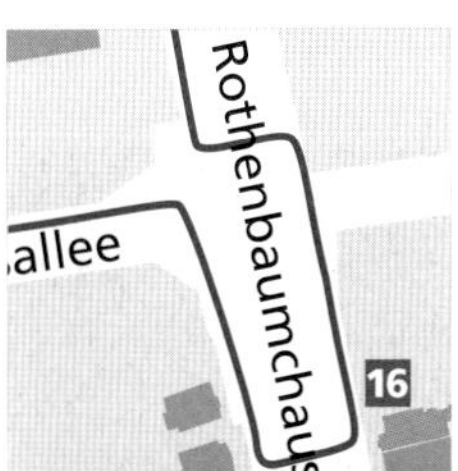

Rothenbaumchaussee bis zur Ecke Johnsallee gehen, dort Straßenseite wechseln zur Rothenbaumchaussee 38.

Dieses Gebäude diente von 1916 bis 1939 als Gemeindehaus der Deutsch-Israelitischen Gemeinde. Hier befanden sich die Büros der Gemeindeverwaltung sowie zwei große und zwei kleine Sitzungsräume, in denen die Gremien wie der Vorstand, das Repräsentanten-Kollegium und die neun ständigen Kommissionen tagten. So kamen hier beispielsweise die Armen- und die Wohlfahrtskommissionen zusammen, die versuchten, Gemeindemitglieder vor der Verarmung zu bewahren und Bedürftigen Unterstützung zukommen ließen, über Stiftungen, günstige Wohnungen, Heime, schulische Ausbildung oder andere Förderung berieten.

Während des Novemberpogroms wurde das Gebäude Ziel der Angriffe. 1939 wurde der Jüdische Religionsverband gezwungen, es an das Deutsche Reich zu verkaufen. Die Gemeinde zog in die Beneckestraße 2 (diese Straße nahe dem heutigen Allendeplatz existiert nicht mehr).

Nach einigen Umbauten nutzte die Sicherheitspolizei das Gebäude in der Rothenbaumchaussee 38. Sie quartierte hier das Referat II B 2 ein, das Judenreferat der Geheimen Staatspolizei, das vorher im Hauptsitz der Staatspolizeileitstelle Hamburg im Stadthaus seine Räume ge-

habt hatte. Im Erdgeschoss wurde nun eine Wache eingerichtet. Im ersten Stock residierte der Hamburger Judenreferent der Gestapo, SS-Hauptsturmführer Claus Göttsche. Er hatte zuvor das Ressort Juden, Freimaurer, Logen geleitet. Vom einstigen Jüdischen Gemeindehaus aus organisierte er nun die Deportation der Hamburger Juden. Im Herbst 1943 kehrte er ins Stadthaus zurück und übernahm die Nachrichtenabteilung. In die Rothenbaumchaussee 38 zog das Ausländerreferat der Gestapo, nachdem dort drei Gefangenenzellen eingebaut worden waren. Im Mai 1945 verübte Claus Göttsche Selbstmord, sein Untergebener Walter Mecklenburg folgte ihm 1947, während andere Gestapoleute abtauchten. Die Beamten des Judenreferats wurden nie wegen ihrer Taten in Hamburg vor Gericht gestellt.

Im September 1945 gründeten 72 Überlebende in der Rothenbaumchaussee 38 die Jüdische Gemeinde in Hamburg wieder. Bis 1960 nutzte die Jüdische Gemeinde ihr altes Gemeindehaus, bevor sie in neue Räumlichkeiten an der Schäferkampsallee zog.

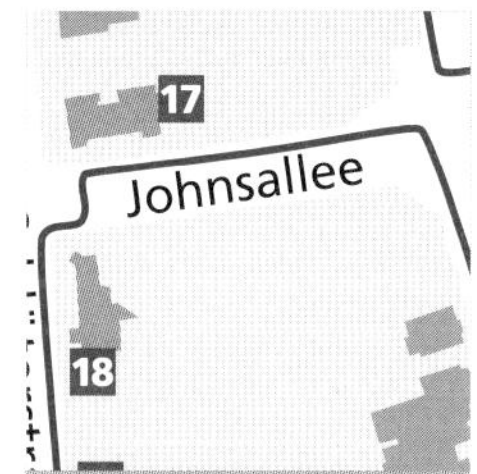

Zur Ampel zurückgehen, die Rothenbaumchaussee wieder überqueren und in die Johnsallee einbiegen. Auf der rechten Straßenseite gehen (Richtung Audimax).

17 Johnsallee 68

Informationen zum Jüdischen Krankenhaus

Am 7.9.1843 wurde das Israelitische Krankenhaus, eine Stiftung des Bankiers Salomon Heine, feierlich in der Eckernförder Straße (St. Pauli) eingeweiht. Es stand Christen wie Juden offen und erwarb sich bald einen guten Ruf wegen der hervorragenden medizinischen Betreuung seiner Patienten. Nach 1933 geriet es in finanzielle Schwierigkeiten: Ärzte schickten weniger nichtjüdische Patienten, bis ihnen dies schließlich 1935 ganz untersagt wurde; die Verarmung der jüdischen Bevölkerung machte sich durch rückläufige Zahlen bei den Privatpatienten bemerkbar, Krankenkassen durften die Kosten für die Behandlung dort nicht mehr erstatten, die Stadt Hamburg weigerte sich, einen langfristigen Kredit zu den vereinbarten Konditionen weiterzuführen u. a. m. So musste das Krankenhaus verkleinert werden und nahm bald nur noch jüdische Patienten auf (die ihrerseits nichtjüdische Ärzte und öffentliche wie private Krankenhäuser nicht mehr in Anspruch nehmen durften). Es wurde zum Zuschussbetrieb für die Jüdische Gemeinde. 1939 beschlagnahmte die Stadt Hamburg das Gebäude in der Eckernförder Straße als Kriegslazarett. Das Jüdische Krankenhaus zog in die Johnsallee 68, die frühere Calmannsche Privatklinik, in der so viele Hamburger Juden geboren worden waren. Der Besitzer war emigriert, das Diakonissenhaus „Siloah" hatte eine (freundschaftliche) „Arisierung" vorgenommen und überließ das Haus der Jüdischen Gemeinde. Die ca. 20 noch als „Krankenbehandler" zugelassenen jüdischen Ärzte hielten hier ihre Sprechstunden ab. Im letzten Viertel des Jahres 1941 stieg die Zahl derer, die mit lange aufgeschobenen Operationen einen Deportationstermin umgehen wollten. Auch die Einlieferungen bei misslungenen Selbstmordversuchen nahmen zu. Nachdem bis Jahresbeginn 1942 bereits mehr als 40 Prozent der Hamburger Juden deportiert worden waren, wurde das Krankenhaus Ende August 1942 in der Schäferkampsallee 25/27/29 untergebracht. Als die Bewohner des Siechenheims in der Hausnummer 25/27 deportiert worden waren, zerstörte ein Luftangriff dieses Gebäude. Das Jüdische Krankenhaus im Haus Nr. 29 fungierte nun als Hospital, „Judenhaus" und Obdach für ausgebombte Nichtjuden bis Kriegsende.

Amalie Noafeldt, *geb. 18.5.1881, deportiert am 19.7.1942 nach Theresienstadt; von dort am 9.10.1944 weiterdeportiert nach Auschwitz*

Die allseits geachtete, ledige Krankenschwester fungierte jahrelang als Oberin des Siechenheimes der Deutsch-Israelitischen Gemeinde Hamburgs in der Schäferkampsallee 29, wo sie die Verantwortung für schließlich ca. 30 Bewohner trug. Auch sie selbst lebte in dem Haus, dessen wirtschaftliche Leitung sie sich mit einem Inspektor teilte. Die ärztliche Betreuung hatte Prof. Siegfried Korach übernommen. Im November 1940 versuchte Amalie N., in die USA auszuwandern. Wahrheitsgemäß gab sie der Behörde an, keinerlei Vermögen außer RM 200 Bargeld zu besitzen. Sie erhielt die erforderliche Unbedenklichkeitsbescheinigung und den Reisepass ausgehändigt. Der Schätzer hatte ihr Handgepäck auf einen Wert von insgesamt RM 400 und das Reisegepäck auf 875 RM taxiert (wofür er RM 25,78 Honorar erhielt). Es handelte sich größtenteils um gebrauchte Sachen, für 177 RM hatte Amalie N. einige Anschaffungen getätigt, deren Preis sie noch mal an die Golddiskontobank entrichten musste. Die Liste des Umzugsguts enthielt auch die Schwesternkleidung, „vom Mutterhaus der Schwesternvereinigung geliefert", denn sie beabsichtigte, so gab sie an, wenn möglich, im alten Beruf zu arbeiten. Am geplanten Reiseweg zeigt sich, wie beschwerlich und langwierig das Reisen durch den Kriegsbeginn geworden war: Sie wollte über Rußland und Japan nach Balboa, einer Hafenstadt in der Panamakanalzone. Da sie die Reisekosten selbst nicht tragen konnte, waren von einer jüdischen Hilfsorganisation im New Yorker Büro der Hamburg-Amerika-Linie $ 47 für sie eingezahlt worden, die ihr für Verpflegung und Aufenthaltskosten unterwegs ausgehändigt werden sollten. Obwohl damit alle erforderlichen Angelegenheiten erledigt waren, scheiterte die Emigration, denn – so die Akten – Japan versagte ihr ein Visum. So blieb sie in Hamburg und betreute weiterhin die Bewohner des Siechenheims in der Schäferkampsallee 29, wobei sie selbst im Jüdischen Krankenhaus lebte, das sich in der Johnsallee 68 befand. Als die Heiminsassen (und Amalie N.) nach Theresienstadt deportiert worden waren, wurde das Krankenhaus in die Räumlichkeiten in der Schäferkampsallee verlegt. Amalie N. erhielt den Deportationsbefehl noch in der Johnsallee 68. Sie war 61 Jahre alt. In Theresienstadt erkrankte sie an Lungenschwindsucht. Sie lag deshalb lange im provisorisch eingerichteten Lungenkrankenhaus und konnte auch nach ihrer Entlassung ihr Quartier im Herbst und Winter 1943 nicht verlassen. Ihren Weitertransport nach Auschwitz trat sie vom Krankenbett an, „zart, fein und gefaßt, wohlahnend, was ihr bevorstand", wie Käthe Starke, ein Mithäftling, ihren letzten Eindruck von Amalie N. festhielt.

Quellen: StaH, 522-1, Jüdische Gemeinden, 992b, Kultussteuerkartei der Deutsch-Israelitischen Gemeinde Hamburgs; ebd., 314-15, Oberfinanzpräsident, FVg 8509; 522-1 Jüdische Gemeinden 992e; Käthe Starke, Der Führer schenkt den Juden eine Stadt, Berlin 1975; Deutsch-Jüdische Gesellschaft (Hrsg.), Wegweiser zu den ehemaligen jüdischen Stätten, Heft 2, Hamburg 1985; Hamburger jüdische Opfer des Nationalsozialismus. Gedenkbuch, Hamburg 1995.

Dr. Hans Rosenbaum, *geb. 21.6.1901, am 15.7.1942 nach Theresienstadt, von dort am 16.5.1944 nach Auschwitz deportiert*

Der unverheiratete Arzt hatte von 1925 bis 1929 an verschiedenen Berliner Krankenhäusern gearbeitet, erhielt 1926 seine Approbation und ließ sich in Hamburg nieder. 1933 wurde ihm die Zulassung für die Kassen- und Wohlfahrtpraxis entzogen. Er betätigte sich nun kaufmännisch, zuletzt für einen Vermögensverwalter. 1938 verlor er wie die meisten jüdischen Ärzte seine Approbation. Seine Mutter emigrierte 1939 nach Holland. Kurz nach Beginn des Krieges wurde Hans R. denunziert: Er hatte sich im Feinkostgeschäft Heimerdinger vor der Warenpackerin Frau Schulz kritisch über den Krieg und die Wehrmacht geäußert. Deshalb wurde er am 10. November 1939 nach dem Heimtückegesetz zu zwei Jahren Gefängnishaft verurteilt. Seine Karte im Polizeigefängnis Fuhlsbüttel („Kolafu"), auf der mit roter Tinte der Vermerk „Jude" prangte, weist den Antritt der Haftzeit am 13. November 1939 und die Entlassung am 10. November 1941 aus. Aufgestempelt war der Vermerk „Streng trennen von allen politischen Gefangenen". Offensichtlich wurde er im Juni 1940 im „Kolafu" auf seine Wehrtauglichkeit gemustert. Der Grund dafür ist nicht bekannt. Hans R.s letzte Hamburger Adresse war das Jüdische Krankenhaus in der Johnsallee 68. Unbekannt bleibt auch der Grund, warum Hans R. in das Ghetto Theresienstadt deportiert wurde, das für ältere, „arisch" versippte, Prominente oder Juden mit Kriegsverdiensten bzw. Mitarbeiter der Gemeinden vorgesehen war, was für ihn – soweit ersichtlich – nicht zutraf. Am 16. Mai 1944 stand sein Name auf der Transportliste von Theresienstadt nach Auschwitz.

Quellen: StaH, 522-1, Jüdische Gemeinden, 992b, Kultussteuerkartei der Deutsch-Israelitischen Gemeinde Hamburgs; ebd., 242-1 II/Gefängnisverwaltung/II, Abl. 16, Kiste 1-34, Karteikarte Fuhlsbüttel; Anna von Villiez, Die Verdrängung der jüdischen Ärzte Hamburgs aus dem Berufsleben 1933–1945, Magisterarbeit, Hamburg 2002; 522-1 Jüdische Gemeinden 992e; Adressbücher 1938, 1942; Hamburger jüdische Opfer des Nationalsozialismus. Gedenkbuch, Hamburg 1995; Recherchen Anna von Villiez (StaH 352-3, Medizinalkollegium; ebd., Kultussteuerkartei; Karteikarte des Reichsarztregisters; Reichsmedizinalkalender 1933–1937; Karteikarte der Hamburger Ärztekammer).

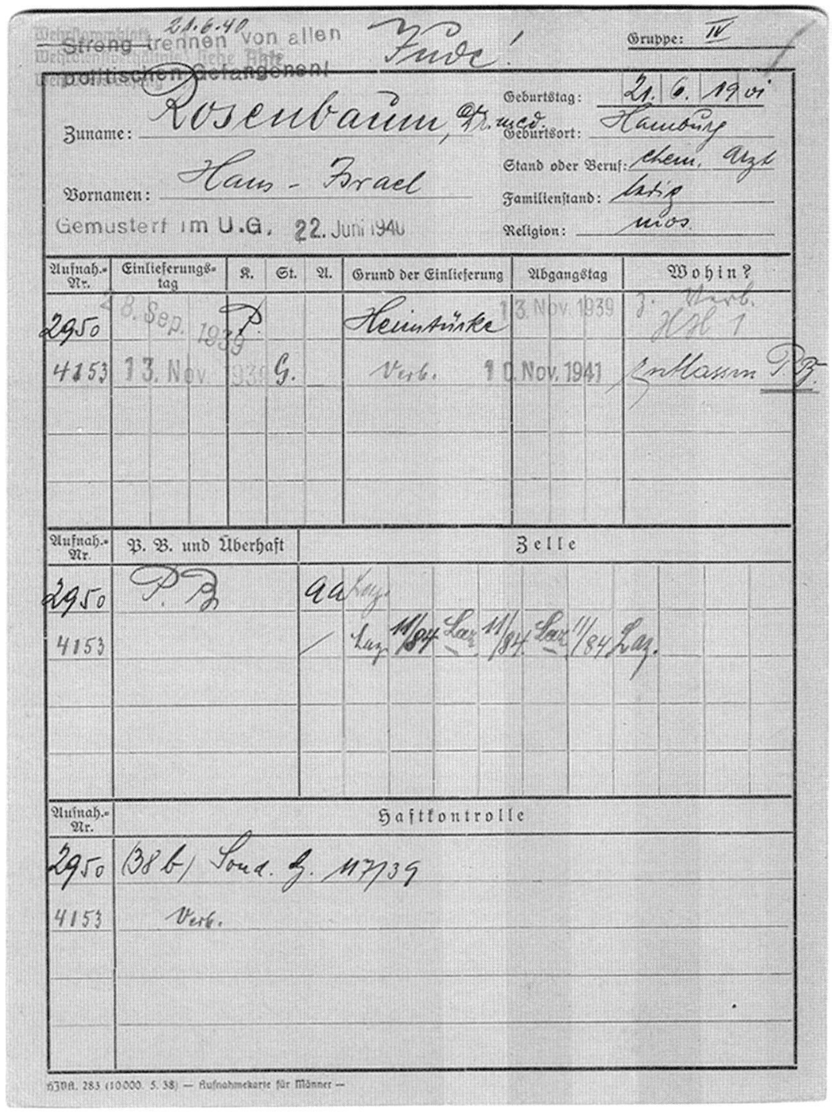
21.6.40 Streng trennen von allen politischen Gefangenen! Jude! Gruppe: IV

Zuname: Rosenbaum, Dr. med. Geburtstag: 21. 6. 1901 Geburtsort: Hamburg
Vornamen: Hans-Israel Stand oder Beruf: chem. Arzt
Familienstand: ledig
Gemustert im U.G. 22. Juni 1940 Religion: mos.

Aufnah.-Nr.	Einlieferungstag	K.	St.	A.	Grund der Einlieferung	Abgangstag	Wohin?
2950	8. Sep. 1939	P.			Heimtücke	13. Nov. 1939	z. Verb. H.H. 1
4153	13. Nov. 1939	G.			Verb.	10. Nov. 1941	Entlassen P.P.

Aufnah.-Nr.	P. B. und Überhaft	Zelle
2950	P. P.	aa Lag.
4153		Lag. 11/84 Lag. 11/84 Lag. 11/84 Lag.

Aufnah.-Nr.	Haftkontrolle
2950	(38 b) Sond. G. 117/39
4153	Verb.

63Vfl. 283 (10000. 5. 38) — Aufnahmekarte für Männer —

Henriette Voss, *geb. 28.2.1883, am 19.7.1942 nach Theresienstadt und von dort am 21.1.1943 nach Auschwitz deportiert*

Die Wirtschaftsleiterin des Israelitischen Krankenhauses/Siechenheims wohnte in Räumlichkeiten des Krankenhauses in der Johnsallee 68. Auf der Deportationsliste war als Beruf „Köchin" vermerkt. Sie wurde nach Theresienstadt und von dort nach Auschwitz deportiert, wo sie ermordet wurde.

Quellen: StaH, 522-1, Jüdische Gemeinden, 992b, Kultussteuerkartei der Deutsch-Israelitischen Gemeinde Hamburgs; 522-1 Jüdische Gemeinden 992e; Deutsch-Jüdische Gesellschaft (Hrsg.), Wegweiser zu den ehemaligen jüdischen Stätten, Heft 3, Hamburg 1989; Hamburger jüdische Opfer des Nationalsozialismus. Gedenkbuch, Hamburg 1995.

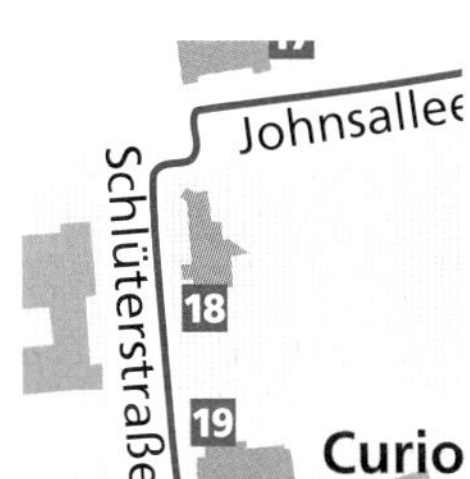

Links in die Schlüterstraße hineingehen.

18 Schlüterstraße 22

Alfred Wolff, *geb. 14.12.1880, „ermordet durch Entzug von Medikamenten“, Todesdatum 30.11.1941*

Bianca Wolff, *geb. 6.12.1887, am 19.7.1942 nach Theresienstadt und am 29.1.1943 nach Auschwitz deportiert*

Alfred W., Sohn eines Apothekers, hatte in Hamburg die Gelehrtenschule des Johanneums besucht. Er studierte von 1899 bis 1902 in Berlin, Genf, München und Kiel, legte sein Erstes Staatsexamen 1903 in Kiel ab, wurde im selben Jahr promoviert und bestand 1906 das Zweite Staatsexamen in Hamburg. Seinen Versuchen, in den Staatsdienst zu gelangen, war einige Jahre wenig Erfolg beschieden, was ihn deprimierte, zumal er 1908 heiraten wollte. Aus der Personalakte wird deutlich, dass seine Zugehörigkeit zur „mosaischen Konfession“ den Vorgesetzten Probleme bereitete. Doch ab 1910 amtierte der Jurist als Richter am Landgericht. Das Ehepaar bekam die Tochter Jolanthe. Alfred W. hatte sich – so sein Enkel – während des Ersten Weltkrieges bei einem Gasangriff ein Leiden zugezogen, von dem er sich zeitlebens nicht erholte. Nach dem Krieg wechselte er in die Wirtschaft als Banksyndikus und arbeitete ab 1925 als Rechtsanwalt. Als nach dem Gesetz über die Zulassung zur Rechtsanwaltschaft den jüdischen Rechtsanwälten Berufsverbot erteilt wurde, gehörte er zu den Ausnahmen, weil er als Frontkämpfer des Ersten Weltkrieges galt. Alfred W. praktizierte von 1932 bis 1935 in der Moorweidenstraße 7 und von 1936 bis 1938 in der Schlüterstraße 22, beides sowohl Wohn- wie Praxisadresse. Wegen seines Leidens musste er – so sein Enkel – bestimmte Medikamente einnehmen, die ihm nach Kriegsausbruch nicht mehr verschrieben worden seien. Als Folge dessen sei er früher verstorben als es bei angemessener medikamentöser Versorgung der Fall gewesen wäre. Tatsächlich verboten Erlasse den Ärzten, Juden „hochwertige Medikamente“ zu verordnen. Alfred W. wurde auf dem jüdischen Friedhof an der Ilandkoppel (Ohlsdorf) begraben. Die Tochter des Ehepaares, Jolanthe, hatte Hamburg im März 1939 gerade noch rechtzeitig verlassen können: Verwandte in England bürgten für sie, so dass sie einreisen und als Dienstmädchen arbeiten durfte. Ihre Mutter **Bianca W.** blieb nach ihrer Abreise und dem Tod des Ehemannes allein zurück. Sie zog in die Innocentiastraße 37, wo sie den Deportationsbefehl nach Theresienstadt erhielt. Von dort wurde sie am 29. Januar 1943 nach Auschwitz deportiert, wo sie am 1. Februar eintraf und ermordet wurde.

Alfred und Bianca Wolff

Quellen: StaH, 522-1, Jüdische Gemeinden, 992b, Kultussteuerkartei der Deutsch-Israelitischen Gemeinde Hamburgs; ebd., 131-15, Senatskanzlei – Personalakten C 512; Heiko Morisse, Jüdische Rechtsanwälte in Hamburg. Ausgrenzung und Verfolgung im NS-Staat, Hamburg 2003, Auskunft ders. v. 18.11.2005; Hamburger jüdische Opfer des Nationalsozialismus. Gedenkbuch, Hamburg 1995; Joseph Walk (Hrsg.), Das Sonderrecht für die Juden im NS-Staat, Heidelberg/Karlsruhe 1981; Schr. R.F. an Peter Hess v. 25.11.2002, tel. Auskunft R.F. v. 17.11.2005.

Lothar Bauer, *geb. 28.4.1899, 1941 KZ Fuhlsbüttel, deportiert am 8.11.1941 nach Minsk*

Der verheiratete tschechoslowakische Staatsbürger Lothar B. lebte seit 1921 in Hamburg. Er arbeitete als Transitmakler, d. h. er vermittelte tschechische Exportware an deutsche Exporteure. Seine Geschäfte gingen offensichtlich bis in die zweite Hälfte der 1930er Jahre hinein gut. Er war von der Neustadt in den Mittelweg gezogen, wohnte mit seiner Ehefrau Gerda zeitweise in der Klosterallee, der Haynstraße und der Isestraße. Doch als ausländischer Jude, der im Im- und

Exportgeschäft tätig war, stand er unter ständiger mißtrauischer Beobachtung der Gestapo und der Devisenstelle, die gezielt jüdische Bürger jagte und unter Druck setzte. 1938 erwies sich für ihn – so gab er der Devisenstelle an – als schlechtes Geschäftsjahr, weil die Spannungen zwischen Deutschland und der Tschechoslowakei einen längeren Aufenthalt dort erzwangen, währenddessen sein deutscher Stellvertreter ihn betrog. B. glich die Verluste mit einem Darlehen aus, das er bei Walter Bucky aufnahm, dem jüdischen Besitzer eines Eimsbüttler Kaufhauses. Lothar B. musste den Zwangsnamen „Israel" nicht annehmen, weil er kein „staatsangehöriger deutscher Jude" war. Auf Befragen antwortete er den Beamten der Devisenstelle, er habe bisher keine Auswanderungsvorbereitungen getroffen, denn er hätte seine Geschäfte immer zur Zufriedenheit betreiben können. Das änderte sich, 1939 und 1941 wurde er kurzzeitig verhaftet. Eine Konkurrenzfirma hatte ihn der „Handelsspionage" bezichtigt, und die Devisenstelle vermutete, er habe Devisen unterschlagen. Doch wie sich ergab, entbehrten beide Anschuldigungen jeder Grundlage. Lothar B. wurde wieder freigelassen, musste jedoch – so verfügte der Oberfinanzpräsident mit Schreiben vom 19. Oktober 1940 – die Firma bis 30. November 1940 abwickeln und im Handelsregister löschen lassen. Auch erhielt er die Auflage, nicht für andere Firmen in dieser Branche tätig zu werden. Seine Ehefrau Gerda emigrierte am 22. Februar 1941 nach Shanghai. Lothar B. zog in die Schlüterstraße 22 als Untermieter des Ehepaares Wolff. Er nahm die Dienste der Firma Scharlach & Co. in Anspruch, die Auswanderer betreute. Vielleicht versuchte er vergeblich, Deutschland noch zu verlassen, vielleicht stand aber auch nur eine Rechnung für die emigrierte Ehefrau offen, als er den Deportationsbefehl erhielt. Nachdem Lothar B. seine Unterkunft verlassen hatte, versteigerte die Firma Heinrich Schomann, Große Bleichen, im Auftrage der Oberfinanzdirektion seinen Hausrat. Gewissenhaft notierte der Auktionator den Reinerlös: RM 163,56. Die Dienststelle des Oberfinanzpräsidenten zog diese Summe wie das restliche Vermögen ein und befriedigte daraus u.a. die Forderung der Fa. Scharlach & Co. und die des Fernsprechamtes von RM 108,60 an Lothar B., denn die Post monierte, er und andere „jüdische Fernsprechteilnehmer, [hätten] infolge ihrer Evakuierung nach Polen ihre letzten Fernsprechgebühren nicht bezahlt". Zu diesem Zeitpunkt befand sich Lothar B. auf der Fahrt gen Osten. Sein Transport gelangte am 11. November in Minsk an, wo an den Tagen zuvor 12 000 einheimische Juden erschossen worden waren, um „Platz zu schaffen". Die Neuankömmlinge aus dem Deutschen Reich arbeiteten für die Wehrmacht, die SS oder die Organisation Todt in Werkstätten, Lazaretts oder Außenkommandos. Ob Lothar B. an Hunger, Kälte, Infektionskrankheiten starb oder in einem der Massaker am 8. Mai 1943 oder bei der Auflösung des Ghettos am 14. September 1943 erschossen bzw. im Gaswagen erstickt worden, ist unbekannt.

Erlös aus der Versteigerung des Hausrats (l.)

Ausstehende Fernsprechkosten (r.)

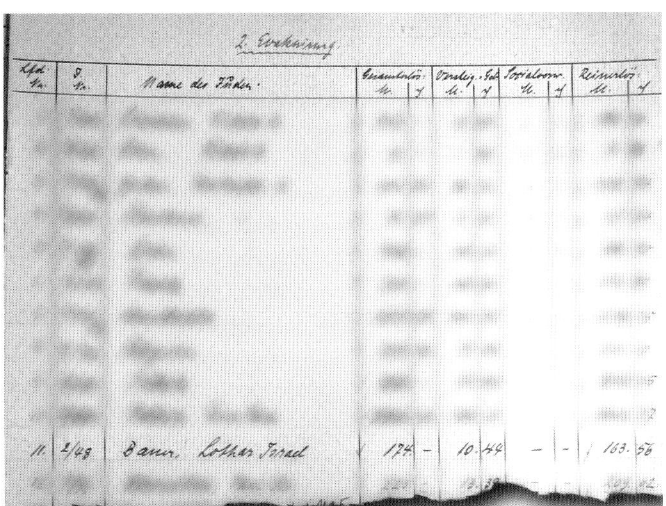

2. Evakuierung

Lfd. Nr.	J. Nr.	Name der Juden	Gesamterlös M.	Pf	Versteig.-Geb. M.	Pf	Sozialbeitr. M.	Pf	Reinerlös M.	Pf
11.	2/43	Bauer, Lothar Israel	174	–	10	44	–	–	163	56

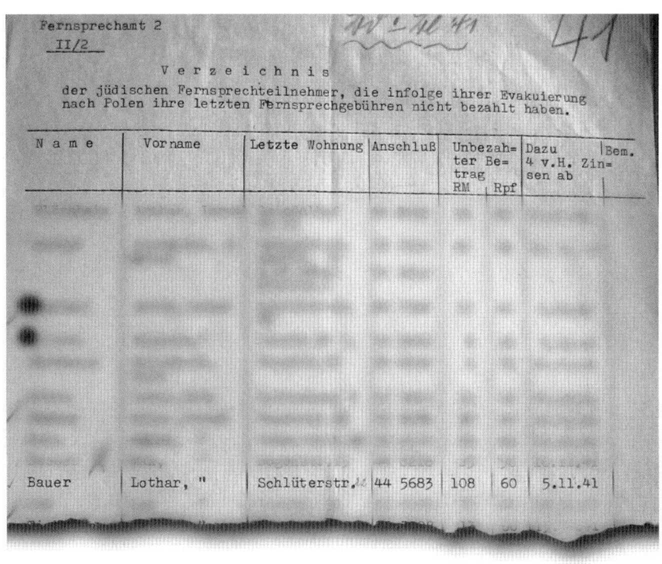

Fernsprechamt 2
II/2

Verzeichnis
der jüdischen Fernsprechteilnehmer, die infolge ihrer Evakuierung nach Polen ihre letzten Fernsprechgebühren nicht bezahlt haben.

Name	Vorname	Letzte Wohnung	Anschluß	Unbezahlter Betrag RM	Rpf	Dazu 4 v.H. Zinsen ab	Bem.
Bauer	Lothar, "	Schlüterstr.	44 5683	108	60	5.11.41	

Quellen: StaH, 522-1, Jüdische Gemeinden, 992b, Kultussteuerkartei der Deutsch-Israelitischen Gemeinde; ebd., 314-15 Oberfinanzpräsident, R 1939/589; ebd., Ordner 23; ebd., 522-1 Jüdische Gemeinden 992e; ebd., 522-1 Jüdische Gemeinden, Abl. 1993 Ordner 23; Adressbücher 1938, 1942; Hamburger jüdische Opfer des Nationalsozialismus. Gedenkbuch, Hamburg 1995.

Leo Lesser Jacobsohn, *geb. 24.6.1881, deportiert am 8.11.1941 nach Minsk*

Der Kaufmann und Gastwirt betrieb vor 1933 in der Kleinen Theaterstraße 8 „Hellmanns Gaststätte" und dann in der Großen Theaterstraße 41 ein Restaurant. Er lebte in kinderloser Mischehe mit der Protestantin Minna J. in der Kl. Rosenstraße/Neustadt, den Colonnaden, der Fröbelstraße und schließlich ab Juni 1939 in der Schlüterstraße 22. Dass Minna einen jüdischen Ehemann geheiratet hatte, sei – so eine nichtjüdische Verwandte – weder ein Problem noch ein Thema in der Familie gewesen. Leo J. sei ein wenig religiöser, sehr geselliger Mensch gewesen, der gern Karten gespielt, gefeiert und viel Wert auf sein Äußeres gelegt habe. Wenn er wegen seines Restaurantbetriebes nicht an Familienfesten teilnehmen konnte, sei er doch zum frischgebackenen mitternächtlichen Butterkuchen erschienen. Während Minna J. sich nicht beruflich betätigte, habe er mit seinen Lokalen großen Erfolg gehabt, zuletzt mit einem Restaurant auf St. Pauli, das schnell wohlsituierte Gäste in das Vergnügungsviertel gezogen habe. Minna J. verstarb – vermutlich Mitte 1941 – an Leukämie, so dass der (sehr begrenzte) Schutz der Mischehe für Leo Lesser J. nicht mehr galt, als die Deportationen anliefen. Er erhielt den Deportationsbefehl in der Schlüterstraße 22. In der Deportationsliste war er als „Kellner" registriert. Nach der Familienerzählung übergab er am Vorabend des Transportes seine Uhr, ein wenig Schmuck und einige Dokumente an den Schwiegervater, wobei er nicht in großer Sorge gewesen sei, sondern vermutet habe, er käme in ein Arbeitslager und müsse nicht für immer Abschied nehmen. Eine ebenfalls in Mischehe verheiratete Schwester Leo J.s verwitwete 1935, wurde jedoch nicht deportiert, sondern starb am 17. März 1943 in Hamburg und wurde auf dem jüdischen Friedhof Ilandkoppel beigesetzt.

Leo Lesser Jacobsohn und Ehefrau Minna (1920er Jahre, Ostsee)

Quellen: StaH, 522-1, Jüdische Gemeinden, 992b, Kultussteuerkartei der Deutsch-Israelitischen Gemeinde Hamburgs; ebd., 522-1 Jüdische Gemeinden 992e; Adressbücher 1931, 1932, 1933, 1938, 1942; Hamburger jüdische Opfer des Nationalsozialismus. Gedenkbuch, Hamburg 1995; Schr. L.F. v. 12.11.03, Auskunft L.F. v. 18.11.2005 u. 29.12.2005.

Wilhelm Samson, *geb. 2.8.1875, deportiert am 6.12.1941 nach Riga*

Wilhelm S. lebte mit seiner Frau Betty in der Breitenfelder Straße. Das Ehepaar besaß ein kleines Vermögen, das unter Sicherungsanordnung gestellt wurde. Sie mussten ca. RM 8600 „Judenvermögensabgabe" zahlen und durften für sich ab Januar 1940 monatlich RM 300 verbrauchen. Während Wilhelm S. Bruder nach Uruguay und sein Sohn Alfred nach Südafrika emigriert waren, verblieb Wilhelm S. in Hamburg. Vielleicht schlugen seine Auswanderungsbemühungen fehl, vielleicht wollte er seine Heimatstadt nicht verlassen. Am 25. Juni 1941 starb Betty S., und Wilhelm S. zog zur Untermiete in der Grindelallee 153 bei Adolf ein. Als er den Deportationsbefehl erhielt, bewohnte er ein Zimmer in der Schlüterstraße 22 bei Wolff. Nach dem Abtransport versteigerte die Firma Heinrich Schomann seinen Hausrat, der dem Deutschen Reich einen Reinerlös von gerade RM 86,48 einbrachte. Wilhelm S. hätte nach den Richtlinien, die das Reichssicherheitshauptamt jeweils für die Deportationen ausgab, nicht nach Riga deportiert werden dürfen, denn für diesen Transport war als Höchstalter 65 Jahre festgesetzt, das er bereits überschritten hatte. Auf Beschluss des Amtsgerichts HH wurde er im Jahr 1953 für tot erklärt, als Todesdatum angesetzt: „Ende 1945".

Quelle: StaH, 522-1, Jüdische Gemeinden, 992b, Kultussteuerkartei der Deutsch-Israelitischen Gemeinde Hamburgs; ebd., 314-15 Oberfinanzpräsident, R 1940/53; Wolfgang Scheffler/Diana Schulle (Hrsg.), Buch der Erinnerung. Die ins Baltikum deportierten deutschen, österreichischen und tschechoslowakischen Juden, Bd. II, München 2003; Amt f. Wiedergutmachung 0208 75; Hamburger jüdische Opfer des Nationalsozialismus. Gedenkbuch, Hamburg 1995.

19 Schlüterstraße 14

Helga Mathilde Fromm, *geb. 12.8.1916, deportiert am 8.11.1941 nach Minsk*

Max Fromm, *geb. 26.11.1908, deportiert am 8.11.1941 nach Minsk*

Max F. arbeitete in den 1930er Jahren als Vertreter in der Fa. N. Fromm und verdiente dabei offensichtlich gut. Sein Vorgesetzter bezeichnete ihn später als „einen der besten Reisenden, die die Firma je gehabt hat". Das kinderlose Ehepaar bewohnte von 1937 bis 1940 in Rehhagen 2 eine große 3-Zimmer-Wohnung. Zwischen 1940 und November 1941, als Max F. seine Arbeit verloren hatte, wechselte das Ehepaar viermal seine Unterkunft, lebte u.a. in der Heimhuder und der Greflinger Straße zur Untermiete und musste seinen – nach Aussagen des in die USA emigrierten Bruders – recht beachtlichen Hausstand zu niedrigen Preisen „verschleudern". Während Max F. ab 1937 der Deutsch-Israelitischen Gemeinde Hamburgs angehörte, bezeichnete Helga Mathilde F. sich als glaubenslos. Max F.s Berufsbezeichnung im Adressbuch lautete „Kaufmann", in der Deportationsliste ist er als „Weinvertreter" ausgewiesen, **Helga Mathilde F.** war Hausfrau. Das Paar unterstützte Max F.s bedürftigen Vater finanziell. Aus den Akten geht hervor, dass Max F. 1939 versuchte, nach Cuba auszuwandern. Seine Ehefrau, die zurückbleiben wollte oder sollte, hätte in diesem Fall das restliche Vermögen und ein Teilgrundstück bekommen, das Fromm noch besaß. Da die Auswanderung jedoch scheiterte, lebten dann beide von den RM 450 monatlich, die ihnen vom eigenen Vermögen für Lebenshaltung zugestanden wurden. Den Deportationsbefehl erhielt das Ehepaar in der Schlüterstraße 14. Helga F. wurde mit dem Datum 8. Mai 1945 für tot erklärt.

Quellen: StaH, 522-1, Jüdische Gemeinden, 992b, Kultussteuerkartei der Deutsch-Israelitischen Gemeinde Hamburgs; ebd., 314-15 Oberfinanzpräsident, R 1939/2677; ebd., 522-1 Jüdische Gemeinden 992e; Adressbücher 1938, 1942; Amt f. Wiedergutmachung 2611 08 und 1208 16; Hamburger jüdische Opfer des Nationalsozialismus. Gedenkbuch, Hamburg 1995.

Hermann Josephy, *geb. 2.3.1869, deportiert am 15.7.1942 nach Theresienstadt, Todesdatum dort 8.9.1942*

Der Pensionär, der früher als selbstständiger Handelsvertreter gearbeitet hatte, lebte mit seiner Frau Ida in kinderloser Ehe. Beide Ehepartner besaßen ein kleines Vermögen, das unter Sicherungsanordnung gestellt wurde. Mit Verweis auf ihr Alter von mehr als 70 Jahren baten sie um

L 425 – hier lebte Hermann Josephy in Theresienstadt (Foto 2005)

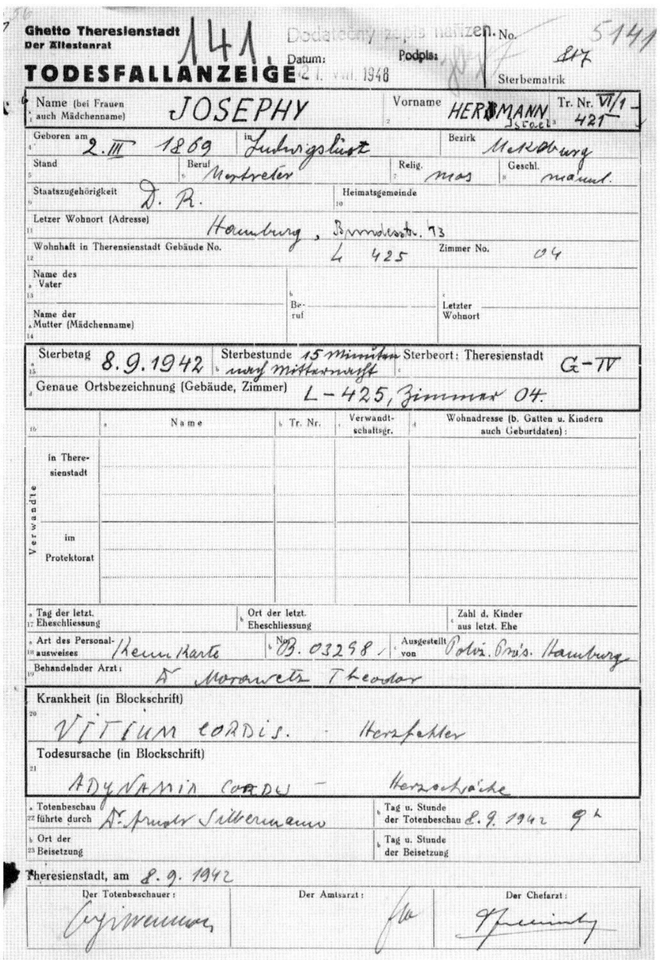

Ghetto Theresienstadt
Der Ältestenrat
TODESFALLANZEIGE 141.

Datum: 21. VIII. 1948
Podpis:
No. 5141
847
Sterbematrik

Name (bei Frauen auch Mädchenname) JOSEPHY — Vorname HERMANN Israel — Tr. Nr. VI/1-421

Geboren am 2. III 1869 in Ludwigslust — Bezirk Mecklenburg

Stand — Beruf Vertreter — Relig. mos — Geschl. männl.

Staatszugehörigkeit D. R. — Heimatsgemeinde

Letzter Wohnort (Adresse) Hamburg, Bundesstr. 43

Wohnhaft in Theresienstadt Gebäude No. L 425 — Zimmer No. 04

Name des Vater — Beruf — Letzter Wohnort

Name der Mutter (Mädchenname)

Sterbetag 8.9.1942 — Sterbestunde ~~15 Minuten~~ nach Mitternacht — Sterbeort: Theresienstadt G-IV

Genaue Ortsbezeichnung (Gebäude, Zimmer) L-425, Zimmer 04

Verwandte	Name	Tr. Nr.	Verwandtschaftsgr.	Wohnadresse (b. Gatten u. Kindern auch Geburtsdaten):
in Theresienstadt				
im Protektorat				

Tag der letzt. Eheschliessung — Ort der letzt. Eheschliessung — Zahl d. Kinder aus letzt. Ehe

Art des Personalausweises Kennkarte — No. B. 03258 — Ausgestellt von Poliz. Präs. Hamburg

Behandelnder Arzt: Dr Morawetz Theodor

Krankheit (in Blockschrift) VITIUM CORDIS. Herzfehler

Todesursache (in Blockschrift) ADYNAMIA CORDIS – Herzschwäche

Totenbeschau führte durch Dr. Arnold Silbermann — Tag u. Stunde der Totenbeschau 8.9.1942 9h

Ort der Beisetzung — Tag u. Stunde der Beisetzung

Theresienstadt, am 8.9.1942

Der Totenbeschauer: — Der Amtsarzt: — Der Chefarzt:

Genehmigung, über die zugestandenen RM 400 monatlich jeweils allein verfügungsberechtigt sein zu dürfen, was ihnen bewilligt wurde. Das Ehepaar wurde von einer jüdischen Hausangestellten versorgt, die am 1. Dezember 1941 deportiert wurde. Einen Ersatz fanden sie nicht mehr, waren nun auf sich allein gestellt. In ihrer Wohnung in der Schlüterstraße 14 hatten sie auf Anordnung des Wohnungsamtes zwei Zimmer an Untermieter abzugeben. Im April 1942 musste das Paar in das „Judenhaus" in der Bundesstraße 43 umziehen. Der Betrag zum Lebensunterhalt, über den sie verfügen durften, wurde jetzt auf RM 300 herabgesetzt, denn die Miete hatte sich gegenüber der Wohnung in der Schlüterstraße verringert: Das Zimmer, das sie nun zusammen bewohnten, kostete RM 50 monatlich. Von dieser letzten Adresse wurde das Ehepaar am 15. Juli 1942 nach Theresienstadt deportiert. Dort lebten sie im Gebäude L 425, einem überbelegten kleineren Gebäude an der Hauptstraße. Ida J. stand auf der Liste zum Weitertransport nach Minsk am 21. September 1942. Dort wurde sie ermordet. Hermann J., dem der behandelnde Arzt in Theresienstadt einen Herzfehler attestierte, verstarb im Ghetto Theresienstadt am 8. August 1942. Die Todesfallanzeige gibt „Herzschwäche" als Todesursache an.

Quelle: StaH, 522-1, Jüdische Gemeinden, 992b, Kultussteuerkartei der Deutsch-Israelitischen Gemeinde Hamburgs; ebd., 314-15, Oberfinanzpräsident, R 1942/14; ebd., 522-1 Jüdische Gemeinden 992e; Nationalarchiv in Prag/Theresienstädter Initiative, Jüdische Matriken, Todesfallanzeigen Theresienstadt, Kart. 7; Theresienstädter Gedenkbuch; Hamburger jüdische Opfer des Nationalsozialismus. Gedenkbuch, Hamburg 1995.

Sophie Stern, *geb. 11.3.1894, am 6.12.1941 nach Riga deportiert, Todesdatum 15.12.1944 im KZ Stutthof*

Von Sophie S. wissen wir fast nichts. Auf der Steuerkarte der Jüdischen Gemeinde sind weder Beruf noch Einkünfte vermerkt. Ein Eintrag weist darauf hin, dass sie bis 1940 mit ihrer ebenfalls ledigen Schwester Marianne S. in der Bundesstraße 35 zusammenlebte. Die Geschwister zogen 1941 in die Bundesstraße 43, ein „Judenhaus". Warum Sophie S. dann in die Schlüterstraße 14 wechselte, ihre letzte Hamburger Wohnadresse, ist nicht bekannt. Das John R. Warburg Stift machte für das Zimmer im linken Flügel, das die Schwestern bewohnt hatten, noch 10 RM Mietschulden geltend, die aus „der Realisierung des Mobiliars" bezahlt werden sollten. Marianne S. wurde – vermutlich wegen ihres Alters – am 15. Juli 1942 nach Theresienstadt und am 23. September 1942 weiter nach Minsk deportiert, wo sie ermordet wurde. Sophie S. erhielt den Deportationsbefehl im Dezember 1941 nach Riga. Als das Ghetto Riga im Juni 1943 aufgelöst wurde, gelangte ein Teil der arbeitsfähigen Häftlinge, darunter Sophie S., nun in das KZ Kaiserwald. Von dort marschierten sie entweder täglich in Kolonnen an auswärtige Arbeitsorte oder hausten vorort in notdürftigen Unterkünften. Mit dem Herannahen der Front intensivierte die SS im Sommer 1944 die Selektionen und verschleppte die übriggebliebenen (mehr als 47 000) Häftlinge aus dem baltischen Raum in das KZ Stutthof. Sophie S. kam dort laut Eingangsliste am 1. Oktober 1944 an. Hunger, Krankheiten, Kälte und stundenlange Märsche zur Zwangsarbeit forderten viele Todesopfer. Vermutlich konnte Sophie S. an dem Todesmarsch gen Westen nicht mehr teilnehmen, den die Häftlinge in diesem Winter antreten mussten. Ihr Tod ist noch in Stutthof am 15. Dezember 1944 registriert.

Quellen: StaH, 522-1, Jüdische Gemeinden, 992b, Kultussteuerkartei der Deutsch-Israelitischen Gemeinde Hamburgs; 314-15 Oberfinanzpräsident Ordner 23; Adressbücher 1938, 1941, 1942; Wolfgang Scheffler/Diana Schulle (Hrsg.), Buch der Erinnerung. Die ins Baltikum deportierten deutschen, österreichischen und tschechoslowakischen Juden, Bd. II, München 2003; Hamburger jüdische Opfer des Nationalsozialismus. Gedenkbuch, Hamburg 1995.

20 Schlüterstraße 12

Isabella Philip, *geb. 26.3.1914, deportiert am 6.12.1941 nach Riga*

Roda Philip, *geb. 11.6.1885, deportiert am 6.12.1941 nach Riga*

Das Ehepaar Bernhard und Roda P. hatte zwei Kinder. Ihr Sohn Paul W. emigrierte 1938 nach Holland. Die Tochter Isabella blieb bei den Eltern. Sie arbeitete zunächst ohne Entgelt bei der Jüdischen Gemeinde und leistete 1940 dann ein Volontariat im Pflegeheim Schäferkampsallee ab. Im Mai 1941 starb Bernhard P. Isabella P. übernahm Heimarbeit, um sich und ihre Mutter zu ernähren. Mutter und Tochter lebten in der Schlüterstraße 12, als sie den Deportationsbefehl erhielten.

Quellen: StaH, 522-1, Jüdische Gemeinden, 992b, Kultussteuerkartei der Deutsch-Israelitischen Gemeinde Hamburgs; Wolfgang Scheffler/Diana Schulle (Hrsg.), Buch der Erinnerung. Die ins Baltikum deportierten deutschen, österreichischen und tschechoslowakischen Juden, Bd. II, München 2003; Hamburger jüdische Opfer des Nationalsozialismus. Gedenkbuch, Hamburg 1995.

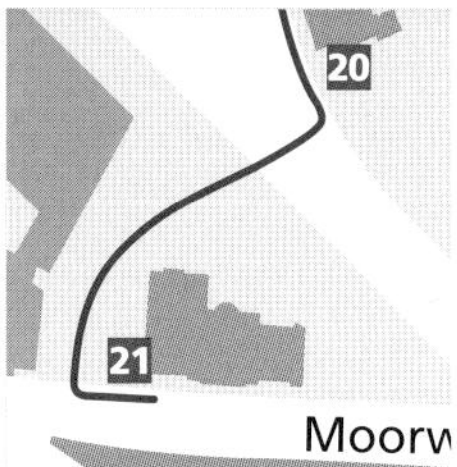

Straße überqueren und über das Universitätsgelände den Weg zur Moorweide nehmen

21 Moorweide 36 – *Deportationssammelplatz und Gedenkstein*

Dieses Gebäude gehörte bis 1941 (und nach dem Krieg wieder) der Provinzial-Loge von Nieder-Sachsen, die es von 1907 bis 1909 erbauen ließ und für ihre Zwecke nutzte. Auch diese Freimaurer-Vereinigung musste sich auflösen. Sie blieb allerdings bis 1941 als Eigentümerin des Anwesens im Grundbuch eingetragen, erst 1942 erschien dort die Stadt Hamburg als Nachfolgerin.

Nichtsdestotrotz nutzte die Gestapo das Haus von Oktober bis Dezember 1941 als Deportationssammelstätte für die vier Deportationen, mit denen mehr als 3100 Hamburger Juden nach Lodz, Minsk und Riga verschleppt wurden. Hier fertigten Gestapo- und Finanzbeamte die zu Deportierenden ab, die einen Tag vor dem Transport hier erscheinen mussten. Sie und ihr Gepäck wurden hier darauf kontrolliert, ob sie nicht mehr Geld als erlaubt bei sich trugen, ob sie keine „verbotenen" Gegenstände dabei hatten, die Koffer ordnungsgemäß mit der Transportnummer beschriftet waren etc. Eine jüdische Helferin erinnert sich, dass in den Tagen vor Deportationen die sanitären Anlagen immer stark überlastet waren und Handwerker Noteinsätze machen mussten. Nachdem die Juden im Logenhaus übernachtet hatten, wurden sie am nächsten Tag auf Lastwagen zum Hannoverschen Bahnhof gefahren und traten von dort die Reise in die Ghettos und Vernichtungslager an.

An die Deportationen erinnern die Benennung der Grünfläche zum „Platz der jüdischen Deportierten", der zwischen dem Logenhaus und der Edmund-Siemers-Allee gesetzte Gedenkstein, den der Künstler Ulrich Rückriem 1982 entwarf, und eine kniehohe Tafel zwischen Schlüterstraße und Moorweidenstraße. Damit sind wir am Ende dieser Stadtteilführung durch das Grindelgebiet angelangt.

Stolpersteine in Hamburg

*Stand Februar 2006**

Nord	Abendrothsweg 19	Ruth Weigert, 1906	dep. 1942	Auschwitz
Nord	Abendrothsweg 19	Edith Behrend, 1880	dep. 1941	Minsk
Nord	Abendrothsweg 23	Bertha Blankenstein, 1876	dep. 1941	Lodz
Nord	Abendrothsweg 23	Edith Blankenstein, 1883	dep. 1941	Lodz
Nord	Abendrothsweg 48	Ida Löb, 1876	dep. 1941	Riga
Eimsb.	Abteistraße 35	Minna Aron, 1879	dep. 1941	Riga, ermordet am 06.12.1941
Eimsb.	Abteistraße 35	Edith Cahn, 1922	dep. 1941	Riga, ermordet im KZ Stutthof
Eimsb.	Abteistraße 35	Hermann Glass, 1863	dep. 1942	Theresienstadt, ermordet am 19.01.1943
Nord	Adolf-Schönfelder-Str. 31	Irma Sperling, 1930	dep. 1943	Heilanstalt Steinhof Wien, ermordet 08.01.1944
Eimsb.	Agathenstraße 3	Bela Meier, 1940	dep. 1941	Minsk
Eimsb.	Agathenstraße 3	Henry Meier, 1915	dep. 1941	Minsk
Eimsb.	Agathenstraße 3	Margarete Conu, 1878	dep. 1941	Lodz
Eimsb.	Agnesstraße 39	Manfred Olschewitz, 1908	dep. 1941	Minsk
Eimsb.	Agnesstraße 39	Brunhilde Olschewitz, 1912	dep. 1941	Minsk
Eimsb.	Agnesstraße 39	Charlotte Rosenbacher, 1874	dep. 1941	Minsk
Eimsb.	Agnesstraße 55	Elsbet Flora Götz, 1901	dep. 1942	Theresienstadt/44 Auschwitz
Eimsb.	Agnesstraße 55	Friederike Agnes Götz, 1869	dep. 1942	Theresienstadt, ermordet 11.06.1944
Nord	Alsterdorfer Straße 40	Erika Ilse Etter, 1922		gehenkt am 23.04.1945
Nord	Alsterdorfer Straße 108	Cäcilie Bauer, 1871	dep. 1942	aus NL nach Auschwitz
Berged.	Alte Holstenstraße 61	Dr. Ernst Tichauer, 1888	dep. 1941	Minsk
Berged.	Alte Holstenstraße 61	Ellie Tichauer, 1887	dep. 1941	Minsk
Harbg.	Am Mühlenfeld 107	Karl Kock, 1908		Hamburg, hingerichtet am 26.06.1944
Nord	Angerstraße 44	Arnold Löwenthal, 1931	dep. 1943	Theresienstadt, ermordet in Auschwitz
Nord	Angerstraße 44	Irmgard Löwenthal, 1930	dep. 1943	Theresienstadt, ermordet in Auschwitz
Altona	Arnoldstraße 21	Johann Max Land, 1866		Freitod am 01.03.1942 in Hamburg
Berged.	August-Bebel-Straße 1	Mary Dobrzinsky, 1880	dep. 1942	Theresienstadt
Eimsb.	Badestraße 1	Isidor Blumenthal, 1874	dep. 1941	Lodz
Eimsb.	Badestraße 1	Dorit Simson, 1925	dep. 1941	Minsk
Altona	Blankeneser Bahnhofsplatz 15	Dr. Walter Bismarck Alexander, 1871	dep. 1942	Theresienstadt, ermordet am 06.12.1942
Altona	Blankeneser Bahnhofsplatz 15	Hedwig Alexander, 1877	dep. 1942	Theresienstadt, ermordet am 15.02.1943
Altona	Bahrenfelder Marktplatz 19	Dr. Hermann da Fonseca-Wollheim, 1893	dep. 1944	KZ Buchenwald
Wandsb.	Bärenallee 30	Jacob Seligmann, 1884	dep. 1943	aus NL nach Sobibor, ermordet am 21.05.1943
Eimsb.	Bartelsstr. 30/Susannenstr.	Rieckchen Hauptmann, 1883	dep. 1940	Tötungsanstalt Brandenburg, deportiert 1940 aus HH-Heilanstalt Langenhorn
Eimsb.	Bartelsstr. 30/Susannenstr.	Ruth Hauptmann, 1915	dep. 1941	Lodz, ermordet am 13.07.1942
Eimsb.	Bartelsstr. 30/Susannenstr.	Benno Hauptmann, 1917	dep. 1941	Lodz/42 Chelmno
Altona	Bartelsstraße 53	Kurt Erich Cäsar Schill, 1911		KZ Neuengamme, hingerichtet am 14.02.1944
Nord	Beim Andreasbrunnen 4	James Cohn, 1876	dep. 1941	Lodz, ermordet am 03.01.1942
Nord	Beim Andreasbrunnen 8	Rosa Stein, 1872	dep. 1941	Lodz, ermordet am 07.06.1942
Nord	Beim Andreasbrunnen 8	Dr. Leonhard Stein, 1894	dep. 1941	Lodz, ermordet am 29.08.1942
Nord	Beim Andreasbrunnen 8	Lucie Moses, 1894	dep. 1941	Lodz, ermordet am 29.10.1943
Nord	Beim Andreasbrunnen 9	Emmy Frank, 1888	dep. 1941	Lodz, ermordet am 05.04.1944
Nord	Beim Andreasbrunnen 9	Wilhelm Frank, 1882	dep. 1941	Lodz, ermordet am 11.04.1942
Nord	Beim Andreasbrunnen 9	Heinz Becker, 1919	dep. 1943	
Nord	Bellevue 34	Wally Simon, 1879	dep. 1942	Theresienstadt, ermordet am 21.01.1943
Nord	Bellevue 34	Betty von der Heydt, 1889	dep. 1942	Auschwitz
Nord	Bellevue 34	Adolf Peine, 1874	dep. 1942	Theresienstadt/42 Minsk
Nord	Bellevue 34	Auguste Peine, 1884	dep. 1942	Theresienstadt/42 Minsk
Altona	Biernatzkistraße 14	Eduard Duckesz, 1868	dep. 1943	aus NL nach Auschwitz, ermordet am 06.03.1944
Mitte	Billstedter Hauptstraße 50	David Isenberg, 1861	dep. 1942	Theresienstadt, ermordet am 22.02.1943
Mitte	Billstedter Hauptstraße 50	Roline Isenberg, 1872	dep. 1942	Theresienstadt, ermordet am 27.02.1944
Mitte	Binderstraße 13	Regina van Son, 1880	dep. 1942	Theresienstadt, tot am 07.12.1942
Eimsb.	Bismarckstraße 11	James Wolf, 1870	dep. 1942	Theresienstadt, tot am 03.01.1943
Eimsb.	Bismarckstraße 11	Pauline Wolf, 1867	dep. 1942	Theresienstadt, tot am 03.03.1944
Eimsb.	Bismarckstraße 93	Erna Cohn, 1892	dep. 1941	Lodz
Eimsb.	Bismarckstraße 93	Judith Cohn, 1889	dep. 1941	Lodz

*Alphabetische Folge der Straßen in Hamburg Abkürzungen: dep. = deportiert; ausg. = ausgewiesen

Altona	Blankeneser Hauptstraße 56	Sophie Rahel Jansen, 1862		Freitod am 17.07.1942 in Hamburg
Eimsb.	Blumenstraße 32	Annemarie Ladewig, 1919		KZ Neuengamme, gehenkt am 23.04.1945
Eimsb.	Blumenstraße 32	Rudolf Ladewig, 1922		KZ Neuengamme, gehenkt am 23.04.1945
Altona	Bockhorst 52	Moritz Rosenblum, 1876	dep. 1942	Theresienstadt, ermordet am 02.03.1944
Eimsb.	Bogenstraße 5	Elisabeth Flatau, 1880	dep. 1941	Riga
Eimsb.	Bogenstraße 5	Fanny Klein, 1882	dep. 1941	Riga
Eimsb.	Bogenstraße 23	Elisabeth Bruhn, 1894		KZ Neuengamme ermordet am 14.02.1944
Eimsb.	Bogenstraße 23	Adolf Schröder, 1885		KZ Neuengamme ermordet am 12.01.1945
Eimsb.	Bogenstraße 25	Dr. Max Mendel, 1864	dep. 1942	Theresienstadt, ermordet am 25.12.1942
Eimsb.	Bogenstraße 25	Ruth Meyer, 1935	dep. 1942	Theresienstadt/44 Auschwitz, ermordet am 01.10.1944
Eimsb.	Bogenstraße 25	Dr. Hugo Salinger, 1866	dep. 1942	Theresienstadt, ermordet am 08.08.1942
Eimsb.	Böhmersweg 9	Elise Frost, 1896	dep. 1941	Minsk
Mitte	Borgesch – links von Nr. 4	Sybille Körppen, 1879	dep. 1941	Lodz
Eimsb.	Bornstraße 1	Gisella Kaufmann, 1880	dep. 1941	Riga
Eimsb.	Bornstraße 6	Max Gutmann, 1896	dep. 1941	Lodz
Eimsb.	Bornstraße 6	Flora Hasenberg, 1888	dep. 1941	Minsk
Eimsb.	Bornstraße 6	Kurt Hasenberg, 1920	dep. 1941	Minsk
Eimsb.	Bornstraße 6	Richard Hasenberg, 1888	dep. 1941	Minsk
Eimsb.	Bornstraße 7	Flora Buttermann, 1896	dep. 1941	Minsk
Eimsb.	Bornstraße 7	Leonhardt Buttermann, 1899	dep. 1941	Minsk
Eimsb.	Bornstraße 8	Ludwig Becker, 1907	dep. 1941	Minsk
Eimsb.	Bornstraße 8	Betty Kopf, 1891	dep. 1941	Lodz, ermordet am 12.04.1942
Eimsb.	Bornstraße 14	Max Jakob, 1906	dep. 1941	Riga, ermordet am 24.03.1945 KZ Buchenwald
Eimsb.	Bornstraße 14	Elsa Jakob, 1878	dep. 1941	Minsk
Eimsb.	Bornstraße 14	Marion Jakob, 1934	dep. 1941	Riga
Eimsb.	Bornstraße 14	Dorit Jakob, 1935	dep. 1941	Riga
Eimsb.	Bornstraße 14	Frieda Rieper, 1871	dep. 1943	Theresienstadt/44 Auschwitz
Eimsb.	Bornstraße 14	Willi Jakob, 1878	dep. 1941	Minsk, ermordet am 10.02.1945 KZ Buchenwald
Eimsb.	Bornstraße 16	Emma Cohn, 1874	dep. 1941	Minsk
Eimsb.	Bornstraße 16	Jenny Pincus, 1871	dep. 1941	Minsk
Eimsb.	Bornstraße 18	Helene Guttmann, 1877	dep. 1941	Minsk
Eimsb.	Bornstraße 18	Jacob Guttmann, 1877	dep. 1941	Minsk
Eimsb.	Bornstraße 18	Carl Belzinger, 1871		Freitod am 26.09.1942 in Hamburg
Eimsb.	Bornstraße 18	Rosa Belzinger, 1865		verstorben am 29.03.1941
Eimsb.	Bornstraße 20	Ernst Selig, 1922	dep. 1941	Minsk/45 KZ Flossenburg, ermordet am 22.01.1945
Eimsb.	Bornstraße 20	Isidor Selig, 1890	dep. 1941	Minsk
Eimsb.	Bornstraße 20	Lina Selig, 1895	dep. 1941	Minsk
Eimsb.	Bornstraße 20	Werner Selig, 1921	dep. 1941	Minsk
Eimsb.	Bornstraße 22	Bella Wolff, 1886	dep. 1942	Theresienstadt, ermordet in Auschwitz
Eimsb.	Bornstraße 22	Rosa Wolff, 1893	dep. 1941	Riga
Eimsb.	Bornstraße 22	Betty Schwarzschild, 1909	dep. 1941	Riga
Eimsb.	Bornstraße 22	Abraham Schwarzschild, 1937	dep. 1941	Riga
Eimsb.	Bornstraße 22	Sara Schwarzschild, 1938	dep. 1941	Riga
Eimsb.	Bornstraße 22	Emmy Pein, 1900	dep. 1942	Auschwitz
Eimsb.	Bornstraße 22	Alfred Pein, 1890	dep. 1942	Auschwitz (38 – KZ Sachsenhausen)
Eimsb.	Bornstraße 22	Rachel Süss, 1874	dep. 1942	Auschwitz
Eimsb.	Bornstraße 25	Hilde Vogel, 1907	dep. 1941	Lodz
Eimsb.	Bornstraße 25	Iwan Vogel, 1910	dep. 1941	Lodz, ermordet in Buchenwald
Eimsb.	Bornstraße 28	Inge Cossmann, 1924	dep. 1941	Riga
Eimsb.	Bornstraße 29	Edgar Ephraim Hirsch, 1897	dep. 1941	Minsk
Eimsb.	Böttgerstraße 5	Dr. Emma Schindler, 1883	dep. 1942	Theresienstadt/44 Auschwitz
Eimsb.	Böttgerstraße 5	Dr. Leo Lippmann, 1881		Freitod am 11.06.1943 Hamburg
Eimsb.	Böttgerstraße 5	Anna Lippmann, 1881		Freitod am 11.06.1943 Hamburg
Eimsb.	Brahmsallee 12	Ludwig Wolff, 1913	dep. 1941	Minsk
Eimsb.	Brahmsallee 12	Karin Wolff, 1937	dep. 1941	Minsk
Eimsb.	Brahmsallee 12	Thekla Wolff, 1889	dep. 1941	Minsk
Eimsb.	Brahmsallee 12	Uri Wolff, 1940	dep. 1941	Minsk
Eimsb.	Brahmsallee 12	Johanna Wolff, 1911	dep. 1941	Minsk
Eimsb.	Brahmsallee 12	Willi Wolff, 1890	dep. 1941	Minsk
Eimsb.	Brahmsallee 12	Max Wolfsohn, 1872	dep. 1942	Theresienstadt/42 Minsk
Eimsb.	Brahmsallee 16	Ruth Isaak, 1926	dep. 1941	Minsk
Eimsb.	Brahmsallee 16	Helene Rabi, 1879	dep. 1941	Minsk
Eimsb.	Brahmsallee 16	Pauline Isaak, 1900	dep. 1941	Minsk
Eimsb.	Brahmsallee 16	Michael Isaak, 1888	dep. 1941	Minsk
Eimsb.	Brahmsallee 16	Hanna Isaak, 1918	dep. 1941	Minsk
Eimsb.	Brahmsallee 19	Kela Bundheim, 1900	dep. 1941	Minsk
Eimsb.	Brahmsallee 19	Max Bundheim, 1889	dep. 1941	Minsk
Eimsb.	Brahmsallee 19	Paula Bundheim, 1924	dep. 1941	Minsk

Eimsb.	Brahmsallee 26	Ernst Bundheim, 1895	dep. 1943	aus Drancy n. Majdanek
Eimsb.	Brahmsallee 26	Henriette Bundheim, 1890	dep. 1943	Auschwitz
Nord	Breitenfelder Straße 4	Ernst Bauer, 1908	dep. 1941	Minsk
Nord	Breitenfelder Straße 4	Inge Bauer, 1915	dep. 1941	Minsk
Nord	Breitenfelder Straße 4	Lucia Bauer, 1876	dep. 1941	Minsk
Nord	Breitenfelder Straße 44	Hertha Josias, 1898	dep. 1942	Theresienstadt/44 Auschwitz
Mitte	Bremer Reihe 24	Julchen Levi, 1888	dep. 1941	Riga
Harbg.	Bremer Straße 3	Szaja Neuwirth, 1885	dep. 1941	Minsk
Altona	Bremers Weg 4	Pauline Heller, 1864	dep. 1942	Theresienstadt, ermordet am 04.08.1942
Nord	Brombeerweg 47	Ella Friedländer, 1883	dep. 1941	Lodz/42 Chelmno
Nord	Brombeerweg 47	Benno Friedländer, 1886	dep. 1941	Lodz/42 Chelmno
Nord	Brombeerweg 47	Edgar Hirsch, 1894	dep. 1941	Minsk
Nord	Brombeerweg 47	Paula Marcuse, 1881	dep. 1941	Lodz
Nord	Brombeerweg 47	Fanny Harrison, 1878	dep. 1942	Auschwitz
Eimsb.	Bundesstraße 25	Alice Lissauer, 1892	dep. 1942	Auschwitz
Eimsb.	Bundesstraße 25	Sylva Lissauer, 1888	dep. 1942	Auschwitz
Eimsb.	Bundesstraße 35	Rosa Bauer, 1879	dep. 1942	Theresienstadt/44 Auschwitz
Eimsb.	Bundesstraße 35	Ernst Antonio Cassuto, 1931	dep. 1942	Theresienstadt/44 Auschwitz, ermordet am 12.10.1944
Eimsb.	Bundesstraße 35	Frieda Sternheim, 1877	dep. 1941	Riga
Eimsb.	Bundesstraße 43	Lilly H. Lindenborn, 1928	dep. 1942	Theresienstadt/44 Auschwitz, ermordet am 06.10.1944
Eimsb.	Bundesstraße 43	Ellen Meyer, 1935	dep. 1942	Theresienstadt/44 Auschwitz, ermordet am 01.10.1944
Wandsb.	Caspar-Voght-Straße 79	Dorothea Kasten, 1907	dep. 1943	Heilanstalt Steinhof Wien, ermordet am 02.05.1944
Nord	Curschmannstraße 6	Norbert Prenzlau, 1865	dep. 1942	Theresienstadt, tot am 01.09.1942
Nord	Curschmannstraße 6	Olga Prenzlau, 1869	dep. 1942	Theresienstadt, tot am 09.08.1942
Nord	Curschmannstraße 8	Ilse Lippstadt, 1905	dep. 1941	Minsk
Nord	Curschmannstraße 8	Iwan von der Walde, 1883		Selbstmord am 18.08.1942 in Hamburg
Mitte	Dammtorstraße 14	Dr. Max Fraenkel, 1882		Selbstmord am 21.03.1938
Mitte	Danzigerstraße 14 (oder 6?)	Hans Siegbert Leser, 1924	dep. 1941	Riga
Mitte	Danzigerstraße 14 (oder 6?)	Siegbert Leser, 1888	dep. 1941	Riga
Mitte	Danzigerstraße 14 (oder 6?)	Amalie Leser, 1896	dep. 1941	Riga/KZ Stutthof
Eimsb.	Dillstraße 1	Else Kurzbarth, 1893	dep. 1941	Minsk
Eimsb.	Dillstraße 8	Clara Bleiweiss, 1875	dep. 1941	Riga
Eimsb.	Dillstraße 8	Sidonie Bleiweiss, 1901	dep. 1941	Riga
Eimsb.	Dillstraße 13	Bernhard Schlachcic, 1880	dep. 1941	Minsk
Eimsb.	Dillstraße 13	Henriette Rita Schlachcic, 1935	dep. 1941	Minsk
Eimsb.	Dillstraße 15	Günther Brauer, 1925	dep. 1942	Theresienstadt/44 Auschwitz/44 KZ Dachau
Eimsb.	Dillstraße 15	Gerson Jacobsen, 1941	dep. 1942	Auschwitz, ermordet am 11.07.1942
Eimsb.	Dillstraße 15	Regine Jacobsen, 1934	dep. 1942	Auschwitz, ermordet am 11.07.1942
Eimsb.	Dillstraße 15	Judith Moritz, 1924	dep. 1942	Theresienstadt/44 Auschwitz, ermordet am 12.10.1944
Eimsb.	Dillstraße 15	Margot Moritz, 1925	dep. 1942	Theresienstadt/44 Auschwitz, ermordet am 12.10.1944
Eimsb.	Dillstraße 15	Aron Julius Rosemann, 1872	dep. 1942	Theresienstadt, ermordet am 16.10.1943
Eimsb.	Dillstraße 15	Sulamith Streim, 1932	dep. 1942	Theresienstadt/44 Auschwitz, ermordet am 01.10.1944
Eimsb.	Dillstraße 15	Werner Streim, 1930	dep. 1942	Auschwitz, ermordet am 01.10.1944
Eimsb.	Dillstraße 15	Dr. Siegfried Streim, 1896	dep. 1942	Theresienstadt/44 Auschwitz
Eimsb.	Dillstraße 15	Johanna Streim, 1897	dep. 1942	Theresienstadt/44 Auschwitz
Eimsb.	Dillstraße 15	Kurt Salo Streim, 1927	dep. 1942	Theresienstadt, ermordet am 22.01.1945 KZ Dachau
Eimsb.	Dillstraße 15	James Tannenberg, 1891	dep. 1941	Minsk
Eimsb.	Dillstraße 15	Senta Tannenberg, 1896	dep. 1941	Minsk
Eimsb.	Dillstraße 16	Julius Cohn, 1886	dep. 1944	Minsk
Eimsb.	Dillstraße 16	Walter Horwitz, 1893	dep. 1941	Minsk
Eimsb.	Dillstraße 16	Else Horwitz, 1892	dep. 1941	Minsk
Eimsb.	Dillstraße 18	Malchen Hirsch, 1881	dep. 1941	Minsk
Eimsb.	Dillstraße 20	Betty Würzburg, 1899	dep. 1941	Minsk
Eimsb.	Dillstraße 20	Max Würzburg, 1887	dep. 1941	Minsk
Eimsb.	Dillstraße 20	Ella Mayer, 1879	dep. 1942	Theresienstadt/42 Minsk
Eimsb.	Dillstraße 20	Isaak Eduard Mayer, 1874	dep. 1942	Theresienstadt/42 Minsk
Eimsb.	Dillstraße 21	Hugo Levinson, 1898	dep. 1941	Minsk
Eimsb.	Dillstraße 21	Erwin Levinson, 1929	dep. 1941	Minsk
Eimsb.	Dillstraße 21	Flora Levinson, 1902	dep. 1941	Minsk
Altona	Dormienstraße 7	Dr. Karl Stern, 1883		Freitod am 21.02.1935 im Amtsgericht
Eimsb.	Durchschnitt 1	Jeanette Friedländer, 1899	dep. 1941	Lodz, ermordet am 25.10.1941
Eimsb.	Durchschnitt 1	Raphael Friedländer, 1892	dep. 1941	Lodz, ermordet am 09.07.1942
Eimsb.	Durchschnitt 8	Bella Aron, 1890	dep. 1941	Lodz, ermordet am 04.03.1942
Eimsb.	Durchschnitt 8	Johanna Aron, 1912	dep. 1941	Lodz
Eimsb.	Durchschnitt 8	Antoinette Aron, 1869	dep. 1941	Lodz, ermordet am 15.04.1942
Eimsb.	Durchschnitt 8	Norbert Pappenheim, 1922	dep. 1942	Auschwitz
Eimsb.	Durchschnitt 8	Hannelore Baum, 1935	dep. 1942	Auschwitz
Altona	Dürerstraße 1	Hans Gerson, 1905	dep. 1942	Auschwitz

Altona	Ebertallee 16	Hedwig Baur, 1894		Freitod am 19.01.1944 in Hamburg
Harbg.	Eddelbüttelstraße 24	Willi Milke, 1896		Berlin, 12.01.1944 Freitod nach Todesurteil
Eimsb.	Eichenstraße 58	Johann Baucke, 1890		KZ Neuengamme, ermordet am 25.02.1945
Eimsb.	Eichholz 9	Rudolf Müller, 1913		KZ Neuengamme, ermordet am 22.03.1944
Harbg.	Eißendorfer Pferdeweg 65	Wilhelm Stein, 1895		Hamburg, hingerichtet am 26.06.1944
Altona	Elbchaussee 271	Olga Bruck, 1881		Selbstmord am 14.06.1944
Altona	Elbchaussee 271	Dr. Carl Bruck, 1879		Selbstmord am 12.06.1944
Nord	Eppendorfer Baum 3	Ernst Lychenheim, 1877	dep. 1943	aus NL nach Sobibor
Nord	Eppendorfer Baum 3	Mathilda (Tilly) Lychenheim, 1886	dep. 1943	aus NL nach Sobibor
Nord	Eppendorfer Baum 5	Julius Heilbrunn, 1906	dep. 1941	Lodz
Nord	Eppendorfer Baum 5	Helene Heymann, 1885	dep. 1941	Minsk
Nord	Eppendorfer Baum 5	Heyman Heymann, 1878	dep. 1941	Minsk
Nord	Eppendorfer Baum 5	Lotte Heymann, 1912	dep. 1941	Minsk
Nord	Eppendorfer Baum 9	Käthe Haas, 1909	dep. 1941	Minsk
Nord	Eppendorfer Baum 10	Fanny Berlin, 1878	dep. 1941	Riga
Nord	Eppendorfer Baum 10	Olga Wolf, 1910	dep. 1941	Riga
Nord	Eppendorfer Baum 10	Dan Wolf, 1939	dep. 1941	Riga
Nord	Eppendorfer Baum 11	Anna Loewenberg, 1891	dep. 1941	Minsk
Nord	Eppendorfer Baum 11	Paul Loewenberg, 1886	dep. 1941	Minsk
Nord	Eppendorfer Baum 11	Hugo Löwenstein, 1879	dep. 1941	Minsk
Nord	Eppendorfer Baum 11	Ida Löwenstein, 1877	dep. 1941	Minsk
Nord	Eppendorfer Baum 19	Alice Cohn, 1887	dep. 1941	Minsk
Nord	Eppendorfer Baum 19	Siegmund Cohn, 1878	dep. 1941	Minsk
Nord	Eppendorfer Baum 30	Charlotte Danziger, 1877	dep. 1941	Lodz, ermordet am 25.01.1942
Nord	Eppendorfer Baum 34	Gustav Kron, 1878	dep. 1941	Lodz
Nord	Eppendorfer Baum 34	Selma Kron, 1890	dep. 1941	Lodz
Nord	Eppendorfer Baum 39	Richard Rosenstern, 1886	dep. 1941	Lodz
Nord	Eppendorfer Landstraße 6	Herbert Kurt Friede, 1902		1938 KZ Fuhlsbüttel, ermordet am 05.12.1938
Nord	Eppendorfer Landstraße 18	Adolph Hammerschlag, 1877	dep. 1942	Auschwitz
Nord	Eppendorfer Landstraße 18	Meta Hammerschlag, 1884	dep. 1942	Auschwitz
Nord	Eppendorfer Landstraße 18	Sara Lennhoff, 1893	dep. 1941	Lodz
Nord	Eppendorfer Landstraße 28	Gerda Boas, 1910	dep. 1941	Lodz
Nord	Eppendorfer Landstraße 28	Paula Boas, 1897	dep. 1941	Lodz
Nord	Eppendorfer Landstraße 30	Dr. Paul Blumenthal, 1880	dep. 1941	Minsk
Nord	Eppendorfer Landstraße 30	Gertrud Cohn, 1890	dep. 1941	Lodz
Nord	Eppendorfer Landstraße 30	Julius Cohn, 1882	dep. 1941	Lodz
Nord	Eppendorfer Landstraße 30	Hermann Müller, 1884	dep. 1941	Lodz, ermordet am 19.04.1942
Nord	Eppendorfer Landstraße 30	Meta Müller, 1883	dep. 1941	Lodz/42 Chelmno
Nord	Eppendorfer Landstraße 30	Erna Polak, 1881	dep. 1941	Minsk
Nord	Eppendorfer Landstraße 30	Moritz Polak, 1875	dep. 1941	Minsk
Nord	Eppendorfer Landstraße 36	Elise Hirschfeld, 1870	dep. 1941	Minsk
Nord	Eppendorfer Landstraße 36	Wally Hirschfeld, 1897	dep. 1941	Minsk
Nord	Eppendorfer Landstraße 46	Siegfried Marcus, 1880	dep. 1941	Lodz
Nord	Eppendorfer Landstraße 46	Martha Markus, 1884	dep. 1941	Lodz, ermordet in Chelmno
Nord	Eppendorfer Landstraße 46	Käte Meyerhof, 1898	dep. 1941	Riga
Nord	Eppendorfer Landstraße 46	Elsa Meyerhof, 1875	dep. 1941	Riga
Nord	Eppendorfer Landstraße 46	Olga Reyersbach, 1885	dep. 1941	Riga
Nord	Eppendorfer Landstraße 46	Alfred Aron, 1886	dep. 1941	Lodz/42 Chelmno
Nord	Eppendorfer Landstraße 46	Bertha Margaretha Haurwitz, 1873		Freitod am 25.10.1941 in Hamburg
Nord	Eppendorfer Landstraße 46	Dr. Rudolf Haurwitz, 1901		Selbstmord am 29.11.1936
Nord	Eppendorfer Landstraße 52	Dr. Gustav Heinrich Leo, 1868		KZ Fuhlsbüttel, Mord Medikamentenentzug
Nord	Eppendorfer Landstraße 60	Kurt Löwengard, 1895		tot am 08.01.1940 in London
Nord	Eppendorfer Landstraße 64	Dr. Ernst Bein, 1887	dep. 1941	Minsk
Nord	Eppendorfer Landstraße 64	Erika Bein, 1922	dep. 1941	Minsk
Nord	Eppendorfer Stieg 11	Anna Seidner, 1885	dep. 1941	Minsk
Nord	Eppendorfer Stieg 11	Emil Seidner, 1879	dep. 1941	Minsk
Nord	Eppendorfer Weg 54	Martin Freundlich, 1885	dep. 1941	Minsk
Nord	Eppendorfer Weg 54	Charlotte Freundlich, 1880	dep. 1941	Minsk
Nord	Eppendorfer Weg 62	Gustav Abendana Belmonte, 1891	dep. 1942	Theresienstadt/44 Auschwitz
Nord	Eppendorfer Weg 62	Jenny Belmonte, 1860	dep. 1942	Theresienstadt
Nord	Eppendorfer Weg 167	Dr. Georg Goldstein, 1867	dep. 1941	Riga
Nord	Eppendorfer Weg 168	Erich Golly, 1891	dep.	KZ Dachau, ermordet am 16.02.1945
Nord	Erdkampsweg 85	Annemarie Stövhase, 1890	dep. 1943	Heilanstalt Steinhof Wien, ermordet am 08.01.1944
Berged.	Ernst-Mantius-Straße 5	Hugo Rosendorff, 1880	dep. 1942	Theresienstadt/44 Auschwitz
Berged.	Ernst-Mantius-Straße 5	Hertha Rosendorff, 1882	dep. 1942	Theresienstadt, tot am 07.10.1942
Berged.	Ernst-Mantius-Straße 5	Inge Meier, 1917	dep. 1941	Minsk
Mitte	Ernst-Merck-Straße 6	Dr. Otto Philippson, 1897	dep. 1941	Lodz, ermordet am 14.03.1942
Ahrensb.	Ernst-Ziese-Str./Hagener Allee	Anneliese Oelte, 1934	dep. 1943	Heilanstalt Steinhof Wien, ermordet am 08.07.1944

Nord	Fabriciusstraße 274	Paul Aron Goldschmidt, 1874	dep. 1943	Theresienstadt, tot am 21.12.1943
Eimsb.	Falkenried 26	Margarete Zinke, 1914		gehenkt 1945 KZ Neuengamme
Eimsb.	Falkenried 26	Paul Erich Zinke, 1901		gehenkt 1945 KZ Neuengamme
Nord	Feldbrunnenstraße 3	Adolph Heidemann, 1887	dep. 1941	Riga
Nord	Feldbrunnenstraße 3	Therese Heidemann, 1891	dep. 1941	Riga
Nord	Feldbrunnenstraße 21	Dr. Edgar Burchard, 1879		Freitod am 10.07.1942 Hamburg
Nord	Feldbrunnenstraße 21	Helene Julie Burchard, 1877	dep. 1942	Auschwitz
Harbg.	Flebbestraße 50	Richard Gohert, 1895		U-Haft Hamburg, ermordet am 18.11.1944
Eimsb.	Fontenay (vor Parkplatz)	Hans Vincent Scharlach, 1919		KZ Neuengamme, gehenkt am 23.04.1945
Eimsb.	Fontenay 11	Anita Rée, 1885		Kampen/Sylt, Freitod am 12.12.1933
Eimsb.	Frauenthal 9	Katharina Cohn, 1882	dep. 1941	Riga
Eimsb.	Frauenthal 9	Edith Singer, 1889	dep. 1941	Lodz, weiterdeportiert 07.07.1944
Eimsb.	Frauenthal 9	Katharine Tradelius, 1890	dep. 1941	Riga
Eimsb.	Frickestraße 24	Lilly Bauer, 1881	dep. 1941	Minsk
Eimsb.	Frickestraße 24	Dr. Roland Behrend, 1875	dep. 1942	Theresienstadt, ermordet am 22.03.1943
Altona	Friedensallee 269	Dr. Günther Brann, 1892	dep.	Auschwitz, ermordet am 30.10.1944
Eimsb.	Fruchtallee 27/29/Vereinstr.	Irma Freundlich, 1896	dep. 1942	Auschwitz
Eimsb.	Fruchtallee 27/29/Vereinstr.	Paul Freundlich, 1879	dep. 1942	Auschwitz
Nord	Geffckenstraße 6	Dr. Robert Bachmann, 1883	dep. 1942	Auschwitz
Nord	Geffckenstraße 6	Nelly Juda, 1887	dep. 1941	Lodz
Nord	Geffckenstraße 6	Friedrich Stern, 1890	dep. 1941	Minsk
Nord	Geffckenstraße 6	Mathilde Stern, 1892	dep. 1941	Minsk
Nord	Geffckenstraße 15	Eduard Pulvermann, 1882		KZ Neuengamme
Nord	Geffckenstraße 23	Moritz Weis, 1871	dep. 1942	Theresienstadt/44 Auschwitz
Nord	Geffckenstraße 23	Sara Weis, 1888	dep. 1942	Theresienstadt/44 Auschwitz
Altona	Giesestraße 8	Katharina Behrendt, 1872	dep. 1942	Theresienstadt
Altona	Godeffroystraße 42	Ilse Silbermann, 1920	dep. 1942	Auschwitz
Nord	Goldbekufer 19	Bernhard Bästlein, 1894		ermordet am 18.09.44/Zuchthaus Brandenburg
Nord	Görnestraße 10	Irma Holländer, 1897	dep. 1941	Lodz, ermordet in Chelmno
Nord	Görnestraße 12	Martha Hesse, 1908	dep. 1943	Bergen-Belsen, ermordet am 01.03.1945
Nord	Görnestraße 12	Nathan Hesse, 1905	dep. 1943	Bergen-Belsen, ermordet am 19.01.1945
Nord	Gottschedstraße 4	Clara Bacher, 1898	dep. 1942	Theresienstadt/44 Auschwitz
Nord	Gottschedstraße 4	Dr. Walter Bacher, 1893	dep. 1942	Theresienstadt/44 Auschwitz
Eimsb.	Grindelallee 6	Minna Gottschalk, 1885	dep. 1941	Riga
Eimsb.	Grindelallee 6	Maximilian Gumpel, 1877	dep. 1941	Riga
Eimsb.	Grindelallee 6	Edith Horwitz, 1897	dep. 1941	Riga
Eimsb.	Grindelallee 6	Albert Josephi, 1883	dep. 1941	Minsk
Eimsb.	Grindelallee 6	Hedwig Lazarus, 1892	dep. 1941	Minsk
Eimsb.	Grindelallee 6	Dr. Leonhard Lazarus, 1899	dep. 1941	Minsk
Eimsb.	Grindelallee 6	Laura Mosbach, 1876	dep. 1941	Riga
Eimsb.	Grindelallee 6	Johanna Rosenberg, 1876	dep. 1941	Riga
Eimsb.	Grindelallee 21/23	Edgar Neumark, 1886	dep. 1940	Tötungsanstalt Brandenburg, ermordet am 23.09.1940
Eimsb.	Grindelallee 21/23	Karl-Heinz Neumark, 1913	dep. 1940	Tötungsanstalt Brandenburg, ermordet am 23.09.1940
Eimsb.	Grindelallee 21/23	Richard Neumark, 1918	dep. 1940	Tötungsanstalt Brandenburg, ermordet am 23.09.1940
Eimsb.	Grindelallee 21/23	Walter Neumark, 1918	dep. 1942	Izbica
Eimsb.	Grindelallee 21/23	Georg Neumark, 1931	dep. 1941	Minsk
Eimsb.	Grindelallee 21/23	Anna Neumark, 1886	dep. 1941	Minsk
Eimsb.	Grindelallee 21/23	Elisabeth Kassel, 1891	dep. 1942	Auschwitz
Eimsb.	Grindelallee 24	Harald Ehrmann, 1922	dep. 1941	Minsk
Eimsb.	Grindelallee 24	Franz Stern, 1897	dep. 1941	Minsk
Eimsb.	Grindelallee 24	Emma Stern, 1877	dep. 1941	Minsk
Eimsb.	Grindelallee 38	Elfriede Appel, 1882	dep. 1941	Lodz
Eimsb.	Grindelallee 73	Alma Lisser, 1879	dep. 1942	Auschwitz
Eimsb.	Grindelallee 73	Lonny Beese, 1905		Freitod am 10.09.1944 Hamburg
Eimsb.	Grindelallee 81	Martin Cobliner, 1892		Hamburg, Freitod am 10.11.1938
Eimsb.	Grindelallee 83	Leopold Bielefeld, 1894	dep. 1941	Minsk
Eimsb.	Grindelallee 132	Wolff Cohen, 1903	dep. 1941	Minsk
Eimsb.	Grindelallee 132	Ilse Cohen, 1908	dep. 1941	Minsk
Eimsb.	Grindelallee 132	Bruno Cohn, 1890	dep. 1941	Minsk
Eimsb.	Grindelallee 132	Paul Grünewald, 1890	dep. 1941	Minsk, ermordet Dezember 1941
Eimsb.	Grindelallee 138	Rieckchen Weil, 1885	dep. 1941	Lodz
Eimsb.	Grindelallee 138	Selma Pincus, 1892	dep. 1941	Lodz, weiterdeportiert 1942
Eimsb.	Grindelallee 138	Hugo Frank, 1878	dep. 1941	Lodz, weiterdeportiert 1942
Eimsb.	Grindelallee 138	Bertha Hauptmann, 1883	dep. 1941	Minsk
Eimsb.	Grindelallee 138	Ernst Hauptmann, 1883	dep. 1941	Minsk
Eimsb.	Grindelallee 146	Georg Schumacher, 1882	dep. 1941	Riga
Eimsb.	Grindelallee 153	Martha Münden, 1876	dep. 1941	Riga
Eimsb.	Grindelallee 153	Gittel Adolf, 1892	dep. 1941	Lodz

Eimsb.	Grindelallee 153	Alfred Hammer, 1936	dep. 1941	Lodz
Eimsb.	Grindelallee 153	Reisel Hammer, 1912	dep. 1941	Lodz
Eimsb.	Grindelallee 153	Dr. Max Münden, 1865		tot am 24.09.1936 Gefängnis Hamburg
Eimsb.	Grindelallee 184	Jettchen Heilbut, 1885	dep. 1941	Riga, ermordet am 06.12.1941
Eimsb.	Grindelberg 3	Johanna Meyer, 1875	dep. 1942	Theresienstadt/44 Auschwitz
Eimsb.	Grindelberg 7	Marion Marcus, 1929	dep. 1941	Minsk
Eimsb.	Grindelberg 7	Dr. Kaatje Benninga, 1898	dep.	aus NL nach Sobibor
Eimsb.	Grindelberg 77	Hanne Kahn, 1923	dep. 1942	Auschwitz, ermordet am 30.09.1942
Eimsb.	Grindelberg 77	Hertha Kahn, 1897	dep. 1942	Auschwitz, ermordet am 30.09.1942
Eimsb.	Grindelberg 77	Mirjam Kahn, 1926	dep. 1942	Auschwitz, ermordet am 30.09.1942
Eimsb.	Grindelberg 77	Salomon Kahn, 1890	dep. 1945	Bergen-Belsen, tot am 29.03.1945
Eimsb.	Grindelberg 77	Bernhard Kahn, 1927	dep. 1944	Bergen-Belsen, tot am 27.02.1945
Eimsb.	Grindelhof 2	Bruno Seelig, 1888	dep. 1941	Minsk
Eimsb.	Grindelhof 2	Gerd Seelig, 1927	dep. 1941	Minsk
Eimsb.	Grindelhof 2	Horst Seelig, 1929	dep. 1941	Minsk
Eimsb.	Grindelhof 2	Lina Seelig, 1890	dep. 1941	Minsk
Eimsb.	Grindelhof 2	Manfred Seelig, 1921	dep. 1941	Minsk
Eimsb.	Grindelhof 9	John Löwenstein, 1886	dep. 1941	Minsk
Eimsb.	Grindelhof 9	Hanna Meyer, 1920	dep. 1941	Lodz
Eimsb.	Grindelhof 9	Paula Meyer, 1890	dep. 1941	Lodz
Eimsb.	Grindelhof 11	Erna Brociner, 1883	dep. 1941	Minsk
Eimsb.	Grindelhof 11	Valentina Brociner, 1909	dep. 1941	Minsk
Eimsb.	Grindelhof 17	Dr. Arthur Flörsheim, 1890	dep. 1941	Minsk
Eimsb.	Grindelhof 17	Frieda Flörsheim, 1902	dep. 1941	Minsk
Eimsb.	Grindelhof 17	Hanna Flörsheim, 1931	dep. 1941	Minsk
Eimsb.	Grindelhof 17	Margot Flörsheim, 1927	dep. 1941	Minsk
Eimsb.	Grindelhof 40	Paula Heipertz, 1889	dep. 1942	Auschwitz
Eimsb.	Grindelhof 53	Hans Seligmann, 1882	dep. 1941	Minsk
Eimsb.	Grindelhof 53	Flora Seligmann, 1874	dep. 1941	Minsk
Eimsb.	Grindelhof 64	Gertrud Ehrenberg, 1898	dep. 1941	Minsk
Eimsb.	Grindelhof 64	Inge Ehrenberg, 1933	dep. 1941	Minsk
Eimsb.	Grindelhof 64	Lotte Ehrenberg, 1936	dep. 1941	Minsk
Eimsb.	Grindelhof 64	Max Renner, 1876	dep. 1941	Minsk
Eimsb.	Grindelhof 66	Erich Meyer, 1924	dep. 1942	emigriert NL/ Auschwitz
Eimsb.	Grindelhof 66	Robert Meyer, 1887	dep. 1942	emigriert NL/ Auschwitz, ermordet am 12.09.1942
Eimsb.	Grindelhof 68	Bella Philip, 1890	dep. 1941	Riga
Eimsb.	Grindelhof 68	David Philip, 1892	dep. 1941	Riga
Eimsb.	Grindelhof 68	Denny Philip, 1941	dep. 1941	Riga
Eimsb.	Grindelhof 68	Senta Philip, 1921	dep. 1941	Riga
Eimsb.	Grindelhof 75	John Guggenheim, 1898	dep. 1941	Minsk
Eimsb.	Grindelhof 75	Lina Guggenheim, 1888	dep. 1941	Minsk
Eimsb.	Grindelhof 83	Kurt Ehrenberg, 1892	dep. 1941	Minsk
Eimsb.	Grindelhof 83	Hugo Moses, 1887	dep. 1941	Minsk
Eimsb.	Grindelweg 4a	Elsa Blumenthal, 1882	dep. 1941	Lodz, tot am 25.03.1942
Eimsb.	Grindelweg 4a	Meta Blumenthal, 1882	dep. 1941	Lodz
Harbg.	Großer Schippsee 34	Else Daltrop, 1887	dep. 1941	Lodz
Harbg.	Großer Schippsee 34	Fritz Daltrop, 1915	dep. 1940	Tötungsanstalt Brandenburg
Harbg.	Großer Schippsee 34	Theodor Daltrop, 1881	dep. 1941	Lodz
Altona	Grottenstraße 9	Erna Goldschmidt, 1902	dep.	Theresienstadt, überlebt
Altona	Grottenstraße 9	Martin Starke, 1899	dep.	Auschwitz, überlebt
Altona	Grottenstraße 9	Dr. Käthe Starke-Goldschmidt, 1905	dep.	Theresienstadt, überlebt
Wandsb.	Grubesallee 21	Adele Leidersdorf, 1878	dep. 1941	Riga
Wandsb.	Grubesallee 21	Heinz Leidersdorf, 1906	dep. 1943	Auschwitz, ermordet am 08.02.1943
Harbg.	Grumbrechtstraße 62	Johannes Bremer, 1885		KZ Buchenwald, ermordet am 01.12.1937
Nord	Gustav-Leo-Straße 4	Anna Rosenbaum, 1893	dep. 1941	Lodz
Nord	Gustav-Leo-Straße 4	Felix-Manfred Schönfeld, 1869	dep. 1942	Theresienstadt, ermordet am 27.12.1942
Nord	Gustav-Leo-Straße 4	Anna Schönfeld, 1875	dep. 1942	Theresienstadt, ermordet am 21.03.1943
Eimsb.	Hagedornstraße 18	Hermann Blumenthal, 1873	dep. 1941	Riga
Eimsb.	Hagedornstraße 18	Käthe Blumenthal, 1904	dep. 1941	Lodz
Eimsb.	Hagedornstraße 18	Kurt Blumenthal, 1907	dep. 1940	Lodz, tot am 15.07.1942
Eimsb.	Hagedornstraße 18	Ella Blumenthal, 1877	dep. 1941	Riga
Eimsb.	Hagedornstraße 18	Edith Marcus, 1888	dep. 1941	Riga
Eimsb.	Hagedornstraße 18	Helene Marcus, 1857	dep. 1941	Riga
Eimsb.	Hagedornstraße 49	Johanna Marx, 1867	dep. 1942	Theresienstadt
Eimsb.	Hagedornstraße 51	Gertrud Bromberg, 1879	dep. 1941	Minsk
Eimsb.	Hagedornstraße 51	Hermann Kaftal, 1929	dep. 1941	Minsk
Eimsb.	Hagedornstraße 51	Herbert Kaftal, 1894	dep. 1941	Minsk
Eimsb.	Hagedornstraße 51	Margaritha Kaftal, 1902	dep. 1941	Minsk

Eimsb.	Hagedornstraße 51	Elisabeth Rebecca Vogel, 1878	dep. 1942	Auschwitz
Eimsb.	Hallerplatz	Max Meier Jacoby, 1884	dep. 1941	Minsk
Eimsb.	Hallerplatz	Walter Jacoby, 1925	dep. 1941	Minsk
Eimsb.	Hallerplatz	Marie Lievendag, 1902	dep. 1941	Minsk
Eimsb.	Hallerplatz	Samuel Lievendag, 1897	dep. 1941	Minsk
Eimsb.	Hallerplatz 13	Dr. Gertrud (Gertie) Meier, 1894	dep. 1942	Theresienstadt/44 Auschwitz
Eimsb.	Hallerplatz 13	Ida Sarason, 1859	dep. 1942	Theresienstadt, ermordet am 19.07.1942
Eimsb.	Hallerplatz 13	Dr. Nathan Mendel Sarason, 1862	dep. 1942	Theresienstadt, ermordet am 14.07.1943
Eimsb.	Hallerplatz 15	Reinhold Meyer, 1920		KZ Fuhlsbüttel, ermordet am 12.11.1944
Eimsb.	Hallerplatz/Hermann-Behn-Str.	Martha Jacoby, 1891	dep. 1941	Minsk
Eimsb.	Hallerstraße 6	Pauline Biram, 1878	dep. 1942	Theresienstadt, tot am 09.01.1943
Eimsb.	Hallerstraße 6	Max Daniel, 1879	dep. 1941	Lodz, tot am 22.08.1942
Eimsb.	Hallerstraße 6	Wally Daniel, 1888	dep. 1941	Lodz, tot am 04.12.1942
Eimsb.	Hallerstraße 6	Alfred Friedensohn, 1879	dep. 1941	Minsk
Eimsb.	Hallerstraße 6	Gertrud Friedensohn, 1894	dep. 1941	Minsk
Eimsb.	Hallerstraße 6	Nanny Hattendorf, 1864	dep. 1942	Theresienstadt
Eimsb.	Hallerstraße 8	Levy Louis Oberschitzky, 1869	dep. 1942	Theresienstadt
Eimsb.	Hallerstraße 8	Herbert Oberschitzky, 1904	dep. 1942	Theresienstadt, tot am 27.07.1942
Eimsb.	Hallerstraße 8	Zerline Oberschitzky, 1873	dep. 1942	Theresienstadt
Eimsb.	Hallerstraße 25	Clara Joel, 1873	dep. 1942	Theresienstadt, ermordet am 13.04.1944
Eimsb.	Hallerstraße 55	Naftali Eldod, 1899	dep. 1941	Riga
Eimsb.	Hallerstraße 55	David Eldod, 1937	dep. 1941	Riga
Eimsb.	Hallerstraße 55	Walter Samuel Eldod, 1934	dep. 1941	Riga
Eimsb.	Hallerstraße 55	Rosa Eldod, 1908	dep. 1941	Riga
Eimsb.	Hallerstraße 55	Judith Eldod, 1936	dep. 1941	Riga
Eimsb.	Hallerstraße 55	Eli Eldod, 1940	dep. 1941	Riga
Eimsb.	Hallerstraße 55	Eva Jacobsohn, 1927	dep. 1941	Minsk
Eimsb.	Hallerstraße 55	Mathilde Jacobsohn, 1934	dep. 1941	Minsk
Eimsb.	Hallerstraße 55	Rosalia Jacobsohn, 1897	dep. 1941	Minsk
Eimsb.	Hallerstraße 55	Sally Jacobsohn, 1930	dep. 1941	Minsk
Eimsb.	Hallerstraße 55	Ernestine Jacobsohn, 1925	dep. 1941	Minsk
Eimsb.	Hallerstraße 55	Dr. John Jacobsohn, 1894	dep. 1941	Minsk
Eimsb.	Hallerstraße 55	Bertha Jacobsohn, 1924	dep. 1941	Minsk
Eimsb.	Hallerstraße 76	Sara Carlebach, 1928	dep. 1941	Riga, tot am 26.03.1942
Eimsb.	Hallerstraße 76	Dr. Joseph Zwi Carlebach, 1883	dep. 1941	Riga, tot am 26.03.1942
Eimsb.	Hallerstraße 76	Noemi Carlebach, 1927	dep. 1941	Riga, tot am 26.03.1942
Eimsb.	Hallerstraße 76	Ruth Carlebach, 1926	dep. 1941	Riga, tot am 26.03.1942
Eimsb.	Hallerstraße 76	Charlotte Carlebach, 1900	dep. 1941	Riga, tot am 26.03.1942
Eimsb.	Hallerstraße 76	Gertrud Dammann, 1920	dep. 1941	Riga, tot am 26.03.1942
Eimsb.	Hallerstraße 76	Margarethe Dammann, 1890	dep. 1941	Riga
Eimsb.	Hallerstraße 76	Josabeth Halberstadt, 1887	dep. 1941	Riga
Eimsb.	Hallerstraße 76	Felix Halberstadt, 1877	dep. 1941	Riga
Eimsb.	Hallerstraße 76	Alice Rosenbaum, 1877	dep. 1941	Riga
Eimsb.	Hallerstraße 76	Julius Rothschild, 1881	dep. 1941	Lodz, ermordet am 19.02.1942
Eimsb.	Hallerstraße 76	Alice Baruch, 1898	dep. 1941	Lodz
Eimsb.	Hallerstraße 81	Dr. Alfonso de Castro, 1865	dep. 1942	Theresienstadt, ermordet am 08.03.1943
Eimsb.	Hallerstraße 81	Olga de Castro, 1877	dep. 1942	Theresienstadt/44 Auschwitz
Mitte	Hammer Berg 34	Hans Ambor, 1906	dep. 1942	Auschwitz
Eimsb.	Hansastraße 21	Adolf Coutinho, 1900	dep. 1942	Theresienstadt/44 Auschwitz
Eimsb.	Hansastraße 36	Richard Cohn, 1884	dep. 1941	Minsk
Eimsb.	Hansastraße 36	Lilly Cohn, 1923	dep. 1941	Minsk
Eimsb.	Hansastraße 36	Käthe Cohn, 1892	dep. 1941	Minsk
Eimsb.	Hansastraße 36	Ludwig Cohn, 1921	dep. 1941	Minsk
Eimsb.	Hansastraße 36	Edith Löwenthal, 1922	dep. 1941	Riga
Eimsb.	Hansastraße 36	Lina Löwenthal, 1878	dep. 1941	Riga
Eimsb.	Hansastraße 36	Max Löwenthal, 1875	dep. 1941	Riga
Eimsb.	Hansastraße 36	Frieda Karseboom, 1871	dep. 1942	Theresienstadt, ermordet am 22.11.1942
Eimsb.	Hansastraße 43	Caroline Gela Fanny Bundheim, 1885	dep. 1942	Theresienstadt, ermordet am 02.10.1942
Eimsb.	Hansastraße 47	Julius Leiser, 1876	dep. 1941	Riga
Eimsb.	Hansastraße 47	Hedwig Leiser, 1879	dep. 1941	Riga
Eimsb.	Hartungstraße 1	Dr. Siegfried Korach, 1855	dep. 1943	Theresienstadt, ermordet am 01.07.1943
Eimsb.	Hartungstraße 8	Hans Fraenkel, 1907	dep. 1942	Auschwitz
Eimsb.	Hartungstraße 8	Mary Fraenkel, 1873	dep. 1942	Theresienstadt/44 Auschwitz
Eimsb.	Hartungstraße 8	Semmy Frankenthal, 1883	dep.	Riga
Eimsb.	Hartungstraße 9/11	Charlotte Gurwitsch, 1881	dep. 1942	Theresienstadt/44 Auschwitz, ermordet am 09.10.1944
Eimsb.	Hartungstraße 9/11	Benjamin Helfer, 1910	dep. 1941	Lodz
Eimsb.	Hartungstraße 9/11	Brunhilde Helfer, 1916	dep. 1941	Lodz
Eimsb.	Hartungstraße 9/11	Charlotte Levi, 1915	dep. 1942	Auschwitz

Eimsb.	Hartungstraße 9/11	Richard Levi, 1911	dep. 1942	Auschwitz
Eimsb.	Hartungstraße 9/11	Kurt Silberstein, 1898	dep. 1942	Theresien./44 Ausch./45 Dachau, ermordet am 10.02.1945
Nord	Hartwicusstraße 2	Theodor Haubach, 1896		hingerichtet am 23.01.1945
Nord	Harvestehuder Weg 55	Anna Maria Kugelmann, 1905		Freitod am 19.07.1942 Hamburg
Nord	Harvestehuder Weg 55	Robert Kugelmann, 1895		Freitod am 19.07.1942 Hamburg
Altona	Hasenhöhe 95	Alma del Banco, 1862		Freitod am 08.03.1943 Hamburg
Wandsb.	Hasselbrookstraße 127a	Hans Singer, 1921	dep. 1941	Minsk
Wandsb.	Hasselbrookstraße 127a	Rosa Singer, 1876	dep. 1941	Minsk
Berged.	Hassestraße 11	Ernst Henning, 1892	KPD	ermordet am 14.03.1931 von SA
Harbg.	Haststedtstraße 42	Alfred Gordon, 1886	dep. 1941	Lodz
Nord	Hauersweg 18	Martha David, 1871	dep. 1943	Theresienstadt, tot am 12.10.1944
Nord	Haynstraße 1	Paula Sternberg, 1867	dep. 1942	Theresienstadt, ermordet in Minsk 1942
Nord	Haynstraße 5	Arno Glassmann, 1898	dep. 1941	Minsk
Nord	Haynstraße 5	Helma Wehl, 1907	dep. 1941	Riga/KZ Stutthof
Nord	Haynstraße 5	Fanny David, 1892	dep. 1943	Theresienstadt/44 Auschwitz
Nord	Haynstraße 5	Jacob Holz, 1874	dep. 1941	Riga
Nord	Haynstraße 5	Eleonore Holz, 1882	dep. 1941	Riga
Nord	Haynstraße 5	Irma Zancker, 1901	dep. 1943	Theresienstadt/44 Auschwitz
Nord	Haynstraße 7	Gertrud Blut, 1889	dep. 1941	Minsk
Nord	Haynstraße 11	Alfred Leven, 1902	dep. 1941	Lodz
Nord	Haynstraße 11	Inge Leven, 1921	dep. 1941	Lodz
Nord	Haynstraße 15	Bernhard Nathan, 1904		
Nord	Haynstraße 15	Käthe Nathan, 1891	dep. 1941	Riga
Nord	Haynstraße 15	Gertrud Becher, 1884	dep. 1941	Riga
Nord	Haynstraße 15	Elfriede Ruben, 1885	dep. 1941	Lodz
Nord	Haynstraße 21	Adolf „Adi" Ambor, 1917	dep. 1943	über Drancy nach Majdanek
Nord	Haynstraße 36	Heinz Adolf Abrahamssohn, 1923	dep. 1941	Lodz, ermordet am 23.03.1943
Nord	Hegestraße 1	Anni Dettmann, 1907	dep. 1941	Lodz
Nord	Hegestraße 1	Paul Sternberg, 1902	dep. 1941	Minsk
Nord	Hegestraße 1	Paula Knopf, 1909	dep. 1941	Lodz, ermordet am 12.01.1942
Nord	Hegestraße 27	Gustav Rosenstein, 1881	dep. 1941	Lodz, ermordet am 06.03.1942
Nord	Hegestraße 27	Emilie Lilly Rosenstein, 1886	dep. 1941	Lodz
Nord	Hegestraße 27	Lilly Windmüller, 1904	dep. 1941	Lodz
Nord	Hegestraße 39	Henriette Meidner, 1858	dep. 1942	Theresienstadt, ermordet am 04.10.1942
Nord	Hegestraße 39	Ernst Goldschmidt, 1875	dep. 1941	Riga
Nord	Hegestraße 39	Gertrud Ruppin, 1885	dep. 1941	Riga
Nord	Hegestraße 41	John Kronach, 1874		Freitod am 14.07.1942
Nord	Heidberg 64	Margaretha Rothe, 1919	Weiße Rose	Gefängnis Leipzig, ermordet am 15.04.1945
Eimsb.	Heider Straße 6	Erich Starke, 1901		ermordet am 28.06.1942 KZ Neuengamme
Eimsb.	Heilwigstraße 3	Gisela Friedheim, 1883	dep. 1941	Minsk
Eimsb.	Heilwigstraße 3	Helene Weishut, 1872	dep. 1942	Theresienstadt, ermordet am 22.11.1942
Eimsb.	Heilwigstraße 39	Walter Heinemann, 1896	dep. 1942	emigriert NL/Auschwitz
Eimsb.	Heilwigstraße 40	Dr. Edgar Franck, 1896	dep. 1941	Minsk
Eimsb.	Heilwigstraße 46	Dr. Berthold Jungmann, 1868	dep. 1942	Theresienstadt, ermordet am 18.02.1944
Eimsb.	Heilwigstraße 46	Clara Lehmann, 1874		Freitod am 06.01.1942
Eimsb.	Heimhuder Straße 14	Dr. Albert Holländer, 1877	dep. 1942	Auschwitz
Eimsb.	Heimhuder Straße 17	Ilka Feis, 1896	dep. 1941	Lodz
Eimsb.	Heimhuder Straße 22	Stanislaus Heller, 1863	dep. 1942	Theresienstadt, ermordet am 07.08.1942
Eimsb.	Heimhuder Straße 22	Olga Misch, 1880	dep. 1942	Theresienstadt, ermordet am 07.08.1942
Eimsb.	Heimhuder Straße 40	Bruno Spiro, 1875		1936 KZ Fuhlsbüttel
Eimsb.	Heimhuder Straße 63	Margot Masse, 1891	dep. 1942	Theresienstadt, ermordet am 02.04.1943
Eimsb.	Heimhuder Straße 63	Irmgard Masse, 1915	dep.	Auschwitz
Eimsb.	Heimhuder Straße 63	Gerda Masse, 1918	dep.	
Eimsb.	Heimhuder Straße 66	Dr. Theodor Wohlfahrt, 1887	dep. 1942	Auschwitz, tot am 14.12.1942
Eimsb.	Heimhuder Straße 70	Irmgard Blatt, 1907	dep. 1941	Minsk
Eimsb.	Heimhuder Straße 70	Dina Reichmann, 1880	dep. 1942	Auschwitz
Eimsb.	Heinrich-Barth-Str. 1	Gisela Kargauer, 1920	dep. 1941	Lodz
Eimsb.	Heinrich-Barth-Str. 1	Heinz Kargauer, 1913	dep. 1941	Lodz
Eimsb.	Heinrich-Barth-Str. 7	Fritz Bleiweiss, 1898	dep. 1941	Minsk
Eimsb.	Heinrich-Barth-Str. 7	Erna Bleiweiss, 1901	dep. 1941	Minsk
Eimsb.	Heinrich-Barth-Str. 8	Ellinor Esther Wolff, 1935	dep. 1941	Riga
Eimsb.	Heinrich-Barth-Str. 8	Georg Wolff, 1894	dep. 1941	Riga
Eimsb.	Heinrich-Barth-Str. 8	Leo Wolff, 1864	dep. 1941	Riga
Eimsb.	Heinrich-Barth-Str. 8	Lilly Wolff, 1896	dep. 1941	Riga
Eimsb.	Heinrich-Barth-Str. 8	Machla Wolff, 1904	dep. 1941	Riga/KZ Stutthof
Eimsb.	Heinrich-Barth-Str. 8	Toni Wolff, 1869	dep. 1941	Riga
Eimsb.	Heinrich-Barth-Str. 8	Willi Wolff, 1888	dep. 1941	Riga

Eimsb.	Heinrich-Barth-Str. 8	Marion Baruch, 1919	dep. 1941	Minsk
Eimsb.	Heinrich-Barth-Str. 8	Rolf Arno Baruch, 1920	dep. 1943	Auschwitz
Eimsb.	Heinrich-Barth-Str. 10	Frieda Aron, 1901	dep. 1941	Minsk
Eimsb.	Heinrich-Barth-Str. 10	Isidor Blankenstein, 1888	dep. 1941	Lodz, ermordet am 05.05.1942
Eimsb.	Heinrich-Barth-Str. 11	Edith Philip, 1899	dep. 1941	Lodz
Eimsb.	Heinrich-Barth-Str. 11	Ludwig Philip, 1884	dep. 1941	Lodz
Eimsb.	Heinrich-Barth-Str. 14	Siegfried Freundlich, 1882	dep. 1941	Lodz, ermordet am 02.02.1942
Eimsb.	Heinrich-Barth-Str. 15	Hannchen Scholinus, 1897	dep. 1944	Theresienstadt
Eimsb.	Heinrich-Barth-Str. 17	Arnold Cohn, 1927	dep. 1941	Lodz
Eimsb.	Heinrich-Barth-Str. 17	Chana Cohn, 1898	dep. 1941	Lodz
Eimsb.	Heinrich-Barth-Str. 17	Sally Cohn, 1894	dep. 1941	Lodz, ermordet am 13.03.1942
Eimsb.	Heinrich-Barth-Str. 19	Bela Reha Wagener, 1939	dep. 1941	Minsk
Eimsb.	Heinrich-Barth-Str. 19	Edith-Marie Wagener, 1916	dep. 1941	Minsk
Eimsb.	Heinrich-Barth-Str. 19	Jana Wagener, 1940	dep. 1941	Minsk
Eimsb.	Heinrich-Barth-Str. 19	Norbert Wagener, 1901	dep. 1941	Minsk
Nord	Herbert-Weichmann-Str. 51	David Herz (Hermann) Kobritz, 1865	dep. 1942	Theresienstadt, ermordet Dezember 1944
Berged.	Hermann-Distel-Straße	Ida Burg, 1864		Freitod am 26.02.1942
Eimsb.	Heußweg 11	Dorothea Seligmann, 1875	dep. 1941	Lodz
Eimsb.	Heußweg 11	Louis Blumenthal, 1888		Freitod am 29.10.1942
Eimsb.	Heußweg 11	Selma Blumenthal, 1897	dep. 1943	Theresienstadt/44 Auschwitz
Eimsb.	Heußweg 17	Marion Emanuel, 1935	dep. 1942	Theresienstadt/44 Auschwitz
Eimsb.	Heußweg 17	Wolfgang Emanuel, 1935	dep. 1942	Theresienstadt/44 Auschwitz
Eimsb.	Heußweg 17	Frieda Emanuel, 1913	dep. 1942	Ravensbrück
Eimsb.	Heußweg 17	Rosa Emanuel, 1911	dep. 1942	Ravensbrück, ermordet am 07.02.1942
Berged.	Heysestraße 5	Hans Stoll, 1912		tot am 09.04.1940 auf der Flucht n. Dänemark
Berged.	Hinterm Graben 11	Max Anton Schlichting, 1907		hingerichtet am 16.09.1945 in Hamburg
Mitte	Hirtenstraße 55	Henry Steinberg, 1885	dep. 1941	Lodz, ermordet am 06.09.1942
Mitte	Hirtenstraße 55	Karoline Steinberg, 1895	dep. 1941	Lodz, ermordet am 09.07.1944
Eimsb.	Hochallee 5	Dr. Betty Warburg, 1881	dep. 1943	aus NL nach Sobibor
Eimsb.	Hochallee 53	Marie van Biema, 1870	dep. 1942	KZ Revensbrück, ermordet am 07.09.1942
Eimsb.	Hochallee 73	Dr. Felix Hecht, 1883	dep. 1944	Theresienstadt/44 Auschwitz
Eimsb.	Hochallee 75	Dr. Hermann Gerson, 1896	dep. 1942	Theresienstadt, ermordet am 22.06.1944
Eimsb.	Hochallee 75	Betty Kurzynski, 1875		Freitod am 04.12.1941
Eimsb.	Hochallee 75	Olga Beer, 1892	dep. 1941	Lodz, ermordet am 20.04.1942
Eimsb.	Hochallee 75	Dr. Ernst Kaufmann, 1880	dep. 1943	Theresienstadt/44 Auschwitz
Eimsb.	Hochallee 75	Käthe Kaufmann, 1886	dep. 1943	Theresienstadt, ermordet am 01.08.1943
Eimsb.	Hochallee 104	Alice Bendheim, 1875	dep. 1942	Theresienstadt/42 Minsk
Eimsb.	Hochallee 106	Olga Lina Lavy, 1879	dep. 1941	Riga
Eimsb.	Hochallee 121	Ruben Richard Glückstadt, 1887		ermordet am 12.09.40 in Gestapohaft/Brüssel
Eimsb.	Hochallee 121	Fanny Glückstadt, 1894	dep. 1942	aus Drancy n. Auschwitz
Eimsb.	Hochallee 121	Werner Glückstadt, 1925	dep. 1942	aus Drancy n. Auschwitz
Eimsb.	Hochallee 123	Caroline Borchardt, 1905	dep. 1941	Minsk
Eimsb.	Hochallee 123	Erich Borchardt, 1899	dep. 1941	Minsk
Nord	Hofweg 6	F. K. Heinrich Schrage, 1893		KZ Fuhlsbüttel, ermordet am 16.09.1944
Nord	Hofweg 9	Elise Mansfeldt, 1854	dep. 1943	Theresienstadt, ermordet am 02.10.1943
Eimsb.	Hohe Weide 25	Benjamin Landau, 1893	dep. 1940	Dachau, ermordet am 31.01.1941
Eimsb.	Hohe Weide 25	Karin Landau, 1930	dep. 1941	Lodz, 11.09.1942 Chelmno
Eimsb.	Hohe Weide 25	Sara Landau, 1892	dep. 1941	Lodz, ermordet am 13.07.1942
Eimsb.	Hoheluftchaussee 19	Alexander (gen. Süsskind) Moses, 1858	dep. 1942	Theresienstadt, ermordet am 07.11.1942
Eimsb.	Hoheluftchaussee 19	Jenny Moses, 1868	dep. 1942	Theresienstadt, ermordet am 05.09.1942
Eimsb.	Hoheluftchaussee 40	Emmy Schweedt, 1872	dep. 1944	Theresienstadt/Auschwitz
Altona	Hohenzollernring 34	Dr. Curt Ledien, 1893		KZ Neuengamme, gehenkt am 23.04.1945
Mitte	Holstenglacis 3 (U.-Gefängnis)	Walerjan Wróbel, 1925		ermordet am 25.08.1942
Harbg.	Hoppenstedtstraße 53	Oswald Kanzler, 1883		KZ Fuhlsbüttel, ermordet am 16.09.1944
Harbg.	Hoppenstedtstraße 76	Elisabeth Lange, 1900		KZ Fuhlsbüttel, in den Tod getrieben 28.01.1944
Wandsb.	Horstlooge 35	Gustav Jordan, 1869	dep. 1942	Theresienstadt/42 Minsk/Treblinka
Wandsb.	Horstlooge 35	Gella Streim, 1881	dep. 1941	Lodz
Wandsb.	Horstlooge 35	Clara Tuch, 1875	dep. 1942	Theresienstadt/42 Minsk/Treblinka
Wandsb.	Horstlooge 35	Dr. Theodor Tuch, 1865	dep. 1942	Theresienstadt/42 Minsk/Treblinka
Eimsb.	Husumer Straße 1	Therese Löwenthal, 1885	dep. 1941	Riga
Eimsb.	Husumer Straße 7	Erna Jilovsky, 1886	dep. 1941	Lodz, ermordet am 27.05.1944
Eimsb.	Husumer Straße 7	Richard Jilovsky, 1881	dep. 1941	Lodz, ermordet am 11.12.1943
Eimsb.	Husumer Straße 10	Dr. Hermann Samuel, 1881	dep. 1941	Lodz, ermordet am 29.07.1942
Eimsb.	Husumer Straße 10	Jenny Braunschweiger, 1876	dep. 1941	Minsk
Eimsb.	Husumer Straße 10	Louis Braunschweiger, 1877	dep. 1941	Minsk
Eimsb.	Husumer Straße 12	Gertrud Levy, 1889	dep. 1941	Riga
Nord	Husumer Straße 12	Ludwig Schwabe, 1868		Selbstmord am 14.12.1941

Nord	Husumer Straße 12	Pauline Schwabe, 1864		Selbstmord am 14.12.1941
Nord	Husumer Straße 37	Clara Beschütz, 1877	dep. 1941	Riga
Nord	Husumer Straße 37	Marie Beschütz, 1882	dep. 1941	Riga
Nord	Husumer Straße 37	Olga Beschütz, 1876	dep. 1941	Riga
Nord	Husumer Straße 37	Bertha Beschütz, 1850		Hamburg, tot am 13.12.1941
Wandsb.	Im Allhorn 45/Hof Waldd. Gymn.	Herbert Pincus, 1920	dep. 1941	Minsk
Harbg.	Industriestraße 160	Siegmund Libis, 1878	dep. 1941	Minsk
Harbg.	Industriestraße 160	Frida Libis, 1878	dep. 1941	Minsk
Harbg.	Industriestraße 160	Edith Eggers, 1908	dep. 1941	Minsk
Eimsb.	Innocentiastraße 37	Martin Pincus, 1889	dep. 1941	Lodz, ermordet am 01.06.1942
Eimsb.	Innocentiastraße 37	Kaethe Pincus, 1899	dep. 1941	Lodz, ermordet am 13.08.1942
Eimsb.	Innocentiastraße 37	Friedrich Adler, 1878	dep. 1942	Auschwitz
Eimsb.	Innocentiastraße 37	Zerline Adler, 1872	dep. 1942	Theresienstadt/42 Minsk
Eimsb.	Innocentiastraße 37	Fritz Weinstein, 1869	dep. 1942	Theresienstadt
Eimsb.	Innocentiastraße 37	Gertrud Weinstein, 1884	dep. 1942	Theresienstadt
Eimsb.	Isekai 5	Paul Adler, 1915	dep.	Auschwitz
Eimsb.	Isekai 5	Hedwig Slutzki, 1894	dep. 1943	Auschwitz
Eimsb.	Isekai 18	Hertha Lindenberg, 1901	dep. 1942	Theresienstadt/44 Auschwitz
Eimsb.	Isestraße 21	Elsa Sprei, 1900	dep. 1941	Lodz
Eimsb.	Isestraße 21	Julchen Tobias, 1863	dep. 1942	Theresienstadt/42 Minsk
Eimsb.	Isestraße 21	Magda Levy, 1879	dep. 1941	Riga
Eimsb.	Isestraße 21	Julia Weber, 1865	dep. 1942	Theresienstadt/42 Minsk
Eimsb.	Isestraße 21	Recha Lübke, 1880	dep. 1942	Theresienstadt/44 Auschwitz
Eimsb.	Isestraße 23	Hedwig Augenstern, 1867	dep. 1942	Theresienstadt/42 Minsk
Eimsb.	Isestraße 23	Georg Fränkel, 1869	dep. 1942	Theresienstadt, ermordet am 08.02.1943
Eimsb.	Isestraße 23	Dr. Herbert Michaelis, 1898		tot am 14.06.1939 Gefängnis Plötzensee
Eimsb.	Isestraße 23	Erich Wilhelm Maschke, 1900	dep. 1941	Minsk
Eimsb.	Isestraße 23	Alice Maschke, 1912	dep. 1941	Minsk
Eimsb.	Isestraße 36	Agathe Blanck, 1876	dep. 1941	Lodz
Eimsb.	Isestraße 36	Anita Coutinho, 1875	dep. 1941	Lodz, ermordet am 29.04.1942
Eimsb.	Isestraße 36	Laura Heldberg, 1887	dep. 1941	Lodz
Eimsb.	Isestraße 36	Walter Heldberg, 1888	dep. 1941	Lodz
Eimsb.	Isestraße 41	Martha Golembiewski, 1900		ermordet am 25.09.1943 KZ Fühlsbüttel
Eimsb.	Isestraße 41	Dr. Nathan Nathanael Peltesohn, 1862	dep. 1942	Theresienstadt, ermordet am 07.08.1942
Eimsb.	Isestraße 43	Emil Freimuth, 1880	dep. 1941	Lodz, weiterdeportiert am 02.09.1942
Eimsb.	Isestraße 43	Renate Eva Freimuth, 1925	dep. 1941	Lodz, weiterdeportiert am 02.09.1942
Eimsb.	Isestraße 43	Bella Freimuth, 1887	dep. 1941	Lodz, weiterdeportiert am 02.09.1942
Eimsb.	Isestraße 43	Edgar Freimuth, 1922	dep.	Auschwitz
Eimsb.	Isestraße 43	Charlotte Feldstein, 1906	dep. 1941	Lodz
Eimsb.	Isestraße 43	Max Gideon Feldstein, 1928	dep. 1941	Lodz/42 Chelmno
Eimsb.	Isestraße 45	Elise Nathan, 1871	dep. 1942	Theresienstadt, tot am 30.08.1942
Eimsb.	Isestraße 53	Eva Schreiber, 1893	dep. 1941	Riga
Eimsb.	Isestraße 53	Rosa Wolff, 1878	dep. 1941	Riga
Eimsb.	Isestraße 53	Renate Pollak, 1928	dep. 1941	Riga
Eimsb.	Isestraße 53	Peter Pollak, 1929	dep. 1941	Riga
Eimsb.	Isestraße 53	Auguste Pollak, 1896	dep. 1941	Riga
Eimsb.	Isestraße 53	Hans Israel, 1922	dep. 1941	Lodz
Eimsb.	Isestraße 53	Leonie Israel, 1894	dep. 1941	Lodz
Eimsb.	Isestraße 53	Ruth Israel, 1924	dep. 1941	Lodz
Eimsb.	Isestraße 53	Alfred Israel, 1893	dep. 1941	Lodz
Eimsb.	Isestraße 53	Auguste Lichtenhayn, 1899	dep. 1941	Lodz, ermordet am 10.11.1942
Eimsb.	Isestraße 53	Edith Israel, 1928	dep. 1941	Lodz
Eimsb.	Isestraße 54	Else Rosenkranz, 1879	dep. 1941	Lodz/Chelmno
Eimsb.	Isestraße 54	Oskar Rosenkranz, 1876	dep. 1941	Lodz/Chelmno
Eimsb.	Isestraße 55	Rudolf Fürst, 1899	dep. 1941	Minsk
Eimsb.	Isestraße 55	Martha Fürstenberg, 1886	dep. 1941	Lodz
Eimsb.	Isestraße 55	Clara Levy, 1878	dep. 1941	Riga
Eimsb.	Isestraße 55	Herbert Pincus, 1920	dep. 1941	Minsk
Eimsb.	Isestraße 55	Ignatz Pincus, 1871	dep. 1941	Minsk
Eimsb.	Isestraße 55	Maria Pincus, 1884	dep. 1941	Minsk
Eimsb.	Isestraße 57	Otto Müller, 1907	dep. 1941	Minsk
Eimsb.	Isestraße 57	Marianne Müller, 1910	dep. 1941	Minsk
Eimsb.	Isestraße 57	Hertha Müller, 1909	dep. 1941	Minsk
Eimsb.	Isestraße 57	Wilhelm Müller, 1875	dep. 1941	Minsk
Eimsb.	Isestraße 57	Sophie Müller, 1882	dep. 1941	Minsk
Eimsb.	Isestraße 57	Paula Kaczar, 1888	ausg. 1938	Zbaszyn
Eimsb.	Isestraße 57	Salomon Kaczar, 1882	ausg. 1938	Zbaszyn

Eimsb.	Isestraße 58	Rosa Gowa, 1879	dep. 1941	Lodz
Eimsb.	Isestraße 58	Paula Gowa, 1877	dep. 1941	Lodz
Eimsb.	Isestraße 61	Josepha Ambor, 1875	dep. 1941	Minsk
Eimsb.	Isestraße 61	Ingrid Baer, 1922	dep. 1941	Minsk
Eimsb.	Isestraße 61	Hedi Baer, 1928	dep. 1941	Minsk
Eimsb.	Isestraße 61	Joseph Baer, 1884	dep. 1941	Minsk
Eimsb.	Isestraße 61	Else Baer, 1888	dep. 1941	Minsk
Eimsb.	Isestraße 61	Selly Gottlieb, 1886	dep. 1941	Lodz/42 Chelmno
Eimsb.	Isestraße 61	Otto Meyer, 1907	dep. 1941	Minsk
Eimsb.	Isestraße 61	Max Meyer, 1874	dep. 1941	Minsk
Eimsb.	Isestraße 61	Ella Meyer, 1879	dep. 1941	Minsk
Eimsb.	Isestraße 61	Gregor Niessengart, 1919	dep. 1941	Minsk
Eimsb.	Isestraße 61	Sophie Philip, 1885	dep. 1941	Lodz/42 Chelmno
Eimsb.	Isestraße 61	Gertrud Rosenbaum, 1898	dep. 1941	Lodz/42 Chelmno
Eimsb.	Isestraße 61	Edmund Sonn, 1919	dep. 1941	Minsk
Eimsb.	Isestraße 65	Gottfried Wolff, 1870		Freitod am 18.07.1942 Hamburg
Eimsb.	Isestraße 65	Lydia Wolff, 1878		Freitod am 18.07.1942 Hamburg
Eimsb.	Isestraße 67	Helene Felsenthal, 1883	dep. 1941	Minsk
Eimsb.	Isestraße 67	Alfred Felsenthal, 1907	dep. 1941	Lodz
Eimsb.	Isestraße 67	Herbert Cohn, 1904	dep. 1941	Minsk
Eimsb.	Isestraße 67	Käthe Cohn, 1907	dep. 1941	Minsk
Eimsb.	Isestraße 67	Amalie Salomon, 1887	dep. 1941	Riga
Eimsb.	Isestraße 67	Gertrud Horwitz, 1876	dep. 1941	Minsk
Eimsb.	Isestraße 67	Elisabeth Hoffmann, 1886	dep. 1941	Lodz, ermordet am 26.04.1944
Eimsb.	Isestraße 67	Dr. Richard Hoffmann, 1882	dep. 1941	Lodz, ermordet am 14.03.1943
Eimsb.	Isestraße 67	Hugo Horwitz, 1916	dep. 1941	Minsk
Eimsb.	Isestraße 67	Mathel Windmüller, 1908	dep. 1941	Lodz
Eimsb.	Isestraße 69	Louis Böhm, 1863	dep. 1941	Minsk
Eimsb.	Isestraße 69	Irma Chassel, 1878	dep. 1941	Lodz, ermordet am 30.06.1943
Eimsb.	Isestraße 69	Hillel Chassel, 1876	dep. 1941	Lodz, ermordet am 14.07.1943
Eimsb.	Isestraße 69	Ella Hattendorf, 1894	dep. 1941	Riga
Eimsb.	Isestraße 69	Helene Löpert, 1901	dep. 1941	Minsk
Eimsb.	Isestraße 69	Walter Löpert, 1934	dep. 1941	Minsk
Eimsb.	Isestraße 69	Elfriede Löpert, 1936	dep. 1941	Minsk
Eimsb.	Isestraße 69	Günther Satz, 1923	dep. 1941	Minsk
Eimsb.	Isestraße 69	Else Schattschneider, 1884	dep. 1941	Lodz/42 Chelmno
Eimsb.	Isestraße 69	Gertrud Holländer, 1881	dep. 1941	Minsk
Eimsb.	Isestraße 69	Frieda Holländer, 1879	dep. 1941	Minsk
Eimsb.	Isestraße 69	Johanna Adelheim, 1890	dep. 1941	Lodz/42Chelmno
Eimsb.	Isestraße 69	Erna Gottlieb, 1888	dep. 1941	Minsk
Eimsb.	Isestraße 69	Ella Marcus, 1874	dep. 1941	Lodz, weiterdeportiert am 15.09.1942
Eimsb.	Isestraße 69	Josephine Rosenbaum, 1877	dep. 1941	Riga
Eimsb.	Isestraße 79	Ernestine Hirsch, 1880	dep. 1941	Lodz
Eimsb.	Isestraße 79	Henriette Kuppermann, 1890	dep. 1941	Lodz
Eimsb.	Isestraße 79	Nelly Kuppermann, 1920	dep. 1941	Lodz
Eimsb.	Isestraße 79	Caesar Laski, 1871	dep. 1941	Lodz/42 Chelmno
Eimsb.	Isestraße 79	Ida Koppel, 1873	dep. 1941	Lodz, ermordet am 09.07.1942
Eimsb.	Isestraße 79	Henri Hirsch, 1875	dep. 1941	Lodz
Eimsb.	Isestraße 79	Ephraim Hirsch, 1883	dep. 1941	Lodz
Eimsb.	Isestraße 79	Minna Hirsch, 1909	dep. 1941	Lodz
Eimsb.	Isestraße 79	Ilse Hirsch, 1910	dep. 1941	Lodz
Eimsb.	Isestraße 79	Charlotte Hecht, 1893	dep. 1941	Lodz
Eimsb.	Isestraße 80	Alfred Beer, 1896	dep. 1941	Lodz, ermordet am 01.04.1942
Eimsb.	Isestraße 80	James Lewie, 1884	dep. 1941	Riga
Eimsb.	Isestraße 85	Max Cohn, 1891	dep. 1941	Lodz/42 Chelmno
Eimsb.	Isestraße 85	Gretchen Cohn, 1897	dep. 1941	Lodz/42 Chelmno
Eimsb.	Isestraße 85	Walter Baruch, 1882	dep. 1941	Minsk
Eimsb.	Isestraße 85	Erna Baruch, 1892	dep. 1941	Minsk
Eimsb.	Isestraße 90	Cäcilie Müller, 1919	dep. 1941	Minsk
Eimsb.	Isestraße 90	Denny Müller, 1941	dep. 1941	Minsk
Eimsb.	Isestraße 90	Ernst Josef Müller, 1906	dep. 1941	Minsk
Eimsb.	Isestraße 90	Bertha Heinemann, 1892	dep. 1941	Minsk
Eimsb.	Isestraße 90	Gustav Heinemann, 1883	dep. 1941	Minsk
Eimsb.	Isestraße 91	Ilse Oppenheim, 1924	dep. 1941	Lodz
Eimsb.	Isestraße 91	Gustav Oppenheim, 1897	dep. 1941	Lodz
Eimsb.	Isestraße 91	Dora Oppenheim, 1895	dep. 1941	Lodz
Eimsb.	Isestraße 91	Dora Rosa Lewina, 1909	dep. 1941	Lodz
Eimsb.	Isestraße 93	Lilly Margulies, 1889	dep. 1941	Lodz, ermordet am 03.02.1943

Eimsb.	Isestraße 93	Norbert Margulies, 1885	dep. 1941	Lodz
Eimsb.	Isestraße 93	Ursel Margulies, 1923	dep. 1941	Lodz
Eimsb.	Isestraße 93	Rosa Lion, 1870	dep. 1941	Lodz, ermordet 1943
Eimsb.	Isestraße 115	Edith Seidler, 1915	dep. 1941	Lodz
Eimsb.	Johnsallee 29	Marcus Galewski, 1870	dep. 1942	Theresienstadt/44 Auschwitz
Eimsb.	Johnsallee 29	Selma Galewski, 1880	dep. 1942	Theresienstadt/44 Auschwitz
Eimsb.	Johnsallee 36	Sophie Borchardt, 1861	dep. 1942	Theresienstadt, tot am 22.11.1942
Eimsb.	Johnsallee 54	Dr. Else Hirschberg, 1892	dep. 1942	Auschwitz
Eimsb.	Johnsallee 54	Margot Hirschberg, 1900	dep. 1942	Auschwitz
Eimsb.	Johnsallee 54	Margarethe Seligmann, 1920	dep. 1942	Theresienstadt/44 Auschwitz
Eimsb.	Johnsallee 63	Frederick Geußenhainer, 1912		KZ Mauthausen, ermordet im April 1945
Eimsb.	Johnsallee 63	Dr. Karl Stamm, 1867		Freitod 1941
Eimsb.	Johnsallee 68	Amalie Noafeldt, 1881	dep. 1942	Theresienstadt/44 Auschwitz, ermordet am 09.10.1944
Eimsb.	Johnsallee 68	Hans Rosenbaum, 1901	dep. 1942	Theresienstadt/44 Auschwitz, ermordet am 16.05.1944
Eimsb.	Johnsallee 68	Henriette Voss, 1883	dep. 1942	Theresienstadt/Auschwitz
Harbg.	Julius-Ludowieg-Str. 48/Kroosweg	Robert Beer, 1894	dep. 1943	Auschwitz
Harbg.	Julius-Ludowieg-Str. 48/Kroosweg	Salka Beer, 1896	dep. 1943	Auschwitz
Harbg.	Julius-Ludowieg-Str. 48/Kroosweg	Hella Beer, 1923	dep. 1943	Auschwitz
Eimsb.	Jungfrauenthal 8	Anna Messias, 1867	dep. 1942	Theresienstadt/42 Minsk
Eimsb.	Jungfrauenthal 12	Paula Meyer, 1882		Freitod am 05.12.1941
Eimsb.	Jungfrauenthal 20	Elfriede David, 1884		Selbstmord am 14.07.1942
Eimsb.	Jungfrauenthal 24	Emma Heinemann, 1883	dep. 1941	Lodz
Eimsb.	Jungfrauenthal 31	Senta Löwenthal, 1893	dep. 1941	Riga
Eimsb.	Jungfrauenthal 37	Dr. Ludwig Freudenthal, 1885	dep. 1942	Theresienstadt/44 Auschwitz
Eimsb.	Jungfrauenthal 37	Else Freudenthal, 1893	dep. 1942	Theresienstadt/44 Auschwitz
Eimsb.	Jungfrauenthal 53	Fritz Meseritz, 1876	dep. 1941	Riga
Eimsb.	Jungfrauenthal 53	Olga Meseritz, 1890	dep. 1941	Riga
Altona	Kahlkamp 1a	Josef Feiner, 1863		Freitod am 11.03.1938 Hamburg
Harbg.	Kapellenweg 15	August Quest, 1886		Bützow-Dreibergen, ermordet am 28.04.1945
Harbg.	Kapellenweg 15	Emma Quest, 1881		Zuchthaus, Lager „Langer Morgen", tot 1957
Mitte	Karolinenstraße 5a	Erich Joseph Littmann, 1925	dep. 1941	Riga, ermordet am 21.02.1945 KZ Natzweiler
Mitte	Karolinenstraße 5a	Edith Gerechter, 1893	dep. 1941	Minsk
Mitte	Karolinenstraße 5a	Hugo Gerechter, 1891	dep. 1941	Minsk
Eimsb.	Kielortallee 13	Dr. Joseph Norden, 1870	dep. 1942	Theresienstadt, ermordet am 07.02.1943
Eimsb.	Kielortallee 22	Helene Horwitz, 1867	dep. 1942	Theresienstadt, ermordet am 01.04.1943
Eimsb.	Kielortallee 24	Dina Adloff, 1878	dep. 1941	Minsk
Eimsb.	Kielortallee 24	Peter Glück, 1925	dep. 1942	Theresienstadt/44 Auschwitz
Eimsb.	Kippingstraße 25	Bruno Wassertrüdinger, 1877	dep. 1941	Minsk
Mitte	Kl. Johannisstraße 9	Reinhold Laski, 1887	dep. 1940	Tötungsanstalt Brandenburg, ermordet am 23.09.1940
Eimsb.	Kleiner Schäferkamp 32	Fanny Meiberg, 1872	dep. 1942	Theresienstadt, ermordet am 16.10.1943
Eimsb.	Kleiner Schäferkamp 32	Frieda Meiberg, 1903	dep. 1942	Theresienstadt/44 Auschwitz
Eimsb.	Kleiner Schäferkamp 32	Julius Meiberg, 1897	dep. 1942	Theresienstadt/44 Auschwitz
Eimsb.	Kleiner Schäferkamp 32	Manfred Meiberg, 1934	dep. 1942	Theresienstadt/44 Auschwitz
Eimsb.	Kleiner Schäferkamp 32	Ruth Meiberg, 1932	dep. 1942	Theresienstadt/44 Auschwitz
Altona	Klopstockstraße 23	Betty Levi, 1882	dep. 1942	Auschwitz
Eimsb.	Klosterallee 102	Helene Kohn, 1888	dep. 1941	Riga
Harbg.	Konsul-Renck-Straße 1	Hirsch Goldberg, 1878	ausg. 1938	Zbaszyn
Harbg.	Konsul-Renck-Straße 1	Erna Goldberg, 1909	ausg. 1938	Zbaszyn
Harbg.	Konsul-Renck-Straße 1	Elisabeth Goldberg, 1882	ausg. 1938	Zbaszyn
Harbg.	Konsul-Renck-Straße 1	Chana (Anna) Goldberg, 1890	ausg.	Zbaszyn
Altona	Kösterbergstraße 42	Selma Berend, 1884	dep. 1941	Minsk
Mitte	Kreuzweg 14	Lucy Schilling, 1883	dep. 1941	Lodz
Nord	Krochmannstraße 72	Fanny Schickler, 1913	dep. 1943	Auschwitz
Harbg.	Küchgarten 8	Charlotte Danziger, 1877	dep. 1941	Lodz, ermordet am 25.01.1942
Harbg.	Kunertweg/Ernastraße	Martin Furmanek, 1877		hingerichtet am 06.03.1944 Zucht. Brandenb.
Nord	Kurzer Kamp 6 / Altenheim	ein Stein für alle unter dieser Adresse:	HIER LEBTEN	
Nord	Kurzer Kamp 6	Elsa Salomon, 1877	dep. 1941	Minsk
Nord	Kurzer Kamp 6	Benny Salomon, 1875	dep. 1941	Minsk
Nord	Kurzer Kamp 6	Sara Bromberger, 1885	dep. 1941	Riga
Nord	Kurzer Kamp 6	Franziska Koopmann, 1888	dep. 1941	Riga
Nord	Kurzer Kamp 6	Jenny Koopmann, 1860	dep. 1942	Theresienstadt/Minsk
Nord	Kurzer Kamp 6	Helene Adele Meyer, 1878	dep. 1941	Riga
Nord	Kurzer Kamp 6	Ida Meyer, 1869	dep. 1941	Riga
Nord	Kurzer Kamp 6	Käthe Heckscher, 1895		Freitod am 07.12.1941
Nord	Kurzer Kamp 6	Sophie Stiefel, 1890	dep. 1942	Auschwitz
Nord	Kurzer Kamp 6	Louis Stiefel, 1874	dep. 1942	Auschwitz
Nord	Kurzer Kamp 6	Mary Halberstadt, 1862	dep. 1942	Theresienstadt, tot am 30.04.1944
Nord	Kurzer Kamp 6	Clara Horneburg, 1871	dep. 1942	Theresienstadt, tot am 26.10.1942

Nord	Kurzer Kamp 6	Louise Strelitz, 1872	dep. 1942	Theresienstadt, tot am 20.12.1942
Nord	Kurzer Kamp 6	Balbine Meyer, 1871	dep. 1942	Theresienstadt/Minsk
Nord	Kurzer Kamp 6	Dr. Julius Adam, 1862	dep. 1942	Theresienstadt, tot am 28.10.1942
Nord	Kurzer Kamp 6	Johanna Hinda Appel, 1867	dep. 1942	Theresienstadt/Minsk
Nord	Kurzer Kamp 6	Friederike Davidsohn, 1891	dep. 1942	Theresienstadt/43 Auschwitz
Nord	Kurzer Kamp 6	Margarethe Davidsohn, 1867	dep. 1942	Theresienstadt, tot am 06.08.1942
Nord	Kurzer Kamp 6	Katharina Falk, 1862	dep. 1942	Theresienstadt, tot am 23.01.1943
Nord	Kurzer Kamp 6	Jenny Friedemann, 1868	dep. 1942	Theresienstadt
Nord	Kurzer Kamp 6	Auguste Friedburg, 1879	dep. 1942	Theresienstadt, tot am 20.03.1943
Nord	Kurzer Kamp 6	Betty Hirsch, 1876	dep. 1942	Theresienstadt, tot am 25.09.1942
Nord	Kurzer Kamp 6	Hanna Hirsch, 1863	dep. 1942	Theresienstadt, tot am 09.04.1943
Nord	Kurzer Kamp 6	Regina Hirschfeld, 1867	dep. 1942	Theresienstadt, tot am 29.07.1942
Nord	Kurzer Kamp 6	Emma Israel, 1873	dep. 1942	Theresienstadt, tot am 17.12.1942
Nord	Kurzer Kamp 6	Martha Kurzynski, 1870	dep. 1942	Theresienstadt, tot am 15.05.1943
Nord	Kurzer Kamp 6	Laura Levy, 1873	dep. 1942	Theresienstadt/Minsk
Nord	Kurzer Kamp 6	Chaile Charlotte Lippstadt, 1873	dep. 1942	Theresienstadt/Minsk
Nord	Kurzer Kamp 6	Isidor Mendelsohn, 1869	dep. 1942	Theresienstadt/Minsk
Nord	Kurzer Kamp 6	Celine Reincke, 1875	dep. 1942	Theresienstadt/Auschwitz, ermordet 1944
Nord	Kurzer Kamp 6	Ella Rosa Nauen, 1870	dep. 1942	Theresienstadt, tot am 09.10.1942
Nord	Kurzer Kamp 6	Friederike Rothenburg, 1869	dep. 1942	Theresienstadt, tot am 18.11.1942
Nord	Kurzer Kamp 6	Martha Rosa Schlesinger, 1873	dep. 1942	Theresienstadt/Minsk
Nord	Kurzer Kamp 6	Eugenie Hanna Zimmermann, 1873	dep. 1942	Theresienstadt, tot am 16.04.1945
Mitte	Kurze Straße 31	William Robert Dabelstein, 1898		tot am 30.01.1943 Misshandlung
Mitte	Lange Reihe 58	Hanna Meyberg, 1907	dep. 1941	Riga
Mitte	Lange Reihe 58	Erna Fratje Michelsohn, 1882	dep. 1943	Auschwitz
Mitte	Lange Reihe 58	Oscar Ludwig Michelsohn, 1904	dep. 1943	Auschwitz
Mitte	Lange Reihe 84	Sophie Goldstein, 1875		Freitod am 04.12.1941
Mitte	Lange Reihe 93	Adolph Mannheimer, 1878	dep. 1941	Minsk
Mitte	Lange Reihe 108	Isidor Rothfels, 1896	dep. 1941	Minsk
Mitte	Lange Reihe 111	Ruth Körbchen, 1887	dep. 1941	Lodz, weiterdeportiert 1942
Mitte	Lange Reihe 111	Johanna Pinkus, 1887	dep. 1941	Minsk
Mitte	Lange Reihe 111	Günther Pinkus, 1918	dep. 1941	Minsk
Nord	Laufgraben 37	Vera Cohn, 1928	dep. 1941	Minsk
Nord	Laufgraben 37	Gerd Cohn, 1926	dep. 1941	Minsk/KZ Flossenbürg
Nord	Laufgraben 39	Günter Max Meier, 1937	dep. 1941	Lodz
Nord	Laufgraben 39	Hedwig Meier, 1908	dep. 1941	Lodz
Nord	Laufgraben 39	Manfred Meier, 1909	dep. 1941	Lodz
Eimsb.	Lehmweg 6–8	Karl Zietlow, 1901	dep. 1940	KZ Neuengamme
Eimsb.	Lehmweg 9	Helene Löwenthal, 1864	dep. 1942	Theresienstadt, ermordet am 30.12.1942
Eimsb.	Lehmweg 57	Wilhelmine Rosenbaum, 1876	dep. 1941	Minsk
Eimsb.	Lenhartzstraße 3	Elise Wilda, 1859	dep. 1942	Theresienstadt, ermordet am 13.02.1943
Eimsb.	Lenhartzstraße 3	Emma Wilda, 1872	dep. 1942	Theresienstadt, ermordet am 13.02.1943
Eimsb.	Lenhartzstraße 3	Ernst Wilda, 1863	dep. 1942	Theresienstadt, ermordet am 06.08.1942
Eimsb.	Lenhartzstraße 3	Therese Wilda, 1870	dep. 1942	Theresienstadt, ermordet am 27.01.1943
Eimsb.	Lenhartzstraße 7	Dr. Bernhard Aronsohn, 1874	dep. 1942	Auschwitz
Eimsb.	Lenhartzstraße 7	Ida Aronsohn, 1888	dep. 1942	Auschwitz
Nord	Lerchenfeld 10	Dr. Dorothea Bernstein, 1893	dep. 1941	Lodz, weiterdeportiert 1942
Mitte	Lohmühlenstraße 74	Anton Wohinz, 1910		ermordet am 16.02.1943 Gefängnis Fuhlsbüttel
Harbg.	Lönsstraße 35	Herbert Bittcher, 1908		Brandenburg, hingerichtet am 22.04.1944
Nord	Loogestieg 3	Martha Frankenstein, 1874	dep. 1941	Lodz
Nord	Loogestieg 3	Gertrud Katz, 1884	dep. 1941	Lodz
Nord	Loogestieg 3	Hermann Katz, 1881	dep. 1941	Lodz
Nord	Loogestieg 3	Hildegard Katz, 1917	dep. 1941	Lodz
Nord	Loogestieg 4	Elli Adele Hymans, 1905	dep. 1941	Minsk
Nord	Loogestieg 4	Leonhardt Hymans, 1898	dep. 1941	Minsk
Nord	Loogestieg 10	Paul Michael Mendel, 1873	dep. 1942	Theresienstadt, ermordet am 21.11.1942
Nord	Loogestieg 10	Anna Mendel, 1876	dep. 1942	Theresienstadt, ermordet am 04.01.1944
Nord	Loogestieg 10	Edwin Horowitz, 1881		Selbstmord am 14.09.1939
Nord	Loogestieg 12	Alice Vorwahlner-Reichwaldt, 1888	dep. 1942	Theresienstadt, ermordet am 15.08.1943
Nord	Loogestieg 17	Rosa Kahn, 1903	dep. 1941	Lodz
Nord	Loogestieg 17	Fritz Kahn, 1893	dep. 1941	Lodz, ermordet am 16.11.1942
Nord	Loogestieg 17	Gertrud Breslauer, 1890	dep. 1941	Riga
Eimsb.	Löwenstraße 30	John Josephi, 1879	dep. 1941	Minsk
Eimsb.	Löwenstraße 30	Selma Josephi, 1889	dep. 1941	Minsk
Wandsb.	Lübecker Straße 41	Edith Lola Töpke, 1891	dep. 1941	Riga
Harbg.	Lüneburger Straße 21	Max Pommerantz, 1888		13.10.1941 Zasavica
Harbg.	Lüneburger Straße 21	Elisabeth Henriette Pommerantz, 1893		13.10.1941 Zasavica
Harbg.	Lüneburger Straße 21	Jost Pommerantz, 1928	dep.	Jugoslawien

Harbg.	Lüneburger Straße 28	Ferdinand Strompf, 1878	dep. 1943	Theresienstadt, ermordet am 02.06.1944
Harbg.	Lüneburger Straße 28	Hedwig Strompf, 1890	dep. 1943	Theresienstadt/44 Auschwitz
Eimsb.	Magdalenenstraße 28	Leopold Sussmann, 1876	dep. 1941	Riga
Eimsb.	Magdalenenstraße 28	Selma Sussmann, 1889	dep. 1941	Riga
Harbg.	Mannesallee 20	Hermine Baron, 1866	dep. 1942	Theresienstadt, ermordet am 22.01.1943
Harbg.	Mannesallee 20	Hans Konrad Leipelt, 1921		München-Stadelheim, hingerichtet am 29.01.1945
Harbg.	Mannesallee 20	Dr. Katharina Leipelt, 1892		KZ Fuhlsbüttel, tot am 09.12.1943
Harbg.	Mannesallee 34	Israel Bartfeld, 1870	dep. 1941	Riga
Harbg.	Mannesallee 34	Sara Bartfeld, 1902	dep. 1941	Riga
Eimsb.	Mansteinstraße 15	Sally Hockenheimer, 1881	dep. 1944	Theresienstadt/Auschwitz
Eimsb.	Mansteinstraße 49	Hans Weinberg, 1918	dep. 1941	Minsk
Eimsb.	Mansteinstraße 49	Jetta Weinberg, 1880	dep. 1942	Auschwitz
Nord	Maria-Louisen-Str. 2	Clara Nordheim, 1891		Freitod am 19.08.1938
Nord	Maria-Louisen-Str. 2	Moritz Nordheim, 1873		Freitod am 18.08.1938
Altona	Max-Brauer-Allee 89	Karl Wolff, 1911		Gefängnishof, hingerichtet am 01.08.1933
Altona	Max-Brauer-Allee 89	August Lütgens, 1897		Gefängnishof, hingerichtet am 01.08.1933
Altona	Max-Brauer-Allee 89	Walter Möller, 1905		Gefängnishof, hingerichtet am 01.08.1933
Altona	Max-Brauer-Allee 89	Bruno Tesch, 1913		Gefängnishof, hingerichtet am 01.08.1933
Wandsb.	Mellenbergweg 55	Dr. Max Fraenkel, 1882		Freitod am 21.03.1938
Eimsb.	Methfesselstraße 13	Hertha Parnass, 1906	dep.	Treblinka, ermordet 1942
Eimsb.	Methfesselstraße 13	Simon Parnass, 1878	dep.	Treblinka, ermordet 1942
Eimsb.	Mittelweg 15	Ludwig Wolff, 1883		KZ Fuhlsbüttel, ermordet am 26.10.1939
Eimsb.	Mittelweg 16	Arnold Cohn, 1884	dep. 1941	Minsk
Eimsb.	Mittelweg 16	Rosa Cohn, 1885	dep. 1941	Minsk
Eimsb.	Mittelweg 16	Hildegard Kaufmann, 1891	dep. 1941	Lodz, ermordet am 10.03.1943
Eimsb.	Mittelweg 29	Lilly Haas, 1907	dep. 1941	Lodz/42 Chelmno
Eimsb.	Mittelweg 29	Manfred Haas, 1930	dep. 1941	Lodz/42 Chelmno
Eimsb.	Mittelweg 29	Max Haas, 1895	dep. 1941	Lodz/42 Chelmno
Eimsb.	Mittelweg 31	Hermann Oppenheim, 1895	dep. 1941	Lodz/42 Chelmno
Eimsb.	Mittelweg 31	Helene Oppenheim, 1889	dep. 1941	Lodz/42 Chelmno
Eimsb.	Mittelweg 58	Felix Matthies, 1882	dep. 1943	Theresienstadt/Auschwitz
Eimsb.	Mittelweg 89	Dr. Max Eichholz, 1881	dep. 1942	Auschwitz, ermordet am 12.01.1943
Eimsb.	Mittelweg 118	Frieda von der Porten, 1885		1940 Lager Perpignan
Eimsb.	Mittelweg 118	Dr. Ernst von der Porten, 1884		1940 Lager Perpignan
Eimsb.	Mittelweg 162	Margarethe Hermann, 1892	dep. 1942	Theresienstadt, ermordet am 17.10.1942
Harbg.	Moorstraße 7	Moritz Walzer, 1883	dep. 1942	Lager Mecheln nach Auschwitz
Harbg.	Moorstraße 7	Henny Walzer, 1899	dep. 1941	Lodz/42 Chelmno
Harbg.	Moorstraße 7	Norbert Walzer, 1926	dep. 1941	Lodz/42 Chelmno
Harbg.	Moorstraße 7	Ludwig Walzer, 1927	dep. 1941	Lodz
Eimsb.	Moorweidenstraße 9	Georg Schumm, 1873	dep. 1942	Theresienstadt, ermordet am 01.10.1942
Eimsb.	Moorweidenstraße 9	Hedwig Schumm, 1877	dep. 1942	Theresienstadt, ermordet am 24.02.1943
Eimsb.	Moorweidenstraße 14	Bella Hutner, 1914	ausg. 1938	Zbaszyn
Eimsb.	Moorweidenstraße 15	Hermann Reis, 1872	dep. 1942	Theresienstadt, ermordet am 16.02.1943
Eimsb.	Moorweidenstraße 15	Stefanie Reis, 1879	dep. 1942	Theresienstadt, ermordet am 06.02.1943
Eimsb.	Mundsburger Damm 1	Gerd Hermann Schwab, 1929	dep. 1941	Riga
Eimsb.	Mundsburger Damm 1	Herma Schwab, 1927	dep. 1941	Riga
Eimsb.	Mundsburger Damm 1	Camilla Gembicki, 1878	dep. 1941	Riga
Eimsb.	Mundsburger Damm 1	Toni Kemlinski, 1876	dep. 1941	Riga
Mitte	Neuer Pferdemarkt 17	Bernhard Bender, 1876	dep. 1941	Lodz, weiterdeportiert 1942
Mitte	Neuer Pferdemarkt 17	Flora Bender, 1880	dep. 1941	Lodz, weiterdeportiert 1942
Altona	Neumühlen 40	Gretchen Susmann, 1885	dep. 1941	Riga, tot in Dünamünde
Harbg.	Niemannstraße 5–6	Suleika Klein, 1926	dep. 1943	Auschwitz
Harbg.	Niemannstraße 5–6	Georg Pempe, 1907	dep. 1943	Auschwitz, ermordet in Bergen-Belsen
Eimsb.	Oberstraße 14	Fritz Harald Tachau, 1904	dep. 1942	Auschwitz, ermord. 30.01.1943 Zuchth. Hamburg
Eimsb.	Oderfelder Straße 13	Dr. Olga Herschel, 1885		Freitod am 17.11.1938 in Hamburg
Eimsb.	Oderfelder Straße 17	Jenny Rosenmeyer, 1868	dep. 1942	Theresienstadt, ermordet am 24.11.1942
Eimsb.	Oderfelder Straße 21	Edgar Heinrich Heymann-Emden, 1894	dep. 1941	Minsk
Eimsb.	Oderfelder Straße 21	Dr. Felix Julian Löwenthal, 1899	dep. 1941	Lodz, ermordet am 18.07.1942
Eimsb.	Oderfelder Straße 40	Paula Berkitz, 1879	dep. 1941	Minsk
Altona	Osdorfer Weg 68	Dr. Max Meyer, 1890		1935–41 Haft, tot am 18.06.1958 an Haftfolgen
Eimsb.	Osterstraße 111	Gertrud Taeger, 1916	dep. 1941	Minsk
Eimsb.	Osterstraße 111	John Taeger, 1939	dep. 1941	Minsk
Eimsb.	Osterstraße 111	Rudi Taeger, 1915	dep. 1941	Minsk
Eimsb.	Osterstraße 162	Jonny Eduard Dabelstein, 1900		1934–39 Zuchthaus, tot am 26.06.1941 in Bremen
Eimsb.	Ottersbekallee 19	Isaac Eichengrün, 1879	dep. 1941	Lodz/42 Auschwitz
Eimsb.	Ottersbekallee 19	Julie Eichengrün, 1880	dep. 1941	Lodz/42 Auschwitz
Altona	Övelgönner Str. 25	Ruth Drucker, 1919	dep. 1941	Minsk

Altona	Palmaille 25	Walter Lichtheim, 1919	dep. 1941	Lodz/42 Chelmno
Altona	Palmaille 25	Margarette Lichtheim, 1881	dep. 1941	Lodz/42 Chelmno
Altona	Palmaille 25	Gertrud Monasch, 1878	dep. 1941	Lodz
Altona	Panzerstraße 14	Jacob Lurie, 1864		Freitod am 31.12.1938 Hamburg
Nord	Papenhuderstraße 53	Gabriele Burchard, 1923	dep. 1941	Minsk
Nord	Papenhuderstraße 53	Marianne Burchard, 1928	dep. 1941	Minsk
Nord	Papenhuderstraße 53	Olga Burchard, 1894	dep. 1941	Minsk
Nord	Papenhuderstraße 53	Valentin Burchard, 1891	dep. 1941	Minsk
Eimsb.	Parkallee 2	Herta Fabian, 1895	dep. 1941	Riga
Eimsb.	Parkallee 84	Elisabeth Gorden, 1879	dep. 1941	Lodz
Eimsb.	Parkallee 84	Herbert Otto Gorden, 1902	dep. 1941	Lodz, ermordet am 09.03.1942
Altona	Parkstraße 9	Antonie Thiele-Schmal, 1857	dep. 1943	Theresienstadt
Mitte	Paulinenstraße 17	Hans Hornburger, 1907		KZ Neuengamme, ermordet am 14.02.1944
Mitte	Paulstraße 3	Emma Müller, 1878	dep. 1941	Minsk
Berged.	Pfingstberg 6	Dr. Walter Rudolphi, 1880	dep. 1942	Theresienstadt/44 Auschwitz
Harbg.	Phoenix AG/Tor 4/Wilstorfer Str.	Herbert Bittcher, 1908		Brandenburg, hingerichtet am 22.04.1944
Harbg.	Phoenix AG/Tor 4/Wilstorfer Str.	Karl Kock, 1908		Hamburg, hingerichtet am 26.06.1944
Harbg.	Phoenix AG/Tor 4/Wilstorfer Str.	Willi Milke, 1896		Berlin, Freitod am 12.01.1944 nach Todesurteil
Eimsb.	Rappstraße 2	Wally Erle, 1907	dep. 1941	Minsk
Eimsb.	Rappstraße 2	Rosa Hurlin, 1886	dep. 1941	Minsk
Eimsb.	Rappstraße 2	Naphtali Jacobson, 1896	dep. 1942	aus NL nach Auschwitz
Eimsb.	Rappstraße 2	Bertha Jacobson, 1897	dep. 1944	aus NL nach Stutthof, ermordet am 07.12.1944
Eimsb.	Rappstraße 2	Sara Jacobson, 1922	dep. 1942	Auschwitz
Eimsb.	Rappstraße 2	Dina Jacobson, 1923	dep. 1942	aus NL nach Auschwitz
Eimsb.	Rappstraße 2	Ernst Jacobson, 1926	dep. 1942	aus NL nach Auschwitz
Eimsb.	Rappstraße 2	Bernhard Jacobson, 1929	dep. 1942	aus NL nach Auschwitz
Eimsb.	Rappstraße 2	Henry Nossen, 1892	dep. 1941	Lodz/44 Mauthausen
Eimsb.	Rappstraße 2	Roka Talan, 1896	dep. 1941	Lodz/42 Chelmno
Eimsb.	Rappstraße 2	Schewa Talan, 1895	dep. 1941	Lodz
Eimsb.	Rappstraße 3	Benjamin Marchbein, 1864	dep. 1943	Theresienstadt
Eimsb.	Rappstraße 3	Elsa Marchbein, 1909	dep. 1943	Theresienstadt/43 Auschwitz
Eimsb.	Rappstraße 3	Ignatz Marchbein, 1880	dep. 1943	Theresienstadt/43 Auschwitz
Eimsb.	Rappstraße 3	Sabine Marchbein, 1882	dep. 1943	Theresienstadt
Eimsb.	Rappstraße 3	Mirla Monheit, 1926	dep. 1941	Lodz
Eimsb.	Rappstraße 3	Pinkas Monheit, 1900	dep. 1941	Lodz
Eimsb.	Rappstraße 3	Sara Monheit, 1899	dep. 1941	Lodz
Eimsb.	Rappstraße 6	Therese Goldschmidt, 1891	dep. 1941	Lodz
Eimsb.	Rappstraße 6	David Hermannsen, 1920	dep. 1941	Lodz
Eimsb.	Rappstraße 6	Henny Josias, 1890	dep. 1941	Riga
Eimsb.	Rappstraße 6	Adolf Mandelik, 1877	dep. 1941	Lodz
Eimsb.	Rappstraße 6	Margarete Mandelik, 1876	dep. 1941	Lodz
Eimsb.	Rappstraße 6	Bela Neumann, 1939	dep. 1941	Lodz
Eimsb.	Rappstraße 6	Fanny Neumann, 1897	dep. 1941	Lodz
Eimsb.	Rappstraße 6	Mirjam Neumann, 1923	dep. 1941	Lodz
Eimsb.	Rappstraße 13	Karl Posner, 1904	dep. 1941	Minsk
Eimsb.	Rappstraße 13	Irmgard Posner, 1904	dep. 1941	Minsk
Eimsb.	Rappstraße 13	Heimann Horwitz, 1867	dep. 1944	Theresienstadt, ermordet am 25.12.1944
Eimsb.	Rappstraße 13	Ruth Bieber, 1931	dep. 1941	Minsk
Eimsb.	Rappstraße 13	Hanna Offenburg, 1884	dep. 1942	Theresienstadt/44 Auschwitz
Eimsb.	Rappstraße 13	Nathan Hirsch Offenburg, 1866	dep. 1942	Theresienstadt, ermordet am 11.05.1943
Eimsb.	Rappstraße 15	Minna Behrens, 1901	dep. 1941	Minsk
Eimsb.	Rappstraße 15	Ruth Bella Behrens, 1932	dep. 1941	Minsk
Eimsb.	Rappstraße 15	Siegfried Behrens, 1898	dep. 1941	Minsk
Eimsb.	Rappstraße 15	Wolff William Hagenow, 1871	dep. 1944	Theresienstadt
Eimsb.	Rappstraße 16	Julius Bähr, 1874	dep. 1941	Riga
Eimsb.	Rappstraße 16	Max Fleischhauer, 1878		Selbstmord am 07.11.1941
Eimsb.	Rappstraße 16	Alfred Funke, 1900	dep. 1941	Minsk
Eimsb.	Rappstraße 16	Johanna Funke, 1904	dep. 1941	Minsk
Eimsb.	Rappstraße 16	Ottilie Robertsohn, 1871		Selbstmord am 22.07.1942
Eimsb.	Rappstraße 16	Esther Levy, 1930	dep. 1941	Minsk
Eimsb.	Rappstraße 16	Frieda Levy, 1897	dep. 1941	Minsk
Eimsb.	Rappstraße 18	Hertha Frank, 1890	dep. 1941	Lodz
Eimsb.	Rappstraße 18	Ida Hemmerdinger, 1872	dep. 1941	Riga
Eimsb.	Rappstraße 18	Adele Katz, 1883	dep. 1941	Minsk
Eimsb.	Rappstraße 18	Adolf Katz, 1889	dep. 1941	Minsk
Eimsb.	Rappstraße 18	Manfred Katz, 1921	dep. 1941	Minsk
Eimsb.	Rappstraße 18	Mathilde Katz, 1924	dep. 1941	Minsk
Eimsb.	Rappstraße 18	Henriette Rychter, 1886	dep. 1941	Lodz

Eimsb.	Rappstraße 20	Bertha Cohn, 1875	dep. 1941	Minsk
Eimsb.	Rappstraße 20	Herbert Kunert, 1907	dep. 1941	Minsk
Eimsb.	Rappstraße 20	Ilse Kunert, 1913	dep. 1941	Minsk
Eimsb.	Rappstraße 22	Jettchen Israel, 1884	dep. 1941	Riga
Eimsb.	Rappstraße 22	Dr. Salomon Klein, 1898	dep. 1941	Lodz, ermordet am 07.04.1942
Eimsb.	Rappstraße 22	Jenny Klein, 1890	dep. 1941	Lodz/42 Chelmno
Eimsb.	Rappstraße 22	Max London, 1885	dep. 1944	Theresienstadt/Auschwitz
Eimsb.	Rappstraße 22	Philippine Rehfeldt, 1908	dep. 1941	Lodz
Eimsb.	Rappstraße 22	Josef Stein, 1868	dep. 1944	Theresienstadt
Eimsb.	Rappstraße 24	Blüme Behrens, 1882	dep. 1941	Lodz
Eimsb.	Rappstraße 24	Lilly Vogel, 1900	dep. 1941	Riga
Eimsb.	Rappstraße 24	Martha Vogel, 1864	dep. 1941	Riga
Mitte	Rathausplatz	Max Mendel, 1872	dep. 1942	Theresienstadt, tot am 10.08.1942
Mitte	Revaler Straße/Stiftstr.	Esther Eulenstein, 1879	dep. 1941	Lodz
Altona	Richard-Dehmel-Straße 1	Irene Hess, 1873	dep. 1942	Theresienstadt, ermordet am 15.04.1943
Altona	Richard-Dehmel-Straße 1	Ida Dehmel, 1870		Freitod am 29.09.1942 Hamburg
Altona	Richard-Dehmel-Straße 1	Peter Hess, 1908	dep. 1942	Theresienstadt/Auschwitz
Altona	Rissener Landstraße 24	Dr. Ernst Moritz Rappolt, 1868		Freitod am 09.04.1942 Hamburg
Nord	Rondeel 41	Clara Feldberg, 1870		Freitod am 25.10.1941 Hamburg
Eimsb.	Roonstraße 11	Josef Lipschütz, 1889		ermordet am 09.04.1939 KZ Fuhlsbüttel
Berged.	Rothenhauschaussee 217	Ferdinand Buhk, 1909		tot nach Folter
Eimsb.	Rothenbaumchaussee 10	Dr. Ernst Levy, 1885	dep.	Theresienstadt
Eimsb.	Rothenbaumchaussee 31	Erwin Horschitz, 1878	dep. 1943	Theresienstadt, ermordet am 31.03.1943
Eimsb.	Rothenbaumchaussee 31	Jenny Landjung, 1875		Selbstmord am 02.12.1941 Hamburg
Eimsb.	Rothenbaumchaussee 31	Hertha Wohl, 1899	dep. 1941	Lodz
Eimsb.	Rothenbaumchaussee 31	Erich Wohl, 1893	dep. 1941	Lodz, ermordet am 09.08.1942
Eimsb.	Rothenbaumchaussee 31	Helene Lurie,1883	dep. 1941	Lodz, ermordet am 31.07.1942
Eimsb.	Rothenbaumchaussee 31	Edgar Horschitz, 1887	dep. 1941	Riga
Eimsb.	Rothenbaumchaussee 73	Agnes Offenstadt, 1881	dep. 1942	Theresienstadt, ermordet am 04.01.1943
Eimsb.	Rothenbaumchaussee 73	Bernhard Weinberg, 1872	dep. 1942	Theresienstadt, ermordet am 18.01.1943
Eimsb.	Rothenbaumchaussee 73	Henriette Weinheim, 1861	dep. 1942	Theresienstadt/42 Minsk
Eimsb.	Rothenbaumchaussee 73	Helene Weinheim, 1873	dep. 1942	Theresienstadt/42 Minsk
Eimsb.	Rothenbaumchaussee 73	Meta Vorreuter, 1875	dep. 1941	Riga
Eimsb.	Rothenbaumchaussee 73	Hasja Arolowitsch, 1898	dep. 1941	Riga
Eimsb.	Rothenbaumchaussee 83	Alegra Benezra, 1893	dep. 1941	Riga
Eimsb.	Rothenbaumchaussee 83	Ida Blitz, 1884	dep. 1941	Minsk
Eimsb.	Rothenbaumchaussee 83	Ilma Hedwig Scheier, 1934	dep. 1941	Minsk
Eimsb.	Rothenbaumchaussee 83	Käthe Scheier, 1903	dep. 1941	Minsk
Eimsb.	Rothenbaumchaussee 83	Hans Scheier, 1903	dep. 1941	Minsk
Eimsb.	Rothenbaumchaussee 91	Klara Grünewald, 1883	dep. 1943	Theresienstadt/44 Auschwitz
Eimsb.	Rothenbaumchaussee 91	Edith Meyer, 1906	dep. 1943	Theresienstadt/44 Auschwitz/44 KZ Stutthof
Eimsb.	Rothenbaumchaussee 207	Anna Hess, 1855	dep. 1943	Theresienstadt
Eimsb.	Rothenbaumchaussee 217	Julius Wohl, 1876	dep. 1941	Riga
Eimsb.	Rothenbaumchaussee 217	Albertine Vyth, 1878	dep. 1941	Riga
Eimsb.	Rothenbaumchaussee 217	Mary Sternberg, 1862	dep. 1942	Theresienstadt, ermordet am 21.08.1942
Eimsb.	Rothenbaumchaussee 239	Max Joshua, 1895	dep. 1944	Bergen-Belsen, verhungert am 16.01.1945
Nord	Rübenkamp 78	Franz Klein, 1892	dep. 1943	Theresienstadt/Auschwitz
Eimsb.	Rutschbahn 5	Albert Rosenstein, 1882	dep. 1942	Auschwitz
Eimsb.	Rutschbahn 7	Albert Kaufmann, 1894	dep. 1941	Minsk
Eimsb.	Rutschbahn 7	Herta Kaufmann, 1905	dep. 1941	Minsk
Eimsb.	Rutschbahn 8	Amalie Gerechter, 1871	dep. 1941	Riga
Eimsb.	Rutschbahn 8	Bernhard Gerechter, 1897	dep. 1941	Riga
Eimsb.	Rutschbahn 11	Ludwig Jacobsen, 1900	dep. 1941	Minsk
Eimsb.	Rutschbahn 11	Manuel Staub, 1868	dep. 1943	Theresienstadt, ermordet am 12.05.1943
Eimsb.	Rutschbahn 11	Augusta Szpigiel, 1907	dep. 1941	Lodz
Eimsb.	Rutschbahn 15	Heinz Heymann, 1907	dep. 1941	Lodz
Eimsb.	Rutschbahn 15	Hermann Silbiger, 1908	dep. 1941	Minsk
Eimsb.	Rutschbahn 15	Elisabeth Silbiger, 1913	dep. 1941	Minsk
Eimsb.	Rutschbahn 15	Jacob Blankenstein, 1884	dep. 1941	Minsk
Eimsb.	Rutschbahn 15	Sophie Blankenstein, 1890	dep. 1941	Minsk
Eimsb.	Rutschbahn 25	Elise Heudenfeld, 1861	dep. 1943	Theresienstadt, ermordet am 20.03.1943
Eimsb.	Rutschbahn 25	Ludwig Berghoff, 1908	dep. 1941	Minsk
Eimsb.	Rutschbahn 25	Lieselotte Berghoff, 1912	dep. 1941	Minsk
Eimsb.	Rutschbahn 25	Irma Blumenthal, 1887	dep. 1941	Minsk
Eimsb.	Rutschbahn 25	Isidor Blumenthal, 1885	dep. 1941	Minsk
Eimsb.	Rutschbahn 25	Rebekka Rosenstein, 1901	dep. 1941	Minsk
Eimsb.	Rutschbahn 25	James Rosenstein, 1901	dep. 1941	Minsk
Eimsb.	Rutschbahn 25	Ester Schlesinger, 1928	dep. 1941	Minsk

Eimsb.	Rutschbahn 25a	Pauline Bachrach, 1917	dep. 1944	Auschwitz/Bergen Belsen, ermordet am 09.10.1944
Eimsb.	Rutschbahn 25a	Heinz Wittkowsky, 1930	dep.	Auschwitz, ermordet am 24.02.1943
Eimsb.	Rutschbahn 25a	Max Schack, 1871	dep. 1942	Theresienstadt/42 Minsk
Eimsb.	Rutschbahn 25a	Johanna Schack, 1873	dep. 1942	Theresienstadt/42 Minsk
Eimsb.	Rutschbahn 25a	Leopold Belzinger, 1866	dep. 1942	Theresienstadt, ermordet am 10.03.1944
Eimsb.	Rutschbahn 25a	Minna Belzinger, 1871	dep. 1942	Theresienstadt, ermordet am 06.10.1942
Eimsb.	Rutschbahn 33	Sally Sielcer, 1886	dep. 1941	Lodz, ermordet am 15.12.1941
Eimsb.	Rutschbahn 37	Isaak Schenkolewski, 1906	dep. 1943	aus NL nach Auschwitz
Eimsb.	Rutschbahn 37	Klara Schenkolewski, 1907	dep. 1943	aus NL nach Auschwitz, ermordet am 23.07.1943 Sobibor
Eimsb.	Rutschbahn 37	Mirjam Schenkolewski, 1934	dep.	Sobibor
Eimsb.	Rutschbahn 37	Moses Schenkolewski, 1935	dep. 1943	aus NL nach Sobibor
Mitte	Sachsenstraße 42	Helmuth Hübener, 1925		Berlin Plötzensee, geköpft am 27.10.1942
Berged.	Sachsentor 38	Irma Friedländer, 1889	dep. 1941	Lodz/42 Chelmno
Berged.	Sachsentor 38	Dr. Naftali (Theodor) Lewensohn, 1886	dep. 1941	Minsk
Wandsb.	Schädlerstraße 1	Albert Freytag, 1916	dep. 1944	Tötungsanstalt Obrawalde, ermordet am 01.02.1944
Eimsb.	Schäferkampsallee 25/27	Gertrud Johanna Alsberg, 1895	dep.	Auschwitz, ermordet am 15.07.1942
Eimsb.	Schäferkampsallee 25/27	Berl Beit, 1941	dep. 1943	Theresienstadt/44 Auschwitz, ermordet am 15.05.1944
Eimsb.	Schäferkampsallee 25/27	Günther Brauer, 1925	dep. 1942	Theresienstadt/44 Auschwitz, ermordet am 26.12.1944 Dachau
Eimsb.	Schäferkampsallee 25/27	Semi Werner Dawidowicz, 1922	dep. 1943	Auschwitz, ermordet am 18.12.1943
Eimsb.	Schäferkampsallee 25/27	Dr. Alwin Gerson, 1866	dep. 1943	Theresienstadt, ermordet am 11.04.1943
Eimsb.	Schäferkampsallee 25/27	Sophie Rosenstein, 1865	dep. 1942	Theresienstadt, ermordet am 01.10.1942
Eimsb.	Schäferkampsallee 25/27	Sophie Wohlwill, 1872	dep. 1943	Theresienstadt, ermordet am 11.04.1944
Eimsb.	Schäferkampsallee 28	Dr. Felix Spiro, 1879	dep. 1941	Minsk
Eimsb.	Schäferkampsallee 28	Melanie Spiro, 1887	dep. 1941	Minsk
Eimsb.	Schäferkampsallee 28	Otto Spiro, 1923	dep. 1941	Minsk
Eimsb.	Schäferkampsallee 29	Dr. Rudolf Borgzinner, 1896	dep. 1943	Theresienstadt/44 Auschwitz, ermordet am 05.12.1944 Dachau
Eimsb.	Schäferkampsallee 29	Martha Dessen, 1895	dep. 1943	Theresienstadt/Auschwitz
Eimsb.	Schäferkampsallee 29	Heinrich Harth, 1866	dep. 1943	Theresienstadt, ermordet am 15.01.1944
Eimsb.	Schäferkampsallee 29	Meyer Jelinewski, 1866	dep. 1943	Theresienstadt, ermordet am 23.08.1943
Eimsb.	Schäferkampsallee 29	Margaretha Magnus, 1889	dep. 1943	Theresienstadt, ermordet am 15.04.1944
Eimsb.	Schäferkampsallee 29	Eva Emma Mathiason, 1900	dep. 1943	Theresienstadt/44 Auschwitz
Eimsb.	Schäferkampsallee 41	Walter Löwenthal, 1898	dep. 1943	Auschwitz, ermordet am 18.02.1943
Eimsb.	Schäferkampsallee 41	Helene Löwenthal, 1864	dep. 1942	Theresienstadt, tot am 30.12.1942
Eimsb.	Schäferstraße 4	Alwin Esser, 1912		KZ Fuhlsbüttel
Eimsb.	Scheideweg 33	Gustav Wächter, 1875	dep. 1941	Riga
Eimsb.	Scheideweg 33	Minna Wächter, 1881	dep. 1941	Riga
Mitte	Schlachterstr. (Gr. Neumarkt 56)	Rosa Weinberg, 1877	dep. 1941	Riga
Mitte	Schlachterstr. (Gr. Neumarkt 56)	Siegfried Weinberg, 1875	dep. 1941	Riga
Mitte	Schlachterstr. Gr. Neumarkt	Sara Vogel, 1885	dep. 1941	Minsk
Mitte	Schlachterstr. 46–48 (Gr. Neum.)	Hanna Aghitstein, 1871	dep. 1942	Theresienstadt/42 Minsk
Mitte	Schlachterstr. 46–48 (Gr. Neum.)	Frieda Dannenberg, 1874	dep. 1941	Minsk
Mitte	Schlachterstr. 46–48 (Gr. Neum.)	Herbert Hamburger, 1916	dep. 1941	Minsk
Mitte	Schlachterstr. 46–48 (Gr. Neum.)	Elsa Hamburger, 1917	dep. 1941	Minsk
Mitte	Schlachterstr. 46–48 (Gr. Neum.)	Hannchen Liepmann, 1883	dep. 1941	Riga
Mitte	Schlachterstr. 46–48 (Gr. Neum.)	Henriette Liepmann, 1872	dep. 1941	Riga
Mitte	Schlachterstr. 46–48 (Gr. Neum.)	Johanna Löwe, 1872	dep. 1941	Riga
Mitte	Schlachterstr. 46–48 (Gr. Neum.)	Sophie Vogel, 1916	dep. 1941	Minsk
Eimsb.	Schlankreye 17	Ignatz Schwarzschild, 1896	dep. 1941	Riga
Eimsb.	Schlankreye 17	Leopold Meier Schwarzschild, 1924	dep. 1941	Riga
Eimsb.	Schlankreye 17	Kela Schwarzschild, 1900	dep. 1941	Minsk
Harbg.	Schlossmühlendamm 32 (AOK)	Julius Marcus, 1876	dep. 1941	Minsk
Harbg.	Schlossmühlendamm 32 (AOK)	Erich Wilhelm Marcus, 1911	dep. 1941	Minsk
Harbg.	Schlossmühlendamm 32 (AOK)	Grete Marcus, 1880	dep. 1941	Minsk
Wandsb.	Schloßstraße (vor Rathaus)	Gustav Delle, 1880		KZ Neuengamme, verstorben 1945 an Haftfolgen
Eimsb.	Schlüterstraße 5	Martha Seidel, 1900	dep. 1941	Lodz
Eimsb.	Schlüterstraße 12	Rosa Philip, 1885	dep. 1941	Riga
Eimsb.	Schlüterstraße 12	Isabelle Philip, 1914	dep. 1941	Riga
Eimsb.	Schlüterstraße 14	Helga Mathilde Fromm, 1916	dep. 1941	Minsk
Eimsb.	Schlüterstraße 14	Max Fromm, 1908	dep. 1941	Minsk
Eimsb.	Schlüterstraße 14	Hermann Josephy, 1869	dep. 1942	Theresienstadt, ermordet am 08.09.1942
Eimsb.	Schlüterstraße 14	Sophie Stern, 1894	dep. 1941	Riga, ermordet am 15.12.1944 Stutthof
Eimsb.	Schlüterstraße 22	Bianca Wolff, 1887	dep. 1942	Theresienstadt/43 Auschwitz
Eimsb.	Schlüterstraße 22	Alfred Wolff, 1880		tot am 30.11.1941 durch Entzug von Medikamenten
Eimsb.	Schlüterstraße 22	Lothar Bauer, 1899	dep. 1941	Minsk/41 KZ Fuhlsbüttel
Eimsb.	Schlüterstraße 22	Leo Lesser Jacobsohn, 1881	dep. 1941	Minsk

Eimsb.	Schlüterstraße 22	Wilhelm Samson, 1875	dep. 1941	Riga
Eimsb.	Schlüterstraße 64	Voorst Dirk von Latensteiner, 1886		ermordet am 25.10.1943 KZ Fuhlsbüttel
Eimsb.	Schlüterstraße 80	David Steiner, 1871	dep. 1941	Lodz, ermordet am 01.04.1942
Eimsb.	Schlüterstraße 80	Marianne Steiner, 1905	dep. 1941	Lodz
Eimsb.	Schlüterstraße 80	Elsa Steiner, 1881	dep. 1941	Lodz/42 Chelmno
Eimsb.	Schlüterstraße 80	Robert Steiner, 1913	dep. 1941	Lodz
Mitte	Schmilinskystraße 24	Rosa Loebel, 1866	dep. 1942	Theresienstadt/42 Minsk
Harbg.	Schorchtstraße 32	Bertha Töpfer, 1878	dep.	ermordet 1944 in Auschwitz
Harbg.	Schorchtstraße 44	Walter Pempe, 1905	dep. 1944	Auschwitz, tot am 04.05.1945
Eimsb.	Schrammsweg 29	Annemarie Deutschländer, 1920	dep. 1941	Minsk
Eimsb.	Schrammsweg 29	Arnold Deutschländer, 1882	dep. 1941	Minsk
Eimsb.	Schrammsweg 29	Dora Deutschländer, 1884	dep. 1941	Minsk
Eimsb.	Schrammsweg 29	Elfriede Rosenstein, 1896	dep. 1941	Lodz
Eimsb.	Schrammsweg 29	Iwan Rosenstein, 1894	dep. 1941	Lodz
Eimsb.	Schröderstiftstraße 30	Gerda Pumpianski, 1921	dep. 1940	Tötungsanstalt Brandenburg, ermordet am 23.09.1940
Nord	Schröderstraße 26 /3	Hedwig Kramper, 1921	dep. 1942	Heilanst. Tiegenhof/Gniezno, ermordet am 18.01.1942
Mitte	Schulterblatt 41	Michael Manuel Fröschel, 1891	dep. 1942	Auschwitz
Nord	Schulweg 38	Alfred Cohn, 1911		ermordet am 21.04.1945
Nord	Schulweg 42	Johann Heinrich Karl Wibrow, 1882		ermordet am 31.05.1937 von Gestapo
Nord	Schwanenwik 29	John Hasenberg, 1892	dep. 1944	Bergen-Belsen, tot am 23.01.1945
Nord	Schwanenwik 29	Harald Seligmann, 1886		KZ Neuengamme, ermordet am 26.06.1942
Nord	Sedanstraße 23	Sybilla Jacoby, 1865	dep. 1942	Theresienstadt, ermordet am 31.07.1942
Nord	Sedanstraße 23	Fanny Leibowitz, 1869	dep. 1942	Theresienstadt/42 Minsk, ermordet am 21.09.1942
Nord	Sedanstraße 23	Dora Salomon, 1864	dep. 1942	Theresienstadt/Minsk
Nord	Sierichstraße 43	Dirk G. A. Dubber, 1925, Swing Jugend		KZ Fuhlsbüttel, Freitod in Freiheit April 1942
Nord	Sierichstraße 46	Irma Zancker, 1901	dep. 1943	Theresienstad/44 Auschwitz
Nord	Sierichstraße 58	Ernst Oppenheimer, 1897	dep. 1941	Minsk
Nord	Sierichstraße 66	Anita Ledermann, 1921	dep. 1943	Theresienstadt/44 Auschwitz
Nord	Sierichstraße 66	Leah May Ledermann, 1895	dep. 1943	Theresienstadt/44 Auschwitz
Nord	Sierichstraße 66	Herbert Ledermann, 1890	dep. 1943	Theresienstadt/44 Auschwitz
Nord	Sierichstraße 66	Margarita Ledermann, 1920	dep. 1943	Theresienstadt/44 Auschwitz
Nord	Sierichstraße 66	Hanna Mertens, 1909		KZ Neuengamme, gehenkt 1945
Nord	Sierichstraße 70	Georg Blankenstein, 1879	dep. 1943	Theresienstadt, ermordet am 14.04.1943
Nord	Sierichstraße 88	Ivan Philip, 1875	Flucht	verstorben am 10.01.1944 in England
Nord	Sierichstraße 102	Dr. Herbert Siegfried Samson, 1898	dep. 1942	aus NL nach Bergen-Belsen, ermordet am 05.01.1945
Eimsb.	Sillemstraße 40	Gerhard August Albert Trzebiatowski, 1909	dep. 1943	Heilanstalt Weilmünster, ermordet am 15.11.1943
Eimsb.	Sillemstraße 76	Max Friedrich Engler, 1868		ermordet am 27.05.1935 KZ Fuhlsbüttel
Mitte	Simon-von Utrecht-Str. 76–79	Heinrich Habitz, 1908		ermordet am 06.01.1943 KZ Mauthausen
Altona	Söbendieken 8	Auguste Elisabeth Heymann, 1891		Freitod am 26.10.1941 Hamburg
Berged.	Soltaustraße 12	Carl Boldt, 1887	dep. 1943	KZ Neuengamme, Mai 1945 tot mit der Cap Arcona
Nord	Sophienterrasse 17	Marie van Biema, 1870		ermordet am 07.09.42 KZ Ravensbrück
Nord	Sophienterrasse 17	Dr. Samuel van Biema, 1865		Freitod am 29.09.1938 Hamburg
Nord	Stammannstraße 27	Hertha Feiner, 1896	dep. 1943	Auschwitz
Eimsb.	St. Benedictstraße 5	Dr. Alexander Georg Bachur, 1883	dep. 1941	Lodz, ermordet am 09.10.1942
Eimsb.	St. Benedictstraße 5	Ina Simon, 1892	dep. 1941	Lodz
Eimsb.	St. Benedictstraße 21	Frieda Elias, 1898	dep. 1941	Riga
Eimsb.	St. Benedictstraße 27	Emil Wolff, 1866	dep. 1943	Theresienstadt, ermordet am 28.09.1943
Eimsb.	St. Benedictstraße 27	Paul Salomon, 1865		Freitod am 22.09.1941
Eimsb.	St. Benedictstraße 27	Lucia Salomon, 1880		Freitod am 22.09.1941
Eimsb.	St. Benedictstraße 29	Olga Joseph, 1887	dep. 1941	Minsk
Eimsb.	St. Benedictstraße 29	Rosa Seidler, 1889	dep. 1941	Lodz, weiterdeportiert 1942
Mitte	St. Georgskirchhof 26	E. H. Henry Fiering, 1887		KZ Neuengamme, gehenkt am 23.04.1945
Mitte	St. Georgskirchhof 26	Sophie Marie Fiering, 1897		KZ Neuengamme, gehenkt am 23.04.1945
Mitte	St. Pauli Hafenstraße 96	Wilhelm Hoeft, 1904		ermordet 1937 KZ Fuhlsbüttel
Mitte	Steindamm 72–80	Walter Lüders, 1896		1945 Lager Stalino Donez
Mitte	Steintorweg 11/Hotel „Steintor"	Kurt Becher, 1909	dep.	aus NL nach Sobibor
Mitte	Sternstraße 29	Rita Aschkenazy, 1937	ausg. 1938	Zbaszyn, tot 1944 in Buczacz
Altona	Strandweg 4	Julius Asch, 1875		Freitod am 12.01.1939
Mitte	Stresowstraße 107	Bernhard Boysen, 1916	dep. 1943	Heilanstalt Mainkofen, ermordet am 24.06.1944
Altona	Sülldorfer Kirchenweg 34	Isidor Salomon, 1869	dep. 1942	Theresienstadt/42 Minsk/Treblinka, tot am 21.09.1942
Eimsb.	Telemannstraße 39	Heinrich Buck, 1876	dep. 1941	37–41Zuchthaus/Riga
Harbg.	Thyss.Krupp, Seevestr./Tor 2	Richard Gohert, 1896		U-Haft Hamburg, ermordet am 18.11.1944
Harbg.	Thyss.Krupp, Seevestr./Tor 2	Wilhelm Stein, 1895		Hamburg, hingerichtet am 16.06.1944
Nord	Uhlenhorster Weg 39	Dr. Leopold Winterfeld, 1887	dep.	aus Frankreich n. Auschwitz
Altona	Unzerstraße 10	Willi Hans Miersch, 1907		erschossen am 18.07.1932
Altona	Up de Schanz 24	Margarethe Mrosek, 1902		KZ Neuengamme, gehenkt am 21.04.1945
Eimsb.	Vereinsstraße 7	Henry Polles, 1890	dep. 1941	Minsk, ermordet 1945 in Neuengamme

Harbg.	Veringstraße 47	Jacob Guttmann, 1877	dep. 1941	Minsk
Harbg.	Veringstraße 47	Helene Guttmann, 1877	dep. 1941	Minsk
Harbg.	Vogelhüttendeich 34	Fanny Borower, 1876	dep. 1941	Riga
Harbg.	Vogelhüttendeich 34	Wolf Borower, 1870	dep. 1941	Riga
Harbg.	Vogelhüttendeich 40	Adolf Laser, 1918	dep. 1941	Riga/Bergen-Belsen
Harbg.	Vogelhüttendeich 40	Rudolph Michael Laser, 1920	dep. 1942	Auschwitz
Harbg.	Vogelhüttendeich 40	Clara Cohn, 1888	dep. 1941	Minsk
Altona	Von-Sauer-Straße 1b	Ernst Nathan Dessauer, 1882	dep. 1941	Lodz, ermordet am 12.01.1942
Altona	Von-Sauer-Straße 5	Helene Wertheimer, 1885	dep. 1941	Minsk
Altona	Von-Sauer-Straße 5	Jacob Wertheimer, 1885	dep. 1941	Minsk
Wandsb.	Wandsb. Marktstraße 11	Liselotte Schlachcis, 1910	dep. 1942	Auschwitz
Wandsb.	Wandsb. Marktstraße 18–26	Günther Beith, 1933	dep. 1941	Lodz/42 Chelmno
Wandsb.	Wandsb. Marktstraße 18–26	Josef Beith, 1887	dep. 1941	Lodz/42 Chelmno
Wandsb.	Wandsb. Marktstraße 18–26	Martha Beith, 1905	dep. 1941	Lodz/42 Chelmno
Wandsb.	Wandsb. Marktstraße 18–26	Uri Beith, 1938	dep. 1941	Lodz
Wandsb.	Wandsb. Marktstraße 18–26	Harald Beith, 1927	dep. 1941	Lodz/42 Chelmno
Wandsb.	Wandsb. Königsstr./Wandsb. Marktstraße	Mary Pünjer, 1904	dep. 1941	KZ Ravensbrück, ermordet am 28.05.1942 Bernburg
Wandsb.	Wandsb. Königsstr./Wandsb. Marktstraße	Lina Kümmermann, 1872	dep. 1942	Theresienstadt/44 Auschwitz
Wandsb.	Wandsb. Königsstr./Wandsb. Marktstraße	Ilse Grube, 1899	dep. 1941	Riga/KZ Stutthof
Wandsb.	Wandsbeker Königsstraße 7–11	Hulda Kaufmann, 1890	dep. 1941	Lodz
Berged.	Weidenbaumsweg 21a (19)	Max Armbruster, 1886		Gefängnis 1936, Freitod 1936
Eimsb.	Weidenstieg 8	Peter Perls, 1931	dep. 1943	Theresienstadt/Auschwitz
Nord	Weidestraße 125	Karl Johann August Hacker, 1906		ermordet am 23.11.1933 KZ Fuhlsbüttel
Eimsb.	Weissenburgerstraße 14	Salomon Schwarz, 1916	dep. 1943	Auschwitz
Wandsb.	Wellingsbüttler Landstraße 110	Elsbeth Marie Horschitz, 1895	dep. 1941	Lodz
Wandsb.	Wellingsbüttler Landstraße 110	Gertrud Emma Horschitz, 1894	dep. 1941	Lodz, ermordet am 20.04.1942
Nord	Werderstraße 16	Dr. Nathan Max Nathan, 1879	dep. 1942	Theresienstadt/44 Auschwitz
Nord	Werderstraße 16	Dora Nathan, 1881	dep. 1942	Theresienstadt/44 Auschwitz
Eimsb.	Willistraße 1	Else Fanny Pels, 1898	dep. 1943	aus NL nach Sobibor
Eimsb.	Willistraße 8	Gabriele Kaftal, 1922	dep. 1941	Minsk
Eimsb.	Willistraße 18	Hermann Feiner, 1894		Selbstmord am 05.07.1935 Königstein i.T.
Altona	Wilmans Park 4	Gustav Levy, 1883	dep. 1943	Auschwitz
Nord	Woldsenweg 5	Dr. Alberto Jonas, 1889	dep. 1942	Theresienstadt, ermordet am 29.08.1942
Nord	Woldsenweg 5	Dr. Maria Anna Jonas, 1893	dep. 1942	Theresienstadt/44 Auschwitz, ermordet am 12.10.1944
Nord	Woldsenweg 5	Bernhard Moser, 1882	dep. 1941	Lodz, ermordet am 08.07.1942
Nord	Woldsenweg 5	Marie Therese Moser, 1884	dep. 1941	Lodz, weiterdeportiert 1942
Nord	Woldsenweg 5	Cloe Neuburger, 1885	dep. 1941	Lodz, weiterdeportiert 1942
Nord	Woldsenweg 5	Fritz Neuburger, 1876	dep. 1941	Lodz, weiterdeportiert 1942
Nord	Woldsenweg 9	Alice Feldmann, 1897	dep. 1941	Lodz/42 Chelmno
Nord	Woldsenweg 9	Aurelie Levinson, 1879	dep. 1941	Riga
Nord	Woldsenweg 13	Henriette Cohen, 1885	dep. 1941	Lodz, weiterdeportiert 1942
Nord	Woldsenweg 13	Siegmund Goldschmidt, 1887	dep. 1941	Lodz
Nord	Woldsenweg 13	Mathilde Laski, 1888	dep. 1941	Lodz, ermordet am 12.07.1942
Nord	Woldsenweg 16	Marion Werner, 1923	dep. 1941	Lodz, weiterdeportiert 1942
Nord	Woldsenweg 16	Olga Werner, 1887	dep. 1941	Lodz, weiterdeportiert 1942
Nord	Woldsenweg 16	Victor Werner, 1880	dep. 1941	Lodz, weiterdeportiert 1942
Eimsb.	Wrangelstraße 10	Rosa Garcia, 1906	dep. 1941	Riga
Eimsb.	Wrangelstraße 10	Konrad Garcia, 1936	dep. 1941	Riga
Eimsb.	Wrangelstraße 10	Clara Löwenburg, 1918	dep. 1941	Riga
Eimsb.	Wrangelstraße 10	Louis Bär, 1881	dep. 1941	Minsk
Eimsb.	Wrangelstraße 10	Alma Grellert, 1885	dep. 1941	Lodz
Eimsb.	Wrangelstraße 14	Bertha Heyn, 1896	dep. 1941	Riga
Eimsb.	Wrangelstraße 22	Edgar Frankenthal, 1921	dep. 1941	Minsk

Literaturverzeichnis / Bildnachweis

Adam, Uwe Dietrich, Judenpolitik im Dritten Reich, Düsseldorf 1979.

Adler, H. G., Die verheimlichte Wahrheit. Theresienstädter Dokumente, Tübingen 1958.

Aly, Götz, Hitlers Volksstaat. Raub, Rassenkrieg und nationaler Sozialismus, Frankfurt/Main, 2005.

Apel, Linde/Frank Bajohr, Die Deportation von Juden sowie Sinti und Roma vom Hannoverschen Bahnhof in Hamburg 1940–1945, in: Zeitgeschichte in Hamburg 2004, Hamburg 2005, S. 21–63.

Ayass, Wolfgang, „Asoziale" im Nationalsozialismus, Stuttgart 1995.

Bajohr, Frank/Joachim Szodrzynski (Hrsg.), Hamburg in der NS-Zeit. Ergebnisse neuerer Forschungen, Hamburg 1995.

Bajohr, Frank, „... dann bitte keine Gefühlsduseleien." Die Hamburger und die Deportationen, in: Forschungsstelle für Zeitgeschichte/Institut für die Geschichte der deutschen Juden (Hrsg.), Die Deportation der Hamburger Juden 1941–1945, Hamburg 2002, S. 13–29.

Bajohr, Frank, „Arisierung" in Hamburg. Die Verdrängung der jüdischen Unternehmer 1933–1945, Hamburg 1997.

Bajohr, Frank, Dienstbeflissene Bürokraten? Devisenstelle, Zollfahndung und die forcierte „Arisierung" jüdischer Unternehmen in Hamburg im „Dritten Reich", in: Deutsches Zollmuseum (Hrsg.), Verfolgung und Verwaltung. Beiträge zur Hamburger Finanzverwaltung 1933–1945, Hamburg 2003, S. 9–28.

Bajohr, Frank, Hamburgs „Führer". Zur Person und Tätigkeit des Hamburger NSDAP-Gauleiters Karl Kaufmann (1900–1969), in: Ders./Joachim Szodrzynski (Hrsg.), Hamburg in der NS-Zeit. Ergebnisse neuerer Forschungen, Hamburg 1995, S. 59–91.

Bajohr, Frank, Von der Ausgrenzung zum Massenmord. Die Verfolgung der Hamburger Juden 1933–1945, in: Forschungsstelle für Zeitgeschichte (Hrsg.), Hamburg im „Dritten Reich", Göttingen 2005, S. 471–518.

Baumbach, Sybille/Uwe Kaminsky/Alfons Kenkmann/Beate Meyer, Rückblenden. Lebensgeschichtliche Interviews mit Verfolgten des NS-Regimes in Hamburg, Hamburg 1999.

Baumbach, Sybille, Die Auswanderung von Juden in der NS-Zeit, in: Deutsches Zollmuseum (Hrsg.), Verfolgung und Verwaltung. Beiträge zur Hamburger Finanzverwaltung 1933–1945, Hamburg 2003, S. 39–79.

Benz, Wolfgang (Hrsg.), Dimension des Völkermords. Die Zahl der jüdischen Opfer des Nationalsozialismus, München 1996.

Benz, Wolfgang, Mitglieder der Häftlingsgesellschaft auf Zeit. „Die Aktionsjuden" 1938/1939, in: Dachauer Hefte, Heft 21/2005, S. 179–196.

Benz, Wolfgang/Juliane Wetzel (Hrsg.), Solidarität und Hilfe für Juden in der NS-Zeit, Regionalstudien 4, Berlin 2004.

Benz, Wolfgang (Hrsg.), Die Juden in Deutschland 1933–1945. Leben unter nationalsozialistischer Herrschaft, München 1988.

Berkemann, Jörg/Beate Meyer, Jüdisches Leben zur Zeit der nationalsozialistischen Verfolgung (1933–1945), in: Das jüdische Hamburg. Ein historisches Nachschlagewerk, Göttingen 2006, S. 146–151.

Bernstein, Elsa, Das Leben als Drama. Erinnerungen an Theresienstadt, aktualisierte Auflage herausgegeben von Rita Bake und Birgit Kiupel, Hamburg 2005.

Berth, Christiane, Die Kindertransporte nach Großbritannien 1938/39. Exilerfahrungen im Spiegel lebensgeschichtlicher Interviews, München/Hamburg 2005.

Birn, Ruth Bettina, Die Höheren SS- und Polizeiführer. Himmlers Vertreter im Reich und in den besetzten Gebieten, Düsseldorf 1986.

Blatman, Daniel, Die Todesmärsche – Entscheidungsträger, Mörder und Opfer, in: Herbert, Ulrich/Karin Orth/Christoph Diekmann (Hrsg.), Die nationalsozialistischen Konzentrationslager. Entwicklung und Struktur, Bd. II, Göttingen 1998, S. 1053–1092.

Blau, Bruno, Die Christen jüdischer und gemischter Abkunft in Deutschland und Österreich im Jahr 1939, in: Judaica 5/1949, Zürich 1949, S. 272–288.

Breitman, Richard, Friedrich Jeckeln – Spezialist für die ‚Endlösung' im Osten, in: Smelser, Ronald/Syring, Enrico (Hrsg.), Die SS. Elite unter dem Totenkopf. Dreißig Lebensläufe, Paderborn 2000, S. 267–275.

Browning, Christopher, Die Entfesselung der „Endlösung". Nationalsozialistische Judenpolitik 1939–1942, München 2003.

Büttner, Ursula/Martin Greschat, Die verlassenen Kinder der Kirche, Göttingen 1998.

Büttner, Ursula, Der Aufstieg der NSDAP, in: Forschungsstelle für Zeitgeschichte (Hrsg.), Hamburg im „Dritten Reich", Göttingen 2005, S. 27–64.

Büttner, Ursula, Von der Kirche verlassen: Die deutschen Protestanten und die Verfolgung der Juden und Christen jüdischer Herkunft im „Dritten Reich", in: Büttner, Ursula/Martin Greschat, Die verlassenen Kinder der Kirche, Göttingen 1998, S. 15–60.

Carlebach, Julius/Gerhard Hirschfeld/Aubrey Newman/Arnold Paucker/Peter Pulzer (Hrsg.), Second Chance. Two Centuries of German-Speaking Jews in the United Kingdom, Tübingen 1991.

Deutsches Zollmuseum Hamburg (Hrsg.), Verfolgung und Verwaltung. Beiträge zur Hamburger Finanzverwaltung 1933–1945, Hamburg 2003.

Deutsch-Jüdische Gesellschaft (Hrsg.), Wegweiser zu den ehemaligen jüdischen Stätten, Heft 2, Hamburg 1985.

Diamant, Adolf, Ghetto Litzmannstadt. Bilanz eines nationalsozialistischen Verbrechens, Frankfurt/Main 1986.

Ebbinghaus, Angelika/Karsten Linne (Hrsg.), Kein abgeschlossenes Kapitel: Hamburg im „Dritten Reich", Hamburg 1997.

Eckler, Irene, Die Vormundschaftsakte 1935–1958. Verfolgung einer Familie wegen „Rassenschande". Dokumente und Berichte aus Hamburg, Schwetzingen 1996, jetzt 3. Auflage unter dem Titel „A family torn apart by ‚Rassenschande'. Politische Verfolgung im Deutschen Reich. Dokumente und Berichte aus Hamburg (deutsch und englisch), Schwetzingen 2001.

Eder, Angelika, Die Deportationen im Spiegel lebensgeschichtlicher Interviews, in: Forschungsstelle für Zeitgeschichte/Institut für die Geschichte der deutschen Juden (Hrsg.), Die Deportation der Hamburger Juden, Hamburg 2002, S. 45–59.

Eggers, Christian, Unerwünschte Ausländer. Juden aus Deutschland und Mitteleuropa in französischen Internierungslagern 1940–1942, Berlin 2002.

Eiber, Ludwig, Unter Führung des NSDAP-Gauleiters. Die Hamburger Gestapo (1933–1937), in: Gerhard Paul/Klaus-Michael Mallmann (Hrsg.), Die Gestapo. Mythos und Realität, Darmstadt 1995, S. 101–117.

Eichengreen, Lucille, Frauen und Holocaust. Erlebnisse, Erinnerungen und Erzähltes, Bremen 2004.

Eichengreen, Lucille, Rumkowski, der Judenälteste von Lodz. Autobiographischer Bericht, Hamburg 2000.
Eichengreen, Lucille, Von Asche zum Leben. Erinnerungen, Hamburg 1992.
Enzyklopädie des Holocaust. Die Verfolgung und Ermordung der europäischen Juden, Bd. I-III, herausgegeben von Israel Gutmann/Eberhard Jäckel/Peter Longerich/Julius H. Schoeps, Berlin 1993.
Ephraim Carlebach Stiftung (Hrsg.), Die Carlebachs. Eine Rabbinerfamilie aus Deutschland, Hamburg 1995.
Essner-Conte, Cornelia, Die Alchemie des Rassenbegriffs und die Nürnberger Gesetze, in: Jahrbuch für Antisemitismusforschung 4/1995, S. 201–225.
Essner, Cornelia, Die Nürnberger Gesetze oder die Verwaltung des Rassenwahns, Paderborn 2002.
Ferk, Gabriele, Zur Geschichte des Hamburger Oberfinanzpräsidenten: eine Hamburger Behörde auf Raubzug, in: Angelika Ebbinghaus/Karsten Linne (Hrsg.), Kein abgeschlossenes Kapitel: Hamburg im „Dritten Reich“, Hamburg 1997, S. 215–232.
Forschungsstelle für Zeitgeschichte (Hrsg.), Zeitgeschichte in Hamburg 2005, Hamburg 2006.
Forschungsstelle für Zeitgeschichte/Institut für die Geschichte der deutschen Juden (Hrsg.), Die Deportation der Hamburger Juden, Hamburg 2002.
Fröhlich, Elke (Hrsg.), Die Tagebücher von Joseph Goebbels, Teil I, Bd. 9, München 1996.
Fröhlich, Elke (Hrsg.), Die Tagebücher von Joseph Goebbels, Teil II, Bd. 2, München/New Providence/London/Paris 1996.
Galerie Morgenland (Hrsg.), „Wo Wurzeln waren“. Juden in Hamburg-Eimsbüttel 1933–1945, Hamburg 1993.
Galerie Morgenland/Geschichtswerkstatt Eimsbüttel (Hrsg.), 25 Jahre. Festschrift, Hamburg 2003.
Gerlach, Christian (Hrsg.), Krieg, Ernährung, Völkermord. Forschungen zur deutschen Vernichtungspolitik im Zweiten Weltkrieg, Hamburg 1998.
Gerlach, Christian, Die Wannsee-Konferenz, das Schicksal der deutschen Juden und Hitlers politische Grundsatzentscheidung, alle Juden Europas zu ermorden, in: ders. (Hrsg.), Krieg, Ernährung, Völkermord. Forschungen zur deutschen Vernichtungspolitik im Zweiten Weltkrieg, Hamburg 1998, S. 85–166.
Gerlach, Christian, Kalkulierte Morde. Die deutsche Wirtschaft- und Vernichtungspolitik in Weißrußland 1941 bis 1944, Hamburg 1999.
Gillis-Carlebach, Miriam/Barbara Vogel (Hrsg.), „... und so zogen sie aus: ein jeder bei seiner Familie und seinem Vaterhaus. Die vierte Joseph Carlebach-Konferenz. Familie im Spannungsfeld zwischen Tradition und Moderne, Hamburg 2000.
Giordano, Ralph, Die Bertinis, Frankfurt/Main 1982.
Glass, Martha, „Jeder Tag in Theresin ist ein Geschenk“. Die Theresienstädter Tagebücher einer Hamburger Jüdin 1943–1945, herausgegeben von Barbara Müller-Wesemann, Hamburg 1996.
Goldschmidt, Arthur, Die Geschichte der evangelischen Gemeinde Theresienstadt 1942–1945, Tübingen 1948.
Göpfert, Rebekka, Der jüdische Kindertransport von Deutschland nach England 1938/39, Frankfurt/New York 1997.
Gottwaldt, Alfred/Diana Schulle, Die „Judendeportationen“ aus dem Deutschen Reich 1941–1945, Wiesbaden 2005.
Graf, Angela/Hans Dieter Kübler (Hrsg.), Verbrannte Bücher. Verbrannte Ideen, Hamburg 1993.
Graml, Hermann, Reichskristallnacht. Antisemitismus und Judenverfolgung im Dritten Reich, München 1988.
Greiser, Katrin, „Sie starben allein und ruhig, ohne zu schreien oder jemanden zu rufen“. Das „Kleine Lager“ im Konzentrationslager Buchenwald, in: Dachauer Hefte, 14/1998, S. 102–124.
Gruner, Wolf, Der geschlossene Arbeitseinsatz deutscher Juden. Zwangsarbeit als Element der Verfolgung 1938–1943, Berlin 1997.
Gruner, Wolf, Die Fabrik-Aktion und die Ereignisse in der Berliner Rosenstrasse. Fakten und Fiktionen um den 27. Februar 1943 – 60 Jahre danach, in: Jahrbuch für Antisemitismusforschung 11/2002, S. 137–177.
Gruner, Wolf, Die NS-Führung und die Zwangsarbeit für sogenannte jüdische Mischlinge, in: Manfred Weißbecker/Reinhard Kühnl (Hrsg.), Rassismus, Faschismus, Antifaschismus. Forschungen und Betrachtungen, Köln 2000, S. 63–79.
Gruner, Wolf, Von der Kollektivausweisung zur Deportation der Juden aus Deutschland (1938–1945). Neue Perspektiven und Dokumente, in: Birthe Kundrus/Beate Meyer (Hrsg.), Die Deportation der Juden aus Deutschland. Pläne. Praxis. Reaktionen 1938–1945 (= Beiträge zur Geschichte des Nationalsozialismus Bd. 20), Göttingen 2004, S. 21–62.
Gruner, Wolf, Widerstand in der Rosenstraße. Die Fabrik-Aktion und die Verfolgung der „Mischehen“ 1943, Frankfurt/Main 2005.
Guth, Karin, Bornstraße 22. Ein Erinnerungsbuch, Hamburg 2001.
Hamburger Jüdische Opfer des Nationalsozialismus. Gedenkbuch, Veröffentlichung des Staatsarchivs Hamburg, bearbeitet von Jürgen Sielemann, Hamburg 1995.
Hans, Jan, Die Bücherverbrennung in Hamburg, in: Eckart Krause/Ludwig Huber/Holger Fischer (Hrsg.), Hochschulalltag im „Dritten Reich“. Die Hamburger Universität 1933–1945, Hamburg/Berlin 1991, Bd. 1, S. 237–254.
Hauschild-Thiessen, Renate (Hrsg.), Die Hamburger Katastrophe vom Sommer 1943 in Augenzeugenberichten, Hamburg 1993.
Herbert, Ulrich/Karin Orth/Christoph Diekmann (Hrsg.), Die nationalsozialistischen Konzentrationslager. Entwicklung und Struktur, Bd. I & II, Göttingen 1998.
Herzig, Arno (Hrsg.), Die Juden in Hamburg 1590 bis 1990. Wissenschaftliche Beiträge der Universität Hamburg. Zur Ausstellung „Vierhundert Jahre Juden in Hamburg“, Hamburg 1991.
Hewel, Oliver, Staat, jüdischer Grund- und Hausbesitz, Mietverhältnisse mit Juden. Aspekte staatlicher Judenpolitik in Hamburg 1933–1945, Universität Hamburg (Magisterarbeit) 1993.
Hilberg, Raul, Die Vernichtung der europäischen Juden. Die Gesamtdarstellung des Holocaust, Berlin 1961.
Hitler, Adolf, Mein Kampf, München 1925/1927, 700. Aufl. 1942.
Hochmuth, Ursel/Gertrud Meyer, Streiflichter aus dem Hamburger Widerstand 1933–1945, Frankfurt/Main 1980.
Institut für die Geschichte der deutschen Juden (Hrsg.), Das jüdische Hamburg. Ein historisches Nachschlagewerk, Göttingen 2006.
Jacobs, Tino, Himmlers Mann in Hamburg. Georg Henning Graf von Bassewitz-Behr als Höherer SS- und Polizeiführer im Wehrkreis X 1943–1945, Hamburg 2001.
Jüdisches Lexikon, Bd. 4/2, Königstein 1982.
Jüdisches Museum Berlin (Hrsg.), Lieselotte Friedlaender. Schicksal einer Berliner Modegraphikerin, Berlin 1998.
Justizbehörde Hamburg (Hrsg.), „Von Gewohnheitsverbrechern, Volksschädlingen und Asozialen...“ Hamburger Strafurteile im Nationalsozialismus, Hamburg 1995, S. 342–354.
Kárný, Miroslav, Theresienstadt 1941–1945, in: Theresienstädter Gedenkbuch. Die Opfer der Judentransporte aus Deutschland nach Theresienstadt 1942–1945, Prag 2000, S. 15f.
Kerski, Basil/Joanna Skibinska (Hrsg.), Ein jüdisches Leben im Zeitalter der Extreme. Gespräche mit Arno Lustiger, Osnabrück 2004.
Kieffer, Fritz, Judenverfolgung in Deutschland – eine innere Angelegenheit? Internationale Reaktionen auf die Flüchtlingsproblematik 1933–1939, Stuttgart 2002.
Klarsfeld, Serge, Vichy-Auschwitz. Die Zusammenarbeit der deutschen und französischen Behörden bei der „Endlösung der

Judenfrage" in Frankreich, Nördlingen 1989.
Kopitzsch, Franklin/Dirk Brietzke (Hrsg.), Hamburgische Biographie. Personenlexikon Bd. 1, Hamburg 2001.
Kundrus, Birthe/Beate Meyer (Hrsg.), Die Deportation der Juden aus Deutschland. Pläne. Praxis. Reaktionen 1938–1945 (= Beiträge zur Geschichte des Nationalsozialismus Bd. 20), Göttingen 2004.
Kwiet, Konrad/Helmut Eschwege, Selbstbehauptung und Widerstand. Deutsche Juden im Kampf um Existenz und Menschenwürde 1933–1945, Hamburg 1984.
Lippmann, Leo, „... dass ich wie ein guter Deutscher empfinde und handele". Zur Geschichte der Deutsch-Israelitischen Gemeinde in Hamburg in der Zeit vom Herbst 1935 bis zum Ende 1942, Hamburg 1993.
Lippmann, Leo, Mein Leben und meine amtliche Tätigkeit. Erinnerungen und ein Beitrag zur Finanzgeschichte Hamburgs, aus dem Nachlass herausgegeben von Werner Jochmann, Hamburg 1964.
Loewy, Hanno/Gerhard Schoenberner (Hrsg.), „Unser einziger Weg ist Arbeit". Das Ghetto in Lodz 1940–1944, Frankfurt/Main 1990.
Lohalm, Uwe, Fürsorge und Verfolgung. Öffentliche Wohlfahrtsverwaltung und nationalsozialistische Judenpolitik in Hamburg 1933 bis 1942, Hamburg 1998.
Longerich, Peter, Die Ermordung der europäischen Juden. Eine umfassende Dokumentation des Holocaust 1941–1945, Zürich, 1989.
Longerich, Peter, Die Wannsee-Konferenz vom 20. Januar 1942. Planung und Beginn des Genozids an den europäischen Juden, Berlin 1998.
Longerich, Peter, Politik der Vernichtung. Eine Gesamtdarstellung der nationalsozialistischen Judenverfolgung, München/ Zürich 1998.
Lorenz, Ina (Hrsg.), Zerstörte Geschichte. Vierhundert Jahre jüdisches Leben in Hamburg, Hamburg 2005.
Lorenz, Ina, Aussichtsloses Bemühen. Die Arbeit der Jüdischen Gemeinde 1941 bis 1945, in: Forschungsstelle für Zeitgeschichte/Institut für die Geschichte der deutschen Juden (Hrsg.), Die Deportation der Hamburger Juden, Hamburg 2002, S. 30–44.
Lorenz, Ina, Die jüdische Gemeinde Hamburg 1860 – 1943. Kaiserreich –Weimarer Republik – NS-Staat, in: Arno Herzig (Hrsg.), Die Juden in Hamburg 1590 bis 1990. Wissenschaftliche Beiträge der Universität Hamburg. Zur Ausstellung „Vierhundert Jahre Juden in Hamburg", Hamburg 1991, S. 77–100.
Lorenz, Ina, Gehen oder Bleiben. Neuanfang der Jüdischen Gemeinde in Hamburg nach 1945, Hamburg 2002.
Louven, Astrid, „Die Belmonte-Brüder sind tot", in: Galerie Morgenland (Hrsg.), „Wo Wurzeln waren". Juden in Hamburg-Eimsbüttel 1933–1945, Hamburg 1993, S. 141–146.
Maier, Clemens, Zwischen „Leben in Brasilien" und „Aus den Verordnungen". Das Jüdische Nachrichtenblatt 1938–1943, in: Beate Meyer/ Hermann Simon (Hrsg.), Juden in Berlin 1938–1945, Berlin 2000, S. 107–127.
Mallmann, Klaus-Michael/Gerhard Paul (Hrsg.), Die Gestapo. Mythos und Realität, Darmstadt 1995.
Mallmann, Klaus-Michael/Gerhard Paul (Hrsg.), Karrieren der Gewalt. Nationalsozialistische Täterbiographien, Darmstadt 2004.
Meersmann, Sonja, Wohnraumversorgung und Bevölkerungspolitik in Hamburg während dem Nationalsozialismus. Am Beispiel der jüdischen Bevölkerung Hamburgs (Diplomarbeit HWP), Hamburg 1989.
Meyer, Beate/Hermann Simon (Hrsg.), Juden in Berlin 1938–1945, Berlin 2000.
Meyer, Beate, „A Conto Zukunft" – Hilfe und Rettung für untergetauchte Hamburger Juden, in: Zeitschrift des Vereins für Hamburgische Geschichte Bd. 88/2002, S. 205–233.
Meyer, Beate, „Goldfasane" und „Nazissen". Die NSDAP im ehemals „roten" Stadtteil Hamburg-Eimsbüttel, Hamburg 2002.
Meyer, Beate, „Jüdische Mischlinge". Rassenpolitik und Verfolgungserfahrung 1933–1945, Hamburg 1999.
Meyer, Beate, Das „Sonderkommando J". Zwangsarbeit der „jüdisch Versippten" und der „Mischlinge ersten Grades" in Hamburg, in: Zwangsarbeit und Gesellschaft (=Beiträge zur Geschichte der nationalsozialistischen Verfolgung in Norddeutschland, Heft 8), Bremen 2004, S. 102–110.
Meyer, Beate, Die Situation der „Mischlinge zweiten Grades" im nationalsozialistischen Deutschland, in: Jüdisches Museum Berlin (Hrsg.), Lieselotte Friedlaender. Schicksal einer Berliner Modegraphikerin, Berlin 1998, S. 95–101.
Meyer, Beate, Die Verfolgung der Mischehen während des Nationalsozialismus, in: Miriam Gillis-Carlebach/Barbara Vogel (Hrsg.), „... und so zogen sie aus: ein jeder bei seiner Familie und seinem Vaterhaus. Die vierte Joseph Carlebach-Konferenz. Familie im Spannungsfeld zwischen Tradition und Moderne, Hamburg 2000, S. 135–153.
Meyer, Beate, Göttsche, in: Franklin Kopitzsch/Dirk Brietzke (Hrsg.), Hamburgische Biographie. Personenlexikon Bd. 1, Hamburg 2001, S. 107.
Meyer, Beate, Gratwanderung zwischen Verantwortung und Verstrickung – Die Reichsvereinigung der Juden in Deutschland und die Jüdische Gemeinde zu Berlin 1938–1945, in: dies./Hermann Simon (Hrsg.), Juden in Berlin 1938–1945, Berlin 2000, S. 291–337.
Meyer, Beate, Jerusalem-Kirche, Jerusalem-Krankenhaus, Paulus-Bund, in: Galerie Morgenland (Hrsg.), „Wo Wurzeln waren". Juden in Hamburg-Eimsbüttel 1933–1945, Hamburg 1993, S. 179–185.
Meyer, Beate, Kein Ort nirgendwo? – Hilfe und Rettung für untergetauchte Hamburger Juden, in: Lorenz, Ina (Hrsg.), Zerstörte Geschichte. Vierhundert Jahre jüdisches Leben in Hamburg, Hamburg 2005, S. 208–225.
Meyer, Beate, Plaut, in: Franklin Kopitzsch/ Dirk Brietzke (Hrsg.), Hamburgische Biographie. Personenlexikon Bd. 1, Hamburg 2001, S. 238f.
Meyer, Beate, Zwischen allen Stühlen: „Mischehen" und „Mischlinge", in: Galerie Morgenland (Hrsg.), „Wo Wurzeln waren", Juden in Hamburg-Eimsbüttel 1933–1945, Hamburg 1993, S. 147–225.
Meyer, Gertrud, Nacht über Hamburg, Frankfurt/Main 1971.
MiDor LeDor – Der Neue Portugiesenfriedhof in Hamburg-Ohlsdorf (Romanistik in Geschichte und Gegenwart Bd. 3), Hamburg 2006 (in Vorbereitung).
Morisse, Heiko, Jüdische Rechtsanwälte in Hamburg. Ausgrenzung und Verfolgung im NS-Staat, Hamburg 2003.
Morsch, Günter/Susanne zur Nieden (Hrsg.), Jüdische Häftlinge im Konzentrationslager Sachsenhausen 1936 bis 1945, Berlin 2004.
Barbara Müller-Wesemann, Theater als geistiger Widerstand. Der Jüdische Kulturbund in Hamburg 1934–1941, Stuttgart 1997.
Noakes, Jeremy, Development of Nazi Policy toward the German-Jewish „Mischlinge" 1933–1945, in: Leo Baeck Institute Year Book XXXIV, London/Jerusalem/New York 1989, S. 291–354.
Osthoff, Renate, Elsbet (25.12.1901–00.10.1944), Selbstverlag o. O., Juli 2001.
Pätzold, Kurt/Erika Schwarz, Tagesordnung: Judenmord. Die Wannsee-Konferenz am 30. Januar 1942, Berlin 1992.
Paul, Gerhard/Miriam Gillis-Carlebach (Hrsg.), Menora und Hakenkreuz. Zur Geschichte der Juden in und aus Schleswig-Holstein, Lübeck und Altona (1918–1998), Neumünster 1998.
Philipp, Berthie, Die Todgeweihten. Roman um Theresienstadt, Hamburg 1949.
Piper, Franciszek, Die Rolle des Lagers Auschwitz bei der Verwirklichung der natio-

nalsozialistischen Ausrottungspolitik. Die doppelte Funktion von Auschwitz als Konzentrationslager und als Zentrum der Judenvernichtung, in: Ulrich Herbert/Karin Orth/Christoph Diekmann (Hrsg.), Die nationalsozialistischen Konzentrationslager. Entwicklung und Struktur, Bd. I, Göttingen 1998, S. 390–414.

Pohl, Dieter, Die großen Zwangsarbeiterlager der SS- und Polizeiführer für Juden im Generalgouvernement 1942–1945, in: Ulrich Herbert/Karin Orth/Christoph Diekmann, Die nationalsozialistischen Konzentrationslager. Entwicklung und Struktur, Bd. I, Göttingen 1998, S. 415–438.

Pohl, Dieter, Von der „Judenpolitik" zum Judenmord. Der Distrikt Lublin des Generalgouvernements 1939–1944, Frankfurt/Main 1993.

Pollmeier, Heiko, Die Verhaftungen nach dem November-Pogrom 1938 und die Masseninternierung in den „jüdischen Baracken" des KZ Sachsenhausen, in: Günter Morsch/Susanne zur Nieden (Hrsg.), Jüdische Häftlinge im Konzentrationslager Sachsenhausen 1936 bis 1945, Berlin 2004, S. 164–179.

Pritzlaff, Christiane, Synagogen und ihre Zerstörung, in: Ursula Wamser/Wilfried Weinke (Hrsg.), Ehemals in Hamburg zu Hause, Hamburg 1991, S. 23–35.

Przyrembel, Alexandra, „Rassenschande". Reinheitsmythos und Vernichtungslegitimation im Nationalsozialismus, Göttingen 2003.

Randt, Ursula, Die Talmud Tora Schule in Hamburg. 1805 bis 1942, Hamburg 2005.

Reichmann, Hans, Deutscher Bürger und verfolgter Jude. Novemberpogrom und KZ Sachsenhausen 1937 bis 1939, München 1998.

Robinsohn, Hans, Justiz als politische Verfolgung. Die Rechtsprechung in „Rassenschandefällen" beim Landgericht Hamburg 1936–1943, Stuttgart 1977.

Röhm, Eberhard/Jörg Thierfelder, Juden-Christen-Deutsche, Bd. 1: 1933–1935, Stuttgart 1990.

Roseman, Mark, Die Wannsee-Konferenz. Wie die NS-Bürokratie den Holocaust organisierte, Berlin 2002.

Rosenberg, Heinz, Jahre des Schreckens: ... und ich blieb übrig, daß ich Dir's ansage. Göttingen 1985.

Saerens, Lieven, Die Hilfe für Juden in Belgien, in: Wolfgang Benz/Juliane Wetzel (Hrsg.), Solidarität und Hilfe für Juden in der NS-Zeit, Regionalstudien 4, Berlin 2004, S. 193–280.

Sanders, Ernest H. (olim Helmut Salomon), Heil und Unheil. Eine Hamburger Familie 1904–1941, Berlin 2005.

Scheffler, Wolfgang/Diana Schulle (Hrsg.), Buch der Erinnerung. Die ins Baltikum deportierten deutschen, österreichischen und tschechoslowakischen Juden, Bd. I u. II, München 2003.

Scheffler, Wolfgang, Das Ghetto Lodz in der nationalsozialistischen Judenpolitik, in: Hanno Loewy/Gerhard Schoenberner (Hrsg.), „Unser einziger Weg ist die Arbeit". Das Ghetto in Lodz 1940–1944, Frankfurt/Main 1990, S. 12–16.

Scheffler, Wolfgang, Das Schicksal der in die baltischen Staaten deportierten deutschen, österreichischen und tschechoslowakischen Juden 1941–1945. Ein historischer Überblick in: ders./Diana Schulle (Hrsg.), Buch der Erinnerung. Die ins Baltikum deportierten deutschen, österreichischen und tschechoslowakischen Juden, Bd. I, München 2003, S. 1–43.

Schellenberg, Martin, Die „Schnellaktion Panzerfaust". Häftlinge in den Außenlagern des KZ-Buchenwald bei der Leipziger Rüstungsfirma HASAG, in: Dachauer Hefte 21/2005, S. 237–271.

Schmidt, Alexander, Das KZ-Außenlager Hersbruck. Zur Geschichte des größten Außenlagers des KZ Flossenbürg in Bayern, in: Dachauer Hefte 20/2004, S. 99–111.

Schneider, Gertrude, Journey into Terror. Story of the Riga Ghetto, Westport/Conn. 2001.

Schwarz, Angela, Von den Wohnstiften zu den „Judenhäusern", in: Angelika Ebbinghaus/Karsten Linne (Hrsg.), Kein abgeschlossenes Kapitel. Hamburg im „Dritten Reich", Hamburg 1997, S. 232–247.

Sielemann, Jürgen, Aber seid alle beruhigt. Briefe von Regina van Son an ihre Familie 1941–1942, Hamburg 2005.

Sielemann, Jürgen, Die Deportation aus Hamburg und Schleswig-Holstein am 6. Dezember 1941, in: Wolfgang Scheffler/Diana Schulle (Hrsg.), Buch der Erinnerung. Die ins Baltikum deportierten deutschen, österreichischen und tschechoslowakischen Juden, Bd. II, München 2003, S. 599–600.

Sielemann, Jürgen, Fragen und Antworten zur „Reichskristallnacht" in Hamburg, in: Bewahren und Berichten. Festschrift für Hans-Dieter Loose zum 60. Geburtstag. Zeitschrift des Vereins für Hamburgische Geschichte Bd. 83/1, Hamburg 1997, S. 473–502.

Sielemann, Jürgen, Ein Wochenendhaus in Poppenbüttel. Die Beraubung und Plünderung jüdischer Flüchtlinge in Hamburg im „Dritten Reich", in: Andreas Brämer/Stefanie Schüler-Springorum/Michael Studemund-Halévy (Hrsg.), Aus den Quellen. Beiträge zur deutsch-jüdischen Geschichte. Festschrift für Ina Lorenz zum 65. Geburtstag, Hamburg 2005, S. 341–346.

Simonsohn, Berthold, Gedenkblatt für Paul Eppstein, in: Jüdische Sozialarbeit, Jg. 4, Nr. 3 und 4 vom 18.9.1959, Sonderdruck.

Smelser, Ronald/Enrico Syring, (Hrsg.), Die SS. Elite unter dem Totenkopf. Dreißig Lebensläufe, Paderborn 2000.

Sprenger, Isabell, Groß-Rosen. Ein Konzentrationslager in Schlesien, Köln 1996.

Starke, Käthe, Der Führer schenkt den Juden eine Stadt. Bilder, Impressionen, Reportagen, Dokumente, Berlin 1975.

Statistik des Deutschen Reichs, Band 552/4, Volkszählung. Die Bevölkerung des Deutschen Reichs nach Ergebnissen der Volkszählung 1934, Heft 4, Die Juden und jüdischen Mischlinge im Deutschen Reich, Berlin 1944.

Statistisches Amt der Hansestadt Hamburg (Hrsg.), Aus Hamburgs Verwaltung und Wirtschaft (Sondernummer 5), Hamburg, 1.8.1941.

Steinbacher, Sybille, „Musterstadt" Auschwitz. Germanisierungspolitik und Judenmord in Ostoberschlesien, München 2000.

Stent, Ronald, Jewish Refugee Organisation, in: Carlebach, Julius/Gerhard Hirschfeld/Aubrey Newman/Arnold Paucker/Peter Pulzer (Hrsg.), Second Chance. Two Centuries of German-Speaking Jews in the United Kingdom, Tübingen 1991.

Sterbebücher von Auschwitz, Bd. 1–3, München u. a. 1995.

Stokes, Lawrence D., Heinz Seetzen – Chef des Sonderkommandos 10a, in: Klaus-Michael Mallmann/Gerhard Paul (Hrsg.), Karrieren der Gewalt. Nationalsozialistische Täterbiographien, Darmstadt 2004, S. 196–206.

Storjohann, Uwe, Hauptsache Überleben, Hamburg 1993.

Strauß, Herbert A., Jewish Emigration from Germany. Nazi Policies and Jewish Responses (I), in: Leo Baeck Institute Yearbook XXV/1980, S. 313–358.

Studemund-Halévy, Michael, Die Hamburger Nachkommen des Amsterdamer Kaufmannes Jacob Israel Belmonte, in: Galerie Morgenland/Geschichtswerkstatt Eimsbüttel (Hrsg.), 25 Jahre. Festschrift, Hamburg 2003, S. 141–149.

Theresienstädter Gedenkbuch. Die Opfer der Judentransporte aus Deutschland nach Theresienstadt 1942–1945, Prag 2000.

Villiez, Anna von, Die Verdrängung der jüdischen Ärzte Hamburgs aus dem Berufsleben 1933–1945, Magisterarbeit, Hamburg 2002.

Vuletic, Aleksandar-Sasa, Christen jüdischer Herkunft im Dritten Reich. Verfolgung und organisierte Selbsthilfe 1933–1939, Mainz 1999.

Wagner, Bernd C., IG Auschwitz. Zwangsarbeit und Vernichtung von Häftlingen des Lagers Monowitz 1941–1945, München 2000.

Wagner, Patrick, Volksgemeinschaft ohne Verbrecher. Konzeptionen und Praxis der Kriminalpolizei in der Zeit der Weimarer Republik und des Nationalsozialismus, Hamburg 1996.
Walk, Joseph, Das Sonderrecht für die Juden im NS-Staat. Eine Sammlung der gesetzlichen Maßnahmen und Richtlinien, Heidelberg, 1981.
Wamser, Ursula/Wilfried Weinke (Hrsg.), Ehemals in Hamburg zu Hause, Hamburg 1991.
Weingart, Peter/Jürgen Kroll/Kurt Bayertz, Rasse, Blut und Gene. Geschichte der Eugenik und Rassenhygiene in Deutschland, Frankfurt/Main 1992.
Weinke, Wilfried, Die Verfolgung jüdischer Rechtsanwälte Hamburgs am Beispiel von Dr. Max Eichholz und Herbert Michaelis, in: Angelika Ebbinghaus/Karsten Linne (Hrsg.), Kein abgeschlossenes Kapitel. Hamburg im „Dritten Reich", Hamburg 1997, S. 248–265.
Weinmann, Martin (Hrsg.), Das nationalsozialistische Lagersystem, Frankfurt/Main 1990.
Weißbecker, Manfred/Reinhard Kühnl (Hrsg.), Rassismus, Faschismus, Antifaschismus. Forschungen und Betrachtungen, Köln 2000.
Wetzel, Juliane, Frankreich und Belgien, in: Wolfgang Benz (Hrsg.), Dimension des Völkermords. Die Zahl der jüdischen Opfer des Nationalsozialismus, München 1996, S. 105–135.
Wietog, Jutta, Volkszählungen unter dem Nationalsozialismus. Eine Dokumentation zur Bevölkerungsstatistik im Dritten Reich, Berlin 2001.
Wirtz, Armin, Die Vermögensverwertungsstelle beim Oberfinanzpräsidenten in Hamburg, in: Deutsches Zollmuseum Hamburg (Hrsg.), Verfolgung und Verwaltung. Beiträge zur Hamburger Finanzverwaltung 1933-1945, Hamburg 2003, S. 29–38.
Wollenberg, Hans-Werner, Und der Alptraum wurde zum Alltag. Autobiographischer Bericht eines jüdischen Arztes über NS-Zwangsarbeitslager in Schlesien (1942–1945), Pfaffenweiler 1992.

Bayrischer Rundfunk/Historisches Archiv/Lindinger, München: 128 (u)
Bundesarchiv Berlin, Documentcenter: 43 (alle)
Bundesarchiv Koblenz: 34 (o), 66 (u beide), 67 (u beide)
Gunter Demnig: 169
Denkmalschutzamt Hamburg, Bildarchiv: 34 (u), 35 (o), 154
dpa Picture-Alliance GmbH: 52
Forschungsstelle für Zeitgeschichte, Hamburg/Werkstatt der Erinnerung: 64 (beide), 105 (alle), 106, 107, 129
Institut für die Geschichte der deutschen Juden, Hamburg: 26 (beide)
Jüdisches Museum Frankfurt: 60 (alle), 131 (beide)
KZ Gedenkstätte Flossenbürg: 178 (o)
KZ Gedenkstätte Neuengamme: 120, 137 (o)
Landesarchiv Baden-Württemberg: 136 (beide), 137 (u)
Möllenhoff, Gisela: 65, 66 (oben beide)
Hamburgmuseum (= Museum für Hamburgische Geschichte): 121
Andrea Orth: 173 (beide), 174, 175 (beide), 177, 179 (o), 180 (beide o), 181, 182, 183, 184, 185 (beide), 186 (beide), 187 (beide), 188 (o und u), 189 (o), 191 (beide), 192, 193 (o), 194 (beide), 195 (alle), 197 (beide), 198 (beide), 199 (u), 200 (o und u), 202 (o und u), 203 (beide), 205 (beide)
Philipp Pickering, Terezin: 204 (o)
Staatsarchiv Hamburg: 15, 16, 18 (o), 46, 57 (u), 182 (u), 189 (u), 199 (o), 201 (beide)
Staatsarchiv Prag/Theresienstädter Initiative, Prag: 190, 193 (u beide), 196, 204 (u)
Stadtteilarchiv Ottensen: 117 (alle)
Thüringisches Hauptstaatsarchiv, Weimar: 183 (o)
Yad Vashem, Jerusalem: 63 (alle), 67 (o), 68 (beide), 69 (beide), 135, 143, 178
Vierhundert Jahre Juden in Hamburg, hrsg. Museum für Hamburgische Geschichte, S. 535: 128
Heinz Rosenberg, Jahre des Schreckens, S. 16: 134
Ernest H. Sanders, Heil und Unheil. Eine Hamburger Familie 1904–1941: 57 (o, Mitte)
Privat: 18 (u), 27, 35 (u), 70 (beide), 71 (beide), 72, 89, 93, 94, 95 (beide), 96, 98, 127 (beide), 138, 139 (beide), 141, 152 (beide), 157 (beide), 164, 168, 179 (M, u), 180 (beide u), 200 (beide M), 202 (M), 206